【第十三辑】

SAN JIN FA XUE

三晋法学

主编◎王继军

主办◎山西大学法学院

中国法制出版社

CHINA LEGAL PUBLISHING HOUSE

目　录

Contents

纪念改革开放四十周年

前沿聚焦

法学各科专论

课题成果

法学教育

他山之石

法苑随笔

纪念改革开放四十周年

◎ 山西大学法学院复建与发展的回顾

◎ 坚守与追寻：中国社会科学院法学研究所的法律史学研究

山西大学法学院复建与发展的回顾

王继军*

山西大学法学院成立于1906年，1950年院校调整时被撤销，后分别并入北京大学和人民大学，党的十一届三中全会后，随着党和国家工作重心转向经济建设和第一批法律的颁布，1978年12月经国家教育部批准复建，由山西大学政治系负责筹备法律系复建。山西大学法学（系）院从1980年9月开始招收第一届干部培训班，1981年9月开始招收第一届本科生，30余年来已培养各类法律法学人才近万名，他们遍布全国并涉及海外，在法治战线上发挥着重要作用。山西大学法学院2004年被评入中国大学法学100强，在全国361家本科院校中居第24名，多年来在全国法学学科排名稳居百强之内，进入了全国一流法学院校行列，成为在全国有影响，山西省最大的高级法律法学人才和法学研究基地。

今年是改革开放四十年的纪念年，也是山西大学法学院筹备恢复四十年的纪念年。山西大学法学院的恢复与发展不仅为我省培养和提供了大批法治建设人才和法治研究成果，而且是十一届三中全会以来山西省法治建设的一个缩影，侧面见证了山西省法治建设历程。在纪念改革开放四十年的时候，回顾山西大学法学院恢复与发展四十年的历史，对于我们在新时期建设社会主义法治国家、依法治省战略方针的贯彻实施具有十分重要的意义。我作为山西大学法学院恢复与发展的亲身经历者和参加者，发表此文以示对改革开放四十周年的纪念。

---

* 法学博士，二级教授，博士生导师，中国法学会高等法学教育委员会常务理事，山西省委联系的高级专家，曾任山西大学法学院院长，山西省政协委员，全国法律硕士教育指导委员会委员，山西省法学会副会长，山西省法学会学术委员会主任，山西省人民政府法律顾问，山西大学法学院教授委员会主任。

一、陈绍兴教授与法律系的复建

我是山西大学法律系复建初被吸收的第一个法学专业教师，亲身经历和参加了法学院恢复与发展的全过程。山西大学法学院复建，我觉得最不应忘记的是为此做出杰出贡献的人——陈绍兴教授①。

我于1980年2月从吉林大学法律系毕业（工农兵大学生，之前在太原市原南城公安分局桥东派出所当民警），被分配派遣到中共太原市委政法办公室工作，因当时不是中共党员，要对我改派。后经山西省教育厅侯桂萍同志推荐，我抱着试试看的想法找到了时任山西大学政治系主任的陈绍兴教授，当时法律系的筹建由政治系负责。我第一次见陈绍兴教授时很紧张，但见面后陈绍兴教授和蔼的态度使我比较轻松地与他进行了交谈，当时我的顾虑一是文化水平低（因"文革"随父下放农村插队，7年制初中都没有毕业），二是工农兵学员。通过交谈，陈绍兴教授说："文化水平低可以在干中学，工农兵学员是历史的责任，我看你思维清楚，表达清楚，只要愿意和努力一定能当好大学老师，请你考虑好后告诉我。"由于陈绍兴教授中肯的态度，彻底打消了我的顾虑，第二天我再次找到陈绍兴教授表达了我愿意到山大工作的意愿后，陈绍兴教授当下起草了同意接受函并给省教育厅大中专毕业生分配办公室张秉让同志写了便条。我持陈绍兴教授起草的函和便条到省教育厅大中专毕业生分配办公室找张秉让、梁豫秦同志办理了改派手续，在办手续中张秉让、梁豫秦同志说了陈绍兴教授不少好话，我的改派手续办得也很顺利。在以后的38年中，我完成了从一个工农兵学员到法学博士，从一个普通教师到二级教授的转变。我常常庆幸在我的人生转折时遇上了陈绍兴教授这样的好领导。

法律系开始筹备时条件很差，主要活动在主楼二层东南边科社教研室，在此期间，陈绍兴教授除要完成原政治系的管理工作，还承担着大量的教学任务和法学院的筹备工作。为了适应十一届三中全会后法制建设对人才的迫切需要，他亲自备课，为政治系77、78届学生主讲了国家与法的基础理论课，由我助课，同时还让我主讲了刑法专题。

---

① 陈绍兴，山西临县人，毕业于东北师范大学。

由于受“文化大革命”的冲击和破坏，山西大学的法学师资和图书资料等已经荡然无存。1980 年夏天，陈绍兴教授委派我与山西省政法干部学校副校长史林同志、教务主任王立功同志、资料室王绍敏同志一行赴北京大学、中国人民大学、中央政法干部学校和北京政法学院进行实地考察，收集了大量的教学计划、方案和部分教材，为制定法律系的培养方案和教学计划起了重要作用。另外还从学校图书馆、档案馆查找到了大量民国初山西大学法学院教授编写的教材和讲义，进行了整理和复制。

1981 年 5 月，学校正式宣布恢复法律系。设法学、科学社会主义 2 个本科专业和 1 个科学社会主义专业硕士点。任命陈绍兴教授为法律系主任，程俊长任法律系党总支书记。在恢复初期，原政治系科学社会主义专业的陈绍兴、张海山、艾斯超、闫肃、申战、赵肖筠、王士如、杨捷胜、卞晋平、李荣栋和张水莲等教师转入法律系。还有政治系 77 级的 15 名科学社会主义专业的本科学生自愿转入法律系学习。

陈绍兴主任深知人才的重要性，只有具备了雄厚的师资力量，才能从根本上推动法学教育的不断发展。在他的主持下，法律系一方面从其他教学单位选调教师；另一方面从公检法等实际部门具有法学本科以上学历的人员中选调教师，同时接收全国重点法律本科院校的毕业生。特别是选调了曾于 1939 年在山西大学法学院任教的窦之锦副教授，1948 年毕业于中央政治大学的研究生李志道老师，以及在各类学校中任教的林一雷、唐鸿儒、杨成功、李森、王威宣、刘国盛和郭润生等老师。从政法机关等实务部门选调了韩薤青、谢松山、夏珍、黄抛、刘若河、王伟敏、孙广华、郝文英、雷维林、侯润梅、李允芬等老师。由于当时教育特别是高等教育仍处于社会的边缘，调人是非常困难的，一是到处缺乏法学专门人才，人事部门普遍不支持；二是商调的老师普遍是本单位的骨干，且在中年期，特别是实际部门的老师面临着提拔重用的阶段。为此陈绍兴教授不辞辛苦，四处奔走，在很短的时间里选调了上述教师，为法律系正式招生准备了雄厚的师资队伍。记得当时陈绍兴教授还派我到南郊区（现小店区）和北郊区（现尖草坪区）去联系老师选调事宜。

选调来的法学教师，无论是生活上还是工作上都面临着很多的困难，但他们都能自觉克服，实在难以克服的，只要提出来陈绍兴教授都会去与学校协调或亲自帮助解决。这些选调来的老师在生活和工作条件极差的情况下，都能以饱满的热情投入教学和科研中，为法学院的复建做出了不可磨灭的贡献。

在法律系有了一定发展的基础上，陈绍兴教授一如既往地重视吸收高素质的人才，特别是从本校和全国各重点高校吸收了一大批应届本科毕业生充实师资队伍。包括完珉、彭云业、郑宪、田斌文、张耀仁、孙陆冉（本校）、赵康（西北政法学员）、魏建宾（北京大学）、吴闽莺（本校）、王宪、武军（北京大学）、刘慧娜（山西医学院）、范建年、张虎、刘耀国、陈少英（本校）、王桂元（北京大学）、李显冬、李建华、董国强、白红平、薛小建、范述功、吉瑞田、张世荣、尤春媛（北京政法学院）、李玉杰（南开大学）、张建华（北京大学）、杨临萍、张天虹、张天才、马爱萍、薛荣、师华、汪渊智、侯怀霞、丁兰、何建华、刘丽萍（本校）等。

山西大学法律系在陈绍兴教授领导下，复建后的十多年间，在科研方面，累计出版95部专著、译著和教材，发表论文300多篇。许多论著在国家一级出版物和期刊发表，有的被国内学术刊物多次转载。在民主与法制理论建设问题、社会主义法治理论问题、犯罪问题和专史研究等方面取得突破性进展，承担了国家级、省级和校级重点科研项目9个，部分科研成果获省级以上奖。一批教师在省级以上学术团体担任了重要领导职务。

陈绍兴教授不仅注重教学科研工作，他还主张法律应当广泛地为社会服务，充分发挥法律系学科优势，面向社会广泛开展法律知识普及、法律咨询和代诉活动。从1985年至1990年，山西大学法律系积极参与普法活动，举办大型普法教育活动85次，教育干部群众10万人次，撰写调研报告307份。这些活动曾多次被《中国青年报》《中国法制日报》《山西日报》《太原日报》《山西法制报》等多种报刊宣传报道。

陈绍兴教授没有教授和主任的架子，非常关心群众生活。如1981年底我结婚，参加完集体婚礼后在家里宴请亲朋，请了陈绍兴教授参加，快到吃饭时找不见他，后来发现他在厨房炒菜。再如我刚调来时原单位不给我转工资关系，使我生活非常困难，陈绍兴教授亲自多次到我原单位去协调解决。当然陈绍兴教授不仅对我是这样，对所有老师的困难他都是有求必应。为了解决教师生活困难，积极创收给大家发放奖金、福利，法律系老师的福利始终在全校是比较好的院系之一。

陈绍兴教授十几年如一日，任劳任怨地忘我工作，牺牲了许多节假日的休息时间，按他老伴武玉凤的说法：“找老陈要广播找人。”在我的印象里，陈绍兴教授就没有休息过，不是给学生上课，就是写文章或在解决问题。无论是在办公室还是在他家，谁去找他都会热情接待，即便是在吃饭和休息时他都没有拒绝过。他这种孜孜以求的敬业精神和模范带头作用深深地影响着我，影响着他身边的许多人，从而在法律系形成了拼搏精神。他的这种精神是我们山西大学法律系学人们在法学院复建初，爱岗敬业精神的优秀代表，是我们一笔值得永远珍藏的宝贵精神财富。

饮水思源，法学院今天的成绩是与陈绍兴教授当年的辛勤工作分不开的，当纪念改革开放40周年的时候，我们更加思念为山西大学法学院的发展做过贡献的那些人们，更加思念已经离开我们14年的陈绍兴教授。

二、复建初的教学活动与首届干部班和第一届本科生

在法学院复建初期，虽然没有正式独立招生，但已开展了一些教学活动。法学院筹备是在原政治系的基础上依托科学社会主义专业进行的，因此，首先在政治系77、78、79、80级开设了国家与法的基础理论课，由陈绍兴教授主讲，我助课。开设了刑法专题讲座，由我主讲。1981年分系后，以科社专业的教师和15名同学为基础组建了法律系。在科社的课程体系里增设了法理学、宪法学、刑法学等法学专业课程。这些教学活动不仅为法律系的恢复积累了宝贵的教学实践经验，同时也培养了如夏振贵（原临汾市委书记）、常高才（省人防办主任曾任司法厅副厅长）、吕苛青（省粮食厅副厅长）、宋万奎（晋城市党校常务副校长）、郑宪（中央社会主义教育学院教授）、焦亮梅（运城市检察院副检察长）、王德云（省司法厅政治部副主任）、完珉（法学院副教授）、石飞（太原市委党校教师）、崔宏斌（长治市公安交警支队政委）、张春安（省体育局处长）、李忠泽（中国银行山西分行办公室主任）、郭春华（太原市商务局纪检书记）、张耀仁（省政法委处长）、田斌文（忻州市水利局局长）等一批具有法学理念的优秀毕业生，为我国的改革开放事业输送了急需具有法学理论素养的人才。

1980年10月，陈绍兴教授带领刚从政法干校调来的林一雷老师和我以及以后陆续调来的老师，一起开始举办了属于专科性质的首期法律干部培训班，招收了106名太原市公检法等实际部门的学员。这个班是法学院恢复后，正式

招生前办的第一个班,它为正式招生摸索了教学经验,为办好法律系奠定了重要的基础。当时虽然师资少,没有教材,但是我们克服了很多的困难,为学员们开设了比较齐全的课程,大多数教师是自己动手将讲稿印刷出来给学员当教材。我记得当时我主讲刑法学,但是没有教材,学校图书馆仅有两套中央政法干校 1957 年出版的刑法教材还全被借了出去,我只好整理我在学校学习时的课堂笔记为教案。当时虽然条件差,但这些来自实际部门的学员,学习热情高涨,原定一年的学习期限,后来在大家的一再要求下改为两年。这批学员学习非常努力,克服了很多的困难,比如,这批学员全不住校,家西边最远的住在西山矿务局,北边的住在太钢或兴安化工厂,但从没有迟到和早退现象;而且这批学员很多在当时已是处级干部,但从来没有一人利用职权乘坐单位汽车来上学的。这批学员也很活跃,举办各种研讨会和模拟法庭等活动,丰富了校园的气氛。这批学员毕业后不但极大地缓解了政法部门恢复时期专业人才大量缺乏的局面,而且成了山西省政法战线法治建设的中坚和骨干。后来他们绝大多数担任了政法部门的领导职务,在山西省的大法官、大检察官、大警官、大律师中均有这批学员的身影。

1981 年 9 月法律系迎来了复建后的第一届本科生,共计 92 人,分为甲乙两个班,班主任为田斌文老师。可以说这批学生是法律系的宝贝,所有的老师和行政教辅人员都围着他们转,所以后人戏称他们是法学院的“嫡长子”。这批学生大部分出生在 60 年代后,少部分出生在 50 年代后期,虽然受到“文化大革命”的冲击,但影响不大。他们文化基础扎实,年龄相对较小,学习热情饱满。这个班的同学在后来的发展中,很有出息,如本院教授张天虹、马爱萍,省档案局局长闫默阈,省法院的副院长王文雅,省法院副厅专委仇拉锁,忻州检察院院检察长周东署,运城中级人民法院院长高文均,阳城县检察长王红玲,壶关县检察长王慧琴,省警校教授邢曼媛等都成了山西省法治战线上的优秀人才。对这个班学生的培养为法律系在今后对本科生的培养奠定了基础,法学院很多课程至今还沿用着当时的名称。

三、市场经济的建立与法律系的发展

1991 年底陈绍兴主任因年龄的原因离开了领导岗位,由政治系总支书记武敏忠担任法律系主任,贾一民任总支书记,我从普通教师被提拔担任了系副主任分管科研和创收，1992 年 8 月辞职，1993 年 6 月又任法律系副主任代理主任，后任系主任，1996 年改为法学院任院长，至 2007 年 3 月 8 日因任期到届被免。

1992 年邓小平南方讲话为市场经济的建立奠定了理论基础，市场经济体制建立，为法制建设提出了大量新课题，为法学教育和研究的发展提供了广阔的空间。学校党委和行政提出了“三年打基础、五年上水平”的号召，要求广大师生苦练内功，将山西大学办成国内一流大学。当年学校以彭昆墀教授为首的光电学科取得了山西大学有史以来的第一个博士授权点，法学院取得了山西省的第一个法学硕士授权点——行政法。这在现在看来，是微不足道的（现在山西大学有博士点 47 个，硕士点 137 个），但在当时全山西大学仅有 14 个硕士点，相比之下法学院的学科建设还是了不起的。

在市场经济的环境下，法学院在抓好教学科研和学科建设的同时，抓了创收，效益非常好，改革了分配政策，对教学科研起到了非常好的促进作用，不但改善了教学科研条件，还改善了教师的生活条件，极大地调动了师生的积极性。1994 年我们提出了“教学依南，科研靠北，引进来，走出去，三年打基础，五年大变样”的发展思路。当年，暑假召开了“教学科研恳谈会”，邀请了国内一批著名的泰斗级法学家来为法律系发展献计献策，如刑诉法学泰斗陈光中教授、宪法学泰斗许崇德教授、法理学泰斗郭道辉教授、法制史泰斗刘海年教授、刑法学泰斗马克昌教授等前辈均莅临指导。之后，又将所有的中青年教师分期分批地派往社科院法学所、人民大学、武汉大学进修，这批教师现在已成为法学院的中坚骨干和学术带头人，如汪渊智教授，先后在《法学研究》《中国法学》发表多篇论文，主持多项国家和省级社科基金项目，到英国剑桥大学法学院留学，攻读博士学位；陈晋胜教授，主持多项国家和省级社科基金项目，攻读博士学位；还有张天虹、李麒、刘丽萍等教授副教授。

四、依法治国与法学院的学科建设与发展

党的十五大提出了依法治国，开启了依法治国新阶段，使中国法制建设发生了质的变革。1996 年 8 月根据高教体制改革和社会发展的实际需要，法律系改系建院，法学院也进入了一个新的发展阶段。山西大学法学院在校党委、校行政的正确领导下，全院师生执着进取、锐意改革、开拓创新，在学科建设、

师资队伍建设、党建和思想政治工作建设、教学改革、科学研究、基础设施建设以及管理创新等方面取得了丰硕成果。1999 年以来，法学院成功地举办了国务院学位办主办的学科建设现场会、全国第十届海峡两岸法学研讨会、全国第十届法学院院长联席等重要会议。

目前法学院有专职教授 10 人（其中 6 人为博士生导师），兼职教授 62 名，专职副教授 23 人，具有博士学位的教师 32 人，占教师总数的 66%，18 位教师具有国外学历背景或合作研究、高级访问背景，与美国、日本、英国、荷兰、澳大利亚、加拿大等多个国家的大学法学教育机构具有长期密切联系。2008 年以来，共承担国家社科基金项目 16 项、教育部人文社科项目 8 项、司法部项目 5 项、中国法学会项目 7 项，最高检、国土资源部、国家文物局、国家体育总局等国家级项目多项；发表 CSSCI 论文 200 余篇，出版学术专著 40 余部，获得省部级奖励 80 余项，近 5 年内科研经费近 800 万元。

2012 年成为国家首批“卓越法律人才培养教育基地”，2013 年成为国家知识产权局批准的“国家知识产权培训（山西）基地”，2015 年成为山西省人大“立法咨询研究基地”。在职教师多数为省委联系高级专家、省人民政府法律顾问以及司法机关、地市级政府法律顾问或咨询委员，积极参与省市重大决策、立法论证以及疑难案件处理，为山西省乃至全国的经济发展、社会稳定、法制建设建言献策。

教师在近 40 年间主持了国家和省级课题的科研课题 305 项，出版著作 251 部，在国家和省级核心期刊杂志上发表学术论文 1899 篇，获各类省部级教学科研奖 250 多项。

现在法学院在校本科生 750 人，硕士研究生 496 人，博士研究生 5 人，留学生 2 人；1995 年取得了经济法硕士点，1999 年取得了法律专业硕士点，2000 年取得了民商法硕士点，2003 年取得了法理学、国际法、诉讼法硕士点，2005 年取得了法学一级学科硕士点（涵盖 10 个二级学科硕士点），2017 年取得了法学一级学科博士点。法学本科专业面向全国 18 个省、市、自治区招生，为全国高考第一批 B 类录取的专业；硕士博士研究生专业面向全国招生。山西大学法学院在 2004 年跃入全国 361 所高校法学 100 强第 24 名并稳居全国法学学科排名百强之内，这标志着山西大学法学院近 40 年经过两代人的努力，进入了全国法学教育一流水平的行列，成了山西省最大的培养多层次、高质量法律人才的基地。

坚守与追寻：中国社会科学院法学研究所的法律史学研究

张　生*

一、法律史学科的建立与发展

近现代意义上的法律史学，继传统律学之余脉，在清末法政学堂中转化成为一种专门的知识体系。从清末民国时期的传统律学向近代部门法史学的转型，到新中国成立初期的“国家与法权的历史”，再到改革开放初期法制史与法律思想史的兴盛发展，以及21世纪以来法律史学的“花果飘零”，法律史学的发展几经大起大落，已百年有余。从百年的历史时段来看，中国社会科学院法学研究所的法律史学科所走过的60年春秋是历史中的这样一个重要时段。然而，一甲子再回首，在中国社会科学院法学研究所成立60周年这样重要的时刻，对法制史研究室的学术历史加以回顾，不仅是我们对前人披荆斩棘开创之功的纪念和致敬，一甲子的学术成就也必将照亮法律史学科未来前行之路。法学研究所法律史学科走过的60年是几代法律史学人孜孜不倦、勤奋耕耘于学术园圃的历史。在法律史学科成立之初，得到了张友渔、吴建璠、李光灿等老一辈学者的鼎力支持，吴建璠、韩延龙、刘海年、常兆儒、高恒、杨一凡、徐立志、马小红、苏亦工等法律史学人的名字已镌刻于学科的发展史上。他们所进行的研究，取得的成果，不仅体现了所处时代的学术热忱和学术高度，也代表了法律

* 中国社会科学院法学研究所研究员，法学博士，博士生导师，中国社会科学院法学研究所法制史研究室主任，中国法律史学会会长。

史学科研究领域、研究理念、研究方法的发展和变迁。本文对多年来所取得的研究成就做一回顾，以此纪念法学研究所一甲子的学术生日。

法律史学是中国社会科学院法学研究所最早设立的学科之一，其前身是中国科学院哲学社会科学部法学研究所法制史研究组。六十年来，法律史学科的建设大体经历了两个时期，即 1958 年 10 月至 1978 年底为初创和曲折发展时期；1978 年底至今是不断开拓前进、开创科研工作新局面的新时期。1958 年 10 月 3 日法学研究所成立后，当时全所分设三个研究组，其中二组即法制史研究组。二组组长由老一辈著名法学家、法学研究所副所长周新民兼任，副组长由北京大学法律系副主任肖永清兼任，张仲麟任学术秘书。此后先后来二组工作的有：韩延龙（1960 年）、常兆儒（1960 年）、何东义（1960 年）、高恒（1961 年）、刘楠来（1961 年）、陈春龙（1964 年）、陈明侠（1964 年）、于能斌（1964 年）、夏淑华（1964 年）、刘海年（1965 年）等。20 世纪 60 年代，是法学研究所人员大进大出的时期，还有一些学者曾在二组工作，但不久即外调其他单位。在初创时期，受到政治动荡的影响，也限于研究条件，法律史学科的开创者们在极为艰苦的环境中取得了难能可贵的研究成果，特别是收集、整理了大量的珍贵图书资料，为法律史学科的发展奠定了基础。1977 年中国科学院哲学社会科学部改称中国社会科学院，至 1978 年 9 月 21 日，法学所总支决定调整组机构，撤销研究组，成立研究室，原二组改称法制史研究室，室主任韩延龙，副主任刘海年、吴建璠（1980 年 2 月任命为副所长，不再担任法制史室副主任）。除室正副主任外，研究室成员还有：高恒、常兆儒、程延陵、俞鹿年、张纯宾（到所不久病故）、齐钧、赵息黄等。原二组成员张仲麟、陈春龙、陈明侠、夏淑华相继调往其他研究室工作。法制史研究室经过大幅度调整之后，人员基本稳定下来，学科的研究方向、研究方法也趋于明确。法制史研究室六十年来承担和参加了三十多项国家和中国社会科学院的重点项目，在挖掘、整理和研究珍稀法律文献方面做出了学界公认的重大贡献，在秦、汉、明、近代、革命根据地、新中国法制史等研究领域取得了多项重大学术突破，先后获三十多项国家和省部级奖励；研究室的学者们还积极参加国家法治建设的对策研究，为推动社会主义民主和法治建设发挥了重要作用。

自 1979 年中国法律史学会成立以来，法学研究所就是学会的创始会员单位，李光灿、肖永清曾担任首届法律史学会的副会长，韩延龙担任秘书长。在学会发展的过程中，法学研究所作为法律史学会的挂靠单位，韩延龙、夏勇、杨一凡、吴玉章等先后担任会长，都为学会的组织建设、学术发展、学科建设做出了卓越的贡献。

二、学术研究与学术成就

（一）古代法律史的研究

1975年12月，湖北云梦县睡虎地秦墓中发现了1166支竹简，1976年3月，这一消息一经在《人民日报》和《光明日报》报道，引起了国内外的广泛关注。睡虎地秦简的发现也引起了国家高度重视，决定集中力量进行整理和研究。1976年4月，法学研究所的刘海年、高恒，与来自中国社科院历史所、北京大学、北京师范大学以及湖北、四川博物馆等不同专业的学者一起参与了睡虎地秦简的整理和研究工作。工作地点先是在“北大红楼”，后由于地震，工作地点移至故宫城隍庙。尽管工作条件艰苦，但大家热情饱满、相互协作，破解了一个又一个难题。1977年，《睡虎地秦墓竹简》（八开线装本）出版，书中收录了图版、简文、释文及简注。1978年，平装本出版，含释文、注释及现代语译，无图版。《睡虎地秦墓竹简》的出版弥补了秦代法制史料缺乏的状况，为研究秦律提供了丰富而又珍贵的史料，成为秦代法制研究的重要基础性资料。

在整理云梦秦简过程中和整理结束之后，两位学者在云梦秦简和其他新发现的简牍的基础上，出版了多部专著，发表了秦汉研究的多篇论文，受到历史学界和法律史学界的高度关注，如刘海年所著《战国秦代法制管窥》，高恒所著《秦汉法制论考》《秦汉简牍中法制文书辑考》。两位学者所发表的关于秦汉简的相关论文、阐述的观点，在当时具有极大的影响。在睡虎地秦简出土后，对于“隶臣妾”身份问题的探讨成为学术热点。高恒发表的论文《秦律中“隶臣妾”问题的探讨——兼批四人帮的法家“爱人民”的谬论》一文提出“刑徒隶臣妾官奴婢说”，认为“隶臣妾”是一种徒刑名称，汉律中的刑徒隶臣、妾也是因袭秦制，秦时的刑徒是无服刑期限，所以隶臣妾实际上是服刑没有期限的官奴婢。同时，他认为在汉文帝发布减刑诏令之前，各种刑徒都是无刑期的。[①] 1983 年，高恒在《秦律中的刑徒及其刑期问题》中进一步阐释了这样的观点，提出在秦代作为主要刑罚的城旦舂、隶臣妾、鬼薪、白粲等徒刑均为无刑期，他们既是刑徒，也是终身服劳役的官奴隶，只有赀繇、赀居边、赀戍和“居赀、赎、债”等几类刑徒有服劳役期限。[②] 刘海年在《秦律刑罚考析》和《关于中国岁刑的起源——兼谈秦刑徒的刑期和隶臣妾的身份》一文中提出“隶臣妾”由“刑徒和官奴隶两部分组成”说，他指出“秦律中的隶臣妾，要比其他徒刑，如城旦舂、鬼薪、白粲等的情况复杂。城旦舂、鬼薪、白粲，都是因其本人触犯封建法律被判处徒刑的。而隶臣妾，可以是被籍没的犯罪人家属，也可以是战争中投降的敌人，还可以是封建国家掌握的官奴婢隶臣妾的后代”。[③] 两位学者所发表的著述在当时引起广泛的关注和反响。

两位学者作为秦简的整理、注释者，对于秦简的史料有着全面的掌握，同时，在学术研究上实事求是的态度、独立的精神也颇让人钦佩和赞叹。睡虎地秦墓竹简发现以后，以其为基础的秦律研究在“文革”晚期展开，当时，对秦律的研究也受到了“左”倾思想的干扰，将秦简视为法家路线的胜利，秦简研究成为“四人帮”“批儒评法”运动的政治附属品。这一时期，出现了《秦国法家路线的凯歌——读云梦出土秦简札记》《〈秦律〉是新兴地主阶级反复辟的锐利武器》《秦律与秦朝的法家路线——读云梦出土的秦简》等文章。“文革”结束后，高恒的论文《秦律中“隶臣妾”问题的探讨——兼批四人帮的法家“爱人民”的谬论》，以对史料的挖掘和详尽解读为基础，以严谨和求实的态度重新审视秦律，纠正了“文革”中强加给秦律的不切实际的评价。

除了上述两位学者外，法学研究所法制史研究室的其他学者在古代法的研究上各有所长，吴建璠对于清代律学的研究具有开创性的贡献；杨一凡、刘海年主持编辑的《中国珍稀法律典籍集成》《中国珍稀法律典籍续编》中有百分之七十的文献系珍稀孤本，在许多方面填补了我国的馆藏空白，对推动法律史学的研究做出了学界公认的重大贡献。杨一凡对于明代法律的考证、研究在法

---

① 高恒:《秦律中“隶臣妾”问题的探讨——兼批四人帮的法家“爱人民”的谬论》，载《文物》1977 年第 7 期。

② 高恒:《秦律中的刑徒及其刑期问题》，载《法学研究》1983 年第 6 期。

③ 刘海年:《秦律刑罚考析》，载中华书局编辑部编:《云梦秦简研究》，中华书局 1981 年版，第 184 页。

律史学界取得了突破性的进展，苏亦工对于明清律典的研究及对传统法律文化的反思，马小红对于古代礼、法的阐释及传统法律思想的解读，张少瑜对军事法律和军事法律思想的研究，尤韶华对于《尚书》中法律的研究，孙家红对于清代刑法的研究，王帅一对于明清契约秩序的研究，在各自领域都取得了可观的成就。

（二）近代法史学的研究成果

在近代法史的研究领域，法制史研究室的几位学者通力合作，完成了《中国近代警察史》一书，弥补了中国近代警察制度及相关制度领域研究的空白。在我国古代，虽很早就存在维护社会治安的机构和官吏，但警察称谓及其相关制度则是清末以来的产物。然而，在警察制度产生的近 90 年的时间内，我国并没有一部对警察制度进行研究的专著，相关论文也实属罕见。1982 年秋天，受时任群众出版社副总编的刘林春的邀约，法制史研究室的学者们撰写了中国历代"警察"及其相关制度的系列文章，1985 年 10 月由群众出版社集结成《中国警察制度简论》出版。《中国警察制度简论》实际上只是一部论文集，还不是一部论证严密的专著。此后，韩延龙和常兆儒两人共同商议决定撰写一部中国近代警察史，由苏亦工负责清代警察制度的部分，韩延龙负责民国初期的部分，常兆儒负责南京国民政府时期的部分。但由于常兆儒不幸身患重病，其所承担的部分改由其他同志分担。《中国近代警察制度》于 1993 年出版，受到学界和有关方面的好评。《中国近代警察制度》的研究以湖南保卫局为起点，至 1949 年南京国民政府覆亡为止，梳理了警察制度在近代的产生和发展，清末和民国时期警察机关的演变及其职权，地方警政、警察教育、警察法规的制定和颁行，以及各个时期警察制度的特点。该书史料翔实，评述公允。为了展现当时现实中活的警察制度，作者们收集、整理并使用了大量来自第一历史档案馆和第二历史档案馆的原始资料档案，同时也广泛查阅了当时的大量法制文献、报纸杂志、史书方志、文集杂著、时人著述等。该著作除了弥补了警察制度史的空白，在整个近代史领域中也具有相当高的学术影响。《中国近代警察制度》后经韩延龙和苏亦工修订，定名为《中国近代警察史》，于 2000 年由社会科学文献出版社出版，该书的修订版作为社科成果文库之一于 2018 年再版。

对于清末以来法律近代化的研究，法制史研究室的学者们取得了相当丰硕的成果。由于沈家本在近代中国法制转型中的重要地位，对沈家本著作的编辑、点校工作及对沈家本法律思想的研究，自 20 世纪 80 年代即已展开，直至今日在近代法制研究领域仍占有重要地位。韩延龙、刘海年、徐立志、沈厚铎等整理的《沈家本未刻书集纂》于 1996 年由中国社会科学出版社出版，其中包含收集整理沈氏未刻书二十一种六十八卷集纂出版。此后，编者尤感不足，继续收集沈氏未刻著述，编成《沈家本未刻书集纂补编》于 2003 年出版，补编收录沈氏未刻著述凡十二种四十二卷，法学类仍为主要部分。两部书籍收集了大量沈家本未刊刻的手稿，字数多达 300 余万言，超过此前已经刊刻的沈家本著述。两部汇纂的出版为研究沈家本的思想、活动及近代中国法制变革提供了珍贵史料。其中，《沈家本未刻书集纂》在 2000 年获第三届中国社会科学院优秀科研成果三等奖。

法制史研究室的学者在近代法制研究领域取得的成果颇为广泛且极为丰硕。徐立志对中日法律近代化的比较研究、对近代民商法的研究，高旭晨对于近代法律思想的研究、高汉成对于清末《大清刑律草案》的研究、孙家红对于近代法科教育的研究，拓宽和深化了对于近代法律史的研究，在方法上，或重视对新资料的考证，或将法史学的研究与社会学等领域相结合，在近代法史学的研究领域中占有重要地位。

（三）革命法制史研究

在新民主主义时期，中国共产党建立了多个革命根据地和革命政权，并发布了大量的法制文件，在实践中逐步形成了人民民主法制传统。对这些资料的收集、整理和研究，不但有助于把握中国共产党新民主主义革命时期的法制发展，对于新中国成立后建设社会主义法制也有着重要的借鉴意义。新中国成立后，对革命法制史的研究成为法律史学科的一个重要领域，特别是改革开放以后，有关根据地法律制度的研究曾经是法史学界的热点和亮点。法制史研究室的韩延龙、刘海年、常兆儒等对革命法制史的研究，在这一领域具有开创性和弥补空白的作用。

对于第二次国内革命战争、抗日战争和解放战争时期各革命根据地颁行的法律法规等历史文献，在新中国成立初期由董必武等老一代政法界前辈指示汇集，主要部分保存于最高人民法院。法学研究所成立后，将收集整理革命法制史料作为一项重要工作，立项拟对这批史料进行研究。20世纪60年代，常兆儒、刘海年等先后到最高法院抄写、复印资料。然而此项研究尚未正式进行，便由于“文化大革命”而中止。1979年国家哲学社会科学规划会议召开后，对革命法制史的研究工作再次启动，研究革命法制的任务交给了法制史研究室，具体由韩延龙和常兆儒承担。经过二人的收集、整理、编辑，《中国新民主主义革命时期根据地法制文献选编》四卷，从1981年开始由中国社会科学出版社陆续出版，全书共约150万字。这是新中国成立后较早的一部关于中国新民主主义时期根据地法制的文献汇编，为革命根据地法制史的研究奠定了坚实的资料基础。

常兆儒去世后，韩延龙参与主编的《中国革命法制史》（上、下册），以革命根据地法制史料为基础开展研究，由中国社会科学出版社于1987年、1992年分别出版，是第一部系统阐述中国新民主主义革命时期法制建设的专著。在这部专著中，以专题史的形式展开讨论，全书共分为十一章，讨论了革命时期宪法性文件的制定及其演变、政权机构及其组织法的创制和发展、选举立法与选举制度、行政法规的制定和实施、革命刑法的产生及其发展沿革、土地法、劳动法、婚姻法等重要法律制度。同时，每个专题中又以时间为线索，将1921—1949年的新民主主义革命划分为四个历史发展阶段：第一次国内革命战争时期——新民主主义革命法制的萌芽阶段；第二次国内革命战争时期——新民主主义革命法制的初创阶段；第三次抗日战争时期——新民主主义革命法制的形成阶段；第四次国内革命战争时期——新民主主义革命法制向全国发展的阶段。该书在当时一经出版，在学界引起了广泛的影响，1999年获全国哲学社会科学规划领导小组颁发的国家社会科学基金项目优秀成果二等奖（当年法学类一等奖空缺）。

此后，对于革命法制史的研究也成为法学研究所法制史研究室一个具有重要成就的领域。韩延龙的《中国革命法制史的若干基本问题》一文在革命法制史的研究中具有代表性，他在文中对革命根据地法制建设的几个重要关系，即法制建设同民主革命总路线、总任务的关系，法制建设同革命战争的关系，法制建设同党的政策的关系，法制建设同群众运动的关系，法制建设中民主与专政的关系等做了深刻的分析和思考，认为这几个关系“体现出来的新民主主义法制建设的固有规律性，带有强烈的时代特征，这些特征归根结底是由这个时代特定的阶级关系和阶级斗争形势，以及由此而产生的民主革命的总任务决定的。随着民主革命总任务的胜利实现，具有鲜明时代特色的新民主主义法制也就完成了它所担负的历史使命，进而跨入了社会主义法制建设的崭新历史时期”。他认为，新民主主义时期的法制与社会主义时期的法制既有区别又存在联系，“新民主主义时期的一些立法和司法的基本精神和原则却依然放射着马克思主义的光辉，而为社会主义法制建设所共有，因此，研究新民主主义法制史不仅可以使我们了解在艰苦的战争年代，人民法制的产生及其各项制度在民主革命的各个不同时期发展变化的规律，以及它们在人民革命事业中所起的作用，而且可以为当前的社会主义法制建设提供有益的借鉴”①。这样的观点成为革命法制史研究的权威性判断。1994 年，韩延龙参与主编的另一部专著《革命根据地法制史》由法律出版社出版。此外，在此领域，韩延龙发表的学术论文有《关于法制史的研究对象和方法问题》《中国革命法制史的若干基本问题》《革命根据地法制建设基本原则初探》《试论抗日根据地的调解制度》等，常兆儒发表的学术论文有《中国红色区域行政法律监督制度述略》《陕甘宁边区的简政与行政立法》，还有韩延龙与常兆儒合著的《红色区域劳动立法史料简析》等。这些论著在研究方法和论述判断方面，都对革命法制史研究起到了引领作用。

三、学术坚守与追寻

坚守法律史学的客观性、“以史为基”是法制史研究室的学术风格和学术贡献。当历史资料越来越丰富、史料的取舍越来越困难的时候，“如何史论结合”“如何建构性地阐述历史”“如何融贯古今”，是坚持史料可靠、系统的前提下，对我们提出的新的努力方向。

（一）以史为基，史论结合

在近代法律史学产生之际，就存在注重材料的法律考据之学和回应现实需要的法律史论之学的分野。清代律学家薛允升在《汉律辑存》中对汉律考证、辑佚，沈家本所著《历代刑法考》、程树德所著《九朝律考》、丁踶良所著《中

① 韩延龙：《中国革命法制史的若干基本问题》，载《法学研究》1986 年第 5 期。

国古世公法论略》，均系以清代考据学方法所取得的成果。上述研究者在对古代法律的研究中，以辑佚为基本手段，遍寻文献，钩沉出律令佚文，分门别类加以整理、勘校，从中能看到传统史学对法律史学有着深远的学术影响。正如严耕望所谓，治史当以发掘史实真相为主流，以解释、论史为辅助。找出史实的真相并写录下来，可以永远于人有用，这种永久性价值是史学研究最重要的成绩。① 20世纪70年代末，法律史学研究刚刚恢复，需要奠定学科的研究基础。法制史研究室的学者们始终坚守着“以史为基”的学术理念，对基础史料的收集、整理和出版，做出了重要的贡献。无论是前文所述《睡虎地秦墓竹简》《沈家本未刻书集纂》《沈家本未刻书集纂补编》，还是《中国珍稀法律典籍集成》《中国新民主主义革命时期根据地法制文献选编》，都是极为珍贵、可靠的史料汇编，在相关领域的研究中具有不可替代的作用。研究室学者们的诸多著述，也是在系统、坚实的史料基础上取得的。

法律史学是从史料出发，通过一定的方法和理论，揭示出过去的人们关于法的经验、理性与价值。从这个意义上说，法律史学是历史的，又是理论的。以考证、分析史料为核心的研究，有助于深化对于历史上法律制度的认识，特别是在没有新的历史文献资料的情况下，深化和拓展法学的理论认识，就变得更为重要。同时在法律史学研究中注意史料和具体现象的研究，而忽视对法的历史背后蕴含的法理问题的探讨，也会限制法律史学的发展。近年来，学界对于这一问题逐渐开始反思，“20世纪，在海内外，中国法律史的研究都经历了一个从无到有和在方法论上逐步转换的过程，在研究取向上表现为从前期的大规模资料整理、译介和考据并利用既有的西方话语系统加以整合的事实描述式研究，逐步发展到通过扩展学科视野对既有框架进行反思和重构的理论阐释式研究的渐进过程”②。法律史学除了客观描述历史上的法律现象，并对其进行理论的抽象、演变阐释并确立以此为基础的价值判断外，还应提倡以一定的理论为指导，进行有问题意识的理论分析。如梁启超所说：“苟无哲学之理想者，必

① 严耕望：《治史三书》，辽宁教育出版社1998年版，第171页。

② 王志强：《中国法律史学研究取向的回顾与前瞻》，载中南财经政法大学法律史研究所编：《中西法律传统》（第二卷），中国政法大学出版社2002年版，第80页。

不能为良史。”① 以法学的理论为工具，以社会的根本问题为起点与归依，去研究历史上的法律基本问题，是法律史学独特的学术路径，也是法学区别于史学的根本所在。这样的研究路径，才能使法史学真正成为一门法学的基本理论学科，能够回答古今共存的治理问题，并能够从中国法律发展历史出发，贡献出崭新的中国法理学理论。

强调理论阐释和问题意识，并非忽视史料的基础性作用，相反，两者在某些方面可以起到相互促进的作用。如在固有理论下，一些普通的历史材料，在新的理论视野下，可能会纳入有价值的史料范围。瞿同祖的《中国法律与中国社会》一书，试图以社会学立场和方法观察中国传统法律，他认为“仅仅研究条文是不够的，我们也应注意法律的实效问题”，为了展现法律规则在社会生活中的实效，除了对正史和法条的分析，瞿同祖引用的材料里面，清代《刑案汇览》占有很大的比重。

当代对理论阐释和问题意识的强调，是在重视史料考证和描述能力的前提下，对学者理论创新能力素养的要求。史料的阅读整理、考证与理论素养的提升两者不可偏废。从当代法律史学界的状况来看，对史料的运用能力较之法律史前辈们有所减退。这样的研究即使能够有较好的理论阐释，也无法得出客观可靠的结论。只有在可靠史料、扎实求证的基础上，所得出的理论才是具有说服力的。因此，对史料运用和理论阐释均有较强的功底，并将两者结合，法律史学科才能为新时代法治发展提供更多的理论滋养。“以史为基，史论结合”是法律史前辈多年的坚守与追寻，亦是我辈应当继承和发扬的学术传统。

（二）建构阐释，融贯古今

法律史学的研究应否回应当代的法治问题、社会问题？对这些问题的回答应该是仁者见仁、智者见智的。从某种意义上说，对历史真相的追求本身就是一种对真理的追求，法律史学应该尽可能地去还原历史的真相。但同时，法史学最重要的意义在于，实现法律的古今对话，通过对于法律事实、法律文化背后传统思维方式、行为逻辑、法律理论的揭示，关照和解决社会现实问题。因

① 梁启超：《新史学》，载梁启超著：《饮冰室合集·文集之九》，中华书局 1936 年版，第 10 页。

此，法律史学的研究目的，除了发现法律历史的真相，还要建构性阐释整体历史，能够回应社会现实治理问题。

从传统的历史学来看，纯粹为考古而存在的学术也并非上乘之作。孔子作《春秋》遂有“微言大义”，司马迁发愤而作《史记》，“网罗天下放失旧闻，略考其行事，综其终始，稽其成败兴坏之纪……欲以究天人之际，通古今之变，成一家之言”①。即使是重视考证之学的清代，对法律史的考证，也包含托古改制之微意。面对当代法律史学发展面临的困境，不少学者也提出应以历史问题来回应当代法律。胡旭晟提出“力求从历史流变中探究出普遍意义，甚至从往昔的经验里厘定出某些现代文明秩序中一般性的原则和规律，以便为当代的法律文明提供必要的参照视境和有益的建设资源”②。以法律史来回应现实治理问题，可以至少在以下两个层面有所作为：

第一，以法律技术、规范层面的历史经验回应现实。今天中国的法治是中国古代法律传统、近代以来移植自西方的法律传统、社会主义法律传统三大传统相互冲突和融合的产物，其性质虽然与以上法律有别，但仍不可避免地受到上述法律传统的影响，并且在中国历史的发展中大都可以寻绎到其源泉和演变的脉络。对历史上法律技术、规范层面的经验研究，可以弥补当下法律体系的不足，完善对当代法治体系的构建。如在西欧法学史上，一部分德国学者对罗马法的研究，就将关注点放在罗马法与现代法的关系上，并通过对罗马法的技术性规范的研究，进一步对其进行了现代性的体系化建构。今天，越来越多的法律史学者通过对法律规范、制度设计、司法技术的分析、总结和概括，寻找我国传统法律中的制度可以关照现实的理性和智慧。不过，对于具体法律技术和规范层面的历史关照，最容易出现的问题是“片面理解”与孤立的解读，往往以中国现代有的、西方有的，中国古已有之的心态加以考证，而无视其区别，更不去探究其深层次的义理与联系。同时，对具体问题的研究容易“只见树木不见森林”，对古代具体技术、规范层面的理解应首先是全面、客观的，进而才能找到古今之间的深刻联系。

第二，法律史学回应当代社会更深广的层次在于，通过对法律历史的现象

---

① 班固：《汉书·司马迁传》。

② 胡旭晟：《描述性的法律史学与解释性的法律史学》，载《法律科学》1998年第6期。

分析，揭示中国传统法律的特有品质、思维方式、逻辑体系、行为模式及价值内涵，回答中国法治建设的问题，并为当代中国法律思想贡献来自中国传统的部分。法律制度和法律现象的背后，深藏的是一个国家国民独特的思维方式与价值观念，它深深植根于一国的文化传统之中，并非可以轻易变化。同时，在一些知识领域，它具有超越时空的价值。如“仁”“义”“中”等价值因素的法律史学研究，虽然表层的“名”在时代中弱化或消失，但其展现的精神仍存在于国民的内心之中，对其阐发和重建可以为反思西方式法治理想提供一种重要的视角。今天中国法治最基本的现实是，它兼有中国的（古代和革命的）传统和舶来的西方传统，而非两者非此即彼的抉择。正视这一现实，并从中国传统中抽象出法律的哲学，并为当代法律和社会作出回应，应该是我辈努力的方向。

前沿聚焦

◎ 民法典分编（草案）合同总则部分的修改建议

民法典分编（草案）合同总则部分的修改建议

汪渊智 [*]　张舒荣 [**]　郭海哲 [***]

2018年9月5日，全国人大向全社会公布了《民法典各分编（草案）》（以下简称《草案》）并公开征求意见，其中“草案”合同编是在现行《合同法》的基础上修改而成，不仅完善了许多已有的制度，例如，格式条款的效力、无权处分合同的效力、债权人代位权的客体、合同解除的异议期间等，而且还有许多创新，诸如增设了预约合同、真正利益第三人合同、情势变更、合伙合同、物业服务合同等。当然，该“草案”合同编仍然存在许多问题，本文仅就合同总则部分的规定，提出以下修改意见，供立法参考。

一、关于一般规定

条文：第二百五十四条　本编调整民事主体之间产生的合同关系。

建议：本条可修改为：“因合同产生的民事关系适用本编。”

理由：第一，所谓“调整……关系”是理论上的表述，不符合立法的表述方法；第二，物权编第一条规定，因物的归属和利用而产生的民事关系，适用本编。该条规定正确，其他编如人格权编、婚姻家庭编、继承编、侵权责任编，也应统一采用这一表述方法。

* 山西大学法学院教授，法学博士，博士生导师，主要研究方向为民法学。
** 山西大学法学院民商法学专业硕士研究生，主要研究方向为民法学。
*** 山西大学法学院民商法学专业硕士研究生，主要研究方向为民法学。

二、关于合同的订立

1. 要约邀请

条文：第二百六十四条第一款　要约邀请是希望他人向自己发出要约的意思表示。寄送的价目表、拍卖公告、招标公告、招股说明书、商业广告等为要约邀请。

建议：本条可修改为：“要约邀请是希望他人向自己发出要约的表示。寄送的价目表、拍卖公告、招标公告、招股说明书、商业广告等为要约邀请。”

理由：要约邀请本不属于法律规范的事项，但已在我国《合同法》第十五条作了规定，继续保留未尝不可，只是要约邀请不属于“意思表示”，因为一旦表述为“意思表示”就要产生意思表示的效力，并且要适用《民法总则》中关于意思表示的规定，这是错误的。所以，建议去掉“意思”二字，规定：“要约邀请是希望他人向自己发出要约的表示。”

2. 电报承诺生效的时间

条文：第二百七十三条　要约以信件或者电报作出的，承诺期限自信件载明的日期或者电报交发之日开始计算。信件未载明日期的，自投寄该信件的邮戳日期开始计算。要约以电话、传真、电子邮件等快速通信方式作出的，承诺期限自要约到达受要约人时开始计算。

建议：去掉本条中的“电报”。

理由：第一，电报在目前已经很少使用，不具有普遍性，无须作出专门规定；第二，根据本编第二百六十条第三款的规定，电报属于数据电文形式，可直接适用《民法总则》第一百三十七条的规定。

3. 电子合同的成立

条文：第二百八十三条　当事人采用信件、数据电文等形式订立合同要求签订确认书的，签订确认书时合同成立。

当事人一方通过互联网等信息网络发布的商品或者服务信息符合要约条件的，对方选定商品或者服务并提交订单成功时合同成立，但是当事人另有约定或者另有交易习惯的除外。

建议：删除本条第二款。

理由：《电子商务法》第四十九条第一款："电子商务经营者发布的商品或者服务信息符合要约条件的，用户选择该商品或者服务并提交订单成功，合同成立。当事人另有约定的，从其约定。"新颁布的《电子商务法》第四十九条第一款与该条相同，无须再作规定。

4. 根据国家指令性任务订立合同

条文：第二百八十六条第一款　国家根据需要下达指令性任务或者国家订货任务的，有关法人、非法人组织之间应当依照有关法律、行政法规规定的权利和义务订立合同。

建议：删除本条第一款。

理由：第一，市场经济背景下，根据指令性任务或者国家订货任务签订合同的情形很少，不具有普遍性；第二，即使在个别情况下需要签订该类合同时，也应当适用相关的法律法规规定，或者在相关的法律法规中进行规定为宜。

5. 预约合同

条文：第二百八十七条　当事人约定在将来订立合同的认购书、订购书、预订书、意向书等，构成预约合同。

当事人一方不履行预约合同约定的订立合同义务的，对方可以请求其承担预约合同的违约责任。

建议：(1) 将"预约合同"改为"预约"，去掉"合同"二字；(2) 第二款应修改为："当事人一方不履行预约约定的订立合同义务的，对方可以请求其承担违约损害赔偿责任。"

理由：第一，"预约合同"一词同义反复，直接使用"预约"即可。第二，违反预约的违约责任与违反本约的违约责任存在很大差异，特别是不适宜采用强制实际履行，否则便是强制缔约。所以，笼统地规定"承担预约合同的违约责任"，一方面在司法实践中无法操作，另一方面导致理论界的无谓争论。第三，违反预约的责任，只有损害赔偿才是可行的，也是唯一的救济方式。

三、关于合同的效力

1. 合同的生效

条文：第二百九十四条第二款　法律、行政法规规定应当办理批准、登记等手续生效的，依照其规定。当事人未办理批准、登记等手续的，该合同不生效，但是不影响合同中履行报批、登记等义务条款以及相关条款的效力。应当办理申请批准或者登记等手续的当事人未履行该义务的，对方可以请求其承担违反该义务的责任。

建议：删除本条第二句但书及后一句的规定，即修改为："法律、行政法规规定应当办理批准、登记等手续生效的，依照其规定。当事人未办理批准、登记等手续的，该合同不生效。"

理由：第一，未办理批准、登记等手续导致该合同不生效，所产生的法律责任属于缔约上的过失责任，对此，本编第二百九十二条已经作出了规定；第二，办理批准、登记等手续不属于合同义务，而是属于缔约过程中的先合同义务，即使在合同中进行了约定，也不能改变其性质，而违反该先合同义务的法律后果在本编第二百九十二条进行了规定，因此无须再予以规定。

2. 超越经营范围订立的合同的效力

条文：第二百九十七条　当事人超越经营范围订立的合同的效力，应当依照总则编第六章和本编的规定确定，不得仅以超越经营范围确认合同无效。

建议：删除本条。

理由：本条规定的目的在于，法院或仲裁机关不能仅以超越经营范围为由认定合同无效。其实，该条规定是多余的：第一，无效必须具有法定的理由，无论是现行合同法还是本编，都没有将超越经营范围规定为无效的原因，因此超越经营范围不是认定合同无效的理由，此乃当然解释之结果；第二，部分特许经营的范围，相关法律已经作出了规定，如果这些规定属于强制性规定，则直接适用《民法总则》第一百五十三条之规定即可解决。由此可见，本条没有必要规定。

四、关于合同的履行

1. 电子合同的履行

条文：第三百零三条　通过互联网等信息网络签订的电子合同的标的为交付商品并采用快递物流方式交付的，收货人的签收时间为交付时间。电子合同的标的为提供服务的，生成的电子凭证或者实物凭证中载明的时间为交付时间，但是前述凭证没有载明时间或者载明时间与实际提供服务时间不一致的，实际提供服务的时间为交付时间。

电子合同的标的采用在线传输方式交付的，承担交付义务的当事人将合同标的发送至对方指定的特定系统并且能够检索识别的时间为交付时间。

电子合同当事人对交付时间另有约定的，按照其约定。

建议：删除本条。

理由：《电子商务法》第五十一条规定："合同标的为交付商品并采用快递物流方式交付的，收货人签收时间为交付时间。合同标的为提供服务的，生成的电子凭证或者实物凭证中载明的时间为交付时间；前述凭证没有载明时间或者载明时间与实际提供服务时间不一致的，实际提供服务的时间为交付时间。合同标的为采用在线传输方式交付的，合同标的进入对方当事人指定的特定系统并且能够检索识别的时间为交付时间。合同当事人对交付方式、交付时间另有约定的，从其约定。"新颁布的《电子商务法》第五十一条与本条内容完全相同，民法典合同编无须重复规定。

2. 连带之债的含义

条文：第三百零九条　债权人为二人以上，部分或者全部债权人均可以请求债务人履行债务的，为连带债权；债务人为二人以上，债权人可以请求部分或者全部债务人履行债务的，为连带债务。

连带债权或者连带债务，由法律规定或者当事人约定。

建议：本条应当修改为以下内容："债权人或者债务人一方人数为二人以上的，依照法律的规定或者当事人的约定，每个债权人都有权要求债务人履行全部或部分义务的，为连带债权；每个债务人都有义务清偿债务的全部或部分的，为连带债务。"

理由：第一，连带之债的实质是对一个当事人发生法律后果的事项，对其他当事人也产生相同的法律后果，所以，连带债权应重点强调数个债权人中的任意一人，可以行使债权的全部或部分，连带债务中数个债务人中的任意一人，有义务履行债务的全部或部分。第二，我国《民法通则》第八十七条规定，"债权人或者债务人一方人数为二人以上的，依照法律的规定或者当事人的约定，享有连带权利的每个债权人，都有权要求债务人履行义务；负有连带义务的每个债务人，都负有清偿全部债务的义务，履行了义务的人，有权要求其他负有连带义务的人偿付他应当承担的份额”。基于这一规定，民法分则合同编也应继续沿用这一表述为宜。

3. 连带债务人的追偿

条文：第三百一十条第二款　实际承担债务超过自己份额的连带债务人，有权就超出部分在其他连带债务人未履行的份额范围内向其追偿，并相应地享有债权人的权利，但是不得损害债权人的利益。其他连带债务人可向该债务人主张对债权人享有的抗辩。

建议：本条内容建议修改为：“实际承担债务超过自己份额的连带债务人，有权就超出部分在其他连带债务人未履行的份额范围内向其追偿，其他连带债务人可向该债务人主张对债权人享有的抗辩。”

理由：上述修改主要是删除了“并相应地享有债权人的权利，但是不得损害债权人的利益”一语，原因是：第一，连带债务人的追偿，可以是法律的直接规定，也可以是法律允许连带债务人取代债权人的位置向其他债务人行使债权，二者选其一即可。本条既然已经规定了“有权就超出部分在其他连带债务人未履行的份额范围内向其追偿”，说明通过法律规定赋予了追偿的权利，就无须再规定连带债务人“享有债权人的权利”等内容。第二，如果一方面法律赋予连带债务人追偿权，另一方面允许连带债务人可以取代债权人的位置向其他债务人行使债权，将会产生法律适用的矛盾和逻辑体系的混乱。

4. 真正利益第三人的合同

条文：第三百一十三条第二款　法律规定或者当事人约定第三人可以直接请求债务人向其履行债务，第三人未在合理期间内明确拒绝，债务人未向第三人履行债务或者履行债务不符合约定的，第三人可以请求债务人承担违约责任；债务人可以向第三人主张其对债权人的抗辩。

建议：本条应作如下修改：“法律规定或者当事人约定第三人可以直接请求债务人向其履行债务，第三人未在合理期间内明确拒绝的，第三人可以请求债务人履行，债权人也可以请求债务人向第三人履行。

第三人请求债务人履行债务的，债务人可以向第三人主张其对债权人的抗辩。债务人未向第三人履行债务或者履行债务不符合约定的，债权人有权请求债务人承担未向第三人履行所产生的损害赔偿责任。”

理由：第一，真正利益第三人合同，第三人虽然取得了直接请求权，但终非合同当事人，因此基于该合同由当事人享有的权利，例如，违约责任请求权，第三人无权行使，只能由债权人主张；第二，债权人虽然可以向债务人主张违约责任，但由于第三人享有履行利益，因此债权人不得请求债务人向自己实际履行，只能向债务人主张未向第三人履行给自己产生的损害赔偿责任。

5. 不安抗辩与预期违约

条文：第三百一十七条　应当先履行债务的当事人，有确切证据证明对方有下列情形之一的，可以中止履行：

（一）经营状况严重恶化；

（二）转移财产、抽逃资金，以逃避债务；

（三）丧失商业信誉；

（四）有丧失或者可能丧失履行债务能力的其他情形。

当事人没有确切证据中止履行的，应当承担违约责任。

第三百一十八条　当事人依照前条规定中止履行的，应当及时通知对方。对方提供适当担保时，应当恢复履行。中止履行后，对方在合理期限内未恢复履行能力并且未提供适当担保的，视为以自己的行为表明不履行合同义务。

第三百五十三条第一款　有下列情形之一的，当事人可以解除合同……（二）在履行期限届满之前，当事人一方明确表示或者以自己的行为表明不履行主要债务……

第三百六十八条　当事人一方明确表示或者以自己的行为表明不履行合同义务的，对方可以在履行期限届满之前要求其承担违约责任。

建议：（1）第三百一十八条最后一句话："中止履行后，对方在合理期限内未恢复履行能力并且未提供适当担保的，视为以自己的行为表明不履行合同义务。"建议恢复原来《合同法》第六十九条的表述："中止履行后，对方在合理期限内未恢复履行能力并且未提供适当担保的，中止履行的一方可以解除合同。"（2）第三百五十三条第一款第（二）项中"当事人一方明确表示或者以自己的行为表明不履行主要债务"一语，建议修改为："当事人一方明确表示或者以自己的行为显然表明不履行主要债务。"（3）第三百六十八条中"当事人一方明确表示或者以自己的行为表明不履行合同义务"一语，建议修改为："当事人一方明确表示或者以自己的行为显然表明不履行合同义务。"

理由：上述四个条文与现行《合同法》第六十八、六十九、九十四、一百零八条一样，都是将英美法上的预期违约制度与大陆法上的不安抗辩权制度结合起来，形成了我国独特的违约救济制度，所不同的是，《草案》第三百一十八条将现行《合同法》第六十九条中“中止履行的一方可以解除合同”改为“视为以自己的行为表明不履行合同义务”。这一改变仍然没有解决《合同法》中预期违约与不安抗辩权不能很好协调的问题。

预期违约分为明示预期违约和默示预期违约两种。明示预期违约，是当事人明确表示或者以其行为十分明确地表明，他将届期不履行合同义务。默示预期违约，是一方当事人根据对方当事人的客观情况，推断对方有可能在履行期到来时不履行合同义务。在明示预期违约的情形下，由于违约已经确定，对于非违约方有两个救济途径：一是立即解除合同，并要求其承担违约责任；二是等到履行期届满，已经构成实际违约时，再要求其承担违约责任。在默示预期违约的情形下，由于仅仅是推断他有可能不会履行合同，因此不能立即要求对方承担违约责任，而是采取两步走：第一步，先停止自己的履行，通知对方在一定期间内恢复履行能力，或者为将来的履行提供担保；第二步，在一定期间内，对方既未恢复履行能力，也未提供将来履行的担保，非违约方才能解除合同，并要求其承担违约责任。

我国现行《合同法》第九十四、一百零八条规定了明示预期违约，第六十八、六十九条规定了默示预期违约，存在的问题是：明示预期违约与默示预期违约的界定不清楚，表现在第九十四、一百零八条规定的“当事人一方明确表示或者以自己的行为表明不履行合同义务”一语，其中“以自己的行为表明不履行合同义务”的表述存在两个问题：一是“以自己的行为表明”既可能是十分明确地表明将不履行合同义务，也可能只是推定他将来不履行合同义务，前者属于明示预期违约无疑，但后者应属于默示预期违约；二是“以自己的行为表明”的表述可能会与第六十八条第一款第（四）项“有丧失或者可能丧失履行债务能力的其他情形”相重叠。这两个问题都表明，《合同法》第九十四、一百零八条规定的明示预期违约与默示预期违约混在一起，导致非违约方救济手段无所适从，法律适用不明。

所以，《草案》的编纂，需要严格区分明示预期违约与默示预期违约，具体途径就是将现行《合同法》第九十四、一百零八条规定的“当事人一方明确表示或者以自己的行为表明不履行合同义务”一语修改为：“当事人一方明确表示或者以自己的行为显然表明不履行合同义务。”

6. 情势变更

条文：第三百二十三条第一款　合同成立后，订立合同的基础发生了当事人在订立合同时无法预见的、非不可抗力造成的不属于商业风险的重大变化，继续履行合同对于当事人一方明显不公平的，受不利影响的当事人可以请求与对方重新协商；在合理期限内协商不成的，当事人可以请求人民法院或者仲裁机构变更或者解除合同。

第三百八十条第三款　当事人一方因不可抗力致使继续履行合同对其明显不公平的，可以请求人民法院或者仲裁机构变更或者解除合同。

建议：(1) 合并上述两个条文的内容，使第三百二十三条的规定包括不可抗力在内，具体条文设计如下：“合同成立后，订立合同的基础发生了不属于商业风险的重大变化，继续履行合同对于当事人一方明显不公平的，受不利影响的当事人可以请求与对方重新协商；在合理期限内协商不成的，当事人可以请求人民法院或者仲裁机构变更或者解除合同”；(2) 删除第三百八十条第三款。

理由：第一，上述两个条文表明，无论是因为情势变更，还是不可抗力，只要继续履行合同对于当事人一方明显不公平的，非违约方都可以请求人民法院或者仲裁机构变更或者解除合同，法律效果一致，完全可以合并规定；第二，在大陆法上，情势变更与不可抗力是两个不同的法律事实，有严格的界限，法律效果也不一样。但是，英美法上并不区分情势变更与不可抗力，而是通过合同落空制度，同时包括了大陆法上的情势变更和不可抗力，其法律后果一样，都可以请求解除合同。我国民法典完全可以借鉴英美法的合同落空制度，将情势变更与不可抗力合并规定在一起。

五、关于合同的保全

1. 债权人行使代位权的法律后果

条文：第三百二十六条　人民法院或者仲裁机构认定代位权成立的，由债务人的相对人向债权人履行义务，债权人接受履行后，债权人与债务人、债务人与其相对人之间相应的权利义务关系终止。

第三百三十一条第二款　债权人请求人民法院撤销债务人行为的，可同时依法以自己的名义代位行使债务人在其行为被撤销后对相对人所享有的权利。

建议：删除上述两个条文的规定。

理由：第一，债权人行使代位权仅仅是为了保全债务人的财产，其行使的后果应当实行入库规则，如果允许债务人的相对人向债权人履行义务，无疑将代位权的行使等同于强制执行，有损其他债权人的利益，破坏了债权平等原则；第二，实行入库规则不会创伤债权人行使代位权的积极性，因为如果债权的实现没有其他途径，不采取这一保全措施，自己的债权就更没有实现的可能；第三，在我国，债权人代位权只能通过诉讼或仲裁的途径行使，所以，代位权的实现一般都要强制执行，债权人接受相对人的履行后，在符合法定抵销情形时，可以行使法定抵销权，只有在不符合法定抵销情形时，才需要将财产转交债务人；第四，债权人行使代位权的结果，如果要实行入库规则时，第三百三十一条第二款的规定就没有必要继续存在。

2. 债权人撤销权的行使条件

条文：第三百二十八条　债务人以明显不合理的低价转让财产、以明显不合理的高价受让他人财产或者为他人的债务提供担保，影响债权人的债权实现，债务人的相对人知道或者应当知道债务人的行为有害于债权人的利益的，债权人可以请求人民法院撤销债务人的行为。

建议：本条应将“债务人的相对人”改为“受益人”，具体条文如下：“债务人以明显不合理的低价转让财产、以明显不合理的高价受让他人财产或者为他人的债务提供担保，影响债权人的债权实现，受益人知道或者应当知道债务人的行为有害于债权人的利益的，债权人可以请求人民法院撤销债务人的行为。”

理由：债权人在此情形下行使撤销权的对象虽然是债务人的有偿行为或者为他人债务提供担保的行为，但是都属于减少债务人责任财产的行为。因此，债权人行使撤销权必然要涉及他人的利益，具体来讲，在有偿行为下，该他人为受让财产或者获取高额价款的人，在担保行为下，该他人为取得担保权的债权人，总之，都属于受益人。因此，如果《草案》条文规定为“债务人的相对人”，范围较广，导致所指不明。

六、关于合同的变更和转让

1. 债权让与的禁止情形

条文：第三百三十四条　债权人可以将债权全部或者部分转让给第三人，但是有下列情形之一的除外：

（一）根据债权性质不得转让；

（二）按照当事人约定非金钱债权不得转让；

（三）依照法律规定不得转让。

当事人约定非金钱债权不得转让的，不得对抗善意第三人。

建议：去掉本条第一款列举的三种情形的“根据”“按照”“依照”。

理由：精练立法语言。

2. 债权转让效力的顺序

条文：第三百三十六条　债权人将同一债权转让给数人，债权转让可以登记的，最先登记的受让人优先于其他受让人；债权转让未登记或者无法登记的，债务人最先收到的债权转让通知中载明的受让人优先于其他受让人。

建议：去掉本条最后一句中的“债务人”，具体条文是：“债权人将同一债权转让给数人，债权转让可以登记的，最先登记的受让人优先于其他受让人；债权转让未登记或者无法登记的，最先收到的债权转让通知中载明的受让人优先于其他受让人。”

理由：表述错误。

七、关于合同的权利义务终止

1. 违约方的合同解除权

条文：第三百五十三条第三款　合同不能履行致使不能实现合同目的，解除权人不解除合同对对方明显不公平的，对方可以向人民法院或者仲裁机构请求解除合同，但是不影响其承担违约责任。

建议：删除本条。

理由：第一，已经构成违约的一方当事人，就其违约行为应向对方当事人承担违约责任，如果违约方具有法律规定的合同解除权时，当然可以依照该法律规定解除合同，二者是两个不同的法律问题。第二，如果非违约方要求强制实际履行，《草案》第三百七十条已经做出了明文规定，即“当事人一方不履行非金钱债务或者履行非金钱债务不符合约定的，对方可以要求履行，但是有下列情形之一的除外：（一）法律上或者事实上不能履行；（二）债务的标的不适于强制履行或者履行费用过高；（三）债权人在合理期限内未要求履行”。该条是关于强制实际履行这一违约责任形式的规定，如果存在该条列举的三种情形时，就不能请求强制实际履行了，应当转换为其他责任形式，例如，损害赔偿等。第三，既然不能继续履行，说明该合同关系继续存在的目的无法达到，因此法院可主动判决合同关系消灭即终止，如果允许违约方主动解除合同，将会导致违约方利用这一解除权损害非违约方的利益。

2. 合同解除权的行使期限

条文：第三百五十四条第二款　法律没有规定或者当事人没有约定解除权行使期限，经对方催告后在合理期限内不行使的，或者自解除权人知道或者应当知道解除事由之日起一年内不行使的，该权利消灭。

建议：（1）删除本条“在合理期限内”的表述；（2）法定的一年行使期间，仅限于未经催告的情形下。按照上述修改意见，修改后的条文如下：“法律没有规定或者当事人没有约定解除权行使期限，经对方催告后仍不行使的，或者未经催告的，自解除权人知道或者应当知道解除事由之日起一年内不行使的，该权利消灭。”

理由：第一，法律没有规定或者当事人没有约定解除权行使期限时，由解除权的相对人进行催告，催告的本质是由相对人决定解除权的行使期间，通常情况下相对人在催告通知中就限定了解除权的行使期间，在这种情况下，只要未在该期间内行使，解除权即归消灭，无须在催告之后再经过一个合理期间才消灭；第二，如果相对人未进行催告时，才需要法律做出一个期限规定，如果不限定“未经催告的”这一条件就直接适用一年的期限，将会与前一种情形发生适用上的冲突，当事人就不知所从。

3. 合同解除后担保人的责任

条文：第三百五十六条第三款　主合同解除后，担保人对债务人应当承担的民事责任仍应承担担保责任，但是担保合同另有约定的除外。

建议：将本条移至保证合同一章。

理由：第一，本条本来是关于合同解除的规定，解决的是合同双方当事人之间的关系，但是，从内容上看，解决的是担保人的担保范围的问题，而担保人的责任范围则属于担保合同上的问题，二者应当分开规定，不能混在一起；第二，担保有物的担保和人的担保两种，物的担保中，关于担保范围，《草案》第一百八十条已经作出了规定；人的担保中，《草案》第四百八十条也作出了规定，因此，无论何种担保，合同解除后担保人的责任都属于相应担保制度上的问题，无须在合同解除制度上规定。

4. 法定抵销的生效时间

条文：第三百五十八条第二款　当事人主张抵销的，应当通知对方。通知自到达对方时生效。抵销不得附条件或者附期限。

建议：在本条中应当增加抵销的生效时间，具体条文修改如下："当事人主张抵销的，应当通知对方。抵销通知自到达对方时生效，抵销在适于抵销时产生抵销的效力。抵销不得附条件或者附期限。"

理由：第一，本条完全沿袭了现行《合同法》第九十九条第二款的规定，但是该条只是规定了抵销通知的生效时间，未规定抵销的生效时间；第二，法定抵销尽管是当事人行使抵销权消灭法律关系的原因，但当事人的抵销意思表示，其效力应溯及于符合法定抵销要件时，而不是抵销意思表示生效时，因为何时生效直接关系到双方当事人的利益，如利息计算、违约责任的确定等。

5. 提存的效力

条文：第三百六十一条第二款　提存成立的，视为债务人在其提存范围内已经交付标的物。

建议：该条应修改为："提存成立的，债务人在其提存范围内已经履行债务。"

理由：第一，既然已经构成提存，就应当产生提存的效力，即在提存范围内完成相应的履行，如果表述为"在其提存范围内已经交付标的物"，没有把提存的效力规定出来；第二，既然提存是法定的消灭债的关系的原因，只要完成了提存，就应当导致债的关系消灭，无须使用"视为"进行拟制。

6. 免除的效力

条文：第三百六十五条　债权人免除债务人部分或者全部债务的，债权债务部分或者全部终止，但是债务人在知道或者应当知道免除之日起合理期限内拒绝的除外。

建议：将本条的但书修改为“但债务人拒绝的除外”，具体条文如下：“债权人免除债务人部分或者全部债务的，债权债务部分或者全部终止，但是债务人明确表示拒绝的除外。”

理由：第一，免除是免除权人单方面为免除的意思表示即可消灭债务关系的原因，免除权本质上就是一种形成权，免除意思表示一经到达相对人，无须相对方同意就立即产生免除的法律效果，因此，法律没有必要在免除意思表示到达后，再给相对人一个合理期间表示同意或不同意；第二，免除的结果是债务人的债务消灭，并且无须支付对价，换言之，债务人因免除纯粹获得利益，不产生任何负担，因此免除在通常情况下不会损害债务人的利益，这是常态，至于在例外情形下，免除会损害债务人利益时，应由债务人进行明确表示，否则不视为拒绝。

八、关于违约责任

1. 替代履行

条文：第三百七十一条　当事人一方不履行债务或者履行债务不符合约定，依债务的性质不得强制履行的，对方可以请求其负担费用，由第三人替代履行。

建议：删除由第三人替代履行的规定，改为由违约方承担损害赔偿责任，具体条文如下：“当事人一方不履行债务或者履行债务不符合约定，依债务的性质不得强制履行的，对方可以请求其承担损害赔偿责任。”

理由：第一，在市场经济条件下，当事人一方不履行债务或者履行债务不符合约定，同时依债务的性质又不能强制履行的，完全可以与第三人进行同样的交易，法律没有必要作出由第三人替代履行的专门规定；第二，由第三人替代履行，存在诸多不确定因素，而且，不仅加重了法律关系的复杂性，同时也为执行带来麻烦，大大降低交易效率和司法效率；第三，强制实际履行的责任形式由损害赔偿的责任形式替代，是当代合同责任制度基于经济生活的不稳定性呈现出的发展趋势，更何况非违约方在能够获得等值补偿的情况下，没有理由限制违约方的违约自由，即违约方在支付这笔交易的赔偿金后，如果仍然能够获得更多更大的利益时，应当允许这种违约责任的替代。

2. 履行不符合约定的违约责任

条文：第三百七十二条　履行不符合约定的，应当按照当事人的约定承担违约责任。对违约责任没有约定或者约定不明确，依照本法第三百零一条的规定仍不能确定的，受损害方根据标的的性质以及损失的大小，可以合理选择要求对方承担修理、重作、更换、退货、减少价款或者报酬等违约责任。

建议：删除本条规定“退货”的责任形式。

理由：本条沿袭了现行《合同法》第一百一十一条的规定，但是该条规定的退货这一责任形式，其实就是《民法总则》第一百七十九条规定的返还财产，这种民事责任通常是在合同解除或者合同无效情形下，要求恢复当事人在订立合同前的财产状况的法律形式，因此，关于退货这一责任方式的规定，应当在买卖合同中的解除中进行规定为宜。

3. 定金

条文：第三百七十六条　当事人可以约定一方向对方给付定金作为债权的担保。定金合同自实际交付定金时成立。

定金的数额由当事人约定，但是不得超过主合同标的额的百分之二十，超过的部分不产生定金效力。实际交付的定金数额多于或者少于约定数额，视为变更约定的定金数额。

建议：将第二款“主合同”修改为“债权”。

理由：第一款规定定金作为债权的担保，但是在第二款要求定金不得超过主合同额的百分之二十，前者使用“债权”这一概念，后者使用“主合同”这一概念，前后用语不一致。因此，基于法律用语一致性的要求，作如上修改。

4. 国际货物买卖合同和技术进出口买卖合同的诉讼时效

条文：第三百八十四条　因国际货物买卖合同和技术进出口合同争议提起诉讼或者申请仲裁的期限为四年，自当事人知道或者应当知道其权利受到损害以及义务人之日起计算。

建议：删除本条。

理由：第一，本条沿袭了现行《合同法》第一百二十九条的规定，该条之所以将国际货物买卖合同和技术进出口合同的诉讼时效规定为四年，一方面是因为这两种合同较为复杂、涉及的标的额较大，另一方面是鉴于当时《民法通则》规定的普通诉讼时效较其他国家的规定为短。但从我国目前情况来看，随着市场经济的迅猛发展，国内交易的复杂程度并不比涉外交易的复杂程度小，同时新颁布的《民法总则》在诉讼时效制度上有了很大变化，不仅延长诉讼时效期间为三年，而且在时效的中止、中断以及援用等方面有许多新规定，基本与其他国家的诉讼时效制度保持了一致，在此背景下，《草案》没有继续沿袭《合同法》规定的必要。第二，同样是涉外合同债权人，国际货物买卖合同和技术进出口合同的债权人的诉讼时效为四年，其他涉外合同的债权人是三年，同样是合同债权人，涉外合同债权人的诉讼时效是四年，国内合同的债权人的诉讼时效是三年，这种区别对待的规定，破坏了民法平等原则。基于上述原因，建议删除本条。

法学各科专论

◎ *北洋政府时期质权制度探微*

——兼与近代西方质权的比较

◎ *民国时期遗嘱继承制度的继受*

◎ *人民团体和社会组织参与法治的路径研究*

◎ *新时代中国特色社会主义法治新发展*

——以党的十九大报告为视角

◎ *法律间接因果关系的适用研究*

◎ *大数据时代下政府信息公开的立法研究*

◎ *论彭真宪法监督思想的主要内容及当代启示*

◎ *大数据时代个人信息行政法保护研究*

◎ *我国非诉行政执行司法审查标准的规范分析*

◎ *基层社会治理视阈下的地方立法审视*

◎ *论网约车平台提供商的法律地位*

◎ *论农村集体经济组织法人决议行为的成立*

◎ *论农村集体经济组织的法律定位*

◎ *“财政兜底”的经济法研究*

……

北洋政府时期质权制度探微

——兼与近代西方质权的比较

周子良* 宿福花**

摘 要：北洋政府时期大理院兼采西方民法法例之成果，形成以不动产质为主的质权类型。在质权设定上采取两分法，动产质采用与西方同样之移转占有标准，不动产质则以移转占有为基础，以使用收益为核心标准。北洋政府时期之质权以保全债权为主要目的，从强调物之责任走向物与人之责任并重。其形成的一系列判解被民国民法沿用至今，可见其已形成了近代意义上通用之质权制度。

关键词：北洋政府时期 质权 体系 使用收益

目前学界对于北洋政府时期质权制度的研究集中于4个方面。第一，典权与《民律草案》不动产质的异同。民国学者薛长炘认为不动产质属于担保物权，典权之性质效力则与所有权相似。① 张晋藩教授则认为“典权与不动产质权只是权利名称不同，实质内容几乎完全相同”。② 第二，民初质权的渊源。一说认为质权为中国固有。如朱勇提出“动产质权制度是固有法中相对较完善的部分”，近代质权制度与其相似性较大，其不同之处在于废除了古代以人身为质的习惯。不动产质则与典权相似。③ 潘维和则相反，他认为质权是在继受欧美

---

* 山西大学法学院教授、法学博士，主要研究方向为法律文化和法理学。
** 山西大学法学院法理学专业硕士研究生，主要研究方向为法律文化。

① 薛长炘：《对于民草物权编修正之我见（续）》，载《法律周刊》1924年第28期。

② 张晋藩：《中国民法通史》，福建人民出版社2003年版，第1167页。

③ 朱勇：《中国民法近代化研究》，中国政法大学出版社2006年版，第213页。

法的基础上，参酌国情制定的，并非本国固有。[①] 第三，近代质权种类的立法取舍。如张晋藩《近代民法史》、叶孝信《中国民法史》等均指出《民律一草》与《民律二草》因效仿模板的不同，不动产质权在立法文本中经历了从《民律一草》的引入到《民国民法》的删除。第四，北洋政府时期质权司法典质混淆。李卫东《民初民法中的民事习惯与民事习惯法：观念、文本和实践》中指出由于日本博士冈田氏在帮助立法时将中国典当等同于日本不动产质权，并将这一理念在京师法律学堂进行宣讲，使得北洋政府时期民事实践及司法审判典质混淆[②]。上述成果均围绕民初质权立法开展，而民初草案并未颁布实行，大理院判例才是民初质权司法的主要来源，因此，要清晰认知民初质权全貌，必须以大理院所形成的判解为核心，防止因制定法缺失，而忽略大理院判例对质权近代化的贡献。

一、北洋政府时期的质权用语

以要旨或案例中直接出现质权字样，并以质权为主要内容进行统计，共32例，其中要旨与质权无关的案例1例。其中动产质权要旨6例，完整案例4例。从要旨到案例全文均未出现质权以外的担保用语。不动产质权共26例，其中未出现质与典、当、抵混淆情形的有12例，因原文缺失和作用不大所导致无法判断的有8例，要旨与案例全文均未出现相关混淆字样的有4例。另有14例存有混淆情形，其中要旨中非“质权”这一用语的有3例，其表现为质当连用指称质权。案例中出现连用的有9处，包括案例中仅出现“典”“典当”字样，并无连用3例，“典”字出现的频率较大；另有6例出现典质连用，并且其中有2例将《清理不动产典当办法》或《民事有效部分》中与典权相关的条文与西方条理联合使用。最后要旨与全文均存在连用的有2例，2例要旨质当连用、1例典质连用，1例典当、典质用语均频繁出现（见下表）。

---

① 潘维和：《中国近代民法史》，汉林出版社1982年版，第394页。

② 李卫东：《民初民法中的民事习惯与习惯法：观念、文本和实践》，中国社会科学出版社2005年版，第208页。

大理院判例中用语混淆具体情况

案号	用语情况
1913 年上字第 46 号	案例内容典质混淆
1914 年上字第 1248 号	案例典质用语混淆并将《清理不动产典当办法》与不动产条理结合进行判定
1914 年上字第 711 号	要旨质当连用
1915 年上字第 2380 号	案例典质用语混淆，且将典权作为不动产质权进行审理，出现典价支付
1914 年上字第 127 号	案例典质混淆，涉及《民事有效部分》重复典卖条文，但是位于担保物权通则，且内容关乎质权效力
1917 年上字第 403 号	要旨质当连用
1918 年上字第 1545 号	要旨质当连用，案例典质用语混淆，并将质物灭失风险与典物灭失风险相类比
1914 年上字第 270 号	案例内容典质用语混淆，且将典作为担保物权一部分进行受偿顺序排列
1914 年上字第 365 号	要旨中质当连用，案例内容中又出现典当、典质混淆，大理院在审理过程中直接将典当作为质权审理
1914 年上字第 1034 号	案例内容中出现典字
1915 年上字第 482 号	案例中典当连用
1915 年上字第 1697 号	要旨质当连用
1916 年上字第 1106 号	案例典质出现典质用语
1916 年上字第 1142 号	案例中明确出现典价、出典等语，并未出现将质权作为典权审理的情形。典质用语混淆

以上数据表明，31 例要旨中以“质权”为名的有 26 例，占比 84%，质当连用占比 16%，非质权用语案例占比 28%。要旨为质权用语，而案例却不相符的占比 23%。由此可以得出以下 3 个结论：一是西方近代质权用语已基本通行于大理院司法中，此之主要根据要旨占比数，实际上北洋政府时期对下级地方法院起作用的是大理院三次陆续汇编的《大理院判例要旨汇编》，而非判例内容。二是大理院质权判例制作过程中存在用语混乱情形，在案例中使用“质”以外用语，却在要旨中强加质权字样，可能存在案例非质权案例之情形。三是北洋政府时期大理院本身对于非“质权”字样之担保用语并未形成一致用语。

二、北洋政府时期质权制度体系

(一)质权之设定

1. 不动产质之设定

大理院判例中涉及不动产质权成立要件之要旨 8 例，其中完整案例 5 例，全文缺失 3 例。另有 4 例要旨与成立无关，但是判例中均涉及大理院对不动产质权成立要件之斟酌。纵观相关判例，成立要件中有两个硬性要求：第一个为要式即订立书面契约。1915 年上字第 813 号和 1918 年上字第 77 号两个要旨从不动产物权之一般移转原则到不动产担保物权移转形成一致要式要求，“除有特别习惯外，须立字据”，并尊重已经形成的民间习惯。

第二个为实质要件。要旨中出现的关键词有“交与、交付、占有、使用收益”，根据大理院判例内容冲突以时间在后者为准之原则观之，四种字样出现并无明显的先后之别，如 1914 年 4 个要旨中出现“占有俾之使用收益者”“占有、交付”“移转标的物之占有”“使用收益”。1915 年的 3 个要旨中亦出现“交付、占有、使用收益”，因此这些要件不存在替代问题。

结合要旨与案例内容，大理院将不动产质成立的实质要件分为两个层次：第一层次，暂且不问交付方式为何，只要质权人之直接占有为合法，并且双方当事人达成一致，质权在符合要式的基础上成立。1914 年上字第 365 号案例双方当事人就 1912 年 7 月才丈交土地并无异议，因此大理院认其质权在此时成立，并要求上告人补偿从订立契约到交地之利息与被告人张氏。若双方当事人对直接是否合法有异议时，要通过揣度当事人内心之真实意思而定。如 1915 年上字第 1248 号被上告人蒋将自有房屋抵押给上告人璞，用于借款 3000 两，后庚子兵变，双方均逃离。后上告人璞先回来后便入住受抵之房，蒋再未付过利息，璞继续使用收益。现二人就原抵押之物形成的担保物权发生争议。大理院认为璞先占有该房，并且蒋再未付过利息，璞又不支付租金，因此双方系以默示意思设立不动产质权，此处大理院认定默示成立质权，以租金抵利息之行为，认质权之成立。

第二层次为质权人间接占有质物时，以质权人使用收益为标准。若占有人为出质人时，并不似西方直接否定由出质人占有的任何情形。1914 年上字 270 号要旨直接肯定了由出质人占有改定的情形。而 1913 年上字第 46 号则在先于要旨之前就已经实际承认占有改定设定的质权。被上告人宋廷标先将房屋抵押于日人岗村，用于抵押借款，后宋廷标又将房屋出典给上告人，但是房屋仍由宋居住，宋廷标每年向质权人支付租金 450 两，大理院认为上告人已拥有使用收益权，其对质物设定不动产质权。若双方当事人均非质物直接占有人时，则直接以质权人的使用收益为断，收益一般以取租作息形式出现，此种情形在案例中占大多数。1915 年上字第 161 号上告人之房屋已由第三人颜领泉租住，后其弟将房屋向被上告人设定担保物权，并约定以房租作利息，将租折移转于被上告人。大理院认为因被上告人对于房屋已有使用收益之权，因此成立质权，而非抵押权。1915 年上字第 2380 号直接贯彻这一要旨，承租户汪姓将租折直接转于质权人，仍由汪姓居住，而质权人因有租金作为使用收益之果而拥有质权。综合以上两个层次，表明大理院形成了以质权人直接占有为表面要素，以使用收益为实质要素的判断原则。

在近代大陆法系国家中，仅法国和日本有规定不动产质。德瑞两国认为不动产质无论采用何种公示方式，将会使其与其他担保相混淆，失去其本身意义，因此德瑞两国否定不动产质这一担保类型。法国之不动产质规定在《法国民法典》第三编“取得财产权之各方法”第十七卷“质物之事”第 2085—2091 条，并准用动产质第 2077—2083 条之规定。① 由此观其不动产质之设定有以下两个条件：一是书面契约，其在第 2085 条规定“不动产之质，必以书面而为之”。二是转移不动产质权之占有，第 2085 条第 2 款规定“债主有因得不动产之质有，应收由其不动产所生之入额”。但是仅分析此条文无法确定移转占有于质权人是其质权成立的必要条件。日本之不动产质权规定在 1898 年《日本民法典》第 356—361 条，准用总则第 342—351 条之规定。第 344 条明确“质权之设定，因引渡其目的物于债权者而生效力”。② 第 345 条“质权者，不得使质权设定者代自已而占有其质物”。这两条从正反两个角度全面规制不动产质权的成立标准，即将质物交付质权人，且根据梅谦次郎《日本民法要义》之法条释义可

① 李秀清、陈颐主编，商务印书馆编译所编译，邓健鹏点校：《法国六法》，上海人民出版社 2013 年版，第 197—198 页。

② 黄琴唐点校：《日本六法全书》，上海人民出版社 2013 年版，第 74 页。

知，交付对象可为质权人或质权人指定之人或由双方当事人指定之人，唯独不可由出质人占有。梅谦次郎强调即使成立时交付质权人占有，但后续又因其他法律关系移转于出质人亦不可行，因此种行为会使善意第三人蒙受不必要的损失。而三潴信三《物权法提要》则通过列举大正五年（1916 年）大审院判例，认为占有改定仅不得适用于质权设定当时，若质权已合法成立，其后又因租赁移转于出质人，此行为仅不发生代理占有之效力，质权并不当然无效。① 因此日本不动产质权成立要件排除以占有改定之交付。但是质权人之占有却无禁止规定。由此可见，其并不排除质权人之间接占有。

就大理院与法、日之不动产质权之异同而言，三方均强调不动产移转占有之要素。但是占有结果又有差异，日本不动产质之直接占有人不可为出质人，而大理院 1914 年上字第 270 号判例则在援引日本民法第 345 条的基础上，对其进行了改造，将其扩大至占有改定，并将质权人间接占有却拥有质权的依据定位为使用收益，此点是大理院的创举。

2. 动产质之设定

就动产质的成立要件，德、日与大理院判例保持一致，注重动产占有之公示要素，均要求成立之时，必将质物交付质权人。日本民法规定如上述不动产质第 344、345 条。德国民法之规定则更为详尽。第 1205 条“凡设定质权，所有者须交付其物于债权者，于质权当属于债权者之事，并须彼此合意。若债权者已占有其物时，则质权之成立仅以合意为足。所有引渡间接占有之物，得以其间接占有移转于质权者，且得因告知设定质权于占有者而代补之”。② 其中有三个要素需要注意：第一，动产质之成立需双方当事人已达成合意。第二，需移转占有于质权人直接占有。第三，交付方式包括现实交付、简易交付和指示交付。其不似日本以禁止性条文进行规定，德国采用正面规定，直接将占有改定这一交付方式从质权交付方式中排除。大理院判例涉及动产质成立的有 2 例。分别为 1916 年上字第 631 号和 1920 年上字第 726 号，此两者明确动产质之成立需满足出质人之完整处分权和交付质物两个要素。后者更是以要旨形式明确移转占有是动产质成立的决定要素，并将债权效力与物权效力进行区分。即

---

① ［日］三潴信三著，孙芳译：《日本物权法提要》，中国政法大学 2004 年版，第 299 页。

② 李秀清、陈颐主编，商务印书馆编译所编译：《德国六法》，上海人民出版社 2013 年版，第 171 页。

“惟动产质权之成立，既系以移转占有为要件，则在未移转占有以前，虽经立有字据，亦尚不能发生质权之效力”。而法国则与此三者有明显区别，其第2076条明确动产质权之成立须“不问何之场合，非既由债主受取质物或由债主与负债主双方所择者受取于质物，债主就于其质物不可得特权”。并于第2073、2074条规定质物价值在150弗朗以上，则须记证书并进行登记。由此观之，北洋政府时期之动产质成立与法、德、日在移转占有于质权人这一根本要素上保持一致，并各自附加形式要件。

（二）质权人之权利义务

1. 优先受偿权

优先受偿权是指债务之部分或全部，到期不予履行，质权人可就质物之卖价优先于其他债权人清偿，该权利为质权之主要效力。各国于质权人优先于普通债权人这一定论并无异议。但其他债权人亦有相关之担保时，各国规定不同。担保物权竞合包括质权竞合、质权与其他担保物权竞合。质权竞合如何产生各国规定亦有所不同。北洋政府时期大理院判例明确扩大成立质权之占有范围，从占有外表上看，包括出质人在内的任何人均可直接占有质物，这为质权的善意取得留下了豁口，但是大理院1917年上字第1436号以要旨明确保护在后之担保物权人之善意，给予其与前权利人同等之受偿权，“许其按照债权之额数比例受偿”。虽未明定质权之成立状态如何，但是却涉及优先清偿的顺序。另外，1915年上字第1949号判例言明“动产质权因持续占有始可对抗第三人”，可见其存在质物交付以后回转或由出质人再行出质从而导致一物数质的情况。大理院1917年声字第125号要旨印证了这一猜测，其指出“质权成立之先后应以当事人间立约之时期为准，不应问其投税之先后，盖在现行法上投税不过一种之证明，并非契约成立之要件”。① 1918年上字第127号要旨亦认可责任转质之效力。使得原质权与新质权之间存在冲突。由此可见，北洋政府时期质权间的优先受偿产生于转质、一物数质和对善意第三人的部分优先权的保障上。对此，大理院创制了不因物权之类型而异的统一规则。1913年上字第46号认为“凡

---

① 黄源盛：《大理院民事判例辑存1912—1928物权编（下）》，犁斋社2012年版，第1172页。

就同一标的物发生二以上之物权，若不能更有特别优越之力，则先发生之物权优于后发生者”。[①] 1917 年上字第 1637 号要旨则补充其例外情形，认在后无过失确系善意之担保物权人之受偿顺位与前质权人同。

反观国外，德国质权无明显关于转质之规定，但其承认动产质之善意取得，因此，其质权冲突主要产生于此，质权冲突时，德国民法第 1209 条和第 1232 条规定，质权依其设定之先后定其顺位，且前质权人对后质权人无引渡之义务。但若前质权人不变卖受偿，顺位人亦不得争为卖却。法国既无转质之规定亦无善意取得之规定，仅在第 2091 条规定以质物再行质出，依登记先后受偿，[②] 在不动产质与先取特权发生冲突时，受同等顺位之受偿。唯有日本既存在善意取得、一物数质之质权，又包括责任转质之质权。梅谦次郎在《日本民法要义》中提出，质权因占有而生效，原则上不产生一物数质之情形，但是因第 345 条代为占有而产生同一人占有多个质权顺位冲突问题，如甲将物质于丙，又质与乙，三人约定由乙占有自己质权所产生之质物占有或代理丙之质权之占有，由此两者发生冲突。再有甲将物质与乙，质于丙，乙丙约定由丁代为占有，因此在丁处产生代理占有质权之顺位问题。就此问题，日本民法第 355 条规定“因担保数个之债权，而就于同一动产设定质权者，则其质权之顺位，依设定之前后”。但是善意取得者例外，其优先于前之质权受偿。[③] 因此德、日、北洋政府时期均形成以设定先后定顺位之原则，而日本和大理院则认善意第三人之例外。

2. 使用收益权

担保物权以担保为主，现代民法从便利交易之视角，赋予质权人自然孳息之收取权。北洋政府时期使用收益之判例集中在不动产，动产无相关案例。不动产质权人使用收益权与利息请求权密切相关，大理院旨在通过将利息与收益相抵，除去交易之繁，此种收益权为法定收益权。大理院 1916 年上字第 1106 号要旨中指出“盖以不动产质权所担保之债权，除有特约外，其债务人所以不负支付利息之义务。而债权人取得收益之权利者，其法律上理由即在推定当事

---

① 黄源盛：《大理院民事判例辑存 1912—1928 物权编（下）》，犁斋社 2012 年版，第 9 页。

② 陈本寒：《担保物权法比较研究》，武汉大学出版社 2003 年版，第 418 页。

③ ［日］梅谦次郎原著：《日本民法要义·物权编》，陈承泽，陈时夏译述，商务印书馆 1913 年版，第 244—246 页。

人意思，以债务人所应负之利息与债权人所应交还之孳息互相抵销，而节省彼此交付之烦”。当然，使用收益权处于质权正常存在期间内，若已订立契约而未交付质物或债务已届期，出质人迟延履行时，质权人便获得临时之利息请求权，由此可见利息请求权是使用收益权之补充权利。另外，质权人使用收益所得之费用又以是否纯然由质权人收益，或用于抵销债权之范围来确定其用益之程度。观之大理院1914年上字第365号等相关判例可知质权人之收益仅用于抵销原本之利息，近代称其为利质，属于用益质之一种，与古日尔曼活质类似。

法国民法第2085条规定不动产质权人有法定使用收益权，并就“其贷额之息银，得每岁将其入额先充用于息银之偿次充用母银之偿”，若费用不足，由债务人承担，反之，应返还其余额于债务人。因此其既不属于抵销质，又不同于利息质。动产则未见相关规定。德国民法之动产质第1213、1214条规定质权人对质物之天然孳息有收益权，并以之冲抵利息和原本。日本民法第356、358条在规定不动产质权使用收益权时，意在将其与利息相抵，亦为用益质之利质。比较动产或不动产之使用收益权，大理院与日本相似，均为利质，质权人之用益程度较强。法国与德国相似，采取用尽质物价值之原则，用于冲抵质物所担保之原本和利息，剩余者应返还，更为强调物对出质人之价值，使得质物使用或交换价值偏向于担保作用。

3. 费用负担

法国民法第2086条规定动产质之一般费用和有益费均由出质人承担。第2086条规定“无别段之契约时，债主应支就于以其质而得之不动产所应出之税银及每岁之费用”。可见此费用并非当然由质权人承担。该条第2款则规定债主应对占有之不动产为必要和有益修缮时而未为之，所生之损失由质权人承担，若质权人为有益修缮，则费用从“不动产入额中取之”，因收益费最终有余应退还出质人，此费用相当于仍由出质人承担。德国民法第1216条则规定动产质支出之一切费用由出质人承担。日本不动产质之管理费和赋税均有质权人承担。大理院判例1917年上字第505号要旨指出不动产之一般租税义务由质权人承担。1916年上字第1106号案例中又明确，若为有益费用，则由债务人承担，并以交还质物时现存利益为限度，不超过原支额数。此结论并未显现于要旨处，论述之前论有‘惟按现行法例’，但是经过查询于当时有效适用之《民事有效部分》则无相关规定，更似引用法国民法第2086条之规定。因此各国不动产质之费用因一般费用和有益费而异，动产质则一切支出费用均由出质人承担，不动产质和动产质因其价值大小差异，立法者从物尽其用之角度更注重不动产之价值。

(三) 质权之消灭

法国民法质权章未见质权消灭之规定。日本民法第 350 条准用第 304 条之规定，标的物灭失者，质权消灭。第 361 条不动产质因时效而消灭。另外，因不动产质准用抵押之规定，因此准用第 377 条，质权因债权由第三人清偿而消灭。德国民法第 1224 条，第 1252—1256 条规定之质权消灭类型有 4 种：一是因债权之消灭而消灭，质权消灭之途径又分为提存和抵销。二是因质权人抛弃质权而消灭。三是因返还质物之占有于质权人而消灭。四是质权和所有权混同而消灭。大理院判例中质权之消灭分为 3 种：一是 1914 年上字第 1252 号之因质权人抛弃而消灭；二是因债权之消灭而消灭；三是因其他约定而消灭。1920 年上字第 726 号旧历丙辰年 1 月、2 月，被上告人三源号分别与王国桢、刘贵兆之木行以商会习惯约定优先抵偿权。民国 5 年 11 月三源号与福建银行签约借款，以木排作抵押，该银行在 3 月份知三源号有倒闭风险，在 4 月要求其以木排为质，三源号将木排移交福建银行。大理院认为三源号对于福建银行之担保物权已经由抵押权转为质权，但是由于福建银行要求移交的行为是在明知有害于其他债权而为，因此其他债权人可主张撤销三源号设定质权的行为。福建银行之质权虽已成立，却因债权行为被撤销，这与物权优先于债权之原则相违背，却直接反映出质权对债权之无条件从属，间接承认了物权行为之有因性，与德国之物权行为的无因性完全不同。如大理院 1914 年上字第 688 号之因质权契约对质权之存续附消灭条件而消灭。除因债权消灭而消灭之质权外，其余消灭情形仅丧失物之担保而已。

三、北洋政府时期质权制度的进展

(一) 质权种类立法与司法之不一致

1929 年立法院提交审议的立法理由曾言“我国习惯无土地债务及不动产

质，就立法当时之经济状况而言，无立法之必要……典为我国特有之习惯，远胜于不动产质……”[①] 民法典采纳这一意见，在质权章中仅规定动产质和权利质两种类型，否定了北洋政府时期大理院创设的不动产质权。并将典权放置在质权之后，留置权之前，后续中国台湾地区“民法”经过27次修订，亦未见不动产质之身影。但是这并不意味着民间实践中不存在不动产质之纠纷。如曹杰在民国民法研究的过程中指出民法典所不认之不动产质，在人口渐次集中的都市屡见不鲜，应给予法律上之地位。[②] 同时司法实践中亦可隐见不动产质。1931 年最高院上字第 1512 号判例明定虽民法典无不动产质之规定，但若其成立在此法颁发之前，则认其效力。由此而产生立法与司法物权种类的不一致。因此最高院为解决新旧物权交替问题，必须对先前部分有效之要旨进行援引和适用。作为民国民法典立法者的吴经熊先生在其 1948 年编纂的《中华民国六法理由判解汇编》例言中指出书中收录者尚有“前国民政府命令暂准援用，现尚有效之北京政府颁发之司法法令”。其在质权章对应条文中全盘编入了大理院制定的以质权为样本的 27 例判例要旨和 2 例解释例要旨，当然也包括不动产质以使用收益为断之判例要旨，可见当时不动产质在民间已有影响。至于不动产质在经济生活中何时消亡，则无法考证。

（二）一般性规定转化吸收

若民法典颁布之初，最高院暂时保留大理院创制之判例为解决不动产质遗留问题。那么在《民国民法典》颁布的 50 年后，大理院制定的质权判例仍适用于司法审判中，是否说明大理院时期关于不动产质的判例创设了质权的一般性规定。根据 1980 年新陆书局编辑的《中华民国民法判解释义全书》中仍有 24 例与质权相关要旨，其中有 20 例被放置于质权对应条文之后，有 4 例被放置于抵押权处，另有 27 例中 3 例被删除，这 3 例内容涉及不动产质成立以使用收益为准、不动产质有追及效力及不动产出质人仍得将质物另行抵押或转卖于人。而质权中被采用之 20 例，10 例分布于质权含义和成立处。其中对 1914 年上字第 270 号、1915 年上字第 1949 号、1926 年上字第 726 号之承认，表明南京时

① 黄源盛：《晚清民国民法史料辑注（二）》，犁斋社 2014 年版，第 1052 页。

② 曹杰：《民法质权章之研究》，载《法律评论（北京）》1931 年第 9 卷第 3 期。

期与德、日相同，确立了以移转占有为质权基础要件之根本标准，将质权人之直接占有扩大为间接占有，涵盖了所有占有之范围，亦加强了质权人留置之权能。但是其间接占有的判断标准不再是大理院时期的使用收益而是其他实质权利义务关系，完全摒弃了传统典权之使用收益对质权的影响，从而形成近代意义之质权。另外，南京民国质权借鉴 1914 年上字第 365 号、1914 年上字第 1248 号之理念处理利息与孳息之界限，将不动产质权之法定收益权改造为动产质权之约定收益权，免去双方当事人交易之繁，促进民事交易之便利。南京时期对于大理院质权判例之大幅度吸收和再造，表明大理院制定判例之普遍性和权威性，亦证明大理院之不动产质权不似学界所言，因松冈义正、冈田朝太郎等对中国典之误解而抹灭其在质权近代化中的实践和开创作用。

结　语

北洋政府时期大理院在无相关立法的情况下，通过判解创制了一套以不动产质为主，以动产质与权利质为辅的质权体系。用语方面，逐渐趋同于德日国家，但是其中仍有传统担保典当的影子。在质权取得上以西方移转占有之核心标准为直接判断因素，并辅之以使用收益这一实质要件。在质权效力上，形成以优先受偿权为核心之权利义务体系，并赋予善意第三人与前质权人同等之受偿顺位。在质权消灭上，形成以债权消灭而消灭之附随性理论。总之，北洋政府时期之质权以保全债权为主要目的，从强调物之责任走向物与人之责任并重。其形成的一系列判解被民国民法沿用至今，可见其已形成了近代意义上通用之质权制度。

民国时期遗嘱继承制度的继受

陈琬珠*

摘　要：民国时期遗嘱继承制度参照当时法典的翻译及留学学者的意见，继受了日本遗嘱继承制度。在继受过程中，以宪法为标准，围绕中国传统的遗嘱继承习惯进行变通，实现了继受遗嘱继承制度的本土化，同时在变通中关注继承制度在我国的实用性，进而形成了体系完备内容完整的遗嘱继承制度。

关键词：民国时期　遗嘱继承　继受　变通

关于民国时期的遗嘱继承制度继受问题的研究，学术界并没有进行系统的研究，对其研究主要集中在四个方面：第一，研究民国时期遗嘱相关制度的继受，对遗嘱继承制度进行论述，如宋中立在其《〈中华民国民法·继承编〉浅析——以近代中国社会变迁为视角》一文中，提及遗嘱制度近代化的问题，又如徐丽叶在《〈大清民律草案〉之遗嘱继承制度研究》论述了《大清民律草案》对遗嘱继承制度的固守与借鉴；第二，研究民国民法转型过程中涉及遗嘱继承的继受，如李显东《从〈大清律例〉到〈民国民法典〉的转型——兼论中国古代固有民法的开放性体系》对遗嘱继承制度继受进行了说明，认为其既不拘泥于旧例，也尊重了传统；第三，在研究民国时期的女子继承权及特留分制度时，对遗嘱继承有所提及，但是并未分析其继受；第四，在研究中国民法史时，会涉及民国遗嘱继承制度，如程维荣的《中国继承制度史》，张晋藩学者的《中国民法通史》中都涉及遗嘱继承，但是都是对遗嘱继承进行内容性介绍，并未深入讨论制度的继受。

* 山西大学法学院硕士研究生，主要研究方向为法律文化。

一、民国时期遗嘱继承继受的对象

民国时期遗嘱继承制度对象选择以日本为主，其他大陆法系国家的遗嘱继承制度为辅。关于遗嘱继承制度，以1911年礼学馆编订的《大清民律草案》为起点，经过1926年修订法律馆编订的民国《民律草案》，1928年法制局编订的民国《继承法草案》，于1930年最终形成了民国《民法·继承编》。这四部法律中的遗嘱继承制度都是以《日本民法典》中的遗嘱继承制度为范本。主要表现在以下三个方面：

首先，体例上继受日本的遗嘱继承制度。就遗嘱继承制度而言，1898年的《日本民法典》① 设有“相续”编，相续即继承之意，在相续编第六章中规定了“遗言”，遗言章设有五节：总则，遗言之方式，遗言之效力，遗言之执行，遗言之取消。1900年的《德国民法典》② 同样设有“相续法”，在其第三章中规定了遗言，设有八节：总则，相续人之选定，次位相续人之选定，遗赠，负担，遗言执行者，遗言之决定及取消，共通遗言。1912年的《瑞士民法典》③ 同样在民法中设有“继承法”，在其第十四章中明确规定了遗嘱处分：遗嘱处分能力，遗嘱处分自由，遗嘱处分方式，遗嘱处分形式，遗嘱执行人，遗嘱的无效及扣减，继承契约之诉。《法国民法典》④ 将继承归属于“取得财产之方法”编，在其第二卷中规定了“生存中之遗赠证书及遗嘱之遗赠证书”，这一卷内规定了不同情形的遗赠，但是并未像德国、日本及瑞士一样，设置专门的继承编，将遗嘱继承系统规定。我国《大清民律草案》，民国《民律草案》中在继承编中同样设置专章来规定遗嘱，其中规定了：总则，遗嘱之方法，遗嘱之效力，遗嘱之执行，遗嘱之撤销五节内容。1930年的《民法典》中规定了遗嘱，分为六节：通则，方式，效力，执行，撤销，特留分。由此可知，民国遗嘱继承继受的过程中，遗嘱继承的体例我国选择以日本为范本。

其次，关于遗嘱继承方式。各国的遗嘱继承方式都不尽相同（见下表）。

---

① 商务印书馆编译所：《日本六法全书》，上海商务印书馆1914年版。

② 商务印书馆编译所：《德国六法》，上海商务印书馆1913年版。

③ 宜亭：《瑞士民法》，载《法律评论（北京）》1937年第690—692期。

④ 李秀清、陈颐：《法国六法》，上海人民出版社2013年版。

各国遗嘱继承方式

国家	遗嘱继承方式
中国	自书遗嘱、公证遗嘱、密封遗嘱、代笔遗嘱、口授遗嘱
德国	普通方式：公证遗嘱、自书遗嘱 特别方式：口头遗嘱
日本	普通方式：自书证书遗嘱、公正证书遗嘱、秘密证书遗嘱 特别方式：危急时遗嘱（一般危急时，难船危急时）、隔绝地遗嘱
瑞士	普通方式：公证遗嘱、自书遗嘱 非常方式：口授遗嘱
法国	通常遗嘱：自书遗嘱、公证遗嘱、密封遗嘱 特别遗嘱：军人遗嘱、隔绝地遗嘱、海上遗嘱、外国遗嘱

如上表可知，上述这些国家，都将遗嘱继承方式分为两种，普通（通常）与特别（非常），我国虽然没有这种明确的区分，但是除口头遗嘱是紧急情况适用外，一般情况只能适用其他四种方式，可见我国遗嘱方式也有普通与特别之分。纵观这些国家，都承认自书遗嘱，公证遗嘱及口授遗嘱，虽然法国、日本规定的是特殊方式，但是在这些方式下才可以适用口授遗嘱，其他一般情况只能适用普通遗嘱，这三种方式为国际通行方式，我国在继受过程中自然会接受。日本、法国同时承认密封遗嘱，但是就其方式之成立要求是不同的。相对而言，我国在这一问题上，还是以日本为范，很重要的原因之一是无论是法国还是德国其遗嘱继承方式规定太为烦琐，而日本的规定要相对简单些。

最后，关于遗嘱效力，执行及撤回同样以日本的遗嘱继承制度为范本。遗嘱继承的效力我国主要是继受日本的遗言效力。

我国遗嘱继承制度选择以日本为范本，首先是因为民国时期参与民律修订的人员有日本留学的经历或直接聘请日本学者为法律顾问。《大清民律草案》在编订的过程中，聘请日本法学博士志田钾太郎、小何滋太郎、松冈义正起草民律，对《大清民律草案》的制定做出了重大的贡献。在继承法编订的过程中，清廷选定由礼学馆编订，并由高种、陈录为主编，松冈义正协助其起草了继承编，高种为日本中央大学法学士，《民律草案》的编订人员中大部分也具有在日本留学的经历，所以在其编订的过程中定会受到日本学者的影响，之后的《民法典》编订同样是以之前的草案为基础，而且《民法典》继承编的起草者罗鼎曾在日本东京帝国大学学习，并且获取法学学士，这些因素定会影响遗嘱继承制度在继受中对继受国的选择。其次，中国和日本具有较相似的法律体例和外部环境。就法律传统而言，在唐朝时期，日本对中国的法律传统几乎是全盘接受，就法律体例而言，日本参照我国唐朝的律、令、格、式，当时的日本只存在一些习惯法，经过大化改新后，继受了唐朝时期的法律体例。尤其是在718年颁布的《养老律令》，“《养老律令》颁布后日本没有再制定新的律令法典，也没有宣布废除该律令，故《养老律令》一直适用至明治维新时期”。① 之后制定的《公事方御定书》是参照我国的明律制定的，直至明治维新前，日本的法律体例仍在不同程度上受我国立法体例的影响，所以在立法体例上，中国和日本具有相似性。就外部环境而言，近代日本同样遭受着西方列强的侵略，随之日本通过明治维新走向近代化，明治维新期间日本开始制定资产阶级性质的法律制度，于1898年完成了《日本民法典》。这一民法典制定过程中同样也出现了继受法与传统习惯的冲突，即“法典论战”，继承法和亲属法无疑是争论的焦点。最终以延期派观点为准，进行了新民法典的修订，新民法典制定的过程中，日本初步解决了两者之间的冲突与矛盾。我国民法典制定过程中，同样面临这样的问题，尤其是继承问题，在历史上与日本具有相似的渊源，遗嘱继承都带有浓厚的家族色彩。

二、民国时期遗嘱继承制度继受的方式

民国时期遗嘱继承制度继受方式主要有两种：翻译国外的法律制度与派遣学生留学。我国古代并没有体系完备、内容完整的遗嘱继承制度。法律明文规定与遗嘱相关的法律有：汉朝的《张家山汉墓竹简·二年律令·户律》②，其中规定了遗嘱的法律效力；在唐朝和宋朝，《丧葬令》明确规定了在户绝的情况下适用遗嘱继承，《宋刑统·户婚律》③ 在其户绝资产中明文规定，在南宋时期

---

① 何勤华、李秀清等著：《日本法律发达史》，上海人民出版社1999年版，第4页。

② 《张家山汉墓竹简·二年律令·户律》规定：“民欲先令相分田宅、奴婢、财物，乡部啬夫身听其令，皆参辨券书之，辄上如户籍。有争者，以券书从事；毋券书，勿听。所分田宅，不为户，得有之，至八月书户，留难先令，弗为券书，罚金一两。”

③ 《宋刑统·户婚律》规定：“［准］《丧葬令》，诸身丧户绝者，所有部曲、客女、奴婢、店宅、资财，并令近亲转易货卖，将营葬事及量营公德之外，余财并与女。无女均入以次近亲，无亲戚者官为检校。若亡人在日，自有遗嘱处分，证验分明者，不用此令。”

还有一些相关性规定，但是都不成体系。晚清民初时期政局混乱，一方面需要引进西方先进的法律制度；另一方面有收回领事裁判权的紧迫形势。在这样的背景下，法制改革定不可能根据我国传统遗嘱继承制度自发性的进行，必当继受西方的法律制度。一方面，翻译了大量的外国法典，以修订法律馆的法典翻译为起点，翻译了《法国民法》《德国民法》《日本民法》等及商务印书馆翻译的《日本六法全书》《德国六法》《法国六法》为国人全面认识近代法律提供了基础。在北洋政府时期，司法部参事厅主持翻译了13册外国法典，有这些翻译做基础，南京国民政府在成立不久后，便制定了六法全书。遗嘱继承制度的制定同样也是在这些翻译法典的基础上形成的。另一方面，便是派遣留学生学习，据统计“从1902年开始，赴日学法政科者，已经占据显著地位……1906年前后，东渡研修法政形成极盛态势，仅1906年6月19日至9月17日赴日留学生达6880人，其中习法政科者超过2000人……相比之下，留学欧美习法政者要少得多”。①

三、民国时期遗嘱继承制度继受的核心

遗嘱继承制度继受日本的遗嘱继承制度，在这一过程中，最关键的问题是将继受的法律制度本土化，即对其进行变通，使其适合我国的实际情况，能为我国所适用。正如学者何勤华所说：“法律移植必须考虑本土化这一环节。因为只有将移植本土化，移植才算有了结果，才具有价值。”② 在遗嘱继承制度的变通过程中，以宪法为标准，适当地解决了我国对传统的遗嘱继承制度取舍问题，同时根据我国的实际情况对继受的制度在不同程度上做了删减。

在变通过程中，首先要遵守宪法。《大清民律草案》制定宗旨之一“求最适于中国民情之法则。立宪国政治，几无不同，而民情风俗，一则由于种族观念，一则由于宗教之支流……是编凡亲属、婚姻、继承等事，除与立宪相背，酌量变通外……以维持数千年民彝于不敝”。③ 变通过程中要尊重传统的遗嘱继承习惯但是不能拘泥于习惯，否则很难实现继受的目的，改革我国的法律制度。

---

① 李秀清、陈颐：《日本六法全书》，上海人民出版社2013年版，第10页。

② 何勤华：《法的移植与法的本土化》，商务印书馆2014年版，第278页。

③ 谢振民：《中华民国立法史（上册）》，中国政法大学出版社1999年版，第745页。

遗嘱继承制度属于身份法，在变通中对传统的遗嘱继承制度要取之精华部分。宪法中规定男女平等，夫妻平等，这些规定是先进的制度，所以我国之前遗嘱继承中的男女不等、夫妻不等必然是不能被新的遗嘱继承制度所接受，例如在1926年《民国民律》中关于遗嘱继承撤销规定中："妻之遗嘱，与夫之遗嘱相抵触者，其所抵触之处，妻之遗嘱视为撤销。"① 显然妻之遗嘱的效力是没有夫之遗嘱的效力高，两者之间只要发生冲突，除特留分部分，妻之遗嘱是要被撤销的。显然该规定违背男女平等原则，所以在1930年的《民法典》中将这一规定予以取消。

其次，要尊重中国传统的遗嘱继承习惯。从《大清民律草案》制定时，立法者就认识到这一问题。法律馆制定了调查民事习惯章程十条，其中关于遗嘱继承习惯，章程中提出："……一、各处婚书、合同、租券、借券、遗嘱等项，或极详细，或极简单，调查员应搜集各抄一份……"② 所以在继受日本继承制度时，一定要尊重中国传统的遗嘱继承制度。主要表现为特留分制度和遗嘱继承方式。在继受遗嘱继承的方式中，我国对日本的遗嘱继承制度做了不同程度的变通：第一，增加了代笔遗嘱，民间一直习惯于代笔遗嘱，是我国独有的，在继受的过程中并没有一味地西化，《大清民律草案》中遗嘱继承方式仅有自书遗嘱，公证遗嘱和口授遗嘱，在继受的过程中，并没有考虑到我国的实际情况，"旧律中亲属继承之规定，与社会情形悬隔天壤，适用极感到困难……"③ 基于此，开始对民间的习惯开始调查，调查显示"遗嘱之字据，固以亲笔书立为确实之证凭，即非亲笔书立，而他人为之代笔，亦无不可为权利关系之证明。本县习惯多有请人代书遗嘱之事"。④ 大理院的判例中也发现有代笔遗嘱的案例，所以在1926年的民国《民律草案》中增加了代笔遗嘱。第二，关于口授遗嘱，无论是德国，法国或是日本，关于口授遗嘱适用的具体情形都予以明文规定，或于军队中，或于难船中等情形，我国在继受的过程中对之予以变通，直接限于"遗嘱人生命危急或其他特殊情形"，并未向其他国家一样，具体予以

① 黄源盛：《晚清民国民法史料辑注》，犁斋社2014年版，第858页。

② 张晋藩：《中国民法通史》，福建人民出版社2003年版，第1117页。

③ 谢振民：《中华民国立法史（上册）》，中国政法大学出版社1999年版，第748页。

④ 前南京国民政府司法行政部编：《民事习惯调查报告录（下册）》，中国政法大学出版社2000年版，第763—764页。

列举，一方面考虑到口授遗嘱适用必须在特殊情形，何为“特殊”？必为不能采用一切办法为其他遗嘱之困境，但是这种困境绝非列举可以概括的，所以我国选择概括式和列举式相结合的方式，衡量标准是不能以其他方式为遗嘱，这样便于在现实生活中的操作；另一方面源于我国对于遗嘱的态度，在民事习惯调查中发现“遗嘱即无书立字据，但有族戚在三人以上出为作证，以证明遗嘱属实，自宜认为有效，习惯所谓遗言者是”。[①] 习惯上对于遗嘱，只要可以证明其出于遗嘱人的真意即可，不须规定特定的方式，大理院四年上字第1274号判例“遗嘱不须本人亲自书立。故别有确证可以证明该遗嘱为真实者。即不得谓为无效”。[②] 可见，对于遗嘱我国传统习惯认为只要可以证明遗嘱真实性即可，无所谓形式，更无所谓场合，在口授遗嘱中明显地显示出这一习惯，并不需要具体规定何种场合，只要达到穷尽一切方式都不能用其方遗嘱继承方式订立，便可采用口授遗嘱的方式，而且其成立条件较为简单，只要达到遗嘱是基于遗嘱人真意即可，在特殊的情况下，对遗嘱人真意的保护要甚于形式上的要求。关于特留分制度，在具体的特留分制度中，特留分制度的范围份额我国都根据传统做了变通。我国是存在特留分制度习惯的，《大清现行刑律》中：“立嫡子违法律条例，于义男女婿为亲所喜悦者，仅许其酌给财产，婚姻门男女婚姻律，于招婿养老者，仍令其立同宗应继一人均分家产，及前大理院所著酌给亲生女遗产，不得超过嗣子所应承受之数额……其旨趣与本节所定之特留分旨趣同。”[③] 可见，在继受特留分制度时，同样考虑到我国对于遗嘱继承的传统习惯，同时根据我国的传统习惯对特留分制度做了变通，主要表现为特留分人范围的扩大，不仅包括直系血亲卑属，还扩大到祖父母，配偶范围。日本的特留分主体仅包括直系卑亲属，配偶；瑞士的特留分主体包括直系卑亲属，兄弟姐妹及配偶；法国的特留分主体包括父母、嫡子、私生子；德国的特留分范围包括卑属、父母、配偶。历史上我国便实行同财共居，十分注重家族，直到清末民初，在广大农村地区依旧很重视家族，所以将特留分的范围扩大到祖父母，以系维护亲属关系。

---

① 前南京国民政府司法行政部编：《民事习惯调查报告录（下册）》，中国政法大学出版社2000年版，第762页。

② 朱鸿达：《大理院判决例全集民法》，世界书局1936年版，第374页。

③ 刘含章：《民法继承编实用》，环琦书屋1936年版，第340页。

最后，遗嘱继承的变通要立足于实用性。在继受法律对象的选择上，要选择体系清晰，内容易懂的法律制度。同样在继受过程中，同样需要简化其制度，提高实用性。1930年的《民法典》中第一次将遗嘱继承制度系统地呈现在国民面前，其法律效力自不用说，但是要使一份遗嘱真正发生法律效力，不仅是在被继承人死亡后，更需要遗嘱本身有效，这就对遗嘱的制定提出很高的要求。要主体适格，遗嘱指定的方式必须为法定的五种方式，我国之前的遗嘱继承制度主要能“证明遗嘱人真意”即可，不需满足众多的条件，所以在新法实施伊始，需考虑国民的接受程度。例如，遗嘱的继承方式，我国虽然继受日本的遗嘱继承，但是在其方式继受的过程中，已经作了简化，五种方式的遗嘱成立方式其条件都更较于实施，尤其是口授遗嘱，并未详细地像日本遗嘱继承方式分为一般危急、难船危急、隔绝地危急，我国直接规定危急时刻，适用简单而方便。又如，遗嘱继承的撤回和执行，在继受过程中直接将遗嘱执行产生的费用、遗嘱执行人报酬等问题进行删减，这些问题在笔者收集的案例中也并未显示出有这方面的纠纷，这些问题直接由亲属会议予以解决，而日本之所以会出现这些问题，是因为其遗嘱执行是由裁判所执行。亲属会议是由逝者的亲属组成的，定对亲属的生前愿望有所了解，在相关执行事项由其参与，能更好地保护遗嘱者的真意，而裁判所并不具备这一条件，所以在继受过程中，我国对其进行了简化。

结　语

民国时期的遗嘱继承制度继受，无论是体例还是内容，都选择以日本为主要范本。在遗嘱继受的过程中，很好地解决了传统遗嘱制度与继受法律制度的冲突，以宪法作为标准，将符合宪法的传统继承制度保留下来，不符部分予以抛弃。对继受法律制度进行本土化处理，同时立足于继承制度实用性的问题，最终形成了体系完备、内容完整的遗嘱继承制度。

人民团体和社会组织参与法治的路径研究

王小芳*

摘　要：我国法治建设的发展对民主参与提出了更高的要求；而民主之公共参与是现代法治的必然要求。人民团体和社会组织参与法治是组织化了的公众参与的重要表现形式。本文从人民团体和社会组织参与法治之形式、内容以及保障和法律规制的角度，旨在探究法治社会中人民团体和社会组织民主参与之路径。

关键词：人民团体　社会组织　法治　路径

2007年党的十七大报告就提出要"建立健全党委领导、政府负责、社会协同、公众参与的社会管理格局"。十八大以来，党中央强调在保持社会秩序的同时，要充分发挥民众参与和社会协同的作用，以新的理念、新的方式推进社会治理。党的十八届三中全会通过的《中共中央关于全面深化改革若干重大问题的决定》中首次提出要"创新社会治理体制"，在社会治理过程中要"坚持系统治理，加强党委领导，发挥政府主导作用，鼓励和支持社会各方面参与，实现政府治理和社会自我调节、居民自治良性互动"；党的十八届四中全会通过的《中共中央关于全面推进依法治国若干重大问题的决定》指出要发挥人民团体和社会组织在法治社会建设中的积极作用。这些表述确认了人民团体和社会组织作为国家协商民主体系的重要形式和渠道的地位，也为人民团体和社会组织参与法治指明了方向。同时，党的十八届四中全会还提出，"推进多层次多领域依法治理，坚持系统治理、依法治理、综合治理、源头治理，深化基层组织和

* 山西大学法学院讲师，法学博士，主要研究方向为法理学。

部门、行业依法治理，支持各类社会主体自我约束、自我管理，发挥市民公约、乡规民约、行业规章、团体章程等社会规范在社会治理中的积极作用”。人民团体和社会组织作为社会秩序化机制的一种载体，在现代文明的社会秩序建构中将发挥着独特的角色作用；社会组织是社会治理的重要依托，鼓励和支持社会组织参与社会治理，彰显了党执政的包容性情怀。

一、合作共治——参与法治的形式

法治社会有两层内涵：一是指法治社会秩序的形成；二是指法治社会的运行。事实上，无论是法治社会的形成还是法治社会的运行，都离不开全社会共同的努力与践行。人民团体和社会组织是具有组织化的公众参与的重要表现形式，法治社会的建设自然离不开他们的支持。人民团体和社会组织一样，其特有的社会属性使其“在法治社会建设中起着推动法治社会秩序形成、促进法治社会良性运行的作用”。① 一个社会的正常运转，需要政府的力量，更需要社会的力量。经过长期的探索和创新实践，我国已经初步形成了“党委领导、政府负责、社会协同、公众参与”的社会管理新格局，逐步实现了社会管理主体由传统的政府“一元”向“多元”的转变，而这种多元的转变中必然包含着人民团体和社会组织的参与。

（一）“有限政府”是法治的应有之义

法治的要义在于调解政府与社会之间的矛盾，遏制政府权力的专横和腐败，从而维护社会的民主自由和正当利益。法治的本质就是权力的较量，其追求就是实现社会的民主。以制约政府权力和保障自由为核心的现代法治，是与民主政治相伴随的历史进步。法治水平提升的一个重要表现形式是民主化的进程。这使得法治之下的政府必然是一个有限的政府。按照有限政府的理论，政府与公众是一组契约关系，公民将权力授予政府，但并没有将所有权力都转让，而是保留了相当一部分，所以政府天然是有限的。政府的建立如果不是为了更有效地保障公民个人享有的权利，根本就没有存在的正当性和必要性。政府的权力来源于人民权

---

① 孙琼如：《社会组织与法治社会建设》，载《光明日报》2015 年 4 月 29 日，第 13 版。

利的部分让渡，赋予政府的权力实质是实现人民权利的一种手段，因此政府的权力必然是相对的、有限的。法治要求下的有限政府主要体现在职能、权力方面的有限性。从政府职能的角度看，尤其是要理顺政府与社会的关系，使政社分开，社会自立，在整顿、规范社会组织的同时，充分发挥它们的作用，构建起政府与社会的良性互动体系。从政府权力的角度看，权力不能集中到一个机构即政府的手中，必须由不同的机构依据不同的原则和法定的程序、在不同的领域和不同的地域实施周期不同的调控，并通过监督以规范政府的行为。

（二）法治实现需要人民团体和社会组织作用的发挥

法治要求之下的有限政府决定了政府之有所能和有所不能。从职能角度看，政府不可能也不应该包办一切事务，在其所不能及之处必然需要其他社会主体参与实现公共治理。

在我国，人民团体是由中国共产党领导的，按照其各自特点组成的从事特定的社会活动的全国性群众组织。它们既是人民群众自己的组织，又是中国共产党联系人民群众的纽带和桥梁，有的还是一种统一战线的组织形式。它们多是会员群体巨大的团体，而且又有其各自的代表性。各人民团体的成员基本涵盖了各种主要的统战对象（工人、青年、妇女、科技工作者、工商业者、华侨、文学艺术界等），因此社会影响广泛。而且主要通过示范引导、宣传教育、提供服务、反映诉求等群众化方式开展工作，并经常开展贴近群众需要的经常性、社会性服务和公益活动。① 社会组织是为了实现特定的目标而有意识地组合起来的社会群体。社会组织能够充分发挥介于政府与市场之间的桥梁作用，有利于形成政府、市场与社会之间的合作平台。社会组织通过承接政府或企事业单位的委托事项，与政府或企事业单位建立合作关系，实现公共事务共同治理，优化社会治理和公共服务。此外，不管是公益性还是互益性社会组织，都具备自愿服务的功能，能够发挥整合社会资源、激发社会活力的作用，采取自治、互助、自愿等方式最大限度地满足大众的需要。而且，现代社会面临一个严重的问题即社会冷漠，社会融合的难度增大，在这方面，人民团体和社会组织发挥作用的空间很大，具备“软控制”的优势。

① 华世勃：《人民团体若干问题的研究》，载《学会》2007 年第 1 期。

(三) 协作共赢实现法治的要求

法治之下，政府、人民团体和社会组织以及广泛的公众参与共同实践着民主的内涵。人民团体和社会组织可以自主地开展与其职能、专业相符的活动；政府通过剥离、让渡或招标投标的方式将更多的职能转移给人民团体或社会组织。在职能补充和民主监督的实现过程中，人民团体和社会组织与政府的合作机制是二者平等互助、协同治理的关系。

合作共治是要加强政府和社会组织之间的分工、协作，实现政府的行政功能与社会的自治功能互补，政府的管理力量和社会的调节力量互动。建立社会组织与政府相关职能部门的斜巷联动机制、安全预警机制。在这个过程中，就会形成丰富的治理手段，实现“多管齐下”的治理策略。当前，随着社会转型的深入，中国经济社会发展不平衡的矛盾进一步凸显出来。

人民团体和社会组织共有的民主性、社会性等特征，使其在与政府合作共治的模式创新中将政府治理与社会治理推向良性互动的双赢局面。社会之赢，赢在人民团体和社会组织逐渐成长、日趋自治与主体性的发展；政府之赢，赢在以多元治理实现善治的努力。[①] 因此，人民团体和社会组织以其特有属性参与到民主法治的社会治理中去，不仅弥补了政府在社会治理中的不足，更将政府的治理控制在民主监督的范围之内。他们职能的发挥共同实现了现代法治的要求。

二、多元参与——参与法治的内容

党的十八届四中全会提出，必须将社会组织和人民团体在法治社会建设中的作用发挥出来。人民团体和社会组织在法治社会建设中的积极作用主要体现在运用社会权力制约公权力、依据软法实行自律自治、利用群团优势化解社会纠纷三个方面。

---

① 马金芳：《社会组织多元社会治理中的自治与法治》，载《法学》2014 年第 11 期。

（一）运用社会权力制约公权力

美国著名政治学家达尔在其《民主理论的前言》一书中更是提出："独立的社会组织在一个民主制中是非常值得重视的东西，至少在大型的民主制中是如此……而且这种社会组织的出现……也是为民主过程本身运作所必需的，其功能在于使政府的强制最小化、保障组织自由、改善人的生活。"① 他提出的"社会制衡重要于宪法制衡"的观点更表达了民主制度"主要不是靠宪法维系的，而是靠社会自身的条件维系的"② 这一认识。在我国，党的十八大报告中指出"社会主义协商民主是我国人民民主的重要形式"。

从政治体制改革的视角来看，政府机构改革、政府职能转变的一个重要目标就是公共服务型政府、有限政府的建立，而建立"有限政府"必然要求社会对政府权力的有效制约，调整政府与社会之间的权力关系。以社会权力制约公权力，是民主社会的根本要求。因为任何单个的公民，其力量都是有限且弱小的；分散的、孤立的个人更是没有能力与强大的政府相抗衡。人民团体和社会组织作为我国社会力量的主要组成部分，享有较大的社会权力，使其在制约公权力方面具有较强的能力。人民团体和社会组织在运用社会权力制约公权力的过程中，主要是通过政治协商、参政议政、民主监督等方式实现。

1. 人民团体参与政治协商和参政议政

人民团体是中国人民政治协商会议的重要组成，而中国人民政治协商会议的主要工作任务就是政治协商、民主监督和参政议政，因此，人民团体自然可以通过参加政治协商会议而参与法治。就政治协商而言，"人民团体的协商处于中国协商民主的中间层次，属于社会协商的性质，主要发生在政府治理领域，是我们党所要建立的'社会协商对话制度'"③，包括对国家和地方的大政方针以及政治、经济、文化和社会生活中的重要问题在决策之前进行协商和就决策

---

① ［美］罗伯特·达尔：《民主理论的前言》，顾昕、朱丹译，北京三联书店出版社1999年版，第227页。

② ［美］罗伯特·达尔：《民主理论的前言》，顾昕、朱丹译，北京三联书店出版社1999年版，第195—196页。

③ 布成良：《论人民团体在我国协商民主中的属性和内容》，载《中共天津市委党校学报》2014年第6期。

执行过程中的重要问题进行协商。就参政议政而言，就是通过反映社情民意、各种协商例会，各种专题议政会、专题研讨会、专题调研、委员视察、考察、政协委员参与中共党委与政府统一组织的检查和巡视等形式，对政治、经济、文化和社会生活中的重要问题以及人民群众普遍关心的问题，开展调查研究，反映社情民意，进行协商讨论。通过调研报告、提案、建议案或其他形式，向中国共产党和国家机关提出意见和建议。

2. 人民团体和社会组织的权力监督

任何一项权力的行使都必须受到监督，权力监督是制约公权力的有效手段。通过广泛的监督主体和多样化的监督形式约束公权力是人民团体和社会组织参与法治的重要内容。

从监督形式上看，主要包括人民团体通过人民政协的民主监督，通过意见表达、直接参与政府决策的监督以及通过新闻媒体等的舆论监督。民主监督是人民团体参加人民政治协商会议实现的“自下而上”的非权力性监督，主要是通过提出建议和批评协助党和国家机关改进工作，提高工作效率，克服官僚主义等。任何一个人民团体和社会组织都有其明确的利益倾向，在各自追求其利益实现的过程中通过积极表达自己的意见，以期维护自身的利益来制约政府权力的侵犯，成为社会权力的一种制约方式。人民团体和社会组织具有资源和专业等方面的优势，“通过参与听证会、学术会议、调研和关注政府网络媒体等方式，影响政府公共政策制定，使公共政策制定过程更民主，公共政策制定结果更科学、更有效，进而达到制约政府权力的目的”①。新闻媒体等的舆论监督是社会监督的一种重要形式，人民团体和社会组织因其数量大、范围广等优势，可以形成广泛的监督网，使公权力时刻处于监督之下。

此外，人民团体和社会组织积极地参与社会公共事务的管理，对于消除公权力寻租也能发挥积极的作用。

（二）依据软法实行自律自治

法治社会的客体是社会自身的自治秩序及其与国家的关系，其中，社会自

① 潘修华、吕林宇:《社会组织制约政府权力探析》，载《西南大学学报（社会科学版)》2015 年第 1 期。

身的自治秩序“主要是社会组织自身的规范约束和社会权力的监控，即依据社会自发形成或自愿订立的社会习惯规则、团体自治章程、乡规民约等‘软法’实行自律自治”①。

人民团体和社会组织的自律自治反映在对内和对外两个层面。首先，人民团体和社会组织作为公民社会的核心构成要素，具有组织性和自治性，其必然要以一定的规范来维系其日常运作和对成员进行管理。事实上，单个的人民团体和社会组织都有其内部规范，都有用于约束自己成员的行为标准和道德标准。这主要是以章程为中心，要求组织和成员在章程的规定范围内依法开展活动。每个人民团体或社会组织都以章程为依据，组成组织机构，并且还要接受相关单位和部门的监督。这种健全的组织机构本身对实现其内部治理提供制度化支撑。其次，人民团体和社会组织在推进社会自治方面的功能和作用具体表现如下：行业性协会、商会的自律作用；专业、学术性团体的自我管理和服务；参与基层微观环境的自律自治，参与社区自治建设，参与农村经济和社会建设、自我发展的公益慈善事业等。②

人民团体和社会组织的内部成员所面对的义务在本质上不仅有其自身团体或组织的要求，也包含法律上的公民义务，很多规约是与法律规定紧密联系在一起的。他们的自律自治是以遵守其自身义务以践行法律义务为路径的。同时，人民团体和社会组织的自治管理孕育的软法也成了国家法律的重要补充和主要立法资源。

（三）利用民间优势化解纠纷

人民团体和社会组织以多元化、组织化的形式，聚集群众的力量进行自我治理，致力于解决社会问题，最大化地实现公共利益，其在拓展公民利益诉求表达渠道，化解社会矛盾纠纷中的作用也不容忽视。《最高人民法院关于人民法院进一步深化多元化纠纷解决机制改革的意见》中指出，在完善矛盾纠纷多元化解机制中发挥其他社会力量的作用，“要充分发挥人大代表、政协委员、专家

① 汪渊智：《论群团组织在法治社会建设中的作用》，载《第八届中部崛起法治论坛论文集》2015 年版。

② 吴勇俐、王杨：《发展社会组织　促进社会自治　加强和改善社会管理》，载《社团管理研究》2011 年第 10 期。

学者、律师、专业技术人员、基层组织负责人、社区工作者、网格管理员、‘五老人员’（老党员、老干部、老教师、老知识分子、老政法干警）等参与纠纷解决的作用。支持心理咨询师、婚姻家庭指导师、注册会计师、大学生志愿者等为群众提供心理疏导、评估、鉴定、调解等服务。支持完善公益慈善类、城乡社区服务类社会组织建设，鼓励其参与纠纷解决”。人民团体和社会组织作为一种根植于人民群众、以维护群众权益、体现群众诉求为目的的组织化群体，在化解纠纷的过程中有着不可替代的功能。

三、制度支持——参与法治的保障

当前我国社会治理的发展表明，人民团体和社会组织作为参与法治的重要力量，发挥了重要的作用。政府对人民团体和社会组织的扶持也进一步加大，对其管理亦进一步强化。然而，我们不可否认的是，在参与法治实现合作共治的过程中，人民团体和社会组织自身的发展还存在诸如公众认同度不高、缺乏独立自主性、发展不平衡、内部管理不完善、人才贫乏、资金不足等诸多问题。而造成这些问题的主要原因则在于人民团体和社会组织的自身造血功能较差，在人员、经费、组织能力等方面过分依赖政府，损害了其独有的特征，致使人民团体和社会组织逐渐出现“行政化”管理倾向。这在一定程度上损害了人民团体和社会组织的形象，弱化了其参与法治社会管理的基础。这就需要一定的制度保障来确认人民团体和社会组织之民主参与的法律地位，并为其提供充足的人才、资金等资源，以确保其独立参与能力。这种制度保障主要应从扶助、领导、监督这几方面入手。

（一）扶助

政府可以适当地为人民团体和社会组织提供各种法律、法规、政策以及资金、人事等方面的资源支持。首先，我国关于专门管理人民团体和社会组织的法律、法规是极少的，尤其是对社会组织的专门立法，更是只有少数的行政法规和部门规章，整体管理模式的法律层次较低；尤其是狭义之基本法律的缺失，更使得立法上的管理缺乏一个统一的标准。因此，应在《宪法》的指导下出台法律及相关实施细则，为人民团体和社会组织的有效运转提供制度支撑，同时也防范政府逃避法定的管理责任，使之纳入法治化的发展轨道。另外，还应完善相关的民事制度和登记注册等程序性规范，以确保人民团体和社会组织的法律地位及运行有法可依。其次，资金、人事等的缺乏也是制约我国人民团体和社会组织参与法治的重要障碍，而稳定的经费来源是其健康发展的基本保障。按照现有制度，我国人民团体和社会组织的经费来源是多元化的。同时，政府的财政补助亦应作为其重要的资金来源之一，必须得到尽快的落实和加强。这在许多西方国家都被规定为政府之法定义务。另外，税收优惠也是人民团体和社会组织重要的资金来源渠道。立法应加强对捐赠者的税收优惠并建立资金募集和管理办法，以鼓励民间捐赠对社会组织的资金支持。而从人员支持上来说，政府应积极培育和输送优秀的人才给人民团体和社会组织，以确保其能力建设；同时也要放开对人民团体和社会组织的人事控制，以岗位聘任、全员合同、职称评定等方式来实现人民团体和社会组织内部的人员优化配置。

（二）领导

人民团体协商民主和社会组织参与法治建设离不开党的领导。习近平总书记曾明确指出，社会组织面大量广，加强社会组织党的建设十分重要。坚持党对人民团体和社会组织的领导，能够保证其正确的发展方向，保证党的路线方针政策在人民团体和社会组织内部全面贯彻落实。坚持党对人民团体和社会组织的领导，是推进国家治理体系和治理能力现代化的迫切需要。加强人民团体和社会组织的党建工作，有利于激发其活力，推动其更好地参与国家治理，汇聚起全面深化改革的强大正能量。各级党委应发挥总揽全局、协调各方的领导核心作用，把人民团体协商和社会组织参与纳入法治管理建设的总体规划。

近年来，各地各有关部门对加强相关党建工作进行了许多有益的探索，取得了积极成效，但仍面临许多新的挑战。对此，可以从宏观到微观予以全面深化，以加强党的领导作用。一是加强政策上针对具有不同性质的人民团体和社会组织的刚性要求，将人民团体和社会组织参与法治纳入党和政府的制度框架内。通过指导立法明确划定人民团体和社会组织的活动范围和活动方式的界限。二是转换领导方式，变命令式领导为资源引导型领导。也就是通过对人民团体和社会组织的资源扶持，培育和吸引人民团体和社会组织参与到法治建设中去，并进一步实现自身的转型以充分发挥桥梁与纽带的作用。三是创新领导方式，加强和完善人民团体和社会组织党建工作的领导管理体制，以增强灵活性。人民团体和社会组织因其所司职能不同，因此在组织设置和运行模式上都有不同。因此，党对其领导形式应适应其个性化特点，充分运用灵活、多样、小型、分散的社会化活动激发党员和群众的参与热情。四是要发挥个体党员的主动性，个体党员在人民团体和社会组织参与法治的过程中发挥模范带头作用。

（三）监督

社会治理的法治化要求对人民团体和社会组织的参与进行严格监管。我国现行监督立法还存在诸多不足之处，这就需要尽快完善监督立法。对于人民团体和社会组织参与法治，亦需要完善的监督机制以确保其依法有序行为。

从监管模式上看，一方面要加强政府监督，从公共服务机构资格认证、行业标准、机构评级和不定期检查四个方面的日常监管取代“年检”。另一方面，构建社会监督制度发挥社会监督的积极作用。人民团体和社会组织参与法治是培育市民社会自主自觉的独立精神，那么在多元治理的现代社会中，社会监督要比其他形式的监督更为有力。而这种社会监督可通过第三方评估、公众监督和媒体监督来实现。第三方监督是独立于被监督对象和政府部门的民间非营利机构所进行的监督。第三方机构负责开展标准化管理的研究，同时建立专业的评估指标来分门别类地对组织战略、组织绩效和组织自我管理等方面进行测评，最终将结果公示社会，以形成及时有效的监督网络。人民团体和社会组织要公开设立举报电话或举报信箱，接受来自广大公众的监督。此外，报纸、电视、网络等新闻舆论也已经成为一项重要的权力，通过媒体关注的方式促使人民团体和社会组织有序参与法治是非常必要和可行的。

新时代中国特色社会主义法治新发展

——以党的十九大报告为视角

武继华*

摘　要： 进入新时代，我国法治的主要矛盾转化为人民对美好法治生活的需求与现实公平正义的法治供应不足的矛盾。解决法治主要矛盾的指导思想是习近平全面依法治国思想。在习近平法治思想指导下进行的，我国已实现了由依法治国向全面依法治国的根本转变，由中国特色社会主义法律体系向中国特色社会主义法治体系的根本转变，已经取得了法治建设极不平凡的历史性成就。党的十九大报告为我们制定了未来法治建设的总体战略规划部署，是我国法治建设发展史上具有划时代意义之里程碑，以全面法治推动改革开放和社会主义现代化建设长效持续发展，是其核心理念。

关键词： 习近平全面依法治国思想　新时代　中国特色社会主义　法治新发展

党的十九大胜利召开，中国特色社会主义进入新时代，我国的法治建设也进入一个到21世纪中叶建成法治国家法治政府法治社会的新时代。党的十九大首次将法治放在无比重要的地位，对未来三十年法治建设作出顶层设计，是我党运用法治发展推动全面深化改革、推动全面建成小康社会和推进建成富强民主文明和谐美丽的社会主义现代化强国的里程碑，具有划时代的意义。在中国特色社会主义进入新时代，我国主要矛盾发生根本转变的情况下，新时代中国特色社会主义法治取得了新发展，主要表现在：由依法治国向全面依法治国转变；由中国特色社会主义法律体系向中国特色社会主义法治体系根本转变；新

* 山西大学法学院讲师，主要研究方向为经济法学。

时代中国特色社会主义的法治新实践。

一、由依法治国向全面依法治国转变

党的十九大报告重点指出:“坚持全面依法治国。全面依法治国是国家治理的一场深刻革命,必须坚持厉行法治。”而且十九大报告通篇全部使用“法治”的表述,完全没有“法制”的表述。将“全面依法治国”视为“国家治理的一场深刻革命”。这将彻底改变我国过去人治和以政策治国的传统模式。

(一)全面依法治国提出的历史背景

1. 传统人治和以政策治国存在很大弊端

人治和以政策治国不能为经济、政治、文化、社会、生态文明提供根本的、稳定的、透明的、可操作的、具有程序性的、有国家强制力保障的规则体系,只有法治才能提供。人治随着领导人的变化而发生巨大变化;以政策治国随着政策的易变性而发生巨大的变化。邓小平也曾指出:“一个国家的命运建立在一两个人的声望上面,是很危险的。不出事没问题,一出事就不可收拾。”“搞法制靠得住些。”① 学者张文显认为:“以人治思维治国理政,必然陷入‘一言兴邦、一言废邦’‘因人成事、因人败事’的怪圈。”② 以市场经济为基础的社会主义现代化建设必须以法治为基础,只有法治才能为社会主义现代化建设提供稳定的透明的规则体系,实现经济、政治、文化、社会、生态的根本治理。国家政策具有不稳定性,国家政策因为领导人的改变而频繁地变动,因领导人的决策失误而给党和国家造成重大损失的事例屡见不鲜③。以政策治国已经成为困扰我党的治国难题,已经成为我党长期想解决而没有解决的难题。解决偏重以政策治国的根本办法就是做到全面依法治国。

---

① 邓小平:《邓小平文选》第3卷,人民出版社1993年版,第311页。

② 张文显:《法治是国家治理现代化的必由之路》,载《法治与社会发展》2014年第5期。

③ 韩雪:《决策失误不是“花钱买教训”》,载《北京日报》2016年7月6日,第14版。审计署发布了对中石化、中海油、东航等10家央企2014年度财务收支审计结果公告,抽查的284项重大经济决策中,有51项存在违规决策、违反程序决策、决策不当等问题,造成损失浪费126.82亿元。

2. 推进全面建成小康社会和实现社会主义现代化的现实需要

我国已处于全面建成小康社会和实现社会主义现代化的关键时期，第一个百年目标即将实现，第二个百年目标又是催人奋进的关键时期，统筹推进“五位一体”“四个全面”布局，把实现“两个一百年”奋斗目标推向前进成为当前和今后一段时期我党工作的重中之重。而且，改革开放也进入了“深水区”，所面临的矛盾前所未有，面对新情况新问题，靠过去摸着石头过河的临时性方法已经行不通，只有依靠顶层设计，依靠建立法治长效机制才行。过去由改革开放和社会主义现代化建设来推动法治建设发展的被动型法治，必须向依靠法治建设发展来进一步持续推动改革开放和社会主义现代化建设的主动型法治转变。实现我国的经济发展、政治清正、文化繁荣、社会公正、生态优越，实现我国的战略目标，必须发挥法治的引领规范作用。

3. 推进国家治理能力现代化的需要

学者张文显认为：“法治是现代国家治理的基本方式，实行法治是国家治理现代化的内在要求。①”进入新时代，国家治理的社会条件和国际国内情况都发生了重大变化。社会利益格局深刻变动，形成不同利益阶层和群体。全社会普遍认同的道德观念和规范已缺乏坚实的经济社会基础；人民群众法治观念、权利意识、维权意识普遍增强。法律理所当然地在国家治理中起着主导作用，实行法治成为治国理政的第一选择，成为政治文明发展的时代潮流。这就要求我们在国家治理中须遵循法治规律和原则，不断提高运用法治思维和方式治国理政能力。

（二）全面依法治国的新论断

1. 首次提出将法治置于重要地位的“新时代中国特色社会主义思想”

党的十九大报告首次提出：“新时代中国特色社会主义思想，明确全面推进依法治国总目标是建设中国特色社会主义法治体系、建设社会主义法治国家。”明确宣示，新时代中国特色社会主义法治思想是新时代中国特色社会主义思想的重要组成部分，将指引我国社会主义现代化法治强国的实现。

---

① 张文显：《法治与国家治理现代化》，载《中国法学》2014年第4期。

2. 首次提出“全面依法治国是中国特色社会主义的本质要求和重要保障”新理念

党的十九大报告首次提出:“全面依法治国。”这里着重强调了“全面”,以前的提法一直是“全面推进依法治国”,这次报告真正实现了法治全覆盖,法治贯穿经济、政治、文化、社会、生态文明建设,贯穿全面深化改革、全面从严治党。这是对坚持依法治国、依法执政、依法行政共同推进,坚持法治国家、法治政府、法治社会一体建设的回应,这三者相辅相成,相互促进,有机统一,不能偏颇。法治国家涵盖法治政府和法治社会,法治社会是基础,没有法治社会,法治政府无法实现;没有法治政府指引,法治社会同样无法实现。要通过法治政府建设,引导法治社会建设,从而建成社会主义法治国家。

3. 首次提出我国法治国家、法治政府、法治社会建设的“两阶段论”总体规划部署新战略

党的十九大首次提出了法治国家和法治政府建设的总体规划部署。党的十九大报告对2020年后社会主义现代化建设进行了“两段论”的划分。这个实现我国社会主义现代化的“两阶段论”包含着法治国家、法治政府、法治社会建设的“两段论”,即第一阶段:法治国家、法治政府、法治社会基本建成,国家治理体系和治理能力现代化基本实现(2020年至2035年);第二阶段:法治国家、法治政府、法治社会建成,实现国家治理体系和治理能力现代化(2035年至21世纪中叶)。这种法治建设的远景规划部署具有划时代的意义,充分体现了我国法治思想的成熟,是以往历届党代会前所未有的。

4. 首次提出发展中国特色社会主义法治理论的思想

党的十八届四中全会首次提出:“贯彻中国特色社会主义法治理论。”党的十九大报告首次着重强调:“发展中国特色社会主义法治理论。”这是党代会头一次对中国特色社会主义法治理论如此重视。“发展”表明我国法治理论尚需要根据实践的变化不断做出具有引领性的创新成果。党已经充分意识到只有先进的法治理论指导,我国的社会主义法治建设才能顺利进行,法学理论界必须以此作为今后开展研究工作的指针,以理论创新的勇气,做出引领新时代中国特色社会主义的法治理论成果。

5. 首次提出全面依法治国是国家治理体系的一场深刻革命，必须坚持厉行法治

党的十九大报告重点指出："全面依法治国是国家治理的一场深刻革命，必须坚持厉行法治。"这一新的论断，将"法治"放到了前所未有的高度，也一改以往"依法治国""全面推进依法治国"的提法，进一步突出了法治的核心地位和独立价值，有利于改变法律工具论的思维模式，显示了我党的法治决心。现代市场经济是建立在法治基础上的市场经济，现代法治是以法律为主体的法治。[①] 法治的法是人民意志的体现，法治的被治者既包括执政党，也包括各级政府和各种有权机关，更包括个人。

6. 首次提出"坚定不移走中国特色社会主义法治道路"

走什么样的法治道路、建设什么样的法治体系，是由一个国家的基本国情决定的。世界上并没有普世的法治模式，也没有最好的法治模式，只有最适合本国国情的法治模式[②]。中国经过69年的探索，已经取得了巨大的法治建设成就。这些成就集中体现在我们探索出一条具有中国特色的社会主义法治道路。这条道路符合中国国情，具有社会主义制度的优越性，为中国经济高速发展、社会安定有序、人民安居乐业提供了有力的法治保障。习近平新时代中国特色社会主义法治思想就是对法治建设的中国模式的系统总结，其产生于当下中国，并作用于当下中国，全方位体现了中国特色，蕴含着坚定走中国特色社会主义法治道路的自信。

二、由中国特色社会主义法律体系向法治体系根本转变

由中国特色社会主义法律体系向中国特色社会主义法治体系的法律工作重心转变。二者虽然仅一字之差，但内涵已发生了质的变化。这是由静态意义的法律制度向动态意义的法律运行转变。

① 吴敬琏：《呼唤法治的市场经济》，生活·读书·新知三联书店2007年版，第106、119、125页。

② 王逸吟：《世界会认可法治建设的中国模式——中央司改办负责人姜伟谈十八届四中全会〈决定〉重大意义和司法领域重大举措》，载《光明日报》2014年10月31日，第4版。

（一）根本转变的历史背景

1. 我国法治建设的主要矛盾发生了变化

从1978年至2012年，我国法治发展的主要矛盾是人民群众日益增长的法律需求与法律法规严重不足的现实之间的矛盾，简单点说就是“无法可依”。邓小平同志在1979年对此明确指出：“我们好多年实际上没有法，没有可遵循的东西。”① 从2011年中国特色社会主义法律体系建成开始，我国法治建设的主要矛盾已经由过去的“无法可依”转变为“有法必依”问题，即人民群众日益增长的法治需求和现实中“有法不依、执法不严、违法不究”较多存在之间的矛盾，这一主要矛盾严重阻碍我国决胜全面建设小康社会和推进社会主义现代化建设。对此，时任总书记的胡锦涛同志指出：“中国特色社会主义法律体系形成后，总体解决了有法可依问题，在这种情况下，有法必依、执法必严、违法必究的问题就显得更为突出、更加紧迫。”② 要保障法律有效运行，解决“有法必依”的问题，必须建设中国特色社会主义法治体系。

2. 国家治理体系现代化的要求

一个国家采用什么样的治理体系，是由其历史传统、文化传承、经济社会发展水平所决定，更是由这个国家的人民决定的。习近平总书记指出：“我们的国家治理体系和治理能力总体上是好的，是有独特优势的，是适应我国国情和发展要求的。同时，我们在国家治理体系和治理能力方面还有许多亟待改进的地方。”③ 改革开放以来，我党开始以全新视角思考国家治理体系的问题，当前的一项重大历史任务，是推动制度更加成熟定型，为党和国家事业的发展、为人民的幸福安康、为社会的和谐稳定、为国家的长治久安提供一整套更加完备、更加稳定、更加管用的制度体系。这项工程特别宏大，必须是全面系统的改革改进，是各领域改革改进的联动集成，使国家治理体系和治理能力现代化上形成总体效应、取得总体效果。

---

① 《邓小平文选》第2卷，人民出版社1994年版，第189页。

② 《胡锦涛文选》第3卷，人民出版社2016年版，第510页。

③ 习近平总书记2014年2月17日在省部级主要领导干部学习贯彻十八届三中全会精神 全面深化改革专题研讨班开班式上的讲话。

（二）完善中国特色社会主义法治体系的新原则

1. 首次提出依法治国和依规治党有机统一

党的十九大报告首次提出："依法治国和依规治党有机统一。"依法治国首要的基本原则就是坚持党的领导，坚持党对依法治国的领导是由党的执政地位所决定的，党的领导是依法治国取得成效的政治保障。这里存在的问题是，党领导依法治国，党是依法治国的主体，但我们会反问，党由谁来管？党的十九大报告对此作出了明确回答，就是依规治党，这个"规"就是党内法规体系。而且，我党必须接受双重制约：一是必须在宪法和法律范围内活动；二是必须受党内法规体系的制约，而且党内法规体系比法律的要求更严更紧。

2. 首次提出推进合宪性审查，突出宪法在依法治国中的核心地位

党的十八届四中全会已经指出："完善以宪法为核心的中国特色社会主义法律体系。""坚持依法治国首先要坚持依宪治国，坚持依法执政首先要坚持依宪执政。"这些都不断表明宪法日益成为法治的根本依据地位得到重视。法治的基本是作为法律之母的宪法被彻底遵守。我党首次提出推进合宪性审查是法治历史性进步。党的十九大报告强调："加强宪法实施和监督，推进合宪性审查工作，维护宪法权威。"建立合宪性审查机制，是让宪法实施和监督得以落地生根的基础条件。合宪性审查和现有立法机关的备案审查机构法律审查并不一致，其位阶更高。

3. 首次强调了依法立法以良法促进发展、保障善治的重要性

针对立法问题，党的十九大报告强调了立良法的重要性："推进科学立法、民主立法、依法立法，以良法促进发展、保障善治。"学者张文显认为："现代法治的核心要义是良法善治。"① 随着中国特色社会主义法治体系的日益完善，"有法可依"问题基本解决，今后更加关键的是法律体系的系统性和协调性，要着力解决法律冲突的问题，为善治提供良法基础。"依法立法"是要依照宪法立法，并完善合宪性审查工作机制；要依立法法立法，依照立法法确定的立法权限、立法原则和程序进行；要依上位法立法，不得违反上位法。要强调整体法律体系的系统性、协调性、科学性。

---

① 张文显：《法治与国家治理现代化》，载《中国法学》2014年第4期。

4. 首次提出“深化司法体制综合配套改革，全面落实司法责任制”

司法体制改革“四梁八柱”已基本形成，一些重要改革已经完成，但因为司法改革在国家法治建设中的重要性，随着法治国家建设的深化，司法体制改革还需深入推进，综合配套改革。如全面落实司法责任制，真正能够做到“让审理者裁判，让裁判者负责”。深化行政审判体制改革，通过开展行政案件集中管辖，促进行政审判专业化，减少外部的不当压力，回应行政审判管理专业化需求。

5. 首次提出“提高全民族法治素养和道德素质”

全民族的法治素养和道德素质决定我国全面依法治国的深度和广度，决定中国特色社会主义法治体系能否深入人心，内化于心，外化于行，成为人民的自觉遵循。加大全民普法力度是全面依法治国的重要实现手段，建设社会主义法治文化是全面依法治国的根本追求，树立宪法法律至上、法律面前人人平等的法治理念是全面依法治国的根本要求。

6. 首次提出“各级党组织和全体党员要带头尊法学法守法用法，绝不允许逐利违法”

逐利违法是指公民、法人或其他组织明知实施一定的行为属于违法行为，但为了追逐非法利益，而故意违背国家法律法规的行为。逐利违法行为普遍存在，比如前几年爆发的“地沟油”“三聚氰胺”“瘦肉精”等重大恶性食品安全事件，这些安全事件的发生无不是道德败坏的逐利企业或个人明知行为违法，但为了追逐非法利益，在国家职能部门监管部门不作为或监管严重缺失或处罚力度太轻或法律法规存在漏洞等情况下，实施的典型“逐利违法”行为。这些违法行为的实施者很多都是党员，尤其是党员领导干部，所以党的十九大报告着重强调“绝不允许逐利违法”。

三、新时代中国特色社会主义法治建设的新实践

我们进入了法治建设的新时代，新时代的社会矛盾发生了根本转变，法治主要矛盾也发生了根本转变，人民对美好法治生活的需求与现实公平正义的法治供应不足的矛盾日益凸显。党的十九大报告指出：“社会矛盾和问题交织叠加，全面依法治国任务依然繁重，国家治理体系和治理能力有待加强。”这些都要求我们要善于用法治思维和法治方式来治国理政，把新时代中国特色社会主

义的法治理念、精神、原则和方法贯穿到国家政治、经济、文化、社会、生态文明治理实践中，逐步形成依法办事、遇事找法、用法解决问题、靠法化解矛盾的良好习惯。

（一）法治新实践的历史背景

1. 人民对美好法治生活的需求要求展开法治新实践

党的十九大报告提出："人民美好生活需要日益广泛，不仅对物质文化生活提出了更高要求，而且在法治等方面的要求日益增长。"人民现在关注的不是法律有没有，制度有没有，而是良法能否制定，良法能否贯彻落实到实际中，以保障其合法权益，保障其生命健康人格尊严等公民基本利益、参政议政等政治民主权利、人身安全利益、财产产权安全利益、公共产品公共服务均等化利益、立法参与利益、司法公正利益、收入分配公平利益、环境生态生存利益、社会保障利益、公平就业利益、从业公平利益、市场公平准入利益等，这些人民群众利益的保障要求必须开展法治新实践。

2. 社会矛盾与问题交织叠加要求展开法治建设新实践

随着我国经济快速发展，资源约束日益趋紧、环境污染还是比较严重、生态系统退化现象严峻，经济发展不充分、不协调、不平衡、不可持续，发展质量效益不高，创新能力不强，民生保障还有不少短板，城乡区域发展和收入分配差距较大，人民群众在就业、教育、医疗、住房、养老等方面面临不少难题，社会文明水平还需要提高，意识形态斗争复杂，国家安全面临新情况新问题，党的建设方面还存在薄弱环节问题。这些问题往往交织在一起，叠加在一起，必须依靠新的法治实践去推动解决。

（二）法治新实践

1. 首次成立中国共产党中央全面依法治国委员会，加强对法治中国建设的统一领导

党的十九大报告提出："成立中央全面依法治国领导小组，加强对法治中国建设的统一领导。"据此，2018 年 3 月，党中央首次成立中国共产党中央全面依法治国委员会，加强了我党对全面依法治国的组织领导和法治中国建设的统一领导，有利于更好地发挥党对全面依法治国的领导作用，把党的领导贯穿在

依法治国的全过程和各方面；有利于顶层设计，推动法治国家、法治政府、法治社会一体建设；有利于破除阻碍法治建设的体制机制障碍；有利于持续不断地推进全面依法治国建设，提高全民族法治素养。

2. 将党内法规体系纳入中国特色社会主义法治体系范畴

将党内法规体系纳入中国特色社会主义法治体系范畴是中国共产党人的新创造。依法治国是党领导人民治理国家的基本方略。能否全面推进依法治国的关键在党，关键在依规治党。依规治党离不开党内法规体系的健全完善。党和党员干部及广大党员都处于中国特色社会主义法治体系治理的范畴以内，不存在法治的空白地带，不存在不受法治管辖的人员。法外无特权，而且中国共产党人要受党内法规体系和中国特色社会主义法律体系的双重约束，党和党员干部能严格依法办事、依规行事将树立遵守法制的典范。党内法规体系的不断完善，为依法治党全面从严治党提供了准绳，也为全面推进依法治国提供了制度上的根本保障。

3. 中国特色社会主义法律体系和党内法规体系进一步完善

第一，中国特色社会主义法律体系进一步完善。在人民广泛参与下，制定《民法总则》（2017），为民法典制定奠定坚实基础。第一次制定《反恐怖主义法》（2015）、《网络安全法》（2016），国家安全法律制度体系初步建立。2012年第一次制定《精神卫生法》《出境入境管理法》。2013 年第一次制定《旅游法》《特种设备安全法》。2015 年制定《反家庭暴力法》《国家勋章和荣誉称号法》。2016 年制定《慈善法》《境外非政府组织境内活动管理法》《中医药法》《公共文化服务保障法》《环境保护税法》。2017 年第一次制定《国歌法》。

第二，党内法规体系进一步完善。党内法规体系就是以党章为首的，涉及党的领导和党的工作、思想建设、组织建设、党的作风建设、反腐倡廉建设、民主集中制建设、党的机关工作方面的党内法规，如《中国共产党党内法规制定条例》《党政领导干部选拔任用工作条例》《关于实行党政领导干部问责的暂行规定》《中国共产党纪律处分条例》等。最新对党内法规体系的完善就是制定了中共中央八项规定、《关于新形势下党内政治生活的若干规定》和修改制定了《中国共产党党内监督条例》。

4. 进一步健全宪法实施和监督制度

第一，通过设立国家宪法日决定。为增强全社会宪法意识，弘扬宪法精神，并加强宪法实施，全面推进依法治国，2014 年，全国人大常委会通过决定，将每年的 12 月 4 日设立为国家宪法日。

第二，确立宪法宣誓制度。2015 年 7 月，全国人大常委会通过实行宪法宣誓制度决定，明确由人大选举或决定任命的国家工作人员，由“一府两院”任命的国家工作人员，在就职时应当公开进行宪法宣誓，并明确宪法宣誓誓词内容、基本规程、组织方式等。

第三，实施宪法规定的特赦制度。为纪念抗日战争和世界反法西斯战争胜利 70 周年，全国人大常委会通过关于特赦部分服刑罪犯的决定。依法特赦参加过中国人民抗日战争、中国人民解放战争等 4 类部分服刑罪犯。这是新中国成立以来的第八次、改革开放以来的第一次实行特赦。

5. 健全党和国家监督体系顶层设计，深化国家监察体制改革

党的十九大报告明确指出：“把党内监督同国家机关监督贯通起来，增强监督合力。”党的十八大以来，我党建立政治巡视制度，建立巡视巡察上下联动监督网。国家监察体制的建立最终意图是使党内监督和国家监督贯通，通过党的纪律检查委员会与各级监察委员会合署办公，彻底改变过去纪委监察部、检察机关反贪局、国家预防腐败局之间国家监督分散、各自为政甚至重复建设的长期困局。这是国家监督的顶层设计，最终形成政府、司法机关、监察机关并行的局面，国家监察机关作为中国的反腐败机构，已实现对所有行使公权力的公职人员（包括党员及非党员）监察全覆盖，形成对国家公权力运用的有效制约。国家监察法依法赋予监察委员会法定职责职权及调查手段，用留置取代“两规”措施，实现“两规”合法化。

6. 深化司法体制改革适应日益增长司法需求

我国不断深化司法体制改革适应人民群众日益增长的司法需求，努力让人民群众感受到公平正义。改革主体框架基本确立。以司法责任制为核心的司法权力运行机制，以司法人员分类管理为核心的司法管理体制，以审判为中心、司法公开、认罪认罚从宽为核心的诉讼制度，以立案登记制为核心的便民利民改革等具有“四梁八柱”地位的改革主体性框架基本确立。① 最高人民法院设立巡回法庭，探索设立跨行政区划的人民法院和人民检察院，探索建立检察机

① 中国法学会 2017 年 6 月 23 日发布《中国法治建设年度报告（2016 年）》。

关提起公益诉讼制度。建立并完善国家司法救助制度，加大对受害人保护力度。司法机关严格按照司法救助申请告知义务，对符合条件救助对象，及时发放救助资金①。2015 年 5 月，人民法院将原来的立案审查制改为立案登记制，对当事人提交的诉状，人民法院一律接收登记，切实做到了有案必立、有诉必理。

7. 深入树立法治观念，将法治列入社会主义核心价值观体系

党的十九大报告明确指出："加大全民普法力度，建设社会主义法治文化，树立宪法法律至上、法律面前人人平等的法治理念。"开展"七五"普法，深入开展法制宣传教育，弘扬社会主义法治精神，树立社会主义法治理念，增强全社会学法尊法守法用法意识。党的十八大报告明确将法治列入社会主义核心价值观体系，作为全社会共同价值进行大力宣传，从社会意识形态层次增强了人民对法治的认识。提高领导干部运用法治思维法治方式深化改革、推动发展、化解矛盾、维护稳定能力。

8. 坚持"违法必究，究错必改"的法治精神，建立冤假错案的长效预防纠正机制

坚持"违法必究，究错必改"的法治精神，继 2005 年纠正佘祥林冤案和 2010 年纠正赵作海冤案后，坚决纠正久拖 20 余年不决的内蒙古自治区呼格吉勒图被冤杀案和河北聂树斌被冤杀案，真正体现了全面推进依法治国的精神。2012 年修改的刑事诉讼法规定办案机关实施拘留或逮捕后，应当将被拘留人或被逮捕人立即送看守所羁押，并确立讯问犯罪嫌疑人或被告人全程录音录像制度。

9. 查处系列腐败大案要案彰显法律面前人人平等的法治精神

党的十九大报告再次强调："各级党组织和全体党员要带头尊法学法守法用法，任何组织和个人都不得有超越宪法法律的特权，绝不允许以言代法、以权压法、逐利违法、徇私枉法。"对周永康、薄熙来、徐才厚、郭伯雄、令计划等严重违纪违法腐败大案要案的坚决查处，不仅是对党内党外政治生态的净化，

---

① 国务院新闻办公室 2016 年 9 月 12 日发布《中国司法领域人权保障的新进展》："2015 年，全国共发放司法救助资金 16.69 亿元，71700 个司法救助案件的当事人及其家庭得到救助。截至 2015 年底，公安机关累计对 6338 人发放司法救助资金约 1.4 亿元。2014 年 1 月至 2015 年 10 月，各级检察机关共受理 1.3 万多人国家司法救助申请，发放救助金 1.2 亿元。各级法院 2013 年至 2015 年共为有困难的诉讼当事人减免诉讼费 6.25 亿元。"

更向世人证明中国共产党敢于直面问题、纠正错误，勇于从严治党、捍卫党纪，善于自我净化、自我革新。深刻表明我党坚持法律面前人人平等，无法外特权，不管其地位多高，职位多大，都必须在党纪国法范围内活动的法治精神，是我党全面推进依法治国的最好诠释，必将为未来我党的政治生活创造风清气正的政治局面。

党的十九大报告为我们制定了未来法治建设的总体目标、基本战略、实现路径、发展阶段规划、组织保障、治理内容、施工图等具有总体性、全局性、系统性、长远性的总体战略规划部署。是我国法治建设发展史上具有划时代意义的里程碑，以全面法治推动改革开放和社会主义现代化建设长效持续发展，是其核心理念。我们必须长期坚持这一战略指导，为把我国建成社会主义现代化强国而不懈努力。

法律间接因果关系的适用研究

马佩甜*

摘 要：法律因果关系的研究于刑法和民法已有相当的成果。但比较而言，在法理学的研究中较为滞后，特别是对法律间接因果关系的法理学研究成果甚微。基于对我国近几年来典型案例的实证分析发现，间接因果关系在实践中存在认定标准模糊、适用条件不明确以及法官错误理解等多方面的问题。而导致这些问题存在的原因主要是法律制度不完善、学术认定不统一以及主体运用不当等。因此需要通过完善法律制度、统一间接因果关系的认定标准等方法实现间接因果关系理论在实践中的更好适用。

关键词：法律间接因果关系　实证分析　司法认定

一、法律间接因果关系的法理解析

客观世界是无限复杂的相互联系、相互依赖的统一的整体。在这个普遍联系的世界中，任何事物都是由先在的事物引起或者转化而来的，是先在事物的结果。同时，任何事物也都会引起或转化为其他的事物，成为后来事物的原因。哲学上因果关系是表示两个事件之间联系的概念。这两个事件的发生不仅在时空上密切相关，而且作为原因和结果被结合在一起，其中一方导致了或偶然引起了另一方的发生。从形式上划分，可以将因果关系分为直接因果关系与间接因果关系。间接因果关系，是指在作为原因的行为之后介入了其他原因，由其他原因直接引起了事实结果的发生，或者是由行为直接造成一个事实结果，又

* 山西大学法学院法学理论专业硕士研究生，主要研究方向为法理学。

造成其他事实结果的情况下，前行为与后结果之间所形成的间接的引起与被引起的关系。其具有以下特征：

1. 间接因果关系具有多个因果环节。由于间接因果关系是由介入行为直接引起的事实结果，或者是在直接结果之后又出现了其他结果，因而在间接因果关系中可能存在两个原因，一个结果；也有可能有两个原因，两个结果；还有可能是一个原因，两个结果。

2. 间接因果关系具有不可预见性。由于因果关系具有多个环节，不够简单、直观，个别因果关系对于行为人甚至可以说很难预见。

3. 间接因果关系具有偶然性。作为原因的行为能够引起什么样的结果，并不是一个固定不变的模式，需要根据时间、地点、条件等具体情况进行分析。

（一）法律间接因果关系的概念及特征

法律上间接因果关系是指与直接因果关系相对应的，违法行为与其他因素共同偶然地导致损害结果的发生，违法行为只是引起损害结果发生的诱因之一，而并非全部或者必然的原因。法律间接因果关系具有下列三个基本特征：

1. 违法行为与损害结果之间具有因果联系且不可逆。也就是说，违法行为是损害结果发生的原因之一，损害结果发生与违法行为有关。

2. 违法行为与损害结果之间具有因果联系但并非必然的。也就是说，违法行为并不必然导致损害结果发生的原因，但是损害结果发生与违法行为有关。

3. 违法行为与损害后果具有因果联系且是多元的、多层次的。违法行为只是损害结果的产生原因之一，并非全部原因。

（二）法律直接因果关系与间接因果关系的区别

与间接因果关系对立的直接因果关系是指在作为原因的行为之后，没有介入其他原因，由该行为自身的作用直接产生事实结果的一种因果关系。直接因果关系与间接因果关系有着本质的区别，直接因果关系只有一个因果环节。并且相较于间接因果关系，直接因果关系更直观、简单，容易被行为人所预见。从性质上看，直接因果关系主要表现为绝然的或必然的因果关系。其区别有三方面：

1. 两者因果联系程度不同。法律直接因果关系中违法行为与损害结果之间具有必然联系。而法律间接因果关系中违法行为与损害结果之间具有偶然联系。

2. 两者因果联系范围不同。法律直接因果关系中违法行为与损害结果之间展现的是单一、直观、全部联系。而法律间接因果关系中违法行为与损害结果之间展现的是多元、多层次、非全部联系。

3. 两者因果联系对法律责任承担意义不同。在法律直接因果关系中其因果关系存在就意味着应当承担法律责任。在法律间接因果关系中其因果关系存在不一定承担法律责任，必须出现法律规定的损害结果。

二、法律间接因果关系适用的实证分析

因果关系一直是学术界讨论的话题，在司法实践中，因果关系是认定加害人的行为与损害结果是否具有一定联系的重要因素，也是认定违法和犯罪主次责任的必要条件。刑法学者将因果关系作为构成犯罪的一个基本问题进行研究；民法学者也将因果关系作为侵权责任成立的基本条件进行研究。本文承认刑法与民法因果关系既具有相同性，也具有差异性的前提下，试图从法理学的角度对法律间接因果关系进行一般的研究。

（一）法律间接因果关系的认定标准模糊

在司法实践中，法律间接因果关系的适用范围相当广泛，存在于刑法、民法、环境法以及交通事故责任认定中。目前我国没有统一的认定标准，导致法官或者其他法律适用主体在认定是否存在间接因果关系时十分困难。例如在河南杨帆劝烟猝死案①中，法院一审判决认定被告行为与老人死亡结果没有必然因果关系，但老人确实是在与被告言语争执后猝死。法院适用公平原则判决被告向死者家属赔偿1.5万元。从这个案例中我们就可以看出来，因果关系在认定的过程中特别模糊，法官否定了存在必然因果关系，但是却以一个含混不清的联系认定被告承担责任。而二审法院认定被告行为与老人死亡结果没有法律上因果关系，且劝烟者行为本身无过错，不应承担责任。

---

① 老人A与杨帆同住一小区，某日两人在电梯内，因老人A吸烟，杨帆进行劝阻，两人发生言语争执，后杨帆离开。几分钟后老人A失去意识，抢救无效，医生宣布临床死亡。

一审法院错误有三：一是混淆了法律上因果关系与事实因果关系；二是在行为人（劝烟者）无过错，死亡人（吸烟者）有过错的情况下适用《侵权责任法》第二十四条存在明显错误；三是一审法院认定，劝烟行为与吸烟者死亡不具有必然（必然）因果关系理由表述模糊。言外之意，不排除劝烟行为与吸烟者死亡具有偶然（间接）因果关系。

二审法院虽然判决结果和理由都正确，但对劝烟行为与吸烟者死亡之间法律因果关系表述也模糊。其实，对劝烟行为与吸烟者死亡之间只是不存在必然（直接）的法律因果关系，不应当承担刑事责任；却存在偶然（间接）的法律因果关系，如果劝烟者行为上存在过错，就应当承担民事责任。在这一点上，也是我国法律因果关系理论的明显缺陷。所以，本案中劝烟行为与吸烟者死亡之间只是不存在必然（直接）的法律因果关系，而非绝对不存在任何法律因果关系。

（二）间接因果关系的适用条件不明确

间接因果关系在法律上表现为一果多因的关系，即数个行为共同作用而导致危害结果的发生，还包括中断的因果关系形式，即某种危害行为引起或正在引起某种危害结果，在这一过程中介入异常因素，而发生另一危害结果。近年来，渎职犯罪呈日益上升趋势，该类案件在实践中认定因果关系也十分复杂。渎职犯罪结果的发生，是行为人有渎职行为后，由于第三方的介入或者自然介入因素，互相作用共同导致的。2013 年刘某玩忽职守案①，刘某分管负责建设工程质量监督职务期间，没有按照国家规定认真履行职责，未能发现和纠正设

① 某公司厂房、冷库工程于 2008 年 5 月在吉林省德惠市米沙子镇开工建设，吉林省德惠市建设工程质量监督站对该工程实施质量监督，被告人刘某分管负责此项工作。在对某公司工程监督管理期间，刘某没有按照国家规定认真履行职责，未能发现和纠正设计、施工、监理单位挂靠和借用资质的问题，未能发现和查处工程监理人员没有资质及监理资料不全的问题，未能发现和查处实际施工方擅自更改原设计方案并使用不符合防火标准的建筑材料的问题。2009 年 11 月某公司厂房、冷库工程竣工验收时，刘某为存在上述问题的工程违规办理竣工验收相关手续，致使存在重大安全隐患的建筑投入使用。2013 年 6 月 3 日某公司主厂房车间发生火灾，主厂房屋顶所使用的不符合防火标准的建筑材料迅速燃烧，导致火势快速蔓延并产生大量有毒烟气，造成 121 人死亡、76 人受伤、直接经济损失人民币 182, 079, 179. 05 元的严重后果。

计、施工、监理单位挂靠和借用资质的问题，未能发现和查处工程监理人员没有资质及监理资料不全的问题以及实际施工方擅自更改原设计方案并使用不符合防火标准的建筑材料的问题。刘某为存在上述问题的工程违规办理竣工验收相关手续，致使存在重大安全隐患的建筑投入使用。2013 年 6 月该建筑发生火灾产生大量毒气，致使 121 人死亡、76 人受伤的严重后果，法院判决刘某构成玩忽职守罪。目前，刑法意义上的因果关系的认定在学术界争议比较大，既有传统法学理论上的必然因果关系说和偶然因果关系说，又有因果关系条件说。运用必然因果关系说和因果关系条件说理论都不能解释职务犯罪的因果关系问题，在实践中基本是以间接因果关系来认定，但间接因果关系并没有明确的认定条件，使得认定理由不清楚、不充分。

实践中司法机关对间接因果关系适用错误通常包括两方面：一是在刑事案件中对间接因果关系不加论述；二是在民事案件中不能清晰区分直接和间接法律因果关系。因为，一般在刑法中只有违法行为与危害结果之间具有直接因果关系才承担刑事责任。违法行为与危害结果之间具有间接因果关系必须具备两个条件才承担刑事责任：首先，法律有特别规定；其次，危害后果严重达到法定程度。而在民法中只要行为人存在过错，哪怕是没有尽到足够的注意义务，直接和间接因果关系都应当承担民事法律责任，只不过责任的大小不同。

（三）间接因果关系的责任推定不合逻辑问题

关于间接因果关系的责任推定问题普遍存在于环境侵权案件中，我国《侵权责任法》第六十六条规定因污染环境发生纠纷，污染者应当就行为与损害之间不存在因果关系承担举证责任。由此，我国确立了环境侵权因果关系举证责任倒置规则。意思是，环境污染受害人对于因果关系虽然不存在客观上的证明责任，但仍需要承担主观证明责任。即根据第六十六条的规定，污染人提出因果关系不存在性质上属于本证，而受害人需要提出因果关系存在作为反证，以削弱甚至推翻环境污染人提出的本证，除非污染人无法提出证据证明不存在因果关系。① 但实

① 施理：《环境侵权诉讼中因果关系推定的适用》，载《法律适用》2015 年第 3 期。

践中却出现异议。在一环境侵权案件①中，原告旭日东升公司生产过程中，产区设备出现不同程度的生锈现象，原告认为生锈的原因是被告生产离子膜烧碱、氯气等产品所产生的大气污染。一审法院认为，本案属于大气污染纠纷，适用举证责任倒置，即原告首先应当举证证明其产品生锈的原因，由于原告对其产品生锈的原因不申请鉴定，生锈原因无法查明，适用举证责任倒置的前提不成立，应当驳回诉讼请求。而二审法院认为，原告无须就因果关系作出任何证明，即不需要对其产品原因负举证责任，但原告未能举证证明其损失的具体数额，所以维持一审判决。

目前在环境侵权案件中，司法实践中常用因果关系推定的原则，即只要证明企业已经违法排放污染物质，受害人人身或者财产遭受或者正在遭受损害，企业又不能证明损害是由其排污行为以外的其他原因所致，即推定排污行为与损害后果间有因果关系。而该案一审法院在适用举证责任倒置的时候，错误要求原告负举证责任并作为适用的前提。所以该案原告只需提交损害与排污行为之间因果关系的表面证据，被告否认的，由被告就不存在因果关系或免责事由举证。

（四）间接因果关系的法律主体错误适用问题

实务主体适用间接因果关系中也存在一些问题，因果关系作为判断行为人是否违法的构成要件之一，同行为人过失程度决定责任的大小。目前在我国有关交通事故案件中，极少考虑因果关系是否存在，以及原因力的大小。如交通事件②，道路交通事故发生后，和平县公安局交警大队根据现场勘查，调查取证，依据道路交通安全管理法律法规的相关规定，作出X与Y双方违法行为是交通事故形成的主要原因，负事故的同等责任。一审法院认为该认定公证合法，符合事实与法律的规定，依法予以采信。对于这样的认定结果，交通部门完全

---

① 旭日东升公司在生产过程中，位于鼓楼区，位于郑汴路75号厂区，凡暴露在空气中的原材料钢板、生产模具、生产设备等均有不同程度的生锈，Y公司系化工生产企业，主要产品有离子膜烧碱、氯气、盐酸、次氯、氯磺酸、氯乙酸、氯化亚砜、AC发泡剂等，旭日东升公司认为是Y公司所排放的气体造成大气污染，从而影响自己的设备出现生锈现象。

② 2010年9月6日18时，Y驾驶粤P××教练车从广顺驾校教练场方向往和平县西郊方向行驶，该车在行进中与相对方向下坡自行车的X相撞，造成X倒地后又被Z驾驶的湘1××号变型拖拉机的左后轮碾轧，造成X受伤的交通事故。

忽略了对因果关系的界定。首先从案件过程来看，Y驾驶的教练车属于非法改装车且行驶在非训练的公共车道上，该行为已经违法。X骑车的速度虽快，但本身并不存在违法行为，交通部门未考虑事故发生过的先后因果顺序，即认定双方负同等责任显失公平。一审法院也尚未就因果关系进行分析，直接采纳交通部门认定结果，属于过失行为。

由此可以看出，在交通侵权责任认定过程中以及司法实践中，实务工作者本身对因果关系以及原因力大小的认定存在很大的困惑。因果关系作为侵权行为的构成要件之一，它决定了事故的责任认定以及责任的大小，其具有重要地位。实践工作者认定因果关系的过程中通常存在两种问题：一是不考虑因果关系，只要行为人双方客观上都有过错，都应当对事故承担责任。二是司法工作者不考虑原因力的大小，双方行为人对事故承担同等责任。只有对因果关系以及原因力的大小认定清楚才能得出公正的判决。

三、间接因果关系存在问题的原因分析

实践中，由于间接因果关系本身具有复杂性、技术性等特点，所以其存在的问题也比较突出。通过分析现实案例，本人将问题原因归为三个方面：

（一）间接因果关系法律制度缺失

目前我国的法律制度和理论还不够成熟，新中国成立以来，虽然经济迅速发展、社会进步极大，法律逐步完善，但是大部分法律和理论都是为了服务新的社会发展直接照搬日、德或者其他国外先进的法律制度，脱离中国实际情况。制度和理论的不完善就使得司法实践者（法官、交通执法部门）在实务中很难认定因果关系。在部门法中，例如刑法、民法、行政法都有关于因果关系的规定，并且有关因果关系的认定规则都不相同，始终没有一个统一的、适用于各个部门法的认定规则。原本在实务中，对因果关系认定就十分困难，而没有统一的标准，只会给实务增添更多的困难。

（二）间接因果关系学术认定不一

法律因果关系是学术界一直讨论的话题，但始终没有一个完整的定论。刑

法规定的因果关系有直接因果关系和间接因果关系两种，关于上述提到的渎职犯罪，根据不同的划分标准，其因果关系分类可以分为三种：一是依照渎职行为与危害结果之间的联系，可分为直接因果关系和间接因果关系；二是依照渎职行为的数量或是否在因果关系的发展过程中有新的介入因素的出现，可划分为简单因果关系、复杂因果关系和中断因果关系；三是依照因果关系的性质，可分为必然因果关系和偶然因果关系。由于分类的复杂性，其司法认定也十分困难。有学者认为采用“条件说”，也有学者认为应当采用“相当因果关系说”，“双层次因果关系说”也是主流观点。学术界观点的多样化就会导致司法实践上的认定困难。法官在进行选择时就会出现不同的结果，使得裁判结果具有不确定性，难以得到公正的审判结果。

（三）间接因果关系的运用主体失误

所谓间接因果关系运用主体就是指案件法官，法官是审判者处于刚正不阿的中间立场，不受他人影响。通过案例分析，我们可以看出，大部分法官在处理案件时，都极少认定因果关系甚至不经过认定因果关系就做出判决结果。例如上文所述的环境侵权案件，环境侵权必须满足四个构成要件，才可以判定属于侵权行为，负赔偿责任。而法官不考虑因果关系直接谈责任，并且以原告不能举证为判决理由，脱离逻辑，违背法律规定，如果对该行为不加以规定，会出现人民对法律不信任等后果。

四、适用间接因果关系的有效办法

（一）完善间接因果关系制度与理论

间接因果关系在学术界一直没有一个统一的结论，并且法律对其规定也是一言概之，没有一个系统的认定方式。这对司法实务者造成极大困扰。在这里，我认为可以借鉴哲学上的因果关系以及相当因果关系理论。

我国目前尚无完整的间接因果关系的具体理论，所以法官分析案件的时候，很难作出合乎规范的分析，从而影响裁判结果。我认为可以参考现有“相当因果关系”的理论，对间接因果关系的案件进行分析。相当因果关系是衡定案件的理论基础。在学界中，主要有以下三个观点：一是条件说，主张凡是引起损害结果发生的条件，均是损害结果的原因。二是原因说，主张原因与条件有着严格的界限，应严格进行区别，如果原因与结果之间存在因果关系，那么条件与结果之间就不存在因果关系。三是相当因果关系说，强调原因与结果之间的“必然联系性”。司法实务者可以借鉴相当因果关系理论来处理间接因果关系实践中出现的问题。

（二）统一间接因果关系的认定标准

根据休谟的理论，因果关系是经验领域中的现象间恒常结合的一般通则。一个完全详尽的因果通则能够解释原因与结果的不变联系：给定一组事实存在的完全的现行条件，结果必定会随之发生。换句话说，完全详尽的现行性条件的集合与结果的发生的关系是充分性的。在类型化的单称因果陈述中，因果陈述只是或明确地包含了现行条件的一部分。① 因此要想清楚、准确适用间接因果关系，明确其认定标准就具有一定的紧迫性。

第一，以自然规律作为认定标准。自然科学规律及其他客观规律反映了事物与事物之间的联系，是事物之间逻辑联系的基础。因此在对因果关系认定时，应该以分析事物之间客观存在的原因结果为首要条件。人们在日常生活中，对某些科学领域的认知比较缺乏，比如物理化学反应，所以在实践中，一般情况下，人们可以根据自己的认知得出因果关系；在特殊情况下，需要专业人士来加以探究。

第二，以人们的逻辑作为认定标准。除了自然规律客观反映事物之间的因果关系外，基于生活观察，人们也积累了大量的经验知识。例如热水会烫伤身体，而凉水不会烫伤。这些现象与现象之间，有原因有后果，成为人们认定因果关系的重要标准。

自然规律与人类社会经验相结合作为认定因果关系的首要标准，将客观规律与主观经验相结合，更好地辅助于实务工作者。实践中，法官应先考虑损害结果的发生是否属于自然规律范畴内，其次以自己的生活经验判断原因行为与结果之间是否具有因果关系。

① 孙晓东、李炜：《法律因果关系分析》，载《法学杂志》2009 年第 10 期。

大数据时代下政府信息公开的立法研究

阎桂芳* 孙胜子**

摘 要：党的十八大以来，以习近平总书记为核心的党中央统筹推进“五位一体”总体布局、协调推进“四个全面”战略布局，高度重视法治在国家治理和社会治理中的作用，把法治作为治国理政的基本方式，对政务公开、党务公开、实施国家大数据战略提出了一系列要求，为政府信息公开制度的发展与完善明确了方向。① 本文从政府信息公开的立法进程及现状入手，结合2017年中国政府网公布的《政府信息公开条例（修订草案征求意见稿）》② 对我国时下的热点问题即“大数据发展战略”中支撑力度较为薄弱的政府信息公开的立法进行探讨，以期从中探求政府信息公开立法发展的启示。

关键词：大数据 政府 信息公开

2017年12月8日，中国共产党第十九届中央委员会政治局在其第二次集体学习时选择了“实施国家大数据战略”作为主题，体现出新一届中央领导集体对大数据发展战略的高度重视。③ 习近平总书记在主持中央政治局学习时指出了四大关键点：加快完善数字基础设施，推进数据资源整合和开放共享，保障数据安全，加快建设数字中国。其中数据资源整合与开放共享这一环节对政府信息公开提出了新时代的新要求。2017年6月7日，中国政府法制信息网公布

---

* 山西大学法学硕士生导师，太原师范学院教授，主要研究方向为宪法学与行政法学。

** 山西大学法学院法学硕士研究生，主要研究方向为宪法学与行政法学。

① 马怀德：《政府信息公开制度的发展与完善》，载《中国行政管理》2018年第5期。

② 中华人民共和国中央人民政府网站：“《中华人民共和国政府信息公开条例（修订草案征求意见稿）》征求意见”，http：//www.gov.cn/hudong/2017－06/06/content_ 5200287.htm.

③ 谢安：《政府开放数据利于实施国家大数据战略》，载《中国统计》2018年第3期。

了《政府信息公开条例（修订草案征求意见稿)》，这是政府信息公开在立法领域对新时代新环境所作出的回应。本文正是以此次《政府信息公开条例》（以下简称《条例》）的修订为契机，总结《条例》实施以来的经验，分析当下发展困境，提出推动政府信息公开制度发展完善的建议。

一、大数据时代赋予政府信息公开的新特征

随着网络技术的蓬勃发展，“数据”已经蔓延到了人类生活的各个领域。数据是信息的载体，将“数据”一词置于社会生活中，可以说其本质即为信息，它记录、排列、整合了包括人类经济、文化生活的方方面面。最早提出“大数据时代”① 这一概念的是全球知名咨询公司麦肯锡，此后，这一名词便用于描述不同行业在信息爆炸过程中产生的海量数据以及利用这些数据开展创新研究所形成的纵横交错的数据洪流。为致力于建设法治政府以及更好地向服务型政府转变，满足“大数据时代”对政府信息公开提出的更高的要求，政府应首当其冲更新公开的方式和程序，力求能够在更好地满足大众知情权的前提下，将手中巨大的数据资源供给社会，进行优化利用和创新发展，以实现大数据中所蕴藏的政治、经济和社会价值。而这个过程中，必然包含了政府对于先进技术的引进和合理利用，反过来讲，可以认为是信息技术、大数据改变了社会经济活动的基本逻辑，倒逼政府的行政体制和职能结构形成转变。② 这是一个新时代的挑战，更是机遇。

法律应当与时代接轨，立法工作必然要紧跟时代潮流。政府信息公开的立法探讨作为一项由来已久的课题，在无数学者的研究下已经羽翼渐丰，有着强大的理论基础和实践经验，但立法迟迟未正式提上日程。随着网络技术的不断发展，它一次又一次地更新社会这个庞大的系统，大数据时代的到来，意味着

---

① 最早提出“大数据”时代到来的是全球知名咨询公司麦肯锡。麦肯锡称：“数据，已经渗透到当今每一个行业和业务职能领域，成为重要的生产因素。人们对于海量数据的挖掘和运用，预示着新一波生产率增长和消费者盈余浪潮的到来。”“大数据”在物理学、生物学、环境生态学等领域以及军事、金融、通信等行业存在已有时日，却因为近年来互联网和信息行业的发展而引起人们关注。

② 文宏：《从自发到工具——当前网络围观现象的行为逻辑分析》，载《公共管理学报》2013 年第 3 期。

它将赋予所有事物以新的意义和价值。法律更是如此，它必然要将新时代的产物逐步涵盖并内化，唯有如此才能更加合法合理地规范社会与公民。政府信息公开与大数据时代的联系千丝万缕。

（一）互动性

传统的政府信息公开是一种单向性的信息传递，政府作为处于支配地位的一方，基于行政职责和知情权向公民公开所需的信息。但在大数据时代下，数据与信息，其本身就蕴含着巨大的价值，获得大量的数据信息，也就意味着掌握了更多的主动权，或单纯满足公民知情权的需求，或进行开发利用，这都是行政相对人一方对政府机关公开信息的积极回应。显然，单向性的信息传递已无法满足大数据时代对政府信息公开的时代性要求，新型的政府信息公开应当是具有更多互动意义的双向信息交流。

（二）规范性

信息的反复利用需要规范的数据整合才能形成良性循环。政府信息公开是政府作为行政机关的一项整体性的职能，不论是在机构设置，还是在程序规定上，都应当趋向于构建一个整体规范的行政板块。在当今大数据主导信息流向的社会，行政相对方信息需求的激增，以及对信息再次利用的渴求，都要求政府信息的公开更加需要注重其规范的公开流程，严谨的形势要求。只有不断规范的信息公开，才能满足新的时代下大众对于政府工作的期盼，才能使行政与时代接轨。

数据如果存放在档案馆中，永远只是一堆数据；而如果放在开放平台上，就可以被深度挖掘，变成有价值的资源。因此大数据策略已经不再是简单的计算机化管理，也不仅是应对信息挑战的技术解决方案，而是政府乃至全社会的一项战略。政府必须改变过时落伍的信息管理能力，通过大数据平台进行恰当的管理、建模、分享和转化，从中提取有效信息，并以最恰当的方式作出更加前瞻性的决策，为民生相关者做好服务。①

---

① 袁绍军：《大数据信息社会变革中的战略资源》，载《政府采购信息报》2013 年。

二、我国政府信息公开的立法发展与存在的问题

我国政府与公民的关系早已不再是“民可使由之，不可使知之”的以行政管控为中心的封闭型信息支配模式①。但政府信息公开并不是单纯的“使知之”，在进入大数据时代的当今社会，更要求公开的精准、效率和质量，在“使知之”的基础上利用数据资源“使用之”。

（一）我国政府信息公开的立法发展

早在2002年7月，国家信息领导化小组就发布《电子政务建设纲要》，这是我国首次将电子政务的理念纳入政府信息公开的立法规划中。同年，党的十六大明确提出“以信息化带动工业化，以工业化促信息化”的发展理念，自此，政府信息公开的立法工作围绕电子化、信息化的新特征广泛展开。2004年以来，我国相继颁布执行了一系列旨在推动政府信息资源公开利用开发共享的政策法律。如2005年5月，中共中央办公厅、国务院办公厅发布了《关于加强信息资源开发利用的若干意见》。2007年1月17日，国务院正式通过了《政府信息公开条例》，这是我国政府信息公开领域迄今为止最为权威的立法文件。2013年，国务院发布了《关于促进信息消费扩大内需的若干意见》，要求促进公共信息资源共享和开发利用，推动市政公用企事业单位、公共服务事业单位等机构开放信息资源。2015年6月，国务院审议通过了《“互联网+”行动指导意见》，明确了搭建“互联网+”开放共享平台，加强公共服务，开展政务等公共数据开放利用试点。2015年8月，国务院审议通过了《关于促进大数据发展的行动纲要》，强调要推动政府信息系统和公共数据互联共享，消除信息孤岛。2016年2月，中共中央办公厅、国务院办公厅印发《关于全面推进政务公开工作的意见》，部署全面推进各级行政机关政务公开工作。2017年6月7日，中国政府法制信息网公布了《政府信息公开条例（修订草案征求意见稿）》，这是《条例》实施近十年以来的首次修订。②

---

① 罗勇：《大数据背景下政府信息公开制度的中日比较——以“知情权”为视角》，载《重庆大学学报（社会科学版）》2017年第23卷第1期。

② 谢安：《政府开放数据利于实施国家大数据战略》，载《中国统计》2018年第3期。

（二）我国政府信息公开立法中存在的问题

1. 受传统行政法的思维的影响

我国经过长期封建专制统治，“官”“民”思想在公民心中根深蒂固，很难拔除。反映在行政法领域体现为，公众普遍认为行政机关与行政相对人始终是管理者与被管理者的角色，虽然我国长时间致力于服务型政府的转型与建设，但也难以将行政机关与行政相对人从事实上置于一种相对于平等的状态。从“行政法是‘官管民’的法律”这种传统表述也能看得出，即便是在部分专业学者的意识形态中，行政机关的工作人员是“官”，普通公民是“民”，“官”与“民”自然是管理而非服务。政府信息公开亦是如此。由于历史传统的惯性使然，中国行政机关具有强大的行政强势思维，因此将其在行政行为过程中所生成的文书、决议等相关信息自然地视为政府的占有物便是顺理成章之事，最后的结果是不为民知，更谈不上为民所用。① 政府机关作为信息公开的主体，从某些方面来说掌握着一定的主动权，无论是主动公开还是依申请公开，它都似乎处于一种更高的位阶，导致信息公开无法达到其应有的功能。面对新时代“大数据”的洪流和愈加复杂的信息公开现状，传统行政法思想的束缚必然会给政府信息公开立法的发展带来较大的阻碍。

2. 政府信息公开的立法位阶低

全方位地对一项制度进行评述，背后的思想与眼前的现实是交织的，大数据时代的政府信息公开制度建设，面临的最为重大的现实问题即其立法的位阶问题。但笔者认为，这种修改的力度不足以解决现今以大数据为代表的信息处理模式所带来的一系列问题。一方面，部分文字和表达的修改无法满足当今社会大数据时代信息爆炸给公民带来的信息的需求。另一方面，现今施行的《政府信息公开条例》是国务院通过的，属于行政法规，当其与《保密法》《档案法》等法律的规定有出入时，根据上位法优先的法理原则，应当按照法律的规定处理而非遵照《条例》。例如《档案法》就档案资料的开放与利用规定了一套与《条例》完全不同的权限和程序。② 所以延伸到实践中，就会出现政府机

---

① 罗勇：《大数据背景下政府信息公开制度的中日比较——以“知情权”为视角》，载《重庆大学学报（社会科学版）》2017 年第 23 卷第 1 期。

② 李广宇：《政府信息公开司法解释读本》，法律出版社 2015 年版，第 215 页。

关工作人员以违反上位法为借口而拒绝信息公开，规避《条例》的现象，这毫无疑问地会在很大程度上阻碍政府信息公开工作的有序进行。

3. 缺乏对信息安全管理和保护机制

从我国政府信息公开制度建立以来并未出现严重的信息泄露事件，但放眼于大数据时代的到来和发展，信息、数据呈现爆炸式的状态，数据泄露事件频发，严重威胁到社会稳定。这就要求政府在信息的管理和保护上作出更多的回应，但《政府信息公开条例》的修改意见稿并未涉及相关的条文。在政府数据开放的背景下，数据安全被保护的范围过于狭隘，容易被忽视，这将使数据开放缺乏安全感。

传统的观念认为这一部分内容在《保密法》、个人信息保护的立法中均已有规定，若在政府信息公开机制中做出过多的规定会导致法律的重复和冗杂。笔者认为，基于大数据时代的新特征，政府信息公开已经由原先的单向性信息提供转化为双向性的信息互动，政府对于信息、数据的管理和保护应当以一种“主动的姿态”，尽可能地做到管理保护优先于被动惩处，优化政府信息，提高数据的安全性，这是大数据对政府信息公开工作最直观的影响。

4. 对第三人信息保护的程序不健全

现行《政府信息公开条例》第二十三条及修订草案意见稿第三十五条均规定：“行政机关认为申请公开的政府信息涉及商业秘密、个人隐私，公开后可能损害第三方合法权益的，应当书面征求第三方的意见；第三方不同意公开的，不得公开。但是，行政机关认为不公开可能对公共利益造成重大影响的，应当予以公开，并将决定公开的政府信息内容和理由书面通知第三方。”可以直观地看到，这一条文面对大数据时代愈加复杂的信息公开需求已经无法有效、全面地保护第三方在信息公开中的权利。首先，对行政机关的判断缺乏应有的约束。“个人隐私”“商业秘密”，尤其是“公共利益”，都属于不确定的法律概念，虽然人人都懂，但仁者见仁，智者见智。特别是将其放置于严谨的法律范畴中，将对其“进行定义的权力”交付政府行政机关的工作人员，必然会造成界限不明的情况。其次，缺乏快速的救济渠道。根据现行《政府信息公开条例》及修订草案意见稿的规定：第三方如果认为政府的公开行为侵犯其合法权益，可以通过行政复议或者行政诉讼进行救济。但无论是行政复议还是行政诉讼，都需要经过法定的程序才能够得到解决，而完整程序的进行必然会消耗更多的人力和时间。然而损害一旦造成，即使有所谓的处罚和赔偿，也无法使第三方的利益回复到原有的状态，从而失去了权利救济的意义。因此，政府信息公开中的第三方保护机制的特殊性在于需要一个快速的救济或拦截渠道，以更加有效地保障自身的合法权益。

三、大数据时代下我国政府信息公开的立法回应

意见稿将现行条例从38条增加到54条，以下是现行《政府信息公开条例》与《修订草案征求意见稿》① 的对比。

（一）“以公开为常态、不公开为例外”

意见稿首次以条文形式明确规定：“行政机关公开政府信息，应当坚持以公开为常态、不公开为例外。”从立法理念和法律实践上来看，我国对于信息公开的传统是以“保密”为原则，此次修改的意见稿写入“以公开为常态、不公开为例外”的原则性规定是我国人大立法工作从理念和态度上对政府信息公开规定所作的改进。

（二）首次明确了政府信息中不予公开的范围

意见稿第十四条规定，公开后可能会对国家安全和统一、金融政策和金融市场、公共安全和社会稳定等方面产生不利影响的信息不予公开。这是现行《条例》中所没有明确的方面，它与上文中“以公开为常态、不公开为例外”的原则性规定结合起来，属于对我国政府信息公开范围所作的细化。

（三）区分主动公开与依申请公开

意见稿将政府信息公开的程序性规定明确分为主动公开和依申请公开，分别列为第三章和第四章，并且在依申请公开一章中取消了现行《条例》中规定的“特殊需要”的门槛。现行《条例》第十三条规定，除行政机关主动公开的

---

① 中华人民共和国中央人民政府网站：《〈中华人民共和国政府信息公开条例（修订草案征求意见稿）〉征求意见》，http：//www. gov. cn/hudong/2017 -06/06/content_ 5200287. htm.

政府信息外，公民、法人或者其他组织还可以根据自身生产、生活、科研等特殊需要，向有关部门申请获取相关政府信息。意见稿对这一规定的取消是对公民申请政府信息公开范围的扩大。

（四）细化了现行《条例》关于对政府信息公开进行监督的规定

意见稿在第四十五条中加入了“指导和监督”“督促整改”“通报批评”和“人员定期培训”等表述，强化了对于政府信息公开监督方面的规定。

（五）增加了政府信息公开中突发事件的相关规定

意见稿增加了发生自然灾害、事故灾难、公共卫生和社会安全等重大突发事件时政府有关部门应当持续公开信息的职责。

（六）增加了其他程序性规定

意见稿在第四章依申请公开中增加了部分程序性的新规定，如第二十七条所规定行政机关应当建立健全政府信息公开申请接收、登记、审核、办理、答复、归档的工作制度；第二十八条规定行政机关可以在办公场所或者政务服务场所设立受理申请窗口等。这是意见稿对现行《条例》对行政程序所作的完善。

2014 年《中共中央关于全面推进依法治国若干重大问题的决定》（以下简称《决定》）强调，“坚持以公开为常态、不公开为例外原则，推进决策公开、执行公开、管理公开、服务公开、结果公开”。现行《条例》并没有明确规定“公开为原则，不公开为例外”这一原则，在公开范围上也根本无法涵盖《决定》所要求的“决策公开、执行公开、管理公开、服务公开、结果公开”。《意见稿》对于我国现行《条例》实施近十年以来出现的问题作出了针对性的回应，不仅仅是在司法实践的范畴中细化了程序，加强了监督，从明确“公开为原则，不公开为例外”可以看出，《意见稿》的内容也更加反映和体现“地基”作用的法学理论。但整个《意见稿》甚少体现出回应“大数据时代”对政府信息公开的新时代性的要求。面对习近平总书记在中央政治局学习时所指出的加快完善数字基础设施，推进数据资源整合和开放共享，保障数据安全，加快建设数字中国的关键点更是不足以发挥政府应有的作用。

四、大数据时代下我国政府信息公开的立法新要求

（一）启动政府信息公开立法工作，将大数据和技术更多渗透到法律规定中

健全政府信息公开制度，应当尽快将政府信息公开的立法事项加入全国人大的立法计划中，使政府信息公开的法律规定和地位进行升级。上文提到，我国信息相关的立法体系中存在一种权力的制约与博弈，那就是国家信息保密与政府信息公开的制约，政府信息公开与个人信息保护以及公民知情权的博弈。平衡国家、社会与公民对信息的权益与需求，需要对上述涉及的法律法规进行立法上的协调，尤其是需要在立法技术上对信息领域中权力与权利、权力与制约、权利与救济等关系寻找平衡点。笔者认为，寻找这种平衡点的前提条件就是要将规制这几种关系的法律规定放置到一个相对平等的状态，即将《政府信息公开条例》升级为与《保密法》地位相同的法律，同时也要加快《个人信息保护法》的出台，尽可能地减少政府信息公开单纯由于立法位阶问题而受到的限制。面对新时代新要求，应当尽快制定《政务公开法》，通过立法进一步完善我国的政务公开制度，确立“公开为原则，不公开为例外”的基本原则，拓展政府信息公开的范围，创新政务公开方式，推进政府数据开放，统筹协调党务公开与政务公开制度，更好地服务于党和国家事业的发展。①

（二）建立数据安全保障体制，加大数据泄露的法律惩罚力度

政府作为信息、大数据的持有者，提高其安全防范能力是发展信息公开，提升行政水平的必要条件。我国政府数据开放工作起步较晚，相关的法律法规较为缺乏，还未形成一个完整的体系。所以，无论是修改现行《政府信息公开条例》还是启动正式立法程序，都要充分考虑到政府数据开放的方方面面，包括对国家安全、个人隐私、数据跨境流动等问题的基本含义、范围及措施进行界定。要明确我国政府数据安全的主管部门及其应承担的责任，更要对已开放的政府信息公开平台上的数据行为进行规范和约束，对于泄露国家机密、侵犯个人隐私、不合

---

① 马怀德：《政府信息公开制度的发展与完善》，载《中国行政管理》2018 年第 5 期。

法的数据跨境流动等行为予以相应的刑事处罚等。现有机构要完善部门设置并明确其职责。数据安全在政府信息公开中越来越重要，数据安全部门在大数据管理局、网络安全管理局中应该扮演相应的角色并承担一定的责任，与安全相关的职责不能千篇一律，要结合当地政府数据开放平台的特点制定具有针对性的措施。

（三）健全第三方信息保护的程序

现行《政府信息公开条例》及意见稿中对第三方信息保护的程序性规定仅有：第三方应当自收到征求意见书之日起15个工作日内答复行政机关。这是针对第三方所作的时间限制的规定，然而对政府行政机关没有限定时间的规定。既然是政府即行政机关对行政相对人作出的行政行为，那么法律规定了行政相对人一方的义务，也应当对行政机关及其工作人员的权力作出限制。根据我国《政府信息管理条例》的规定，政府工作人员有权对第三方的信息进行审查，并确定如果不公开是否属于“可能对公共利益造成损害”的情形。这种权力在第三方信息公开体系中是具有支配性地位的，它最终决定第三方的信息是否公开。因此，要健全第三方信息保护的程序，首先应当对政府机关的工作人员的权力作出应有的限制，如增加听证程序，即行政相对人向负责信息公开工作的部门提出申请并在涉及第三方利益时，应当由该部门在申请10日内举行听证会，由社会公众对所涉及的第三方的信息公开与否是否属于可能对公共利益造成损害的情况作出一个意见汇总，并充分考虑该意见结合政府工作人员的专业分析，最终得出兼具科学性与民主性的结论。其次，在制度设计上，应当增加针对第三方信息公开特殊性所设立的快速救济或拦截的规定，因为根据我国《政府信息公开条例》的规定，很多情况下第三方虽然通过行政复议或行政诉讼寻求救济，但总会遇到救济未果而已逾期答复的结果，信息遭到公开，利益受损而无法回复，这就失去了所谓救济的意义。

笔者认为，结合大数据时代下纷繁复杂的信息公开申请，要满足大量的快速救济显然是难以实现的，较为合理的是美国采用的预先禁止公开令，即第三方当事人若通过行政诉讼寻求救济的同时可向法院申请预先禁止公开令，以拦截公开的方式争取更多的救济时间。当然，这种禁止公开令也应当作出时间限制，否则将会使部分信息公开申请人的正当合理的申请得不到应有的回应，从而有损政府信息公开制度的应有之义。

论彭真宪法监督思想的主要内容及当代启示

何建华*　杨碧君**

摘　要：党的十九大报告明确提出："加强宪法实施和监督，推进合宪性审查工作，维护宪法权威。"① 2018 年 3 月 11 日十三届全国人大第一次会议上表决通过的《中华人民共和国宪法修正案》将全国人大"法律委员会"更名为"宪法和法律委员会"②。本文以 1982 年《宪法》的主要起草主持者彭真同志的宪法监督思想为切入点，分析彭真宪法监督思想的发展历程，总结其主要观点内容和实践经验，从完善内部机制和外部机制两个方面探讨彭真宪法监督思想对当代推进合宪性审查工作的启示。

关键词：彭真　宪法监督　合宪性审查

彭真是我国社会主义法制建设的主要奠基人，是起草 1982 年《宪法》的主

---

* 山西大学法学院副教授，主要研究方向为宪法学与行政法学。

** 山西大学法学院法学硕士研究生，主要研究方向为宪法学与行政法学。

① 习近平：《决胜全面建成小康社会夺取新时代中国特色社会主义伟大胜利——在中国共产党第十九次全国代表大会上的报告》，http：//www. gov. cn/zhuanti/2017 - 10/27/content_ 5234876. htm.

② 2018 年《中华人民共和国宪法修正案》：宪法第七十条第一款中"全国人民代表大会设立民族委员会、法律委员会、财政经济委员会、教育科学文化卫生委员会、外事委员会、华侨委员会和其他需要设立的专门委员会。"修改为："全国人民代表大会设立民族委员会、宪法和法律委员会、财政经济委员会、教育科学文化卫生委员会、外事委员会、华侨委员会和其他需要设立的专门委员会。"

要主持者，1983 年 6 月当选为第六届全国人大常委会委员长，对推进宪法监督实施工作做出了重大贡献。深入研究彭真宪法监督思想，对于学习贯彻习近平新时代中国特色社会主义法治思想，坚持依宪治国，推进合宪性审查工作具有重要意义。

一、彭真宪法监督思想的主要内容

彭真宪法监督思想大致可以分为三个阶段，这三个阶段贯穿了我国社会主义发展的各个历史时期。大致分为 1949—1966 年的萌芽时期；1966—1979 年的酝酿时期；1979—1997 年的发展完善时期。彭真宪法监督思想主要体现在三个方面。

（一）宪法监督的必要性

彭真强调宪法监督的必要性主要有三个方面的因素。

1. 消除封建残余影响，防止沉痛悲剧重演的要求

中国是有着几千年封建主义历史的国家，思想政治长期受到影响，封建遗毒难以肃清。中国共产党经过艰苦斗争，目的就是建立一个民主的新中国。“文化大革命” 惨痛的历史表明必须建立社会主义法制。对此，彭真提出“健全社会主义民主和法制，十几亿人统统都要按照宪法办事”，“动员一切力量，从各方面保证宪法的实施”①，“做到有法可依、有法必依、执法必严、违法必究。”②

2. 树立宪法权威，维护宪法尊严的要求

宪法是国家的根本大法，具有最高法律效力。宪法的权威能否树立，关系到国家政治生活的稳定与否。彭真指出 “宪法是在党的领导下，经过全民讨论，由全国人民代表大会制定的”，“确定国家的根本制度和根本任务，体现全国各族人民的根本利益和共同意志”，“必须维护宪法的尊严和稳定，并为此进行坚决的斗争。”③

---

① 中共中央文献编辑委员会：《彭真文选》，人民出版社 1991 年版，第 474 页。
② 彭真：《论新中国的政法工作》，中央文献出版社 1992 年版，第 384 页。
③ 中共中央文献编辑委员会：《彭真文选》，人民出版社 1991 年版，第 664 页。

3. 发展社会主义民主，健全社会主义法制的要求

在人民当家作主的社会主义国家，要保证人民的权力，就要有权威的完备的社会主义法制。宪法规定，我国是“工人阶级领导的、以工农联盟为基础的人民民主专政的社会主义国家”、“一切权力属于人民”。[①] 发展社会主义民主，必须实施宪法，坚持四项基本原则，进一步健全人民代表大会制度，使人民成为真正的主人。

彭真认为，宪法是法制的基础，依法办事必须先做到依宪法办事。他指出：“国有国法，宪法则是十亿人民办事的总章程，全体人民包括党和政府都要遵守。”[②]

（二）宪法监督制度的建立

根据1954年《宪法》，全国人大有权“监督宪法的实施”，全国人大常委会有权“解释法律”以及“撤销国务院的同宪法、法律和法令相抵触的决议和命令”[③]；1978年《宪法》规定全国人大有权“监督宪法和法律实施”，全国人大常委会有权“解释宪法和法律，制定法令”以及“改变或撤销省、自治区、直辖市国家权力机关的不适当的决议”[④]。在制定1982年《宪法》时，彭真从国情出发，与中央领导人商议后，最终决定在1954年《宪法》的基础上进一步发展和完善宪法监督制度。

1. 宪法监督的主体选择

从1980年9月宪法修改委员会成立到1981年7月中旬这一阶段，全国对宪法修改的讨论空前活跃，针对宪法监督制度的设立方案非常多，大致有以下

---

① 《宪法》第一条第一款：“中华人民共和国是工人阶级领导的、以工农联盟为基础的人民民主专政的社会主义国家。”第二条第一款：“中华人民共和国的一切权力属于人民。”

② 彭真：《论新中国的政法工作》，中央文献出版社1992年版，第271页。

③ 《宪法》（1954年）第二十七条：“全国人民代表大会行使下列职权：……（三）监督宪法的实施……”第三十一条：“全国人民代表大会常务委员会行使下列职权：……（三）解释法律……（六）撤销国务院的同宪法、法律和法令相抵触的决议和命令。”

④ 《宪法》（1978年）第二十二条：“全国人民代表大会行使下列职权：……（三）监督宪法和法律的实施……”第二十五条：“全国人民代表大会常务委员会行使下列职权……（三）解释宪法和法律，制定法令……（五）改变或者撤销省、自治区、直辖市国家权力机关的不适当的决议……”

五种：设立宪法委员会，地位与全国人大常委会相同；设立宪法委员会，地位低于全国人大常委会，协助人大常委会监督宪法的实施；将宪法委员会作为全国人大及常委会领导下的专门委员会；设立专门的宪法法院；赋予最高人民检察院监督宪法实施的职权。

2. 宪法监督的重点对象

彭真认为最高权力机关的违宪监督主要包括两个方面的内容：一是审查有关国家机关的法律、法规和规范性文件是否违宪；二是审查监督国家机关及其工作人员的职务行为是否违宪。前者就是所谓抽象违宪审查，彭真谈到："任何机关、任何地方如果做出同宪法相抵触的决议、决定，全国人大和它的常委会有权力、有责任予以撤销。"① 后者一般称为具体违宪或行为违宪审查，如彭真提到的，"副省长、法院副院长是要由人大常委会决定任命的，但有个别地方人大常委会还没通过，他就上任了"。②

（三）宪法监督的实施

宪法监督制度建立之后，就存在一个如何保障其实施的问题。对此，彭真提出，推进宪法监督的实施首先要坚持党的领导；其次，全国人大及其常委会作为主体要认真履行职责，有关国家机关也要自觉改正自身存在的违宪问题；最后，不能忽略了人民群众的力量。

1. 监督宪法的实施要加强党的领导

彭真认为，坚持党的领导是办好一切事情的前提。他在 1986 年 6 月 27 日在《加强民主与法制，加强人大常委会工作》的讲话中谈到："在我们的国家，党领导人民制定宪法和法律，党又领导人民遵守、执行宪法和法律，党自己也必须在宪法和法律的范围内活动。"③ 因此，监督宪法的实施就要党员干部以身作则，发挥先锋模范作用，带头遵守宪法和法律。"不管什么单位，不管什么

---

① 彭真：《论新时期的社会主义民主与法制建设》，中央文献出版社 1989 年版，第 270 页。

② 彭真：《论新时期的社会主义民主与法制建设》，中央文献出版社 1989 年版，第 335 页。

③ 彭真：《论新时期的社会主义民主与法制建设》，中央文献出版社 1989 年版，第 327 页。

人，党内党外，干部群众，只要是犯了法，依法该怎么处理就怎么处理。”① 只有这样，宪法的尊严才能得到维护，才能使宪法落到实处。

2. 监督宪法的实施要求全国人大及其常委会认真履行职责

1982 年《宪法》将监督宪法实施的职权赋予全国人大及其常委会，地方各级人大在本行政区域内负有保证宪法实施的职责。1986 年 9 月 6 日，彭真在关于全国人大常委会的工作的会议中说道：“无论是国务院，还是各省、自治区、直辖市的人大和人大常委会，他们制定的法规、作出的决定，如果与宪法和法律有抵触，那就要行使法律监督权，这是宪法规定得很清楚的。”② 在 1987 年 6 月 22 日发表的“一不要失职，二不要越权”的讲话中，仍然重复了这样的说法。

3. 监督宪法的实施要求有关国家机关要自查自纠违宪问题

宪法的许多规定主要依靠国家机关的贯彻执行，因此，彭真在 1983 年的中央政法委员会扩大会议上的讲话中专门谈到政法机关不要违宪的问题。一方面，领导干部要自觉学习宪法，带头学习宪法，学好才能运用和遵守。另一方面，针对当时存在的较多与新宪法不符合的问题，彭真要求各机关自己先进行一次检查，有错误的自行主动纠正，“不要等人家提出来或者检举控告时才被动地改，主动纠正好，还是被动纠正好？还是主动纠正好”。③

4. 监督宪法的实施要依靠群众和社会力量

提到宪法监督，就提到全国人大及其常委会的这一职权，是否就只有全国人大及其常委会才可以监督宪法的实施？彭真对此的回答是：当然不是。

1983 年 6 月 21 日，彭真在六届全国人大一次会议上发表讲话的第一个问题就是动员一切力量，从各方面保证宪法实施。在这里，彭真谈到：“保证宪法的实施，从根本上说，要依靠人民群众的力量。”④

---

① 彭真：《论新时期的社会主义民主与法制建设》，中央文献出版社 1989 年版，第 209 页。

② 中共中央文献编辑委员会：《彭真文选》，人民出版社 1991 年版，第 562 页。

③ 彭真：《论新时期的社会主义民主与法制建设》，中央文献出版社 1989 年版，第 175 页。

④ 彭真：《论新时期的社会主义民主与法制建设》，中央文献出版社 1989 年版，第 475 页。

二、彭真宪法监督思想的历史价值

(一) 确立我国的宪法监督制度

由上文所述，在当时很多人都认识到了真正贯彻宪法监督的重要性，关于建立宪法监督制度的观点多达四五种，各方讨论不休，难以形成统一的认识，很多讨论都是严重脱离中国实际的很不成熟的言论。

彭真在违宪审查的问题上，依据其所掌握的法律知识及宪法监督理论，在系统分析和详细研究的前提下，立足于中国社会主义法制建设和宪法监督制度建设的现实状况，得出真正能维护宪法权威的只有受宪法保护的全国人民的结论。那么违宪审查也只能由人民选出的国家权力机关来负责，所以，由人大及其常委会来进行违宪监督工作，是相对最合理的制度选择。

(二) 避免并及时纠正违宪行为，维护宪法权威

维护宪法和法律的尊严是宪法和法律实施与存续的前提。没有权威的宪法如同一纸空文。宪法和法律的尊严除了建立在宪法和法律本身的性质上之外，还与其在实施中能否做到公正公平、统一一致息息相关。

彭真曾明确提出："国家机关，包括国务院，也包括全国人大常委会；各政党，包括共产党，也包括民主党派；个人，包括普通老百姓，也包括党和国家领导人，谁都必须在宪法和法律的范围内活动。""一定要坚持法制，不能搞人治，任何人都不能有超越宪法和法律的特权，希望每个人都用宪法和法律来规范自己的行动。"①

三、彭真宪法监督思想对新时代推进合宪性审查的启示

党的十九大将"推进合宪性审查工作"写入主题报告，2018 年第五次《宪法修正案》在不改变由全国人大及其常委会作为合宪性审查主体的情况

① 中共中央文献编辑委员会:《彭真文选》，人民出版社 1991 年版，第 658 页。

下，把全国人大的专门委员会“法律委员会”改为“宪法和法律委员会”，协助其更好地进行合宪性审查工作，使宪法实施和监督的发展进入了崭新的时代。

（一）推进合宪性审查的外部机制

1. 明确我国合宪性审查所处的历史阶段和任务

从1982年《宪法》颁布至今已经36年，目前我国确立的“合宪性审查”主要是主动审查和被动审查两种方式，在2015年《立法法》的第九十八、九十九条中具体体现。第九十八条规定，行政法规、地方性法规、自治条例和单行条例、规章在公布后要及时报送有关机关备案，属于一种事前的主动的审查。① 第九十九条规定，国务院、中央军事委员会、最高人民法院、最高人民检察院和各省、自治区、直辖市的人民代表大会常务委员会认为行政法规、地方性法规、自治条例和单行条例同宪法或者法律相抵触的，可以向全国人民代表大会常务委员会书面提出进行审查的要求，由常务委员会工作机构分送有关的专门委员会进行审查、提出意见。前款规定以外的其他国家机关和社会团体、企业事业组织以及公民认为行政法规、地方性法规、自治条例和单行条例同宪法或者法律相抵触的，可以向全国人民代表大会常务委员会书面提出进行审查的建议，由常务委员会工作机构进行研究，必要时，送有关的专门委员会进行审查、提出意见。

党的十八届三中全会提出“要进一步健全宪法实施监督机制和程序，把全面贯彻实施宪法提高到一个新水平”。② 党的十八届四中全会进一步要求“完善全国人大及其常委会宪法监督制度，健全宪法解释程序机制”。③ 党的十九大提

---

① 《立法法》第九十八条：“行政法规、地方性法规、自治条例和单行条例、规章应当在公布后的三十日内依照下列规定报有关机关备案。”

② 党的十八届三中全会：《中共中央关于全面深化改革若干重大问题的决定》，http：//www. gov. cn/jrzg/2013 - 11/15/content_ 2528179. htm.

③ 党的十八届四中全会：《中共中央关于全面推进依法治国若干重大问题的决定》，http：//cpc. people. com. cn/n/2014/1029/c64387 - 25927606. html.

出“加强宪法实施和监督，推进合宪性审查工作，维护宪法权威”。[①] 2018 年通过的《宪法修正案》将“法律委员会”更名为“宪法和法律委员会”，使其协助全国人大及其常委会承担起合宪性审查的职责。可以看出合宪性审查制度得到进一步完善，体现了彭真建立宪法监督制度必要性的思想，新时代尊重宪法、遵守宪法越来越受到重视。

2. 明确党的领导与合宪性审查的关系

推进合宪性审查工作，首先必须是在党的领导下进行的，必须有利于贯彻和实现党的领导，巩固党的执政地位。要充分发挥党在合宪性审查中的作用，不能把党的领导与合宪性审查割裂开来。把依法治国、依宪治国工作提高到新水平，最为关键的就是要坚持以党的领导为根本保证，完善全面依法治国领导体制。

3. 充分发挥人民群众在合宪性审查中的作用

《宪法》第二条规定：“中华人民共和国的一切权力属于人民。”党的十九大报告提出“坚持党的领导、人民当家作主、依法治国有机统一”，“扩大人民有序政治参与，保证人民依法实行民主选举、民主协商、民主决策、民主管理、民主监督”。[②] 宪法是全体人民意志的体现，只有公民广泛参与监督，才能更好地发现和纠正违宪行为。

（二）推进合宪性审查内部机制的完善

1. 明确合宪性审查的主体

审查主体就是进行合宪性审查的机关，依据宪法规定，全国人大和全国人大常委会是我国进行合宪性审查的机关，目前第五次修宪把宪法和法律委员会作为一个专门委员会协助全国人大及其常委会进行合宪性的审查工作，这已经是极大的进步。未来，或许设立一个地位在全国人大常委会之下、又在全国人大专门委

---

① 习近平：《决胜全面建成小康社会夺取新时代中国特色社会主义伟大胜利——在中国共产党第十九次全国代表大会上的报告》，http：//www. gov. cn/zhuanti/2017 - 10/27/content_ 5234876. htm.

② 习近平：《决胜全面建成小康社会夺取新时代中国特色社会主义伟大胜利——在中国共产党第十九次全国代表大会上的报告》，http：//www. gov. cn/zhuanti/2017 - 10/27/content_ 5234876. htm.

员会之上，具有一定的合宪性审查决定权的宪法监督委员会也是一种思路。

2. 明确合宪性审查的对象

目前我国合宪性审查的对象尚未有一个明确的界定，主要是从宪法和立法法中寻找相关表述。《宪法》第五条第三款规定："一切法律、行政法规和地方性法规都不得同宪法相抵触。"① 列举了三类对象：法律、行政法规和地方性法规。《立法法》第八十七条规定："宪法具有最高的法律效力，一切法律、行政法规、地方性法规、自治条例和单行条例、规章都不得同宪法相抵触。"② 又加了三类：自治条例和单行条例、规章。第一百零三条规定："中央军事委员会根据宪法和法律，制定军事法规。"③ 所以，军事法规也应属于合宪性审查的对象。此外，2005 年，全国人大常委会修改了《行政法规、地方性法规、自治条例和单行条例、经济特区法规备案审查工作程序》，同年制定了《司法解释备案审查工作程序》，将经济特区法规与司法解释纳入备案审查的范围。以上都是法律规范类的对象。另外，《宪法》第五条第四款规定："一切国家机关和武装力量、各政党和各社会团体、各企业事业组织都必须遵守宪法和法律。一切违反宪法和法律的行为，必须予以追究。"④ 几乎包括了所有的行为，范围非常宽泛。

未来合宪性审查的对象中对于行为类应当具体明确且加以限制，党政机关及其公务人员的行为可以纳入，而其他社会团体和个人的行为就不需要专门的审查其合宪性。对于法律法规类，除了上述九类，还应加入位阶较低却数量繁多的规范性文件。

3. 明确合宪性审查的程序

（1）启动程序

《立法法》第九十九条规定了国务院、中央军事委员会、最高人民法院、最高人民检察院和各省、自治区、直辖市的人民代表大会常务委员会可以提出

---

① 《宪法》第五条第三款："一切法律、行政法规和地方性法规都不得同宪法相抵触。"

② 《立法法》第八十七条："宪法具有最高的法律效力，一切法律、行政法规、地方性法规、自治条例和单行条例、规章都不得同宪法相抵触。"

③ 《立法法》第一百零三条第一款："中央军事委员会根据宪法和法律，制定军事法规。"

④ 《宪法》第五条第四款："一切国家机关和武装力量、各政党和各社会团体、各企业事业组织都必须遵守宪法和法律。一切违反宪法和法律的行为，必须予以追究。"

审查的要求，其他国家机关和社会团体、企业事业组织以及公民可以提出审查的建议。这一范围过于宽泛，应当加以具体的条件限制。从实践操作的角度看，如果不涉及具体案件，那么由国务院、中央军事委员会、各省、自治区、直辖市的人民代表大会常务委员会提出合宪性审查的要求是必要的，这些国家机关在行使权力的过程中可能会遇到法规规章与宪法不一致的情况。如果涉及具体案件，将权利赋予最高人民法院、最高人民检察院、地方各级人民法院、人民检察院以及因违宪受到侵害的当事人较为合适。如果允许所有的社会主体都有权提出合宪性审查，全国人大及其常委会又必须公开受理和处理，就会出现提起合宪性审查的热潮，其将不堪重负。

（2）受理程序

宪法和法律委员会对申请书进行形式审查后，作出受理或不予受理的决定。受理的应当进行登记、出具收到日期的书面凭证，并对申请人是否具有申请资格、申请书是否符合受理条件进行形式审查。合宪性审查申请书符合受理条件的，受理机构应自接收之日起的法定期限内向申请人送达受理通知书。合宪性审查请求书不符合受理条件的，应自接收之日起法定期限内向申请人作出不予受理决定书，决定书上应附带不予受理的理由。

（3）审议程序

受理合宪性审查的请求后，宪法和法律委员会应当进行初步的合宪性审查，并在法定的期限内提交委员长会议。委员长会议讨论决定是否将审查建议提交全国人大常委会审议。在审查过程中，认为法律、法规等与宪法不相抵触的，宪法和法律委员会书面告知申请人并报告全国人大常委会；认为同宪法相抵触时，向制定机关提出书面意见。制定机关应提出修改反馈意见，由宪法和法律委员会报告全国人大常委会。为了保证合宪性审查的公正性，在宪法和法律委员会审查过程中，应通知申请主体或其代表与制定机关代表出席审查会议，陈述各自意见，并可就争议问题展开辩论。还可以邀请相关领域的专家出席审查会议，并发表专家意见。对于涉及公民基本权利的重大分歧问题，还应当举行听证，邀请利害关系人群体代表出席听证。①

---

① 孙煜华、童之伟：《让中国合宪性审查制形成特色并行之有效》，载《法律科学》2018 年第 2 期。

（4）通过和公布程序

合宪性审查案应由全国人大常委会全体委员半数以上多数通过，所形成的合宪性审查决定由全国人大常委会公布，并及时在全国人大常委会公报和中国人大网以及在全国范围内发行的报纸上刊载。

大数据时代个人信息行政法保护研究

呼旭光* 王丽丽**

摘 要：大数据，在信息化的今天成为时代的主题，被称作新时期的“石油”。大数据技术的开发与运用，给社会带来新活力，通过对数据的挖掘和利用，可实现相应的社会作用和经济价值，但是随即而来的挑战也十分艰巨。由于对此没有相关法律法规的规定和相关制度的约束，个人信息随时面临被泄露以及非法利用的危险。据此，本文从行政法的角度出发，探究大数据时代下个人信息保护的新特点，分析我国对个人信息保护的立法现状以及实践困境，并为大数据时代下个人信息的行政法保护提供建议。

关键词：个人信息 行政法保护 大数据时代

一、大数据时代个人信息行政法保护的基本理论

（一）大数据基本概况

最早提出“大数据”时代到来的是全球知名咨询公司麦肯锡，麦肯锡对于大数据这个概念作出了系统的描述，一种规模大到在获取、存储、管理、分析方面大大超出了传统数据库软件工具能力范围的数据集合，具有海量的数据规模、快速的数据流转、多样的数据类型和价值密度低四大特征。① 并指出随着

* 山西大学法学院硕士生导师，中共山西省委党校副教授，主要研究方向为宪法学与行政法学的教学与研究。

** 山西大学法学院宪政专业硕士研究生，主要研究方向为宪法学与行政法学研究。

① 张安法：《大数据时代要有大数据思维》，载《中国国防报》2015 年第 3 版。

大数据技术的开发与广泛应用，已渗透到社会的各个领域，影响着人们的生产生活。的确，随着信息化和科技化的推进，大数据已经与社会当中的众多领域接头，并且迅速占领了重要的战略位置。

大数据引领生活新变化，孕育发展新思路，随着数字中国、数据强国的建设，凸显的问题越来越多，面临的挑战也越来越巨大，这时，行政机关的作用更加凸显。行政机关作为社会的管理者，承担着更大的社会责任。对于在运用大数据过程中所出现的恶意泄露、非法利用等行为，行政机关依法应予以规制，充分发挥自身职能。

（二）个人信息行政法保护的内涵

个人信息是指关于个人的一切信息资料，包括生理的、心理的、社会的、家庭的等信息。同时，通过大数据技术的应用所获得的信息资源也属于个人信息的一部分。全国人大常务会《关于加强网络信息保护的决定》中规定，国家保护能够识别公民个人身份和涉及公民个人隐私的电子信息。工业和信息化部颁布的《信息安全技术公共及商用服务信息系统个人信息保护指南》中规定：个人信息是指可为信息系统所处理、与特定自然人相关、能够单独或通过与其他信息结合识别该特定自然人的计算机数据。而《电信和互联网用户个人信息保护规定》第四条规定，本规定所称用户个人信息，是指电信业务经营者和互联网信息服务提供者在提供服务的过程中收集的用户姓名、出生日期、身份证件号码、住址、电话号码、账号和密码等能够单独或者与其他信息结合识别用户的信息以及用户使用服务的时间、地点等信息。可以看出，个人信息具有很大的识别性，个人信息所涵盖的范围十分广泛。

个人信息的行政法保护实质在于对公权力的控制与约束。公权力的扩张性使得其具有随时被滥用的危险。当个人信息受到侵害时，行政机关乱作为或者不作为的情况时有发生，这时就需要对公权力予以约束，明确监管的部门、救济的途径、不履行职责的后果等，促使行政机关在法定权限内积极行使权力，其根本目的是维护个人的合法权益。

二、大数据时代个人信息行政法保护存在的问题

(一) 立法缺失

在根本法层面,《宪法》对于个人信息保护的指导性法律规定尚未出台。有些学者认为我国《宪法》第三十八条“中华人民共和国公民的人格尊严不受侵犯”所规定的“人格尊严权”可以作为制定《个人信息保护法》时的宪法性基础。笔者认为:人格尊严权作为公民所享有的基本权利,理应作为对个人信息权利保护的立法依据和法理基础。公民作为信息来源的本体,作为掌握自身信息的天然主体,① 其对于自己的信息理应享有充分的知悉权和运作权。只有当公民个人对于自身的信息能够充分了解,自由且自主地运用,才能保障自身的人格权利不受减损,维护自己对于自身信息的法益保障。在基本法层面,立法机关虽未对个人信息的保护专门立法,但仍有迹可循。如《刑法》第二百五十三条之一规定了侵犯公民个人信息罪,扩大了侵犯公民个人信息的处罚范围;《居民身份证法》第六条规定对于公安机关因发放、扣押身份证等行为知悉的公民个人信息应当予以保密,第十九条规定了国家机关或者金融、电信、交通、教育、医疗等单位的工作人员泄露在履行职责或者提供服务过程中获得的居民身份证记载的公民个人信息的法律后果;《未成年人保护法》第三十九条规定任何组织和个人不得披露未成年人的个人隐私;《统计法》第十四条规定非经本人同意,属于私人、家庭的单项调查资料不得泄露,第三十条规定违反该项的法律后果;《传染病防治法》第六十八条规定了故意泄露传染病病人、病原携带者、疑似传染病病人、密切接触者个人隐私的法律责任。行政法规中,《政府信息公开条例》对于个人信息的保护也做了规定。行政机关主动公开的信息以及依申请公开的信息都作出了公开方式、公开内容上的限制,并进行监督。部门规章中也有许多关于个人信息保护的规定。如中国人民银行颁布的《个人信用信息基础数据库管理暂行办法》对银行业特殊领域有关个人信息的保护进行了详细的规定,较为系统,但内容上仍有缺陷,缺少对公民的救济、赔偿制

① 董浩洋:《论公民个人信息的行政法保护研究》,载《法制与社会》2016 年第 8 期。

度；信息产业部颁布的《互联网电子公告服务管理规定》第十二条规定，电子公告服务提供者对用户的个人信息不得随意泄露。工信部发布的《电信和互联网用户个人信息保护规定》明确，电信业务经营者、互联网信息提供者及其工作人员不得泄露用户信息，不得出售和非法向他人提供用户信息，违者将予以处罚。

通过对个人信息保护立法状况的梳理，虽然在内容的收集上还有瑕疵，但仍可以看到：对个人信息的保护并没有进行专门立法，相关的法律条文分散于少数的法律文件之中，而且一般只有一个或数个条文规定了对个人信息的保护，保护力度十分有限。而且绝大多数立法只是用了“应当”“禁止”“不得”这样的表述来给法律关系主体设定了尊重和保护个人信息的义务，多数法律规范并未规定与违法行为相应的法律责任，或者即使规定了法律责任，也十分笼统，大多运用“依法予以行政处罚”的字样，但事实上，却往往难以找到处罚的真正法律依据，条文过于笼统，可操作性不强。这就导致了在追究侵犯个人信息行为的法律责任时无法可依，侵犯个人信息泛滥局面无法得到有效遏制。在银行、互联网行业出现了比较系统的关于个人信息保护的规定，但仅适用于本领域，保护范围有限，不能起到导向作用。

有法可依是新时代下对个人信息进行有力保护的前提条件。“大数据”作为当今时代的潮流已迅速席卷社会生活的方方面面，作为新兴的一项技术或者说是产业，不可避免地存在一些新问题、新挑战。过于分散的立法对于权利的保护很有限，个人信息的保护缺乏一部对其进行系统保护的立法，对个人信息的收集、利用、公开、保护等各个环节所应遵循的原则、个人信息的监管机构、救济途径等进行全面规定。值得一提的是，2003 年国务院信息办就委托中国社科院法学所个人数据保护法研究课题组承担《个人数据保护法》的研究并草拟一份专家建议稿。2005 年最终形成了 8 万字的《中华人民共和国个人信息保护法（专家建议稿）及立法研究报告》，但是到目前为止我国的个人信息保护法仍然没有落成，加快这个立法进程是十分必要的。在 2018 年 10 月公布的《十三届全国人大常委会立法规划》中，个人信息保护法位列其中，这意味着个人信息保护将迎来专门立法。

（二）监管不力

目前对个人信息的监管是按照不同的领域，根据不同行政机关的职权，分别由公安、统计、金融、民政等行政机关进行。这种分散监管模式存在着诸多弊端，造成了行政监管秩序的混乱。

第一，监管标准和监管程序不统一。由于没有统一的个人信息保护立法，对个人信息保护的基础性规定缺失，行政监管的原则、监管的方式方法、监管的程度、监管的限制、监管的程序等都没有以法的形式固定下来，这就使各个行政机关各自为政，缺少协调一致，导致监管标准和程序各异，监管成本居高不下。没有约束的权力就加大了被滥用的危险，行政机关乱作为或者不作为都会造成监管秩序的混乱，行政机关对于个人信息收集、处理利用等各个环节的事前监督管理对于防范减少违法行为的发生具有重大的作用，对于标准与程序的规制能够使各行政机关各司其职，保障监管的质量。

第二，监管力度不足。在数据化的今天，个人信息泄露的监管往往涉及多个部门的职权，仅靠一个监管机构显然力度不够。比如：用户通过网络购物成为新时尚，也成了众多人的选择。但同时由于网络购物涉及很多用户隐私信息，比如真实姓名、身份证号、收货地址、联系电话等。电商通过对用户过往的消费记录以及有相似消费记录用户的交叉分析能够相对准确预测你的兴趣爱好。这时，当出现商家为了额外的经济利益将储存的个人信息卖给他人或者作出其他侵害他人个人信息的行为时，就需要工商部门、公安部门、网络监管部门共同配合，对违法商家进行调查以及处罚。

（三）行政救济困难

没有救济就没有真正的权利，在大数据时代面对信息主体权利遭受侵害的危险性以及现实性，行政救济就显得十分必要。纵观我国现有的法律体系，《行政诉讼法》并没有将个人信息受到侵害纳入行政诉讼的范围，《行政赔偿法》中也没有明确的规定。在受害者寻求行政机关的帮助时，有些行政机关以此为由拒绝行使自己的职权，对于受害者的请求以不属于自身职权为由置之不理，拒于门外，或者门好进、脸好看、事难办，或者相互推脱职责，造成受害者的权益得不到及时救济，以至于造成严重的后果。

三、大数据时代个人信息行政法保护的实现路径

（一）推进个人信息保护立法

对于个人信息的保护，在国际上主要是通过立法的形式进行保护，德国通过《德国联邦个人资料保护法》，确立了个人信息保护的基本原则与基本制度，美国的《隐私权法》和《儿童网络隐私保护法》、俄罗斯的《个人信息法》等，都取得了良好的效果。① 我国作为传统的大陆法系国家，通过完备的立法和法律保障公民权利是一项传统，当然对于公民个人信息的保护也离不开法律的保障。通过个人信息保护立法，要对个人信息的信息主体所拥有的权利予以明确，从法定权利上赋予信息主体相关的权利，并对其行为模式进行调控，包括：知悉权、调查权、修正权以及获得救济的权利，从立法层面明确界定哪些属于个人信息保护的内容。② 要明确对于公民个人信息处理的基本原则和合法性标准，无论是个人信息的收集，还是个人信息的处理与利用，都要遵循一定的原则，比如，网络经营者在对个人信息进行收集时，不得收集与自身提供服务无关的信息，这是有限收集原则；对于收集到的个人信息特别是涉及用户隐私的信息应予以保密，这是信息保密原则；不得对个人信息进行篡改，这是信息完整原则。这使得信息的收集者和处理者有法可依，减少乱作为的可能性。要明确对于公民个人信息的获取和运用的具体限制。有具体的原则是基础，但在操作上还要有规则。明确各个机构或者组织以法定程序获取公民的个人信息后，可以对之进行合法的运用，但在特殊情况下对其予以限制，可以概括式列举的方式固定下来。

（二）完善健全监管制度

1. 建立专门的个人信息监督管理机构

由于缺少一个专门负责个人信息监督和管理的机构，我国对个人信息的

---

① 周汉华：《域外个人信息保护立法概况及主要立法模式》，载《中国经济时报》2005年第1期。

② 董浩洋：《论公民个人信息的行政法保护研究》，载《法制与社会》2016年第8期。

管理和保护主要分散到不同的行政机关当中，比如公安、民政等机关。但分散的监管模式存在很多弊端，所以需要建立一个专门负责个人信息管理和监督的机构，一方面对行政机关进行监督，统筹管理。另一方面保证机构自身的独立性，个人信息监管机构能够独立、公正地行使职权。个人信息监管机构的主要职责在于规范政府信息管理部门，为其设定权利与义务。信息监管机构有制定规章等规范性文件的权利、提供信息和执行的权利，同时也赋予其相应的告知、安全保护义务。个人信息监督和管理机构的职能还体现在对行政机关进行监督。如果行政机关不合法的行政行为导致个人信息公开，信息主体可以针对自身所受的侵害，向信息监管机构提出复议的申请。个人信息监管机构还可以发挥管理与监督行业自律的作用，鉴于此，机构需要对行业自律进行相关规定。

2. 加强监管的力度与深度

第一，行政机关依然是监督管理的关键。政府通过设立专门机构，负责与公民个人信息有关的一切活动，并且对行政机关的具体行政行为进行监督，对于违反规定的行政行为责令其改正，严重的可以给予相应的行政处分。事前监管比事后救济更能凸显服务型政府建设的作用，提升政府公信力。行政机关作为一个矛盾体，公民在享受提供的公共服务时会对其有所依赖，但当出现问题时行政机关必首当其冲。因此，防患于未然，进行事前监管十分必要。

第二，应当加强行业自律的监督管理。我国的行业自律虽然没有形成体系，但是也在不断蓬勃发展之中，政府可以引导其发展，明确其应承担的相关责任和义务，让我国行业自律也能够不断地完善和发展，有助于丰富我国的个人信息行政法保护的内容。

（三）提升公民维权意识

公众的参与是个人信息行政法保护的关键，无论是政府机关还是其他信息处理者的行为都离不开公众监督，侵害个人信息权的行为离不开公众的投诉与举报，个人信息保护意识的宣传离不开公众的自我学习与自我教育。① 因此，加强公众监督与参与能力，培养公众对个人信息保护的意识十分重要。

① 范灵钧:《行政法视野下的个人信息法律保护》，载《法制与经济》2012年第7期。

大数据时代，在保护个人信息的相关法律法规尚不完善的情况下，提高公民保护意识，加强自我保护显得更为重要。首先，提高公民安全意识。在全社会范围内普及个人信息安全的观念，提高全民的信息安全意识。个人要学会自我保护，尽可能防止个人信息无意泄露。当他人不是因为合法理由或者特殊需要，通过合法方式或程序获取公民有关个人信息时，个人应当拒绝告知。其次，加强日常学习，养成良好习惯。在注册一些网站和服务的时候，要尽量确认选择提供个人信息。每次使用电脑网络的时候，减少个人关键信息暴露，避免在网上分享不必要的信息，要删除那些跟踪网络行为的临时文件。在办理一些必须提供自己个人信息的社会事务时，明确与对方约定、确认使用规则、保密责任以及法律责任。最后，及时维护权利。发现自己的个人信息被泄露或被非法利用且造成不良后果时，及时维权，通知对方采取删除、屏蔽、断开链接等必要措施。造成损失的，采取协商、调解等方法解决，必要时可采取诉讼手段解决。

（四）完善行政救济机制

1. 行政复议制度与行政诉讼制度的完善

行政复议制度是行政法中重要的救济机制，不只在实践中起到了良好的监督作用，在制度设计上也有效地制约了行政权的扩张。作为重要的救济机制，在大数据背景下，面对信息权利遭受不断地侵害的情况，行政复议始终将保障公民合法权益置于首位，而且与其他救济制度相比，行政复议更加快捷高效。但是在行政复议时，个人信息可能受到行政机关的二次侵害，在这种情形下可以运用行政诉讼保障自己的权益。行政诉讼是一种公正有效的行政监督手段，通过对具体的行政行为进行审查，起到对行政主体的监督作用，实现司法审查的监督功能。

通过以上论述，针对个人信息的保护应设立一个专门的信息监督与管理机构，基于此，个人信息权利主体认为政府部门或者其他公共职能部门侵害了其个人信息权利，并且提出意见之后还对该部门的做法不服，可以首先向同级个人信息监督与管理部门申请行政复议，监督与管理部门应当根据行政复议法的相关规定受理复议申请并作出相关复议决定。个人信息权利主体不服行政复议决定的，有权向人民法院提起行政诉讼。当然，个人信息权利主体也有权利采取径行诉讼的方式来维护自己的合法权益，这种方式不经过复议机关，避免了个人信息被复议机关获取带来的被再一次侵害的风险。

2. 行政赔偿制度的完善

行政赔偿制度的设立在于因行政机关及其人员行使职权的行为造成损害时，可以提起行政赔偿，保障自己合法的权益和因违法行为造成的损害。而在大数据时代背景下，行政法在个人信息保护方面并未进行相关的规定。因此，完善相关的法律规定可以有效地保障公民的合法权益。

目前，我国《国家赔偿法》规定适用的范围小，不适应损害事实，不利于社会法治化的进步。① 只有在公民的人身权利和财产权利受到行政机关和人员侵害时可以提起国家赔偿，杜绝了因其他权益受到侵害时提起国家赔偿的可能。因此，在现行的国家赔偿法中，对于公民的信息权利造成损害的，并没有规定可以依法提起行政赔偿，在这方面可以说是空白，公民无法获得赔偿的救济方式。因此，应当将损害个人信息权利的行为纳入赔偿范围，在公民的信息权利遭受侵害时可以依法申请行政赔偿。

① 应松年:《当代中国行政法》，中国方正出版社2005年版，第1844页。

我国非诉行政执行司法审查标准的规范分析

赵银翠[*]　王　芳[**]

摘　要：非诉行政执行的司法审查标准始终是困扰理论界与实务界的一个难题。理论界关于非诉行政执行的司法审查标准众说纷纭，司法实践中不同法院所持标准各不相同。而解决这一问题的基本思路是应该回到法律本身，从立法者原意出发，准确解读相关法律条款，在此基础上，发现问题，寻求因应之道。我国的非诉行政执行司法审查是在合法性审查标准之下的分阶段递进式审查，该制度构建基本合理。由于非诉行政执行审查处于行政过程之末端，在审查过程中涉及的无效行政行为之判断、明显违法性之判断、行政行为执行力之判断等问题，该制度本身断难胜任，需留待统一行政程序法之建构完成。当前所能做的是理论上形成共识，实践中秉中持正，为未来的行政程序立法提供制度基础。

关键词：非诉行政执行　形式要件审查　合法性审查　执行力审查

当公民、法人或者其他组织既不履行行政机关设定的义务，又没有在法定期限之内提起行政复议或者行政诉讼时，行政机关如果没有强制执行权，即应向人民法院申请强制执行，进入非诉行政执行程序。然而，法院如何对申请执行的行政行为进行审查，其审查标准为何，理论界众说纷纭，司法实践中尺度各异，成为困扰理论界与实务界的一个难题。理论上形成共识，实践中秉中持正，既保证行政效率，又维护公民权利，是完善非诉行政执行制度所必需的。

---

* 山西大学法学院副教授，法学博士，主要研究方向为行政法学。

** 山西大学法学院宪法学与行政法学专业研究生，主要研究方向为行政法学。

而解决这一问题的基本思路是应该回到法律本身，从立法者原意出发，准确解读相关法律条款，在此基础上，发现问题，寻求因应之道。本文拟从现行法规范及相关司法解释出发，准确解读现行法律制度，在此基础上，发现问题，并为如何解决该问题提出可能的解决之道。

一、现行法律及司法解释关于非诉行政执行司法审查标准的规定

（一）现行法律关于非诉行政执行司法审查标准的规定

1989 年通过的《行政诉讼法》第六十六条规定："公民、法人或者其他组织对具体行政行为在法定期间不提起诉讼又不履行的，行政机关可以申请人民法院强制执行，或者依法强制执行。"该规定确立了我国非诉行政执行的制度模式，即人民法院强制执行为原则，行政机关强制执行为例外的执行制度。但《行政诉讼法》未能更进一步，就非诉行政执行的审查制度作出具体规定。

2011 年通过的《行政强制法》承继了这一制度模式。与《行政诉讼法》的粗放式立法相比，《行政强制法》在制度设计上更为精细，该法规定了非诉行政执行的审查程序、审查方式、不予执行的情形等内容。但遗憾的是，对被申请执行的行政行为的审查标准未作出明确规定。

（二）司法解释关于非诉行政执行司法审查标准的规定

在我国，将抽象的法律条文具体化以及填补立法空白在很大程度上是由最高人民法院通过司法解释的方式实现的，关于非诉行政执行的审查标准亦是如此。

1991 年 5 月 29 日，最高人民法院通过了《关于贯彻〈中华人民共和国行政诉讼法〉若干问题的意见（试行）》（以下简称 1991《若干意见》）（已废止），其中第八十五条规定了对非诉行政执行的审查标准，"行政机关依法申请人民法院强制执行时，应当提交申请执行书、据以执行的法律文书和其他必须提交的材料，如果人民法院发现据以执行的法律文书确有错误，经院长批准，不予执行，并将申请材料退回行政机关"。该标准可以理解为"卷面无错误"标准。但错误的判断标准是什么，与违法之间的关系如何，并不明确。

此后，最高人民法院于1998年下发了《关于办理行政机关申请强制执行案件有关问题的通知》（以下简称1998《执行通知》）（已废止），该通知指出，“人民法院经审查，确认申请执行的具体行政行为有明显违法问题，侵犯相对人实体合法权益的，裁定不予执行，并向申请机关提出司法建议”。自此最高人民法院已经放弃了1991《若干意见》确立的“卷面无错误”标准，转向合法性审查与权益损害审查相结合的审查制度。从条文表述来看，明显违法并不构成不予执行的充分条件，明显违法必须与对当事人的实体合法权益是否受损结合起来进行考量。从价值取向来看，该通知更加倾向于保护公民合法权益而非监督行政机关依法行政。

2000年3月起施行的最高人民法院《关于执行〈行政诉讼法〉若干问题的解释》（以下简称2000《若干解释》）（已废止）明确了非诉行政执行的“合法性审查”标准。该解释第九十三条规定：“人民法院受理行政机关申请执行其具体行政行为的案件后，应当在30日内由行政审判庭组成合议庭对具体行政行为的合法性进行审查，并就是否准予强制执行作出裁定……”第九十五条则确定了不予执行的标准，即“当被申请执行的具体行政行为符合下列情形之一的时候，人民法院应当裁定不予执行：（一）明显缺乏事实根据的；（二）明显缺乏法律依据的；（三）其他明显违法并损害被执行人合法权益的”。该解释在明确规定“合法性”审查标准的同时，规定了不予执行的若干情形，兼顾了保障行政效率与监督行政机关依法行政、保护当事人合法权益的功能。

2018年2月8日起实施的最高人民法院《关于适用〈中华人民共和国行政诉讼法〉的解释》（以下简称2018《适用解释》）承继了2000《若干解释》确立的审查制度框架，并在此基础上进一步完善了审查程序，增加规定了“实施主体不具有行政主体资格的”，不予执行。

二、理论上关于非诉行政执行审查标准的不同观点

学者们对现行非诉行政执行审查制度的理解不一，对其所采用的标准的认识也不一致。大体来说，学者们所持标准可以分为“卷面无错误标准”“明显违法标准”“适当性审查标准”以及“重大明显违法标准或无效标准”。

(一)卷面无错误标准

甘文博士认为，2000年实施的《若干解释》第九十五条“基本上”采用的是“卷面无错误标准”。因为强制执行审查程序不同于行政诉讼的司法审查程序，相对人已经丧失诉权，且无对抗辩论环节，法院仅通过对行政机关提供的执行申请材料进行审查，以判断行政行为的合法性。鉴于程序的限制和合法性审查之间的矛盾，只有采取“卷面无错误”的标准，才是切合实际的，并且不会影响行政机关的效率。但第九十五条的表述仍待改进。①

(二)明显违法标准

何海波教授以2000《若干解释》与2012年《行政强制法》作为制度基础进行分析，认为非诉行政强制执行的审查标准是“明显违法”标准。该标准与行政诉讼中的合法性审查标准相比，要严苛得多，法院裁定不予执行的门槛也要比判决撤销行政行为高得多。但在实践中，各法院之间把握的宽严程度却不尽相同。② 向忠诚、邓辉辉教授也认为，《行政强制法》和2000《若干解释》确立了非诉行政执行案件的明显违法标准，这一标准避开了严格审查和形式审查两种极端倾向，是介于严格审查标准与形式审查标准之间的审查标准。③

(三)适当性审查标准

最高人民法院行政审判庭认为，2000《若干解释》采用的是适当性审查标准。该标准以“是否明显或严重影响具体行政行为合法性和被执行人实体合法权益为标准进行审查”。④ 许多学者、法官也支持该观点。⑤ 在新近出版的由最

---

① 甘文：《行政诉讼法司法解释之评论——理由、观点与问题》，中国法制出版社2000年版，第221—224页。

② 何海波：《行政诉讼法》(第二版)，法律出版社2016年版，第628—631页。

③ 向忠诚、邓辉辉：《非诉行政执行制度研究》，中国政法大学出版社2016年版，第175页。

④ 最高人民法院行政审判庭：《关于执行〈中华人民共和国行政诉讼法〉若干问题的解释释义》，中国城市出版社2000年版，第204页。

⑤ 朱仕芬：《非诉行政执行制度研究》，载《法律适用》2001年第5期；黄学贤：《非诉行政执行制度存在的主要问题及其完善》，载《江苏社会科学》2014年第4期。

高人民法院行政审判庭编著的《最高人民法院行政诉讼法司法解释理解与适用》(下)中，执笔人王晓滨博士也认为，《行政强制法》与2018《适用解释》所持的标准为适当性审查标准。①

(四) 重大明显违法标准或无效标准

重大明显违法标准亦称为无效标准。江必新法官在2001年提出，2000《若干解释》采用的标准是重大明显违法标准。该标准之下的审查，既不像行政诉讼中的合法性审查那么严格，但也不仅仅限于形式审查或程序审查。其原因在于对于非诉行政行为，在行政机关申请人民法院强制执行之前，法律已经为当事人提供了救济机会，当事人自己放弃了请求救济的权利。在这种情况下，审查的标准就不能过于严格，但也不能不进行实质性审查。根据行政行为的效力理论，重大明显违法的行为是无效的行政行为，人民法院不能执行，至于一般违法的行政行为，应当让其进行执行程序。② 在此后的2016年，江必新在其与梁凤云合著的《行政诉讼法理论与实务》一书中，仍坚持了这一观点。③

2018《适用解释》废止了2000《若干解释》，但关于非诉行政执行的司法解释，基本上延续了2000《若干解释》的制度设计，因而，上述针对2000《若干解释》分析的观点依然可以认为是成立的。

三、对现行非诉行政执行司法审查标准的重新认识

由于理论上众说纷纭，实践中各执一端，造成了法律适用的不统一，影响了制度功能的实现。对非诉行政执行审查标准的探究，应回到法规范本身，回到法规范所处的法体系，从立法者原意出发进行理解。

1989年3月28日，全国人大常委会副委员长、法制工作委员会主任王汉斌

---

① 最高人民法院行政审判庭：《最高人民法院行政诉讼法司法解释理解与适用》(下)，人民法院出版社2018年版，第771—772页。

② 江必新：《中国行政诉讼制度之发展：行政诉讼司法解释解读》，金城出版社2001年版，第145、179页。

③ 江必新、梁凤云：《行政诉讼法理论与实务》，法律出版社2016年版，第1861—1864页。

在第七届全国人民代表大会第二次会议上所作的《关于〈中华人民共和国行政诉讼法（草案)〉的说明》中指出，行政强制执行制度的设立目的在于“保障行政机关有效地行使行政管理职权”，为此，“草案规定，公民、法人或其他组织对具体行政行为在法定期限内不提起诉讼又不履行的，行政机关可以申请人民法院强制执行，或者由行政机关依法强制执行”。① 由于1989年行政诉讼法确立了我国之后行政强制执行的基本制度模式，因而，该草案说明有助于我们理解立法者在设立该项制度之初的原意。

2005年12月24日，全国人大常委会法制工作委员会副主任信春鹰在第十届全国人民代表大会常务委员会第十九次会议上所作的《关于〈中华人民共和国行政强制法（草案)〉的说明》仅对相关制度的主要内容进行了简单描述，并未对非诉行政执行标准的设定理由作出特别说明，但是，该草案说明对于起草工作总的指导思想的阐述，有助于我们从整体上理解该制度设计。该草案说明指出，“起草工作总的指导思想是，推进依法行政，维护公民权益，既赋予行政机关必要的强制手段，保障行政机关依法履行职责，维护公共利益和公共秩序，又对行政强制行为进行规范，避免和防止权力的滥用，保护公民、法人和其他组织的合法权益”。②

从上述两份草案说明可以看出，立法者关于行政强制执行的制度设计，从价值取向上发生了转变，即由原来的强调行政效率转向效率与权益保障并重，既要确保行政的有效性，也要维护公民权益。因而在对相关条款进行解读时，应以此为出发点，结合制度的整体设计以及立法价值理念的变化，作出合理解释。

从非诉执行程序的启动条件来看，是当事人丧失了诉权之后，且行政机关无自行强制执行权时，行政机关可依法申请执行。诉权的设计，意在为当事人的合法权益在受到行政行为侵害时，提供司法救济。传统的大陆行政法学理论认为，行政行为一经作出，不论合法与否，均具有公定力，行政相对人应受其拘束，履行其所设定的义务。而当事人如果要对其效力提起争讼，必须通过行

---

① 王汉斌:《关于〈中华人民共和国行政诉讼法（草案)〉的说明》，http://www.npc.gov.cn/wxzl/gongbao/2000-12/27/content_5002264.htm.

② 信春鹰:《关于〈中华人民共和国行政强制法（草案)〉的说明》，http://www.npc.gov.cn/npc/zt/2011-09/15/content_1865603.htm.

使诉权，在法定期间之内提起争讼，由有权机关撤销其效力。否则，行政行为即使违法，也不得撤销，行政行为由此获得不可争力，也就是说，当事人自此不得再质疑行政行为的合法性，进而必须受该行政行为效力的拘束。而能够对抗该拘束力的，是行政行为的无效，即行政行为存在重大且明显的违法情形，行政行为自始无效，不得因起诉期间的经过而获得相应的法律效力，行政相对人自然无须履行该行政行为设定的义务。

2014 年《行政诉讼法》修订，增加规定了确认无效判决，并确立了无效行政行为的判断标准，填补了我国行政程序立法的不足。修订之后的《行政诉讼法》第七十五条规定："行政行为有实施主体不具有行政主体资格或者没有依据等重大且明显违法情形，原告申请确认行政行为无效的，人民法院判决确认无效。"该无效判断标准与德国《联邦行政程序法》所确立的标准一致。

由此看来，遵循法制统一原则进行解释的话，《行政强制法》以及 2018《适用解释》规定了两类不予执行的情形：一是明显且严重违法的情形，即行政行为无效的情形；二是"明显违法并损害被执行人合法权益"的情形。

但需要注意的是，该两类导致不予执行的情形，是对作为执行依据的行政行为进行审查的结果而非审查标准，不宜以此作为对被申请执行行政行为的审查标准。对作为执行依据的行政行为的审查，应将其视为行政诉讼法律制度的有机组成部分，将其置于整体行政诉讼法律制度之下来加以理解。由于《行政诉讼法》第六条所确立了"合法性审查"标准，即"人民法院审理行政案件，对行政行为是否合法进行审查。"非诉行政执行审查亦应遵循该合法性审查标准。2000《若干解释》第九十三条与 2018《适用解释》第一百六十条均支持该观点。

然而，在合法性审查标准之下，由于执行审查所处阶段之不同，审查对象、审查内容以及相应的审查标准亦有所不同，最终决定也有所不同，并非均指向准予执行裁定或者不予执行裁定。即使最终指向准予执行或者不予执行，其路径也各不相同。

如下图所示，"非诉行政执行司法审查流程图"可以清晰地表明在非行政执行司法审查的各个不同阶段和在各个节点上人民法院审查的对象与审查标准，以及与之相应的不同法律后果。

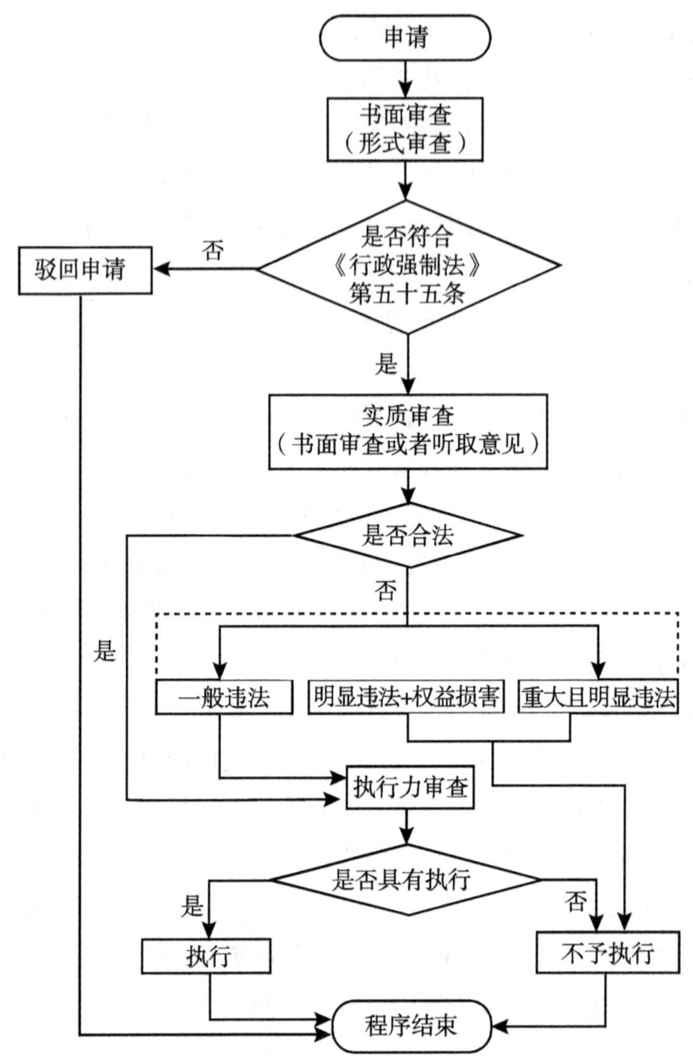

制图符说明：⬭表示开始或者终止；□表示过程；◇表示决策；→表示连接方向。
制作依据：《行政强制法》第五十五、五十七、五十八条；2018《适用解释》第一百六十、一百六十一条。

非诉行政执行司法审查流程图

第一阶段，人民法院对行政机关的申请进行受理审查。在此阶段，人民法院通过审查行政机关所提交的书面材料确定行政机关的申请是否符合《行政强制法》第五十五条规定的形式要件。符合第五十五条规定的，进入实质审查环节；不符合第五十五条规定的，裁定驳回申请，非诉行政执行程序结束。该阶段的审查为形式审查，审查标准为法定的形式要件。

第二阶段，人民法院对执行所依据的行政行为的合法性进行审查。在此阶段，人民法院审查作为执行依据的行政行为的合法性。法院可以采取书面审查的方式，也可以采取正式或者非正式的方式听取当事人的意见。

在此阶段，由于制度设计的主旨并非对当事人进行权利救济，且当事人已经失去了对行政行为的合法性进行争讼的权利，如果由行政机关申请执行而启动对行政行为的严格司法审查，既与行政行为的公定力理论相冲突，也与实定法所规定的起诉期间相冲突，同时会导致在行政实务中，行政机关怠于提出执行申请，进而损害公共利益。因而，在非诉执行程序中，人民法院对行政行为的尊重程度应高于在行政诉讼程序中的尊重程度，换句话说，对违法性的容忍程度应当高于撤销判决对违法性的容忍程度。这就意味着，同样的违法情形，在行政诉讼程序中，行政行为可能被法院撤销，而在非诉执行程序中，却有可能进入执行环节。

当然，并非所有的行政行为都能进行执行环节，否则，对非诉执行申请的司法审查将形同虚设，行政法治将沦为行政专横。但是，从立法者原意来看，非诉行政执行制度在确保行政效率的同时，也要兼顾维护当事人合法权益，所以，对违法行政行为，要根据违法程度以及相应的后果来作出不同的决定，以实现不同价值之间的协调与平衡。对于重大且明显违法的行政行为，由于其属于无效行政行为，自始无效，自然不产生执行效果；对于明显违法且损害被执行人合法权益的，依法不予执行；对于其他一般违法行为及合法行为，则可以进行到下一阶段，进行执行力审查。

第三阶段，人民法院对行政行为的可执行性进行审查。根据《行政强制法》第五十七条规定，人民法院除了要对执行申请的形式与合法性进行审查外，还要对行政行为的执行效力进行审查。“行政决定具备法定执行效力的”，裁定予以执行；不具有执行效力的，裁定不予执行。

综上所述，笔者认为，立法者通过《行政诉讼法》与《行政强制法》，并借助相应的司法解释，建立了合法性审查标准之下的分阶段递进式审查制度，依次进行形式要件审查、合法性审查、可执行性审查。在任一审查阶段，均可因法定事由导致审查程序终结，最终能够获准予以执行裁定的行政行为，是具有执行力的合法行政行为及一般违法行政行为。

四、对合法性审查标准的理解与把握

如上所述，现行法规范确立了合法性审查标准之下的分阶段递进式审查制度，标准明确，结构清晰。如何准确理解该标准并将之准确运用于司法实践，是确保制度良好运行的必要条件。

（一）关于“无效”的认定

关于无效行政行为，其理论与制度实践首发于德国，随后为各大陆法系行政法所借鉴。在德国，《联邦行政程序法》将无效行政行为的认定标准确定为重大且明显违法标准，其理论基础是明显瑕疵理论。该理论以瑕疵的明显性作为认定其严重程序的标准。根据该理论，无效行政行为是指“存在严重瑕疵，而且根据对所有有关情况的理智判断，认为该瑕疵是明显的”。所谓特别严重，是指具有这种瑕疵的行政行为不符合有关的宪法原则或者法律制度的基本观念。如果有关合法或者违法存在疑义，行政行为的瑕疵就不“明显”，出于法的安定性的考虑，应当遵守该行政行为，直到其被撤回或者废除。① 而该明显性的判断标准，并非关系人的认识能力，也非专业人员的认识能力，而是“一般理智、谨慎的市民”的认识能力。②

事实上，我国行政法学的诸多概念与理论均转借自德国，行政行为的效力理论也不例外。关于无效行政行为的判断标准，学者们多直接借鉴德国法上的重大且明显违法标准进行理论分析。直到2014年，随着《行政诉讼法》的修订，此一标准得以法定化，完成了理论向制度的转变。就我国目前实定法规范而言，非诉行政执行制度中的不予以执行的“无效行政行为”仅指向三种情形：（一）实施主体不具有行政主体资格的；（二）明显缺乏事实根据的；（三）明显缺乏法律、法规依据的。显然，对于丰富的行政实践活动而言，上述三种情形远远不能涵盖无效行政行为的情形。即使是《德国联邦行政程序法》，亦对在确立了无效行政行为的判断标准之后，列举了若干行政行为无效的具体情形，以应对

---

① ［德］汉斯·J. 沃尔夫等：《行政法》，高家伟译，商务印书馆2002年版，第83页。
② 翁岳生：《行政法》（上册），中国法制出版社2000年版，第708页。

行政活动之复杂多样。笔者认为，对于无效行政行为的认定，不宜仅限于实定法的规定，而是要通过个案，拓展无效行政行为的类型，并在类型化之外赋予法官以判断权。

当行政行为存在无效的情形时，无须考虑是否对被执行人的合法权益造成影响，人民法院即可作出不予执行之裁定。

（二）关于“明显违法＋权益损害”的认定

对于明显违法且损害被执行人合法权益的，其要素包括行政行为明显违法与损害被人合法权益两个方面。该标准中的“明显”性的认定，应与无效行政行为认定中的明显性持同一标准，即以“一般理智、谨慎的市民”的认识能力作为标准，以判断其是否存在明显的违法性。

关于权益损害，可分为程序权益的损害与实体权益的损害。实体权益的损害自不待说，问题在于，该权益损害是否包括程序权益损害在内。“从我国现行行政诉讼法制度来看，我国《行政诉讼法》着眼于对人身权、财产权等实体性权益的保护，并不包括程序性权益。”2016 年最高人民法院发布了第 69 号指导案例“王明德诉乐山市人力资源和社会保障局工伤认定案”，在确立了程序性行政行为可诉性的条件的同时，也确立了对当事人程序性权利进行救济的条件，即单独的程序性权利并不构成法律上值得保护的利益，程序性权利必须与实体性权利相关时，才能成为行政诉讼法所保护的利益。[①] 对《行政诉讼法》相关条款的解释，必须坚持法制统一原则。这也就意味着，在非诉行政执行审查程序中，当明显违法仅导致程序性权益受到损害时，并不产生不予执行的法律后果。只有当行政行为明显违法，且对被执行人的实体性合法权益造成不利影响时，才能产生不予执行的法律后果。

（三）关于“执行效力”的认定

据以执行的行政行为“具备法定执行效力”，是人民法院作出执行裁定的必要条件。但是，现有法规范并未对如何认定“执行效力”作出明确规定。因

---

① 赵银翠、杨丽：《论行政调查职责的义务化》，载《山西省委党校学报》2018 年第 3 期。

而，只能退而求其次，从法理的角度，对不具有执行效力的情形进行理解。不具有执行效力的行政行为在理论上可以分为事实上的不能与法律上的不能。如果行政行为所设定的义务在客观上不可能实现，则构成事实上的不能；如果履行行政行为所设定的义务会导致违反实定法或者违反法治原则，则构成法律上的不能。例如，执行标的为生效裁判文书所羁束的；行政行为意思表示不明确、不确定或者欠缺，无法执行的；要求相对人履行的义务明显违法的；或者履行义务损害案外人权益的等。除此之外，行政行为合法，但因其所依据的法规范或者政策发生变化或者调整，不宜执行的，也不应作出不予执行的裁定。

从法制统一原则出发，通过对法规范的体系性分析，笔者认为，我国的非诉行政执行司法审查在遵循《行政诉讼法》所确立的“合法性审查”标准之下，建立了层次清晰、分阶段递进、分别审查的制度。该审查制度构建基本合理，能够合理协调保障行政机关有效实施行政管理、监督行政机关依法行政与维护当事人合法权益等多重功能之间的关系。但由于非诉行政执行审查处于行政过程之末端，在审查过程中涉及的无效行政行为之判断、明显违法性之判断、行政行为执行力之判断等问题，非该制度建构本身能完成，着实应当由统一行政程序法之建构完成。但在我国现有制度背景之下，制定统一的行政程序法的条件尚不成熟，可行的进路是由司法机关在实践过程中探索、实践，形成一种可行的实施方案，再辅以深入的理论研究，最终构建一套合理、可行的制度方案，为未来的行政程序立法提供制度基础。

基层社会治理视阈下的地方立法审视

祁小敏[*]　张俊杰[**]

摘　要： 基层社会治理作为社会治理的基础，是国家治理体系的重要组成部分，直接影响着国家治理体系和治理能力现代化目标的实现。在全面依法治国的背景下，地方立法是地方治理的基本形式，应在推进基层社会治理中发挥着引领、推动和保障作用。审视当下的地方立法实践，却依旧存在着立法理念滞后、立法内容失重、立法方法欠缺等不利于推进基层社会治理的因素。地方立法应该创新立法理念、注重社会治理，完善立法内容、注重多主体共同治理和自治，改进立法方法、注重民主立法，积极回应新时代基层社会治理的发展要求。

关键词： 社会治理　地方立法　社会管理　民主立法

引　言

党的十八大以来，党和国家的治国方略总体思想实现了从“管理”到“治理”的转型与升华，社会治理已经成为国家治理体系的重要组成部分，在实现国家治理体系和治理能力现代化目标中作用日益凸显。在全面依法治国的背景下，地方立法与中央立法相比，比较微观、具体，满足我国地广人多、地域差异较大的实际需求，是基层社会治理中必不可少的重要环节，对推进基层社会治理发挥着重要作用。2015 年 3 月《立法法》修改赋予了所有的设区的市对“城乡建设与管理、环境保护、历史文化保护等方面的事项”地方立法权，实现了地方立法的大扩容，使得地方立法逐渐成为地方治理的基本形式。然而，

* 山西大学法学院讲师，主要研究方向为宪法学、行政法学。
** 山西大学法学院法律硕士研究生，主要研究方向为宪法学、行政法学。

地方立法能否深层融入社会治理的理念与要求，能否真正推动基层社会治理发展，促进基层社会治理现代化，需要不断加以审视和反思，并在基层社会治理的视角下加以重构，逐步实现契合基层社会治理的实际需求，发挥应有效用。

一、地方立法契合基层社会治理的内涵要求

在我国，地方立法与中央立法相对应，是指一定地方行政区域的国家权力机关，在宪法和法律的授权下，依照法定程序制定规范性法律文件的活动，主要包括一般地方立法、民族自治地方立法、经济特区地方立法、特别行政区地方立法。① 基层社会治理是指在党的领导下，由基层地方政府组织主导，吸纳基层社会组织等多方面治理主体参与，对基层社会公共事务进行的治理活动。一定意义上讲，地方立法的目标任务与基层社会治理的内涵要求高度契合，对实现基层社会治理体系和治理能力现代化具有引领、推动和保障作用。

（一）地方立法是推进基层社会治理过程的首要环节

基层社会治理首先需要有依据、有规则、有制度。没有基层社会治理的依据、规则、制度，就谈不上推进基层社会治理。因此，制定基层社会治理的依据、规则、制度，就成了基层社会治理过程的首要环节。依据社会治理理论，社会治理的主要方式是法治方式，社会治理水平要看治理的法治化水平，要看程序化、规范化、法治化的治理模式。同时，随着我国经济社会的快速发展，社会治理新问题日益突出、复杂，传统的管理手法难以应对，也提出了对法治思维和法治方式的迫切需求。因而，基层社会治理首先是一个依法治理过程，需要通过法治方式实施社会治理，实现基层社会治理现代化。这就迫切需要依靠和通过立法来解决基层社会治理的依据、规则、制度，使其有法可依、依法治理。

地方立法处在国家立法系统的底层，直接根植于丰富多样的基层社会治理实践，与中央立法相比，其所调整的范围更贴近基层社会，对基层社会治理实

---

① 本文所探讨的地方立法只包括一般地方立法、民族自治地方立法、经济特区地方立法，不包括特别行政区地方立法。

践的影响更为直接、明显，与基层社会各类主体之间的关系更为密切，具有较强的针对性和操作性等特点。在一定程度上讲，地方立法就是基层社会治理的基础，其功能就是为基层社会生活定章程，为基层社会依法治理立规矩，实现建章立制，发挥引导、规范基层社会各类主体依法行使权利、履行义务，规范基层社会治理过程。地方立法这种建章立制的功能与基层社会治理过程首先要有依据、有规则、有制度是高度契合的。换言之，完备有效的地方立法是基层社会治理的重要基础，是推进基层社会治理过程的首要环节。

（二）地方立法是完善基层社会治理体制的主要内容

党的十九大报告指出："加强社会治理制度建设，完善党委领导、政府负责、社会协同、公众参与、法治保障的社会治理体制，提高社会治理社会化、法治化、智能化、专业化水平。"① 可见，法治保障是社会治理体制的主要内容，而立法保障是法治保障的主要内容之一。因此，立法保障也是基层社会治理体制的主要内容，完善基层社会治理体制就必须完善立法保障。

党的十八大以来，随着我国经济进入"新常态"，地方经济社会发展形态发生了重要变化，基层社会治理领域矛盾易发、多发，法治化程度也比较低，都迫切需要地方行政区域的国家权力机关通过立法方式提高治理能力，加以尽快解决。2015 年地方立法权扩容，授予设区的市对"城乡建设与管理、环境保护、历史文化保护等方面的事项"的立法权，目的在于促使地方转变传统治理手段，通过立法的方式、通过法治思维和法治方式，加强地方社会治理制度建设，推动地方治理体系和治理能力的现代化。此后，地方立法迈入一个迅猛发展的新时代，地方立法成为地方治理的基本形式。如何充实地方立法相关制度的设计，充分发挥地方立法作用，进一步保障和推进基层社会治理，是现阶段基层社会治理理论和实践均需研究的一个重要问题。可见，加强地方社会治理制度建设，就意味着要加强地方立法；完善基层社会治理体制，就意味着要完善地方立法。换言之，地方立法保障是基层社会治理体制的法治保障之一，完善地方立法是完善基层社会治理体制的主要内容。

---

① 习近平：《决胜全面建成小康社会，夺取新时代中国特色社会主义伟大胜利》（2017 年 10 月 18 日）。

（三）地方立法是实现基层社会治理目标的重要手段

社会治理应该走法治化的道路，社会治理法治化是社会治理的目标之一，这在我国已经成为一种社会共识，党的十九大报告也已明确指出“提高社会治理社会化、法治化、智能化、专业化水平”。在当前全面依法治国的背景下，“科学立法、严格执法、公正司法、全民守法”的中国特色社会主义法治基本要求，强调既要保障新的实质法治重要性的同时，又不偏废掉原有的形式法治的重要性。① 因此，基层社会治理法治化不仅要实现“有法可依”，而且要实现从“有法可依”向“科学立法”“良法善治”的跨越。

二、地方立法缺失基层社会治理的深层关注

如上所述，地方立法理论上契合基层社会治理的内涵要求，但是反观当前我国的地方立法实践，尽管随着党和国家的治国方略总体思想从“管理”到“治理”的转型与升华，也进行了一定的转变。然而扩容后的地方立法，由于大部分设区的市是初次获得立法权，在立法经验、立法队伍、立法技术等方面比较欠缺，导致在立法理念、立法内容、立法方法等方面缺失对基层社会治理的深层关注，存在不少局限，影响了基层社会治理的实效。这种“深层关注”缺失，具体而言可以归结为以下几个方面：

（一）立法理念滞后：注重社会管理多，关注社会治理少

立法作为一种人类的实践活动，无疑是在立法理念的统摄下进行的，立法理念是立法工作的指导思想和灵魂。② 地方立法理念就是对地方立法工作的指导性观念，是地方立法工作实践的基础，正确的立法理念是确保地方立法质量、实现地方立法宗旨的关键。党的十八大以来，党和国家提出了完善和发展中国特色社会主义制度、推进国家治理体系和治理能力现代化的全面深化改革总目标，实现了执政理念与治国方略从“管理”到“治理”的升华与转型，完成了从“社会管

---

① 刘作翔：《关于社会治理法治化的几点思考》，载《河北法学》2016 年第 5 期。

② 陈兴良：《立法理念论》，载《中央政法管理干部学院学报》1996 年第 1 期。

理”到“社会治理”的重大突破。这一重大突破对于基层社会治理的主要形式——地方立法而言，意味着立法理念应当从“社会管理”转变为“社会治理”。

但是，反观当前我国的地方立法实践，立法理念依然滞后，注重社会管理多，关注社会治理少。突出表现就是，地方立法比较侧重于对社会管理的规定，依旧比较青睐“命令—禁止”式管制模式，依旧更多更细地规定传统的强制性行政执法方式，较少涉及新型的行政执法方式，依然注重强调政府管理主体的一元化，依然强调管理是垂直的、单向度、简单命令式、完全行政化的，一切围绕着政府的管理，着眼于维护社会稳定。相比而言，地方立法对社会治理没有深层关注，即使在立法中直接写入“治理”两个字，也缺乏对“治理”理念更加深刻的体现，一些治理的理念仅仅停留在口号、形式性规定或者鼓励性规定层面，具体的措施、程序等都没有予以规定，① 使其难以适应迅速变化的社会现实，影响了基层社会治理的推进。

（二）立法内容失重：注重政府治理多，关注社会共治与自治少

《立法法》规定，立法“应当从实际出发，适应经济社会发展和全面深化改革的要求，科学合理地规定公民、法人和其他组织的权利与义务、国家机关的权力与责任”。② 同时，从我国的实际情况来看，“社会治理呈现三种基本状态，即政府对于社会的治理、政府与社会组织和公民的合作共同治理以及社会自治。其中，政府对于社会的治理，实则是社会治理的主体形式和主要内容。”③ 因此，政府、社会组织、法人和公民的合作共治以及社会自治，在广义上，也是政府治理的紧密相关内容，都是基层社会治理的重要内容。政府治理主要强调国家机关的权力和公民、法人和其他组织的义务，社会共治和社会自治主要强调国家机关的责任和公民、法人和其他组织的权利。因此，地方立法内容应当既规定政府治理，又规定社会共治与自治，妥善解决好权利与义务、权力与责任之间的关系。

---

① 张涛：《城市管理立法：由管理向治理转变——基于六个地方性法规的实证分析》，载《广西政法干部管理学院学报》2016 年第 3 期。

② 《中华人民共和国立法法》（2015 年 3 月 15 日修改）第六条。

③ 王浦劬：《国家治理、政府治理和社会治理的含义及其相互关系》，载《国家行政学院学报》2014 年第 3 期。

(三)立法方法欠缺:注重政府主导多,关注民主立法少

《立法法》规定,立法“应当体现人民的意志,发扬社会主义民主,坚持立法公开,保障人民通过多种途径参与立法活动”。① 公众参与地方立法是民主立法的重要体现,是保障地方立法质量和法律认同度的重要措施。没有民主的地方立法方法与程序,就很难有科学的地方立法内容。

反观当前的地方立法实践,立法方法欠缺,注重政府主导立法多,关注民主立法少。突出表现就是,地方立法中依旧是政府主导立法,许多地方性法规与地方政府规章草案都是有政府职能部门主持起草。相比而言,地方立法关注民主立法较少,尽管我国一些法律、法规和规章对委托第三方起草、公众参与地方立法有了一定的规定,但是从整体上来说,委托第三方起草还处于零星的探索阶段,公众参与立法也尚未完全推进,仍然存在规定范围不够广泛、形式不多样、程序不具体、效力不明确等弊端,即使在部分法规和规章对委托第三方起草、公众参与已作出规定,但仔细研读之后就发现,民主立法在很多方面依然停留在理念层面,对于委托第三方起草、公众参与地方立法的法定形式、法定程序、法定效果、法定责任等公众参与具体内容均缺乏明确规定。地方立法方法上的这种欠缺,导致地方立法很难较好地反映广大基层社会治理主体的真实法律诉求,很难产生普通民众对地方立法发自内心的认同,对地方立法的质量和权威造成了非常不利的影响,影响了地方基层社会治理的推进。

三、地方立法回应基层社会治理的发展需求

基于十八大以来党和国家治国方略总体思想从“管理”向“治理”的转型与升华背景,地方立法作为基层社会治理的基本形式,就必须在立法理念、立法内容以及立法方法三个方面对基层社会治理作出回应与重构,朝着立法理念的治理化、立法内容的体系化、立法方法的民主化三个方向前进,适应中国特色社会主义新时代基层社会治理发展的要求。

---

① 《中华人民共和国立法法》(2015 年 3 月 15 日修改)第五条。

（一）创新立法理念，注重社会治理

先进的地方立法理念可以引领地方立法理论和实践，对于提高地方立法质量意义重大。而高质量的地方立法又是推进基层社会治理的先决条件。因此，当前地方立法应当创新立法理念，注重社会治理，把社会治理理念融入地方立法工作全过程，实现立法理念的治理化，有效指导地方立法。

创新地方立法理念，转变社会管理为社会治理，这是一种根本性的转变。"社会管理强调政府本位的管理理念，主张政府主导下的社会参与，是一种精英管控、精英决策的管理思维模式。而社会治理奉行社会本位，主张公民社会的治理理念，强调政府与社会各主体的平等地位与合作关系，是一种协商民主、协同治理的管理思想。"① 可以说，相对社会管理而言，社会治理内容丰富、包容性很强，它更强调灵活性、协调性、沟通性，彰显了国家的公平、正义与社会的和谐、有序。② 在社会治理理念指导下，地方立法将会从强调一元、垂直的管理主体，向多元、扁平化、体系化治理主体转变；从强调单向度、简单命令式、完全行政化的管控方式，向从上到下与从下到上互动的治理方式转变；从强调围绕着政府的管理、着眼于维护社会稳定，向政府、法人、社会组织、公民个人等多元主体共同治理、着眼于形成现代基层社会治理体系转变；从行政管制为主向提供公共服务为主、从行政强制为主向行政指导为主、从单方行政命令为主向多方协商参与为主转变，将使地方立法发生质的转变，更加有利于基层社会治理。

（二）完善立法内容，注重多主体共同治理和自治

地方立法内容是地方立法理念的主要载体，随着立法理念的转变，立法内容也将发生重要变化。因此，当前地方立法应当完善立法内容，注重多主体共同治理和自治，把政府治理、多主体共同治理和社会自治协调写入地方立法，促进地方立法内容的体系化，增强地方立法实效性。

---

① 张瑜：《从社会管理走向社会治理：内涵、动力与路径分析》，载《北方民族大学学报（哲学社会科学版）》2015 年第 4 期。

② 刘新如：《从"管理"到"治理"意味着什么》，载《解放军报》2013 年 11 月 26 日，第 9 版"学习与研究"。

完善立法内容，注重多主体共同治理和自治，并非抛弃政府治理，而是变单一政府治理为政府治理、社会主体共同治理与社会自治并存。根据社会治理理论与实践，在基层社会治理中，并非只有政府治理一种内容，而是政府治理、社会主体共同治理与社会自治三者内容都存在，并且相互联系，相互促进。一定意义上讲，注重多主体共同治理和自治是社会治理理论与实践的实际需求。在政府治理、社会主体共同治理与社会自治三者并存的体系化立法内容之下，基层社会治理不再是各地方政府的事情，各类社会组织、法人和公民个体都是主体，都有权利参与其中，来表达各自的利益诉求，进行社会主体共同治理与社会自治，共同推动基层社会治理。相应地，地方立法在内容上也会改变失重的状态，既要强调国家机关的权力和公民、法人和其他组织的义务，也要强调国家机关的责任和公民、法人和其他组织的权利，妥善解决好权利与义务、权力与责任之间的关系，使其更具有针对性、可操作性，有效推进基层社会治理。

（三）改进立法方法，注重民主立法

地方立法方法是做好地方立法工作、确保地方立法质量的重要因素。地方立法已经开始“开门立法”的探索，但是主要方法依旧是政府主导立法，距离科学立法、民主立法的要求仍然存在差距。因此，当前地方立法应当改进立法方法，注重民主立法，把政府主导立法、委托第三方立法和公众参与立法相互结合使用，促进地方立法方法的民主化，提高地方立法质量。

改进立法方法，注重民主立法，并非抛弃政府主导立法，而是变单一政府主导立法为政府主导立法、委托第三方立法和公众参与立法三种方法相互结合。在这种政府主导立法、委托第三方立法和公众参与立法三种方法并存的民主化立法方法之下，既可以保障地方立法的专业化，又可以保障地方立法的公正性、科学性，有利于提高地方立法质量，积极推动基层社会治理。相应地，在地方立法实践中，既要保障立法专业化水平，注重政府主导立法，听取起草部门、提请机关以及立法涉及部门的意见；还要保障立法公正性和中立性，探索委托第三方立法经验，尝试委托给科研单位、社会组织等社会第三方来起草立法草案；又要保障立法科学性，拓展公众有序参与立法途径，如定期征集公众立法建议、公开立法草案征求意见、开展立法项目论证、建立专家咨询论

证制度、完善人大代表参与立法机制以及举行立法听证会、调研会、座谈会等，从而使地方立法较好地反映广大基层公众的真实法律诉求，使普通民众对地方立法发自内心地认同，使地方立法质量更有保障，实现基层社会治理的“科学立法”。

论网约车平台提供商的法律地位

刘丽萍* 文 越**

摘 要： 网约车作为创新型行业，在便利城市居民出行的同时，也带来了诸多法律问题。对网约车平台提供商的法律地位认定不准确是问题产生的主要原因之一。本文从网约车的实际运营模式出发，分析不同模式下网约车平台提供商发挥的作用，对网约车平台提供商法律地位的各种学说和相关立法进行了针对性的分析批判，进而提出网约车平台提供商的法律地位应当根据不同的运营模式分别进行界定的主张。

关键词： 网约车平台提供商 运营模式 法律地位

依托“共享经济”的发展理念、“移动互联网”的迅速普及以及“大数据”的技术支撑，网约车迅速兴起。但是，网约车迅速发展的同时，也伴随着一系列问题的产生，网约车乘客的安全保障问题、网约车交通事故中各方主体之间的责任承担问题、网约车平台提供商与网约车驾驶员之间的法律关系问题等。以上问题的产生虽然是由多种因素造成的，但网约车平台提供商的法律地位认定不清则是以上问题产生的共同因素，其法律地位直接关系到对其民事责任的认定以及承担民事责任的方式。① 2016 年 7 月 14 日，交通运输部等七部委联合发布了《网络预约出租汽车经营服务管理暂行办法》（以下简称《暂行办法》），在国家层面肯定了网约车行业的合法地位，但《暂行办法》中对于网约车平台

---

* 山西大学法学院副教授，法学博士，主要研究方向为民商法学。

** 山西大学法学院民商法专业硕士研究生，主要研究方向为民商法学。

① 杨立新、韩煦：《网络交易平台提供者的法律地位与民事责任》，载《江汉论坛》2014 年第 5 期。

提供商的法律地位认定未能脱离传统出租车行业的规制窠臼，相关问题的解决仍不尽合理。

一、网约车平台提供商的运营模式

网约车平台提供商的运营模式复杂多样，不同模式下平台发挥着不同作用与功能。同时共享经济的发展理念与移动互联网、大数据等高科技的应用也使网约车平台提供商具有了传统出租车经营者所不具备的诸多运营特点。深入认识并分析网约车平台提供商的运营模式及其运营特点对于准确认定其法律地位具有重要意义。

网约车平台提供商的运营模式是指根据从事网约车业务的车辆与驾驶员的不同来源，对网约车进行的类型划分。① 目前，从事网约车业务的车辆有四种来源：出租汽车公司的车辆、② 汽车租赁公司的车辆、网约车平台自有车辆以及私家车。而网约车驾驶员也有四种来源：出租汽车公司驾驶员、劳务公司派遣驾驶员、网约车平台雇佣驾驶员以及私家车主。根据以上来源，网约车提供商的运营模式可划分为四种：第一种为“出租汽车公司车辆＋出租汽车公司驾驶员”模式，第二种为“汽车租赁公司车辆＋劳务公司派遣驾驶员”模式，第三种为“网约车平台自有车辆＋网约车平台雇佣驾驶员”模式，第四种为“私家车＋私家车主”模式。其中，第一种模式本质上属于传统出租车公司的互联网化，各大网约车平台基本都提供该项出行服务，第二种模式与第三种模式可以称为重资产运营的 B2C 模式，第四种模式则可称为轻资产运营的 C2C 模式。神州专车、曹操专车采用第二种模式，而滴滴出行则兼具第三、四种运营模式。

二、网约车平台提供商法律地位学说分析

由于网约车运营的特殊性，对于网约车平台提供商法律地位的认定存在多

---

① 运营模式并非业务类型，网约车平台提供商的业务类型是指顺风车、专车、快车、出租车及代驾、试驾等业务种类。

② 出租车在接入网约车平台后，其提供的服务兼具了巡游式出租汽车服务与非巡游式预约出租汽车服务。

种学说。以《暂行办法》为代表的官方意见认为平台为客运合同中的承运人,但还有许多学者从不同的角度出发提出“居间人”说、“定作人”说、“港口”说等学说。

(一) 平台承运人说

以《暂行办法》为代表的官方意见将平台认定为客运合同中的承运人。持这种观点的学者是参照出租车行业的承运人来对网约车平台提供商进行定性的,他们认为:“出租汽车分巡游式和预约式两类,只是过去的预约式出租汽车没有发展起来,让大家感觉好像没有,其实很早就认定预约车是出租汽车的一种类型,只是没有规定条件而已。”① 正是这种认识导致沿用传统出租车行业的监管思维规制网约车平台做法的产生。该种学说未能充分认识到网约车平台提供商与传统出租车公司之间的诸多不同,尤其是在“私家车+私家车主”模式下。首先,服务车辆的实际管理人不同。传统出租车行业中,出租车公司对服务车辆享有所有权或实际控制权。车辆的检修、维护均由出租车公司进行。而网约车在“私家车+私家车主”模式下,服务车辆则由私家车主提供,属于个人财产,网约车平台提供商对车辆不享有实际控制权。其次,运营利益分配不同。传统出租车司机每天需要向出租车公司缴纳高额的“份子钱”,出租车运营所获的大部分利益都流向了出租车公司。而网约车平台提供商则仅通过撮合交易信息获得少量的服务费用。网约车平台既不对服务车辆享有控制权,也不享有网约车服务所获的大部分利益,让其承担承运人责任,显然不合理。

以上是传统出租车公司与网约车平台提供商之间存在的不同。我们追根溯源,再从“承运人”概念本身来进行判断。承运人是指客运合同中利用运输工具提供运输服务的人。在B2C模式下,平台实际控制服务车辆,平台利用自有车辆向用户提供客运服务,平台自然符合承运人的概念要求。但是在C2C模式下,真正控制服务车辆、提供运输服务的是私家车主而非网约车平台。平台更多发挥着信息整合的作用。

另外,有学者主张网约车平台品牌性强,乘客在接受网约车服务时均认为

---

① 张柱庭:“交通运输部就《网络预约出租汽车经营服务管理暂行办法(征求意见稿)》召开专家座谈会上张柱庭的发言”, http: www. mot. gov. cn/jiaotongyaowen/201511/t20151124_ 1932811. html.

是在与网约车平台进行交易，因此，认定平台为承运人符合交易习惯。笔者认为这一理由并不成立，网约车服务属于一种全新业态，法律定位问题极其复杂，需要虑及背后复杂的权利义务关系，而承运人的地位认定对消费者有利，公众从自身利益考虑得出的共识并不能代表实际情况。还有学者主张认定网约车平台为承运人有利于保障乘客安全。① 笔者认为这种“有利于”是建立在平台负担之上的，不能因为有利于乘客就忽视网约车平台的真正功能，侵犯网约车平台的合法权益，网约车平台的法律定位不能从有利或不利的角度出发，而应从其实然作用出发。

因此，“一刀切”地将网约车平台认定为承运人既不符合网约车运营的实际情况，也不利于网约车行业的健康发展。

（二）平台中介说

该学说认为，网约车平台在网约车经营过程中仅在网约车司机与乘客之间扮演信息中介的角色。例如优步专车在其“服务协议”中声明：“为了避免疑问，特澄清如下信息：优步出行平台本身不提供汽车服务，您可以通过使用应用程序发出服务请求。优步只是充当您和汽车服务提供商之间的中间人。因此，汽车服务提供商向您提供的汽车服务受到您与汽车服务提供商之间（将要）签订的协议的约束，优步绝不是此类协议中的一方。”主张网约车平台为信息中介主要基于以下理由：第一，网约车平台与司机之间相互独立。在“私家车＋私家车主”模式下，提供网约车服务的车辆的实际控制人乃私家车主，而非网约车平台。并且由于网约车服务的零工经济特征，司机与平台之间并非传统意义上的劳动关系，司机在是否接单上具有相对的自主性，不受平台的指挥与控制。第二，网约车平台的主要工作是信息撮合，促成交易。网约车平台利用移动互联网与大数据技术收集乘客的乘车请求、乘客路线以及网约车的数量、位置等信息，随之将这些信息进行匹配，促成运输服务交易的达成。第三，网约车平台不介入运输服务合同。在网约车服务过程当中，平台仅进行前期的信息撮合服务，而后期实际的运输服务合同是由乘客与私家车主达成的，网约车平台并

---

① 侯登华：《“四方协议”下网约车的运营模式及其监管路径》，载《法学杂志》2016年第12期。

不介入运输服务合同。

但是，笔者认为平台中介说并没有充分考虑到网约车多样的运营模式。在网约车 B2C 运营模式下，运营车辆来源有两种：一种是平台自有车辆，另一种是汽车租赁公司车辆，而驾驶员则来自劳动雇佣或者劳务派遣。平台对这种模式下的车辆与驾驶员拥有绝对的控制权，并非仅提供信息收集与匹配一项服务。另外，即使在 C2C 运营模式下，平台除了发挥信息中介的作用外，还发挥着其他重要功能：首先，网约车运输服务合同的内容全部由网约车平台制定。① 网约车运输服务合同内容包括网约车的计费规则、行车路线、服务标准以及服务质量保障等，这些内容本应当由合同的实际执行者私家车主与乘客协商订立，但实际情况却是平台制定合同内容，私家车主与乘客被动接受，这造成了运输合同制定者与执行者的分离。其次，网约车平台参与运输服务合同的订立。乘客通过平台 App 发出乘车要约，而此要约最终能否被承诺，除了私家车主的接单，还需要平台直接受理。因此，可以说对于乘客乘车要约的承诺是由平台与私家车主相互配合做出的。最后，网约车平台是整个网约车运营行为的组织者、主导者、调度者。网约车服务开始前，平台负责组织、招募服务车辆与驾驶员，是服务资源的组织者。在服务过程中，平台又负责供需信息的匹配。服务结束后，乘客直接将车费转入平台账户，且平台负责处理乘客投诉。因此，即使在 C2C 模式下，网约车平台也并非仅仅是扮演信息中介的角色。

综上，将网约车平台的法律地位简单认定为信息中介，一方面没有考虑到平台的重资产经营模式，另一方面在平台轻资产经营模式下也存在诸多不足。

（三）定作人说

还有学说认为应将网约车平台认定为承揽关系中的定作人。② 此学说从承揽关系的形式要件与实质要件入手。在形式上，平台与司机之间达成约定，由平台指定司机完成客运任务，司机完成任务后，平台支付报酬，平台给予司机的补贴就属于这类性质的报酬。而在实质上，完成工作任务的工具（车辆）是

---

① 侯登华：《“四方协议”下网约车的运营模式及其监管路径》，载《法学杂志》2016 年第 12 期。

② 卢鑫：《专车司机与打车软件平台之间法律关系探究》，载《法学研究》2016 年第 2 期。

由司机提供，这也符合我国《合同法》第二百五十三条第一款的规定。[①] 承揽合同注重的不是承揽定做的过程，而是最终的劳动成果。网约车服务的工作结果是将乘客准时地运送到指定地点。但平台关注的却不仅仅限于此，其也关注整个运输过程中司机的服务质量，平台设置评价体系即是证明。因此，网约车平台并非“只看重结果不看中过程”。另外，平台给予司机补贴并非常态化，不能视为平台向司机支付的报酬。

（四）港口说

除以上几种学说，还有学者主张将互联网平台主体分为三类：第一类是指淘宝一样的交易所；第二类是类似京东自营的传统客栈与餐馆；第三类类似港口。一艘船能够进港要有领航员，除了有领航员还要有水道的划分，要是撞了船就要承担相应的责任。很多网络平台的交易，都需要提供多种功能。比如滴滴专车。[②]“港口说”认为网约车平台的主要义务就是维持交易与网络，需要承担的责任就是当系统无法维持时所引发的责任，进而反对对待互联网平台野蛮地采用连带责任。“港口说”的出发点是按照互联网的本质及网络交易平台的本质对网约车平台的法律地位进行准确认定。但是，港口仅仅是一种功能上较为形象的比喻，还不能全面地体现出网约车平台提供商法律地位所应有的特质。例如，平台作为领航员，除“领航”外并不能对每条船以及船上的舵手进行监管与检查。另外，“港口说”同样没有全面考虑到网约车平台实际运营过程中B2C、C2C等多样的运营模式。因此，该学说亦未能对网约车平台提供商的法律地位作出准确认定。

综上，目前理论界关于网约车平台提供商法律地位的几种学说均存在考虑问题不够全面的缺憾，未能对网约车平台提供商的法律地位作出准确认定。

---

① 《合同法》第二百五十三条第一款规定：“承揽人应当以自己的设备、技术和劳力，完成主要工作，但当事人另有约定的除外。”

② 邓峰：《法律采用连带责任是对互联网最大制约》，http：www.law.pku.edu.cn/xwzx/pl/26499.htm.

三、相关立法对网约车平台提供商法律定位的不妥当

伴随着网约车行业的迅速发展，我国开始重视针对网约车的立法工作。2016 年 7 月国务院发布《关于深化改革推进出租汽车行业健康发展的指导意见》。同月，交通部联合七大部委共同发布《网络预约出租汽车经营服务管理暂行办法》。随后，北京、上海、广州、深圳等地也纷纷出台规制网约车发展的地方性规定。这些规定肯定了网约车的合法性，但均未能对网约车平台提供商的法律地位做出准确判定。

（一）网约车发展的立法应对

1. 交通部出台部门规章《网络预约出租汽车经营服务管理暂行办法》（以下简称《暂行办法》）

《暂行办法》对网约车经营服务、网约车平台公司做出了概念性规定。明确了从事网约车经营服务需要出租汽车行政主管部门向平台、车辆、驾驶员颁发三证。[①] 这就肯定了网约车经营的合法性。同时，《暂行办法》第十六条也规定："网约车平台公司承担承运人责任，应当保证运营安全，保障乘客合法权益。"表明《暂行办法》对网约车平台提供商的法律定位是客运合同中的承运人。《暂行办法》十八条规定："网约车平台公司应当根据工作时长、服务频次等特点，与驾驶员签订多种形式的劳动合同或者协议，明确双方的权利和义务。"该条规定较为缓和，并没有强制双方订立劳动合同，允许双方通过协议的方式明确权利义务。这正是顾及共享经济下劳资关系的特殊性所做出的一种灵活应对。

2. 北京、上海、广州、深圳政府出台地方立法

《暂行办法》之后，各地纷纷出台规范本地网约车的实施细则。2016 年 12 月 21 日，北京市交通委员会等部门联合发布《北京市网络预约出租汽车经营服务管理实施细则》（以下简称《细则》）。该《细则》认识到网约车存在不同的

---

① 三证分别是《网络预约出租汽车经营许可证》《网络预约出租汽车运输证》以及《网络预约出租汽车驾驶员证》。

运营模式，对申请《网络预约出租汽车运输证》的车辆来源进行了区分。但是该《细则》在网约车平台的法律地位以及平台与驾驶员的法律关系认定方面，仍沿用《暂行办法》中的规定。2016年11月18日广州市政府审议通过的《广州市网络预约出租汽车经营服务管理暂行办法》以及2016年12月28日深圳市政府审议通过的《深圳市网络预约出租汽车经营服务管理暂行办法》，在网约车平台提供商的法律定位问题以及网约车平台提供商与驾驶员之间的法律关系问题上依然延续《暂行办法》的规定。而上海市政府在2016年10月31日审议通过的《上海网络预约出租汽车经营服务管理若干规定》（以下简称《规定》）规定平台承担先行赔付责任而非承运人责任。① 在平台提供商的法律定位上突破了《暂行办法》的承运人界定。另外，该《规定》对申请《网络预约出租汽车运输证》的车辆来源上增加了汽车租赁公司。②

（二）网约车立法应对的不足

1. 网约车平台提供商法律定位不准确

《暂行办法》以及北京、广州、深圳出台的相关规定均将网约车平台提供商认定为承运人，虽然上海规定平台承担先行赔付责任而非承运人责任，但未能明确平台的法律地位。笔者认为，直接将平台认定为承运人忽视了平台多样的运营模式，不同模式下，平台承担的义务、发挥的功能并不相同，尤其是在“私家车+私家车主”模式下，平台所扮演的角色与传统出租车公司迥然不同。笼统地将之认定为承运人不符合实际情况，有可能让网约车平台承受不应有的法律负担，进而阻碍网约车的正常发展。

2. 网约车平台提供商与驾驶员的法律关系不明确

《暂行办法》以及北京、上海、广州、深圳出台的相关规定均将平台与驾驶员间的法律关系表述为“平台公司应当与驾驶员依法签订劳动合同或者协议”。没有单一地认定为劳动关系，已经表明立法者已认识到二者关系的特殊性。但是这种看似灵活的规定，却造成了法律的模糊，未能给网约车行业的发

---

① 《上海网络预约出租汽车经营服务管理若干规定》第十四条：“网约车运营服务中发生安全事故，网约车平台公司应当对乘客的损失承担先行赔付责任。”

② 《上海网络预约出租汽车经营服务管理若干规定》第十一条第二款：“除出租汽车和客车租赁经营者外，其他单位所有的车辆不得申请网约车经营。”

展及司法认定带来明确有益的指示。

3. 沿用传统出租车行业的监管思维规制网约车

在对监管因素十分敏感的科技创新领域，借鉴过往的监管经验十分必要，但是“照搬照抄的借鉴”，不仅不会起到有效监管的作用，反而会阻碍新兴行业的发展。依托先进科技而迅速兴起的共享经济，是通过网络技术整合线下闲散物品或者个人服务并以较低价格提供给使用者，进而实现“物尽其用、按需分配”的一种全新商业模式。① 网约车作为共享经济的代表行业对传统出租车规制体系提出了挑战，但已出台的各种规制办法却多类比传统出租车行业的监管策略，例如将网约车平台提供商认定为承运人、对车辆与驾驶员规定严格的准入条件等，这种沿用传统出租车行业的监管思维规制网约车的做法既会给网约车行业的发展戴上沉重的枷锁，也不符合共享经济的发展理念。

四、不同运营模式下网约车平台提供商法律地位的认定

不同运营模式下，平台发挥着不同的功能，自然也应承担不同的责任。笔者主张应当摒除削足适履以既定规则调整新型业态的立法理念，坚持合理分配各方权利义务，保护各方合法权益，坚持促进共享经济发展的立法追求，根据网约车不同的运营模式，确立其不同的法律地位。

（一）“出租汽车公司车辆 + 出租汽车公司驾驶员”模式：网约车平台提供商为信息中介

该模式的本质是传统出租车模式的互联网化，即出租车公司将原有资源接入网约车平台，委托平台向其发送乘客出行需求，进而提供客运服务。网约出租车在客运合同的订立过程中由网约车平台为其提供交易信息，促成交易的达成，但这并未改变乘客与出租车公司之间的客运合同关系。平台在此模式下，对服务车辆不具有控制性，与驾驶员之间亦不存在直接的劳动法律关系。如果在服务过程中发生交通事故，仍按照传统出租车模式的纠纷解决机制加以解决，平台不承担责任。《北京市网络预约出租汽车经营服务管理实施细则》第三条

---

① 董成惠：《共享经济：理论与现实》，载《广东财经大学学报》2016 年第 5 期。

第二款也就此作出明文规定。① 平台在整个过程中所起的作用仅是在乘客与出租车之间进行信息匹配，促成交易达成，运输合同仍由出租车公司与乘客实际订立。在该模式下，应将平台的法律地位认定为信息中介。

（二）B2C 运营模式：网约车平台提供商为承运人

B2C 运营模式包括两种：其一是“网约车平台自有车辆 + 网约车平台雇佣驾驶员”模式；其二是“汽车租赁公司的车辆 + 劳务公司派遣驾驶员”模式。而后者又可细分为两类：一种是传统租车公司或者汽车生产商创建的网约车公司，例如神州专车、曹操专车就是背靠神州租车、吉利汽车生产商而诞生的网约车公司。另一种则是“纯粹的网约车公司 + 租车公司”。虽然 B2C 模式可以细分为上述不同类别，但平台在运营过程中发挥的作用是相同的，因此他们的法律地位也是相同的，均扮演着承运人的角色。原因如下：首先，B2C 运营模式下，网约车公司对运营车辆具有控制权。平台自有车辆与传统租车公司或者汽车生产商创建的网约车公司的车辆都直接受平台管理，平台负责车辆的修理与维护。即使在“纯粹的网约车公司 + 租车公司”模式下，运营车辆的修理维护也是由平台联系租车公司进行，而不与司机发生联系。其次，B2C 运营模式下，网约车平台提供实际的运输服务。如前所述，在网约车服务当中，平台实际参与了运输服务合同的订立，不过因为提供实际运输服务是车辆提供者加之司机工作的“零工经济”特征而导致平台法律地位认定产生困难。但在 B2C 运营模式下，由于运营车辆的实际控制者变成了平台，并且司机与平台之间形成劳动关系或劳务派遣关系，不再具有“零工经济”模式下的独立性与自主性。因此，网约车平台成了提供运输服务的主体。最后，B2C 运营模式下，网约车平台在收益方面不再是仅仅收取小部分的信息服务费用，司机也从分成获取收益变成了底薪 + 提成。网约车服务所获运行利益的绝大部分又流向了平台提供商。综上，根据“运行利益”和“运行支配”理论，② 通过利益分配大小和风险控制能力的分析也应当将该模式下的网约车平台认定为承运人。

---

① 《北京市网络预约出租汽车经营服务管理实施细则》第三条第二款：“通过网约车平台提供电召服务的巡游车，遵守巡游车管理的相关规定。”

② 梁慧星：《民法解释学》，中国政法大学出版社 1995 年版，第 325—330 页。

(三) C2C 运营模式：网约车平台提供商创设一种新型法律主体

C2C 运营模式，即“私家车+私家车主”模式。该模式下，对于网约车平台法律地位的争议是最大的。原因就在于该模式下平台虽然是运输服务合同的订立者，但实际的运输服务却是由相对独立自主的车辆提供者提供。平台发挥的功能较之承运人显得不足，但较之信息中介又有余，其在交易过程中扮演的角色已经不同于现有的任何法律主体，这就给法律认定带来困难。一方面是网约车平台法律地位难以认定，另一方面是有关网约车的安全事故层出不穷。在这种困境下，立法者将网约车平台认定为承运人，要求其承担承运人责任，根本目的就是保证运营安全，保障乘客合法权益。但必须承认，这样的认定与该模式下平台的实际作用并不相符。因此，笔者认为要认定该模式下网约车平台的法律地位必须遵循以下两点：其一，平台必须且只能承担与其运营功能相对等的责任；其二，保证运营安全，保障乘客合法权益。美国加利福尼亚州为网约车平台增设“交通网络公司（TNC)”的做法值得我们借鉴，即为网约车平台创设一种全新的法律主体。而该全新的法律主体具体应当承担的法律责任则根据其在运营当中发挥的功能、作用重新研究制定。

还需特别考虑的是，C2C 运营模式是共享经济的典型代表。共享经济拥有社会闲置资源利用最大化、降低信息不对称、促进充分竞争等优点，其在经济、社会、环境等方面也有具有积极意义。① 因此，在为其创设新的法律主体时应当秉承这样的思想：面对创新行业要摒弃对传统规制理念与手段的生搬硬套，在不挫败创新积极性的同时，为各方利益相关者提供充足的保护。② 另外，在 C2C 运营模式下，网约车平台与私家车主之间的法律关系的认定上也应当充分考虑到共享经济时代下劳资关系的变化。通过前述分析可以看出在 C2C 模式下，私家车主与平台之间并不存在传统意义上的从属关系，强行将这种关系认定为劳动法律关系，对网约车平台而言，规模庞大的私家车主绝对是其不可承受之重，而对私家车主而言，与平台订立劳动合同也违背了其零工兼职的初衷。

---

① 蒋大兴、王首杰：《法律规制共享经济的事实前提》，载《扬州大学学报》2017 年第 3 期。

② 楼秋然：《美国法上的网约车监管理论与实践——兼评七部门〈网络预约出租汽车经营服务管理暂行办法〉》，载《政治与法律》2017 年第 10 期。

笔者认为，平台提供技术，私家车主提供劳动工具、劳动力，缺少任何一方都无法促成网约车服务，二者都深度参与到了服务过程当中。因此，可以将该模式下平台与私家车主之间的法律关系界定为共同经营的合作关系。对于乘客而言，平台与私家车主作为一个共同体与其订立客运合同，并对其承担连带责任。乘客可以自主选择赔偿其损失的主体。这种做法相较于直接规定由平台承担责任，更加符合实际情况，也更能保障乘客利益。

论农村集体经济组织法人决议行为的成立

毛瑞兆* 冯 晶**

摘 要：农村集体经济组织法人作为一种新型的法人类型，其决议行为的特殊性决定其成立的特殊性。在《民法总则》确定决议行为法律行为属性的前提下，农村集体经济组织法人决议行为成立需要满足一般成立要件即当事人、标的、意思表示与特殊成立要件即程序要件的条件。当其并未满足成立要件或出现程序瑕疵时，将会导致决议行为的不成立，但可通过治愈行为使存在瑕疵的决议行为转为合法成立的决议行为。

关键词：农村集体经济组织法人 决议行为 成立要件

一、农村集体经济组织法人决议行为概述

（一）农村集体经济组织法人决议行为的概念

决议，从文义上的解释来看，为先议后决。多数主体以会议或其他形式通过提出议案、发表意见、协商表决等程序并形成一致的代表全体成员利益诉求、价值理念的决定。现代民商法意义上的决议，是动态意义上形成该会议结果的过程和制度，即决议行为。有的学者将其定义为：依据章程或法律规定的程序

* 山西大学法学院副教授，主要从事民商法研究。
** 山西大学法学院民商法专业硕士研究生，主要从事民商法研究。

和规则作出的多个意思表示而成立的行为。[①] 还有学者认为："决议，是指多方当事人依据表决规则，在意思表示的基础上作出决定。此种行为通常存在于组织（含法人组织与非法人组织）就组织的事项作出决定的过程中。"[②] "决议是人合组织、合伙、法人或法人之由若干人组成的机构（如社团的董事会）通过语言形式表达出来的意思形成的结果（语言表述方式）。"[③] 现代民商法意义上的决议行为包含三大特征，即（1）存在于组织之中；（2）由若干个意思表示形成；（3）通过一定的程序规则形成。

作为被《民法总则》所承认的一种新型民事主体，农村集体经济组织法人拥有法人所具备的共性及与营利法人和非营利法人所不同的特性，但决议行为作为团体组织的法律工具，具有指引和约束经济组织法人进行民事活动的实际作用，同样也适用于农村集体经济组织法人。根据现代民商法意义上决议包含的三大特征可以得知，所谓农村集体经济组织法人决议行为，是指农村集体经济组织在其组织成员意思表示的基础上，根据法律、章程规定或成员约定的议事方式和表决程序作出决议的行为。

（二）农村集体经济组织法人决议行为的特殊性

1. 主体区域性

其他决议行为主体成员，如营利法人的自然人股东只需具备完全民事权利能力和完全行为能力，法人股东为非法律禁止的不可从事营利性活动的法人即可，设立股份有限公司须有半数以上的发起人在中国境内有住所；非营利性法人如基金会理事需通过相关考试、具备担任理事资格即可。而农村集体经济组织法人的组织形态随着我国的政治、经济的发展而不断改变，但不论是互助组、合作社、人民公社，还是现今的农村集体经济组织法人，其成员始终界定在与该区域土地密切相关的区域范围内，必须具备形式上或实质上的要件：一方面，

---

① 管兴虎、薛波：《决议行为：我国〈民法总则〉应当的立法安排》，载《中国商法年刊》2015 年。

② 龙卫球、刘保玉：《中华人民共和国民法总则释义与适用指导》，中国法制出版社 2017 年版，第 480 页。

③ ［德］卡尔·拉伦茨：《德国民法通论》（下册），王晓晔译，法律出版社 2003 年版，第 432、433 页。

农村集体经济组织法人的成员在形式上必须为该区域内户籍登记在册的农户，成员的权利义务与生俱来，不对外开放，形成一种封闭性的圈子；另一方面，该成员户籍虽非登记于该区域内，但已在该区域内耕地、构筑宅基地、结婚生子、生产生活、承担各类赋税，享受农村合作医疗、种粮补贴、养老保险等优惠待遇等，在实质上具备该农村集体经济组织法人的成员资格。

2. 决议内容特殊性

根据《公司法》第三十七条、第九十九条的规定，有限责任公司股东会、股份有限公司股东大会的决议事项主要如公司的经营方针和投资计划、董事监事的选举和报酬、董事会监事会报告的批准、对公司资产的处置等。根据《基金会管理条例》，基金会是指利用自然人、法人或者其他组织捐赠的财产，以从事公益事业为目的，按照本条例的规定成立的非营利性法人。其第二十一条的规定，理事会的决议事项由章程规定。

而农村集体经济组织法人决议内容与其不同。首先，通过上述所列可得，营利法人与非营利法人决议事项中对资产的决议对象均为经营性资产。农村集体经济组织法人决议的资产则包括农民集体所有的土地、森林、山岭、草原、荒地、滩涂等资源性资产，用于经营的房屋、建筑物、机器设备、工具器具、农业基础设施、集体投资兴办的企业及其所持有的其他经济组织的资产份额、无形资产等经营性资产，用于公共服务的教育、科技、文化、卫生、体育等方面的非经营性资产。这三类资产中除经营性资产与营利性法人与非营利性法人的决议内容相同外，对资源性资产、非经营性资产的处分或者需通过特殊的前置程序或者为法律所禁止，如《土地管理法》第三十六条、第六十条规定。此外，农村集体经济组织法人决议内容与内部成员息息相关，即使农村集体经济组织法人以其独立财产承担责任，但其成员用以投资的资产诸如土地、房屋、工具器具等均为成员生存工具，甚至是成员一生积蓄所得，必须通过公权力的严格审查。

3. 受公权力干预

我国营利性法人如公司在进行决议行为时，如作出公司的设立、经营管理、解散清算等决议行为，需不违反法律、行政法规，遵守社会公德、商业道德，公权力并不对其决议行为进行直接性的干预，仅在决议行为的执行阶段进行形式审查。如《公司法》第六条对公司设立的规定，有限责任公司在设立时只需满足第三十三条的规定、股份有限公司在设立时需满足第七十六条的规定，而工商登记部门在审查设立条件时，并不对设立条件进行实质性的审查；在对公司的资产的经营管理进行决议时，按照公司章程的约定进行；公司进行解散清算决议时，只要有股东会或者股东大会的解散决议即可解散。

而农村集体经济组织法人的决议行为与之相较，受公权力的干预程度较大。如根据《农业农村部、中国人民银行、国家市场监督管理总局关于开展农村集体经济组织登记赋码工作的通知》农经发〔2018〕4 号（下称“《农村集体经济组织登记赋码工作的通知》”）的规定，农村集体经济组织在办理登记赋码时，需“提供经县或乡（镇）人民政府批准成立的文件”，拟申请注销登记的农村集体经济组织，“须经成员大会表决通过，并经县级以上地方人民政府审核批准后……”由此可知，除决议机构的决议行为外，公权力的批准程序是农村集体经济组织法人设立以及注销的前置程序；根据《土地管理法》的规定，“在土地承包经营期限内，对个别承包经营者之间承包的土地进行适当调整的，必须经村民会议三分之二以上成员或者三分之二以上村民代表的同意，并报乡（镇）人民政府和县级人民政府农业行政主管部门批准”。由此规定可得知，农村集体经济组织法人的部分经营管理决议行为也要受到公权力的干预，不能独立产生法律效果。

二、农村集体经济组织法人决议行为成立要件

（一）决议行为的成立与生效

决议行为的成立，是指决议在具备了基本的成立要素之后存在的或产生的现实情况，其反映了决议在事实上是否存在的客观现状。而决议行为的生效，是指已经成立的决议因符合法律、行政法规或章程的规定而发生团体所预期的法律效果，其反映的是决议是否符合法律法规以及章程规定的主观判断。

两者的区别主要体现在以下几个方面：第一，决议行为的成立属于一种事实判断，而决议行为的生效属于价值判断；第二，在发生的顺序上，决议行为的成立在先，决议行为的生效在后，决议行为的成立是决议行为生效的前提，一个在事实上不存在的决议行为，其生效无从谈起；第三，决议成立即产生拘

束力，仅当其由团体成员合意解除，抑或出现其他法定或约定的情形时，方才失去拘束成员之效力，除此之外决议不得撤销，① 而决议行为生效后，即产生相对应的权利义务，对团体以及相对方产生拘束力。

(二) 农村集体经济组织法人决议行为成立要件

对于农村集体经济组织法人决议行为的成立从当事人、标的、意思表示以及程序要件方面予以分析。此外，通过对相关案例的搜索，可以发现农村集体经济组织决议行为的争议焦点主要体现在成员资格的认定②、农村集体经济组织权利内容③、成员大会的召开等方面。综合理论的指导与实践出现的问题，主要从以下几个方面对农村集体经济组织法人决议行为的成立要件进行分析：

1. 决议主体

农村集体经济组织法人决议行为的参与主体表现为成员的参与，而成员资格的确定是其决议的基础。通过上文论述可知，农村集体经济组织法人成员的确定遵循形式要件与实质要件，形式要件以行政机关的户籍登记为准，包括原人民公社、生产大队、生产队的成员，户口保留在农村集体经济组织所在地；实行以家庭承包经营为基础、统分结合的双层经营体制时起，集体经济组织成员所生的子女，户口在集体经济组织所在地。实质要件以是否实质拥有农村集体经济组织成员权利与履行农村集体经济组织成员义务为准，如实行以家庭承包经营为基础、统分结合的双层经营体制时起，户口非集体经济组织所在地的公民，但已在该区域内耕地、构筑宅基地、结婚生子、生产生活、承担各类赋税，享受农村合作医疗、种粮补贴、养老保险等优惠待遇等，并且达到一定的期限，通过成员大会的表决或者政府相关部门作出的《农村集体经济组织成员资格确认书》可认定其成员资格。如成员的户口迁出本集体经济组织或成员户

① 韩世远：《合同法总论》，法律出版社2011年版，第154页。

② 广东省韶关市中级人民法院："民事判决书（2018）粤02民终284号"，http：//law. wkinfo. com. cn/judgment - documents/detail/MjAyMzg0MDMyOTk% 3D？ searchId = ebf1bd226a33475abe44eecb71750aab&index = 3&q =.

③ 广东省高级人民法院："行政判决书（2015）粤高法行终字第234号"，http：//law. wkinfo. com. cn/judgment - documents/detail/MjAwNjc2OTcwMzg% 3D？ searchId = 88737ef21e7d4d9a8e1fc9d8692ac34b&index = 297&q =.

口注销的，其成员资格随之取消。此外，农村集体经济组织法人章程对成员资格的认定另有约定的，应当尊重其意思自治。

2. 决议行为标的

根据《村民委员会组织法》第二十四条、《广东省农村集体经济组织管理规定》第十二条、第十三条、第十四条的规定，农村集体经济组织法人决议行为的标的，即其决议行为涉及的事项主要包括：成员工资标准以及福利内容等事项，收益所得的使用，相关经济项目的立项、承包方案，管理乡（镇）以上人民政府拨给的补助资金以及公民、法人和其他组织捐赠的资产和资金，公益事业的兴办和筹资筹劳方案及建设承包方案、土地承包经营方案、宅基地的使用方案、征地补偿费的使用、分配方案，以借贷、租赁或者其他方式处分村集体财产等对农村集体经济组织法人经营型资产、非经营型资产以及资源型资产的处置。

3. 成员大会的召开

（1）会议的召集人

成员大会作为农村集体经济组织法人的权力机关，对法人的重大事项进行处置，而处置的方式即为召开会议进行决议。但是，成员大会非法人的常设机构，在进行会议时必须经过必要的召集程序，而会议的召集人则是重中之重。我国《农民专业合作社法》规定农民专业合作社成员大会的召集由合作社章程规定。不论是营利性法人、非营利性法人或是特别法人，在对会议的召集人进行确定时，均考虑到股东/理事/成员利益的保护、法人整体利益的保持以及股东/理事/成员的知情权。而农村集体经济组织法人成员大会在召集时，也应考虑到这三个因素，即确定成员大会召集人时，必须保证该召集人可以通知到每一位成员，并且该召集人与公司的经营权相分离。

韩冬认为农村集体经济组织法人应建立理事会作为执行机构，并区分外部理事与内部理事，由内部理事负责监督集体经济组织业绩，确保股东合理收益，尊重并公正处理其他利益相关者的利益，防止利益冲突，平衡对集体经济组织的各种要求①；方志权认为农村集体经济组织法人理事会的职责是，召集成员

① 韩冬、韩立达、史敦友、王艳西：《农村集体经济组织法人治理的构建与完善》，载《中国土地科学》2017年第7期。

大会或者成员代表会议，执行成员大会或者成员代表会议的决议等①。此外，借鉴农村集体经济组织建立时间长、发展规模大、经验丰富的地区的经验，如广东省的农村集体经济组织建设，广东省根据其农村集体经济组织的发展，已制定《广东省农村集体经济组织管理规定》，根据第十一条规定农村集体经济组织设立3—7人的社委会或者理事会。因此可将理事会作为农村集体经济组织法人决议的召集人，只有经过理事会召集的决议才为成立的决议。

（2）会议通知

农村集体经济组织法人的成员与一定的地域范围相联系，其成员确定遵循“属地主义”原则，居住范围内趋于集中，便于通知。但是1932年法学家贝利与经济学家米恩斯在其著作《现代公司与私人财产》中，从法与经济学的角度，通过对美国20家大公司进行实证分析后，认为现代大企业的管理权已经不可避免地从私人所有者手中转移到具有管理技能的经理人手中②。农村集体经济组织法人决议的特殊性，决定其不能也不可能将权利集中于个别成员手中，除了受政府及其相关部门的监督、法人监督机构的内部监督之外，只有及时、适当地通知成员参加成员大会，才能保障成员的权利得到实现。为了确保成员能够按时参加成员大会，在成员大会上就讨论事项充分发表意见，农村集体经济组织法人章程应对会议的通知作出回应，如将会议的召开时间、地点和决议事项于会议召开一定期限前通知各成员，并接收被通知成员的通知回执，没有收到被通知成员的亲自签章或者授权代表签章的回执而进行的决议，为欠缺成立要件的决议。

（3）会议的表决

团体法人的表决规则为多数决，实行民主集中制，即具有表决权成员的出席会议数量与通过决议数量应为各自的多数。《村民委员会组织法》第十六条、第二十二条，《广东省农村集体经济组织管理规定》第十条，《公司法》第四十三条、第一百零三条，《基金会管理条例》第二十一条等法律、法规对不同主体决议的表决分别进行了明确具体的规定，通过对比这些规定，可以发现：

---

① 方志权：《农村集体经济组织特殊法人：理论研究和实践探索》，载《科学发展》2018年1月第110期。

② 殷武：《论经理义务——兼论完善我国公司立法中的经理义务制度》，载《行政论坛》2005年第3期。

村民大会与农村集体经济组织成员大会的召开，应当有本村十八周岁以上村民/本组织具有选举权的成员过半数参加，或者2/3以上户的代表参加，决议的通过应当经到会人员的过半数通过；村民大会与农村集体经济组织成员代表大会的召开，应当有2/3以上的组成人员参加，决议应当经到会人员的过半数同意；理事会会议须有2/3以上理事出席方能召开，理事会决议须经出席理事过半数通过方为有效。对于重要事项的决议，须2/3以上理事出席，2/3以上通过；股东会决议的表决由章程规定，重大事项须经代表2/3以上表决权的股东通过；股东大会作出决议，必须经出席会议的股东所持表决权过半数通过，重大事项须经出席会议的股东所持表决权的2/3以上通过。

农村集体经济组织法人应避免股东会与股东大会表决规则的不足之处，立足于我国农村实际，借鉴在我国农村已经实行近三十年并根据我国农村发展现状进行修订的《村民委员会组织法》，以及新型农村集体经济组织发展较为完善的省份制定的《广东省农村集体经济组织管理规定》、根据我国农村经济发展而制定的《农民专业合作社法》等法律法规的相关规定，认为农村集体经济组织法人成员大会的表决，应当有本组织具有选举权的成员的半数以上参加，或者有本组织2/3以上户的代表参加，所作决定应当经到会人员的半数以上通过。作出修改章程或者合并、分立、解散，以及设立、加入农村集体经济组织法人的决议应当由成员表决权总数的2/3以上通过。农村集体经济组织法人召开成员代表会议，应当有本组织2/3以上的成员代表参加，所作决定应当经到会代表2/3以上通过。章程对表决权数有较高规定的，从其规定。

（4）成员的签章

成员在进行签章时，事实上是对其两方面权利的行使。一方面是对其共益权的行使，即成员为维护自己个人利益兼顾法人利益而行使的一系列权利，包括出席成员大会的权利、行使表决权、人事任免权、投资经营权以及向请求法院确认瑕疵决议效力的权利。另一方面是对其自益权的行使，即成员基于其作为法人内部成员所享有的个人利益，包括知情权、收益请求权等。另外，也是对其个人权利，包括姓名权等人格权的行使。所以，为了保护成员的合法权益、决议行为的成立及有效性，必须保证参会成员签章的真实性。成员未进行签名或未进行有效签名的决议为欠缺成立要件的决议。

(5) 政府的批准

农村集体经济组织法人具有公法人的性质，其决议事项包括国家公权力监管的内容，如农村经济组织法人所处分的农村集体所有的土地，对于这些事项的决议，必须有法律、法规进行规定，通过相关权力机构的批准。如《土地管理法》第十四条、第十五条的规定。只有经过相关权力机构的批准行为，相关决议行为才成立。

三、农村集体经济组织法人决议成立的法律效果

（一）农村集体经济组织法人决议的拘束力

根据对决议行为成立与生效的区分，农村集体经济组织法人决议行为成立的拘束力主要体现在决议行为成立后。作出表决的成员必须受其表决意思之拘束，不得擅自变更或撤回，这是私法上“禁反言原则”的表现，更是出于维护决议行为权威之需求。即农村集体经济组织法人决议行为一经成立，决议内容所涉及的权利义务即告确定，法人及其成员应当履行、维护决议内容，不得为减损或增加决议内容之行为。

（二）农村集体经济组织法人决议的变更

基于对“禁反言原则”的遵循以及对法律行为效力的遵守，农村集体经济组织法人决议行为在成立之后，即宣告独立，成员不得再做更改，未行使表决权的成员视为对其权利的放弃，不得再事后作出补充表决。但是农村集体经济组织法人决议行为由于其主体特殊性及决议事项内容的特殊性，如确实存在会议召开时成员表决权行使不能之情形，为保障成员关于团体事务的知情权、决策权，应当在一定条件下允许成员更改、补充行使表决权，但应受到严格的程序性限制。

首先，为了正确引导成员合理行使表决权，树立我国基层农村规则意识，防止意思补充制度的滥用，必须严格规定成员补充行使表决权的条件，如存在召集人通知不到位致使成员无法获知会议召开信息，或会议当日无法到达现场且无法委托代理人行使表决权等情况，并且成员出具相应证明予以证实。但若

决议事项关乎未行使表决权成员的基本生活需求事宜，则必须对其权利进行保障；其次，应当明确成员补充行使表决权的时间。如果团体对于决议成立已经设立了公示期制度，则成员补充行使表决权只能在规定的公示期内进行，如果未设立公示期制度，那么由团体自主决定补充行权的期限，但为避免出现“久拖未决”，权利行使期间应限定在自会议召开之日起的三日内。最后，由召集人或召集小组统计成员补充行使的表决权对整体决议成立的影响。若最后赞成票达到多数通过之标准，则公示期满或指定期限届满，决议产生成立之法律效果；若最后决议统计结果未符合多数决要件，则公示期或指定期限经过，由召集人或召集小组通知全体成员，该决议不成立。

四、农村集体经济组织法人决议行为不成立及其救济

（一）农村集体经济组织法人决议不成立的表征

农村集体经济组织法人决议行为不成立，是指农村集体经济组织法人决议行为在成立过程中存在不满足其成立要件要求，有违法律、法规或组织章程的规定，致使农村集体经济组织法人决议行为不能产生法律上效果的情形。农村集体经济组织法人决议行为不成立的情形，主要体现在以下几个方面：

1. 决议未召开。主要三种情形：一是包括农村集体经济组织法人以外的成员以法人名义作出决议行为；二是虽是农村集体经济组织法人召开的会议，但是并未形成有效的决议或法人成员并未进行有效表决；三是农村集体经济组织法人的管理机构或个别成员未召开成员大会，伪造其他成员的签章已形成虚假决议。这几种行为均不是农村集体经济组织法人成员的真实意思表示，仅反映了个别成员的利益，是一种以个别成员的意思代表农村集体经济组织法人意思的行为，该决议行为当然不成立。

2. 召集程序瑕疵。成员大会在召集前，应将会议的时间、地点、会议表决的事项范围等事项遵守组织章程的约定一一对成员进行通知，若对组织成员恶意不通知或只通知部分成员，所作出的决议行为不成立。此外，农村集体经济组织法人召开成员大会必须由理事会行使召集大会的权利与义务，若非由理事会召开的成员大会，其作出的决议为不成立决议。

3. 决议表决程序瑕疵。通过上文论述可以得出，农村集体经济组织法人成员大会的表决，应当从具有表决权成员的出席会议数量与通过决议表决权数量两方面限制。对于普通事项的决议，若参加成员大会的具有选举权的成员未达组织成员的半数以上或户未达 2/3 以上、表决中通过该项决议的意思表示未达总数的半数以上，该项决议均不成立；对于重大事项的决议，若参加成员大会的具有选举权的成员未达组织成员的半数以上或户未达 2/3 以上、表决中通过该项决议的意思表示未达总数的 2/3 以上，该项决议均不成立；对于成员代表大会决议，若参加代表会议的成员未达本组织 2/3 以上的成员代表或表决中通过该项决议的意思表示未达总数的 2/3 以上，该项决议均不成立。

4. 决议内容瑕疵。农村集体经济组织法人决议内容瑕疵主要体现在两方面：一方面，农村集体经济组织法人理事会在召集会议之前，参加会议的成员应被告知成员大会的决议事项内容。对于超出已被告知的决议事项内容，所作的决议行为存在成立瑕疵。另一方面，成员大会只能对属于其决议行为范畴内的事项进行决议，若超出其决议权利范围，则该决议不成立。如农村集体经济组织法人对属于村民委员会权利范围内的事项进行决议，如治安保卫、公共卫生与计划生育等事项；对属于成员私人权利事项进行决议，如个人宅基地的使用情况。

5. 决议形成程序瑕疵。一方面，决议的最终形成，需要参加会议的成员进行签章，以确保其真实的行使其表决权。若成员在决议上签字未进行签字确认、部分成员签章系无权代理人代签、伪造成员签章等行为均对决议的最终形成造成影响，致使决议不成立。另一方面，根据法律、法规的相关规定，部分决议还需政府相关部门的批准。如由农民集体所有的土地，由本集体经济组织以外的单位或个人承包的，除经成员大会的决议之外，还需相关部门的批准，未经批准，该决议行为不成立。

（二）农村集体经济组织法人决议行为不成立的治愈

农村集体经济组织法人决议行为不成立的治愈，指农村集体经济组织法人成员通过诉讼以外的方式对决议行为的瑕疵进行救济，使存在瑕疵决议行为转为合法成立的决议行为，即农村集体经济组织法人决议行为不成立的非诉讼救济。瑕疵程序的治愈在我国民商事领域有诸多情形，如在代理人超出代理权限行使代理权时，被代理人可以通过追认对代理人的行为进行瑕疵治愈；在合同的签订中存在瑕疵时，双方当事人可以就合同的具体事项作出补充约定，通过对补充约定的履行来治愈合同中的瑕疵。在农村集体经济组织法人决议行为中，决议行为的不成立是由于程序瑕疵造成的，根据对程序性事项的补正，以达到治愈的效果。

1. 全体成员同意。如成员大会的召集非理事会而是理事会的成员，但由于农村集体经济组织法人成员之间的熟悉程度高于其他组织或法人，善意的成员出于对理事会成员的信任而参加会议并就会议事项作出表决，此决议行为瑕疵可以通过成员大会的同意而获得治愈。再如通知程序中，并未对参会成员通知决议事项的范围，或者在成员大会中出现超出所通知决议事项的内容，参会成员对未通知事项或对超出通知范围的事项作出决议，若成员大会对此作出同意的意思表示，则该决议行为经治愈而成立。

2. 决议行为的追认。如成员代表对于其表决事项不具备表决权限，使该决议行为由于未达到章程所规定的表决权数最低数量限制，导致该项决议行为不成立。但若成员对该成员代表的表决行为进行追认，则该决议行为可因追认而被治愈。

论农村集体经济组织的法律定位

王淑娟* 刘 茹**

摘 要：2017 年 10 月 1 日，《民法总则》正式生效，其中第九十六条明确规定农村集体经济组织为特别法人，这是首次以法律的形式赋予其主体地位。但在社会实践中，“三级所有，队为基础”的各级集体经济组织主体地位长期虚化甚至模糊，这使得农村集体经济组织的民事权利和经营管理一直处于尴尬境地。重塑农村集体经济组织的主体地位，关键在于厘清其与相关经济组织的关系，明确法律地位，构建新型法人内部治理结构，从而为实现农村经济乃至社会经济的发展奠定基础。

关键词：农村集体经济组织法人 概念界定 性质定位 功能定位

一、问题的提出

2018 年 2 月 4 日，《中共中央国务院关于实施乡村振兴战略的意见》由新华社受权发布，文件对实施乡村振兴战略进行了全面部署，其中第九条指出要巩固和完善农村基本经营制度、深化农村土地制度改革、深入推进农村集体产权制度改革，完善农业支持保护制度。在推进农村集体产权制度改革一项下，提出要探索农村经济新的实现形式和运行机制，维护进城落户农民土地承包权、宅基地使用权、集体收益分配权，研究制定《农村集体经济组织法》等。实现上述所说目标，关键需要农村集体经济组织从中发挥作用。但是近年来，随着城市建设规模的日益扩大，处于城市郊区的农村土地被大量征用，围绕农村集

* 山西大学法学院副教授，主要研究方向为民法学。

** 山西大学法学院民商法专业硕士研究生，主要研究方向为民法学。

体土地流转、收益分配的案件也日益增多。以山西省2018年为例，在中国裁判文书网上输入“农村、土地、纠纷”三个关键词，检索出相关民事案件共计982件（截止到2018年8月18日），这些纠纷形态主要涉及农村集体经济组织非法处分承包地、成员资格认定、集体资产分配等。① 诸多案件表明，曾经在促进农村经济发展过程中起着重要作用的农村集体经济组织，其权威性越来越受到挑战，究其根源是随着社会主义市场经济的发展，农村集体经济组织法律定位的模糊性与现实需要的紧迫性之间产生了极大冲突，因此，十分有必要澄清其法律定位，扫除农村经济的发展障碍。

二、农村集体经济组织的概念界定

农村集体经济组织经过多年的发展，不论是组织还是形式等都有了很大的变化，但目前为止立法上并未对其作出明确、规范及统一的定义。现行法律中对农村集体经济组织的名称提法有“农村集体经济组织”“农业集体经济组织”和“农民集体经济组织”等，但本质基本一致，目前的关键问题是没有一个准确的概念。

关于农村集体经济组织，需要从两个不同的角度去定义。传统意义上的农村集体经济组织，是指在行政乡村范围内，以社会主义集体所有制为主要特征的一种组织形式。② 新型农村集体经济组织，则是指以村民为服务对象，以规模经济为特征，满足成员共同经济需求的合作经济组织。以此类推，现阶段我国农村中的集体经济组织，绝大多数属于典型意义上的传统农村集体经济组织。对其的概念作界定，需要从其历史脉络、性质、功能等多方面入手考虑。

第一，1956年后，以“三级所有、队为基础”的土地和生产资料所有模式和经济生产模式正式确立，而这种经济结构形式是形成农村集体经济组织的基础，也是我们分析和理解我国民法上所有农村集体经济组织形式的起点。③ 第

---

① 中国裁判文书网最新数据：http：//wenshu. court. gov. cn/.

② 周晓东：《农村集体经济组织形式研究》，北京知识产权出版社2011年版，第10页。

③ 李永军：《集体经济组织法人的历史变迁与法律结构》，载《比较法研究》2017年第4期。

二，农村集体经济组织是具有私法性质的公法人，它是农村集体经济所有制的基本组织形式也是社会主义公有制的重要组织形式。第三，农村集体经济组织是以土地集体所有制为基础的经济组织，农地的集体所有制是把农地等经济资源归属于特定的农民集体，由农民集体作为农地的所有权主体，这样的制度设计是以自然形成的农村聚居群体为基础，符合中国的历史发展。对农村集体经济组织作出法律上的定义也无外乎是想通过对其法律制度的完善来实现组织的存在价值。当前对农村集体经济组织法律定义的概括或者对其后续法律制度的完善必须在农地的集体所有制上进行。第四，农村集体经济组织是一定区域内的合作经济组织，它具有社区性、合作性和经济性，是一个综合性的组织。这些农村集体经济组织按地域划分，有着天然的社区性和封闭性，对内组织不以利润最大化为目的，而是以成员的利益最大化为目的；对外组织是具有营利性的。再综合考虑农村集体组织法律地位的特殊性，笔者认为，农村集体经济组织是以社会主义公有制、土地所有制为前提的，在一定区域内发展集体经济、保护集体资产、保障农民权益的特殊法人组织。

三、农村集体经济组织的现状及困境

（一）农村集体经济组织的现状

1. 立法现状

目前我国并没有对农村集体经济组织制定专门的或者系统的法律规范。现阶段关于其的规定仅仅散见在一些部门规章、地方性法律规范中，但这其中由于立法者的目的不同、法律功能及实现机制不同，对有关农村集体经济组织的规定也不甚相同。

首先就《宪法》来看，其中涉及农村集体经济组织的法条有第八条和第十七条①，其中涉及了农村集体经济组织的双层经营体制、组织外延及组织的权

---

① 《中华人民共和国宪法》第八条：“农村集体经济组织实行家庭承包经营为基础、统分结合的双层经营体制……国家保护城乡集体经济组织的合法的权利和利益，鼓励、指导和帮助集体经济的发展。”《中华人民共和国宪法》第十七条：“集体经济组织在遵守有关法律的前提下，有独立进行经济活动的自主权。”

利等，但这些规定都是基本性的、宏观性的，我们无法得知农村集体经济组织的具体定义，也不能分辨现实生活中何为农村集体经济组织。而且，《宪法》并未区分农村集体经济组织与其他形式的合作经济组织，我们不知道它们之间是包含关系还是并列关系。

其次是一些基本法律的规定，如：《土地承包法》《农业法》《土地管理法》《民法通则》《民法总则》等。但这些基本法都侧重性地规定了某一方面，如《民法通则》中切入点在民事财产方面，规定了集体财产的所有权、管理者以及财产的范围。其中第七十四条第二款规定农村集体土地的管理主体有两个——农业集体经济组织和村委会，但这样的规定是存在问题的，这里对农村集体经济组织使用的名称是“农业集体经济组织”，二者是否等同，其与村委会之间是否存在经营管理权的交叉，诸如此类问题还不明确，更不必说对其性质、功能等的界定了。即使是本次通过的《民法总则》，历史性的规定了特别法人地位，但对于更为细致的方面，也并未涉及。

最后是一些行政部门规章及地方性法规的规定。相较于宪法和基本法律，部分规章对农村集体经济组织有着另一种理解，即农村集体经济组织不仅是农村的经济活动主体，同时也担负着一定的社区管理职能，某些情况下，与村民委员会有着交叉或者相同的职能。而地方性法规对农村集体经济组织的概念、职责及其与政府、村民委员会的关系作了更为明确的规定，但地方性法规由于效力的低层次性和适用范围的局限性，不足以有效规制我国农村集体经济组织的行为和促进农村集体经济组织的健康发展。

2. 实践现状

农村经济的发展与培育有很强的地域性，加之我国地缘辽阔，各地的发展速度有快有慢，因此在实践中农村集体经济组织的变革和定位问题也各有差异。在我国东部经济较发达地区，农村集体经济组织依据当地的发展特点和当地的法规政策采取了不同的改革模式，有股份合作社、股份公司以及农工商总公司等类型，其中采用前两者模式进行改革的最为普遍。股份合作社是对传统的经济合作社进行股份化改造而来，是集体资产的所有权代表人，具有经营管理权，对于股份的设置和分配各地有所差异。股份公司也是对传统的经济合作社进行股份制改造形成的，原集体经济组织参照股份公司的组织形式和运行机制成立股份公司，公司是企业法人并且需要进行工商登记。深圳和上海的某些地方就采取此形式。

在某些资源匮乏落后的农村地区，农业的经营模式还是以分散经营为主，土地由农户家庭承包，想要发展农村集体经济和壮大农村集体经济组织是难度很大的。近几年，有的西部农村通过开发资源、盘活资产等手段发展农村集体经济，各地的农村集体经济组织也有一定的发展。但是从总体来看，组织的实力不强，可以处置和经营管理的资产有限。出现了一些“空壳”农村，在这样的空壳村中，多由村委会代替农村集体经济组织行使集体资产的经营管理。

（二）农村集体经济组织的发展困境

1. 功能混乱

根据我国《宪法》等相关法律规定，农村集体经济组织承担农村统分结合双层经营体制中“统”的功能，如代表农民集体行使农村土地所有权，管理其他集体资产，发展集体经济。因此，其主要功能是经济功能。但《村民委员会组织法》第八条①的规定又表明农村集体土地所有权的行使及集体经济的经营管理可以由村委会进行，导致农村集体经济组织缺乏独立功能，在现实中极易造成管理上的混乱。除此之外，农村集体经济组织还承担着一定的社区功能，《农业法》第七十三条规定：“农村集体经济组织或者村民委员会为发展生产或者兴办公益事业，需要向其成员（村民）筹资筹劳的，应当经成员（村民）会议或者成员（村民）代表会议过半数通过后，方可进行。”这些规定使得农村集体经济组织的功能长期处于混乱之中。

2. 法律性质不清

从上文的描述可见，农村集体经济组织在职能上承担了经济、政治甚至社会服务等多重功能，这使得农村集体经济组织具有了不同于一般组织的法律性质和政治性质，这样的职能定位是有着深厚的历史背景和政治原因的，可以说与我国的基本国情密不可分。在“人民公社”解体分设的时候，理论上是想形成“政企分开”的村委会和村集体经济组织，但在具体实践中，大多数情况下是一套人马，两个牌子，这样的设置使得二者经常混淆，进而导致农村集体经济组织的法律性质模糊了起来，到底它是一个公法上的主体还是一个私法上的

---

① 《村民委员会组织法》第八条规定：“村民委员会应当支持和组织村民依法发展各种形式的合作经济和其他经济，承担本村生产的服务和协调工作。村民委员会依照法律规定，管理本村属于村农民集体所有的土地和其他财产。”

主体，是一个公共性的基层组织还是一个营利性的经济组织，立法上不明确使得这个问题也开始变得模糊起来。

3. 组织形态不健全

正如上文所述，无论是较为发达的东部地区集体经济组织还是被村委会等覆盖或替代的中西部集体经济组织，都存在内部组织形式不健全的共有特征。较为发达的地区没有搭起包括决策机构、管理机构、监督机构等在内的法人框架，其成员大多是村或者社区干部；而中西部等相对落后地区集体经济组织构架与人员就直接沿用自治组织的现有设置形式。① 这样的组织形态一方面难以明确集体资产管理权的归属，出现村组换届等可能导致集体资产流失；另一方面，内部没有建立起包括决策、执行、监督等在内的制衡机制，难以满足土地制度改革对集体经济组织内部的要求。

四、农村集体经济组织与其他组织的关系

要定位农村集体经济组织，除了对其现状和问题的剖析之外，还要注意其与其他经济组织的关系，这是准确定位农村集体经济组织法律地位的前提之一，对于下文的论述尤为重要。

（一）农村集体经济组织与村民委员会的关系

在很多政策性文件中，农村集体经济组织和村委会常常一起出现，但实际上，两者的性质和地位是完全不同的。村委会是自我管理、自我教育、自我服务的基层群众性自治组织，而农村集体经济组织主要是农民合作经济的载体。村委会一般负责办理本村的公共事务和公益事业，调解民间纠纷，向村民会议、村民代表会议负责并报告工作。可见，村委会主要承担的是政治职能。而农村集体经济组织则主要是代表村集体从事各种经营活动，以经济统合功能为主，因此，两者的分工和职能是不同的。除此之外，两者的范围也不同，集体经济组织可以是村级的，也可以是村民小组内部或者乡级的，但是村委会只能是村

① 邓蓉：《农村土地制度改革进程中的集体经济组织主体地位重塑》，载《农村经济》2017 年第 3 期。

级的。同时，本次通过的《民法总则》也明确了农村集体经济组织和村委会为两类不同的特别法人，从法律上对两者的关系进行了界定，突出了村委会的公共服务职能，剥离了其在管理农村集体资产方面的功能，使之成了单纯的自治组织，资产管理事宜则交由农村集体经济组织全权负责。①

（二）农村集体经济组织与农业合作社的关系

首先，从成立基础看。农村集体经济组织是农村社会主义改造中农业生产合作化和“人民公社化”后传承下来的组织资源，以社区土地的农民集体所有为基础；而农民专业合作社是以生产经营合作为基础，可以根据不同的生产经营需要，成立不同的专业合作社，也可以跨社区合作。其次，在成员资格确定上。集体经济组织成员资格的确定，不是自愿性的，而是以社区为单位，主要与户籍挂钩；而农民专业合作社实行的是入社自愿、退社自由。农民专业合作社成员的确定，以自愿参与和权利义务对等为原则。最后，两者分配方式不同。农村集体经济组织收益首先用于保障社会组织运转，兴办公益事业，在有结余的情况下，才在成员中实施分配；而农民专业合作社的收益主要用于成员分配。②

五、农村集体经济组织法律定位的明确

明确法律定位是构建农村集体经济组织法人制度的前提和基础。而明确其性质、功能和法律地位则需要探寻立法者赋予农村集体经济组织法人资格的目的和该组织所肩负的历史使命。从定位本身出发，才能构建出符合农村实践发展和经济建设的制度体系，这也正是解决困境的关键之策。

（一）明晰农村集体经济组织的法律性质

公法人与私法人是大陆法系立法和学理对法人的一种分类。其中公法人③

---

① 罗猛：《村民委员会与集体经济组织的性质定位与职能重构》，载《学术交流》2005年第134期。

② 王丹：《农村集体经济组织法人的法律定位》，载《人民司法》2017年28期。

③ 此种定义方法是依据“目的说”所作的分类，除此之外，还有“主体说”——凡法律主体一方或双方为国家或公共团体的，为公法；反之，双方均为私人的，为私法；“法律关系说”——规定权力关系的法律为公法，规定对等关系的法律为私法等分类标准。

是指以社会公益为目的，由国家和公共社团依公法所设立的行使或者分担国家权力或者政府职能的法人；私法人则是指以私人利益为目的，由私人依据私法而设立的法人。以此来看，农村集体经济组织法人成立的目的即是为了维护其集体内部成员的利益，而不是执行国家或政府的任务，对内部成员虽有管理但不属于公共管理的范畴，从该角度看，农村集体经济组织法人具有私法性质。同时，《宪法》的相关规定中将农村土地的产权主体界定为各级集体经济组织，在土地公有制的制度框架下，其公法人性质是不容置疑的。但由于土地要素在经济发展中的特殊作用，市场在资源配置中起决定性作用，未来农村集体经济应趋向于私法领域，其性质明确为具有私法性质的公法人，而并非完全的公法人或私法人。故服从国家对土地的区域规划、用途管制等宏观调控是作为公法人的农村集体经济组织应尽的义务，但在集体共有的前提下，其应当具有相当的自主性民事权利和民事义务，国家政府等不应在具体事务上进行过多的干预。故而言之，农村集体经济组织是具有私法性质的公法人。

（二）统一农村集体经济组织的功能

从历史演进的角度与现实状况来看，农村集体经济组织肩负着四大使命：一是从分到统，实现规模化经营，破除家庭经营模式的碎片化；二是增加农民的财产性收入，实现农民增收渠道的多元化；三是完善乡村治理与乡村建设，发挥带头作用；四是发挥农村基本生活保障的功能。以上这些，决定了农村集体经济组织的功能定位具有复合性。具体来看，主要强化以下两项功能①：

1. 经济统合功能

从我国现阶段立法来看，当前的地方性法规、规章都用较大篇幅强调了农村集体经济组织的经济功能，一般包括土地的发包、资源的开发利用、财务的管理分配等。诸如对本集体内部土地及其他资产的经营，实质就是根据农民意愿利用集体所有土地及其他的生产资料行使的生产经营权。目前，大部分农村集体经济组织采用承包、租赁、入股等流转经营方式，类似此种对集体所有的土地和其他资产行使管理权和经营权的方式，体现的正是农村集体经济组织的

---

① 陆剑、易高翔：《论我国农村集体经济组织法人的制度构造——基于五部地方性法规和规章的实证研究》，载《农业经济》2018 年第 2 期。

本质功能——经济统合功能。

2. 社会保障功能

除了上述所说的经济功能，集体经济组织还有一大功能便是社会保障功能，这其中包括教育、环保、政治、劳动保障等一系列职能，如发展农村文化、医疗卫生，进行农业推广、指导农户生产、保护环境、制止乱砍滥伐等。在人民公社的生产队时期，主要是按所属农户成员人口对粮食等生产资料进行分配。家庭联产承包责任制推广以后，则主要通过提供土地等生产资料经营权、由成员自产自收自得方式进行间接分配，再者，提供宅基地保障农户居住权，提供自留山等保障劳动生活等。

（三）定位农村集体经济组织的主体形态

农村集体经济组织法人在《民法总则》中被定位为四种特别法人之一，这是首次以立法的形式赋予了农村集体经济组织独立的主体地位，改变了长期以来农村集体所有权利主体虚位的尴尬境地，但谓之特别法人，有何特殊之处呢?

1. 成立上的特殊性

回顾历史，在 1958 年人民公社成立以后，确立了“三级所有、队为基础”的经济生产模式，而这种模式正是今天农村集体经济组织成立的基础。1978 年，农村土地承包运动轰轰烈烈地展开，随着包产到户的逐步落实，人民公社开始解体，原属于其的行政职能分离出来另成立了乡镇政府，而经济职能则另外独立成立了乡镇集体经济组织。以此类推，生产大队的职能一分为二，成立了村委会和村集体经济组织，生产小队职能分离成立了以其为载体的集体经济组织和村民小组。由此看来，不论农村集体经济组织如何变革，其仍然为原人民公社、生产大队、生产队的“组织异化”，不存在成立与否的问题。

2. 财产上的特殊性

农村集体经济组织法人的原始财产是原农业生产合作社的社员将自己所有的生产资料（土地、较大型的农具、耕牛等）所有权移转给合作社而形成的，财产的最主要部分是土地。因此，农村集体经济组织法人是除国家以外我国能对土地享有所有权的唯一主体。除土地等生产资料以外，农村集体经济组织法人的财产基本上是原人民公社、生产大队、生产队通过生产劳动、开展多种经营等积累而来的。近年来，国家对农村如道路建设、水利建设等方面进行了一些政策性投入，其中也融入了当地农民的集资投入。

3. 收益分配的特殊性

农村集体经济组织法人是可以分配其利润的，但其分配不依赖于原农业生产合作社社员的入社财产在原农业生产合作社的份额，而是按照身份户口分配的。但关于具体的分配方案各组织形态略有不同，这是在之后系列研究农村集体经济组织时需要考虑的一个问题。

（四）健全农村集体经济组织的内部治理机制

建立集体经济组织内部决策、执行、管理、监督等运行制衡机制，是解决农村问题的关键要素，在此点上要着重注意以下几点：

1. 建立严格的监督机制

让原来属于村委会甚至少数村干部手中的集体资产转移到集体经济组织内部，让集体资产的收支处于透明化的监督管理之下，从根本上杜绝少数人操控资产的现象，从源头上抑制腐败。

2. 设立高效的运行机制，实现对集体资产的管理

这里的机构设置为“三会”，主要类似于公司内部的管理机构，即股东会、董事会、监事会，而此处的集体经济组织内部的运行机构包括集体经济组织成员代表大会、董事会和监事会，形成决策、执行、监督的三位一体制衡机制，从而提高集体资产的管理效率，逐渐形成一种适应市场经济发展的农村集体经济组织法人治理结构。

3. 实施谨慎、公开的决策机制

凡涉及村土地流转、收益分配、项目投资、社会保障等的重大决策及与农村群众切身利益相关的事宜，都要组织成员大会审议决定，并在监事会和群众的监督下执行，最后结果向群众公开，以便及时发现问题，消除群众疑虑。

"财政兜底"的经济法研究

董玉明[*]　翟利娟[**]

摘　要：针对我国"财政兜底"实践中存在的问题和理论研究的不足，在对"财政兜底"概念界定和理论分析的基础上认为，"财政兜底"应限定在公共物品与准公共物品领域，并实施法治化管理。与此同时，"财政兜底"具有明显的经济法属性。针对我国"财政兜底"在立法及制度实施中存在的问题，提出了明确财政兜底法律关系的决策主体与基本原则、出台《财政兜底条例》、以法治理念重塑"财政兜底"规则的建议。

关键词："财政兜底"　经济法属性　适度干预　制度配置

初步检索中央相关部委及地方政府颁发的规范性文件150项，时间跨度从1999年至2018年，所涉及的事项包括四类：一是基于对政府特定时期相关政策落实的"财政兜底"，该类"财政兜底"的典型代表是对国有企业改制职工待遇问题的"财政兜底"；二是基于政府投资项目及政策性贷款的"财政兜底"；三是基于社会保障和社会建设政策实施的"财政兜底"。此方面的规定占据了大多数，涉及社会保障的各方面；四是为支持特殊产业而实施的"财政兜底"措施。在文件出台的宗旨上，有的是为明确"财政兜底"而出台的，而有的则是围绕如何减少"财政兜底"压力出台的。总体来看，"财政兜底"的规定散见于相关的文件之中，处于碎片化状态。在学术研究领域，近年来也有一些学者进行了研究，比如说"机关事业单位养老保险中的财政兜底""农业保险中的财政兜底""PPP项目中的财政兜底"等都有一定的研究，但是研究成果较

---

* 山西大学法学院教授，主要研究方向为宏观调控法。

** 山西大学法学院经济法专业硕士研究生，主要研究方向为宏观调控法。

为零散，并没有形成学术性的认知，尤其在法律调整领域，缺乏专门的高层次法律的支持，对“财政兜底”法律问题研究不够。基于此，本文从经济法角度研究“财政兜底”问题，针对当前“财政兜底”中的法治问题，提出相关的法律规制建议。

一、“财政兜底”的基础理论

（一）“财政兜底”的概念界定

要对“财政兜底”现象进行经济法分析，首先要认识什么是“财政兜底”？为什么要“财政兜底”？根据国内外实践，结合以上分析，本文认为，所谓“财政兜底”，是指在市场经济条件下，对于那些属于公共物品（产品）的部分，当采取由政府通过政策性与商业性银行借贷形式投资建设，或由企业与居民部分缴费，或以企业经营方式提供时，由政府财政予以最终保底的财政行为。据此，本文认为，认识“财政兜底”应从以下几个方面予以理解：

首先，“财政兜底”是市场经济条件下的特有现象。在市场经济条件下，如果一味地依赖市场来实现资源配置，很容易导致“市场失灵”现象。因此，市场经济需要政府的介入，通过公共投资的方式来配置资源，实现产业部门间的均衡配置，提高使用效率。因此，“财政兜底”可以说是控制“市场失灵”的产物和有效手段。

其次，社会物品（产品）理论是“财政兜底”的重要理论基础。按照市场经济理论，市场经济条件下的社会物品（产品）可以分为公共物品（产品）、私人物品（产品）和准公共物品（产品）。其中，对于公共物品（产品）而言，由于属于社会居民共同享有的物品（产品），因此，应当由全体居民委托，并通过由民众参与的公共决策，由政府计划提供的方式予以供给；对于私人物品（产品）而言，由于存在居民的独占性，因而应主要通过市场机制予以配置；①

---

① 私人物品以市场力量配置的理论假设是市场主体均为理性经济人，且市场的竞争状态处于完全竞争状态。但现实是，市场主体大多数为有限理性的经济人，以及基于市场信息的不完全性，致使市场竞争处于不完全的竞争状态，因而，使政府对市场的干预和计划管理成为必要。

而对于准公共物品（产品）而言，则由于存在居民消费的“拥挤点”或基于政府提供服务的效率较低，或存在资金上的不足等问题，因此，需要在政府计划基础上，引进适度的市场机制或需要居民承担一部分义务来解决公共需求问题。但是，由于准公共物品（产品）的合理配置涉及社会公共利益和社会的安定问题，为此，即使在“引进适度的市场机制或需要居民承担一部分义务来解决公共需求问题”的情况下，政府仍然具有“兜底”的责任。只不过这种“兜底”是基于世界各国国情不同以及经济发展水平所处的不同发展阶段有所不同而已。

最后，公共需求的市场机制介入和社会力量不足以及民众利益普遍受损是“财政兜底”的必要条件。基于市场主体经济利益最大化的目标追求，企业经营行为结果可能会造成对社会公众利益的侵害。典型的事例就是在涉及公众利益的电、水、煤气、热力供应上，经营公司基于政府财政补贴不到位或用户缴费不足而停止供应，导致社会公众利益受损。在此时，政府有必要采取“财政兜底”的办法及时解决问题，以便保持社会的稳定。

（二）“财政兜底”的经济法属性

“财政兜底”的经济法属性主要体现在以下五点：

1. “财政兜底”法益目标的社会整体利益性

与其他部门法不同，部门经济法的法益目标或者价值所在是对社会整体利益的保护。它决定了任何经济法制定和实施的出发点和落脚点，既不是私人权益的保护，也不是政府权益的保护，而是立足于社会整体利益的保护。并且，经济法上讲的社会整体利益保护，并非仅仅是眼前社会整体利益的保护，还包括长远社会整体利益的保护。依此原理，“财政兜底”作为解决经济和社会发展问题的一种重要举措，也必须以社会整体利益的保护为基本的出发点和落脚点。与此同时，在“财政兜底”过程中，保护社会整体利益，意味着可能会牺牲一些私人的或政府的既得的和预期的利益，因此，没有法治保障，没有法治力量做后盾，是难以有效地推进的，或者，即使得以推进，也会使“财政兜底”被异化或沦为个别人或利益集团实现自身发展目的的工具。为此，经济法必须担当起调整“财政兜底”关系的重任。

2. “财政兜底”的国家或政府责任属性

经济法的一个重要原则就是国家或政府责任。这种责任在经济和社会运行的计划模式下，是指国家和政府对于经济和社会发展中的一些基本的方面，具有组织管理的职责，在市场模式下，虽然主要依靠市场机制实现资源的有效配置，但是，在提供良好的市场发展环境以及在引导和监管市场健康发展，克服“市场失灵”方面，国家或政府仍然负有重要的职责。在此情况下，作为经济法调节国民经济和社会发展的一种重要手段，“财政兜底”就是国家或政府责任的一个重要体现。

3.“财政兜底”国家或政府干预的适度性

众所周知，经济法是国家和政府干预经济和社会发展的法。但在现代市场经济条件下，这种干预并非是一种全面的干预，而是适度地有限干预。这是经济法的一个重要的理念或基本原则。就本文所述的“财政兜底”而言，它是在社会发展出现困难时的一个保证国民经济和社会持续发展的经济法措施。因此，其并不适用于市场或社会发展之正常状态。其对于经济和社会的介入，要有严格的条件限制。与此同时，鉴于“财政兜底”的目标是恢复经济社会发展机制，因此，在“财政兜底”情况下，一旦促使经济社会机制恢复其正常的运行，“财政兜底”的任务也就得以完成。据此，强调“财政兜底”的适度性非常重要，它主要体现为在有关“财政兜底”公共政策出台时，应包括“财政兜底”介入时机、介入资金规模、帮助发展的社会公共领域，以及市场和社会资金的退出等政策选择。这种选择，与经济法理论上强调的政府适度干预经济和社会的原则具有一致性。

4.“财政兜底”的计划性

按照经济法原理，计划性是经济法的另一个重要的原则。而计划性在财政领域的基本制度就是预算制度的建立。它要求一切财政行为均应当有计划地进行。从本文上述对“财政兜底”的分析来看，当今社会，人们越来越清楚地认识到，鉴于“财政兜底”政策和法律实施有其相应的经济和社会发展基础，因此，“财政兜底”行为应当按照经济法的计划原则要求，纳入国民经济和社会发展规划和财政预算范畴，以便做到有备无患。

5.“财政兜底”的经济民主性

按照经济法原理，经济民主性也是经济法的一个重要的原则。它是民主法治原则在经济法领域的具体体现。主要体现在三个方面：一是经济决策的民主性。即在公共经济政策和相关法律文件的制定过程中，必须充分听取各方面的意见和要求，特别是来自企业和民众的意见要求，要避免政府和个别领导的独断专行，以保证政府作出的经济决策能够反映大多数企业和民众的要求，使经济决策和法律的实施得到有效的贯彻执行；二是过程的民主性。即鉴于经济和社会发展处于动态且具有变异性特质，因此，在经济政策和法律的执行中要建立起相应的民主监督与政策和法律的调整机制，例如，通过权力机关的批准，变更正在实施的计划；三是结果的民主性。即经济政策与法律执行的效果，不是由政府或专家说了算，而是要以社会民众满意不满意，是否促进了经济和社会的稳定和谐发展为基本标准。

基于以上的基本原理，“财政兜底”政策和法律的制定和实施，也必须建立在上述的民主性基础上，才具有其正当性、合理性。

二、我国“财政兜底”法治存在的主要问题

（一）“财政兜底”的立法欠缺

在当前，“财政兜底”法治问题存在于立法层面和实际运作上，但归根结底是立法上的问题。由于“财政兜底”立法不完善，相关主体特别是财政政策的制定者的行为没有受到有效约束，政策的合法性与合理性得不到保障，兜底资金的使用缺乏监督。立法上，没有制定专门的系统调整“财政兜底”的法律法规，只是由各部委根据形势变化灵活地制定规范性文件，立法内容零散且缺乏体系。这些规范性文件位阶过低且体系不完整，有关“财政兜底”的规定多是具体操作层面的规定，缺乏有关“财政兜底”政策决策的权限、作出“财政兜底”政策的程序和原则、“财政兜底”主体的权利义务的规定，缺乏一套严格的申请、审核、批准和救济程序，缺乏对“财政兜底”资金的拨付和使用的监督制度。

（二）实体与程序规则缺乏法治理念

“财政兜底”的实体规则与程序规则均侧重于对政府财政资金拨付及使用的监管，比如按照《中华人民共和国预算法》（以下简称：《预算法》）的规定拨付并管理兜底资金，兜底资金的领取需要上报相应的监管部门审批等，从而

保证兜底规则的形式合法性。然而对于兜底对象、标准及条件等实体性规则是否符合政府介入产业发展的客观规律、是否与兜底项目发展的客观规律相符、是否会引发负外部性以及应如何解决等实质合法性即合理性问题，却缺乏细致的论证和周密的预案①。对于实践中出现的骗补问题，也习惯于采取一般性的检查、处罚、通报批评等应对行政相对人欺诈的共同性方法，而未能针对骗补的特殊性、骗补与补贴规则之间的联系等提出标本兼治的方法。此外，关于兜底对象、标准及条件等规则的制定，在程序上也缺乏足够的公开性。导致兜底规则难以形成社会共识，产业内部和社会公众对兜底的正外部性、负外部性缺乏必要的沟通，骗补等概率性问题往往引起社会对兜底必要性的质疑。

（三）“财政兜底”的制度不合理

1. “财政兜底”过度会引发财政赤字

当前地方财政经济运行出现了新特征，风险也在快速变形。具体表现为：经济保持中高速增长，但区域新旧动能转换各异；实体经济盈利水平改善，但亏损面扩大，亏损的企业数也在增加；地方财政自给率均呈下降趋势，部分地区存在脱离发展实际搞民生；从财政收入增长来看，财政收入保持中高速增长，税收收入下降。随着经济增速和财政收入增速的放缓，财政收支缺口增大。特别是基本公共服务支出呈刚性增长态势，加之应对环境修复治理、人口老龄化、城镇化以及“补短板”等都需要增加财政支出，一些地方收支矛盾已经十分尖锐，尤其是县级财政压力更大，财政运行风险上升。受动能转换期经济增速放缓、失业人员增加、财政收入和居民收入增长减速的影响，保工资、保运转、保民生等刚性支出比重明显上升。此外，随着收支缺口的扩大，政府债务规模增加，还本付息刚性支出负担加重。支出刚性给财政带来巨大压力，导致财政赤字增加，容易引发牵涉经济和社会各个方面的系统性风险。

2. 财政兜底资金使用和分配不到位

“财政兜底”资金一般与特定的建设项目或政策扶持对象相对应，由于“财政兜底”资金分配管理权限及体制等原因，资金分配往往与实际情况不相适应，资金难以投向真正需要扶持的项目与对象或向其倾斜，导致资金分配不

① 贺斌：《谁来兜底地方债》，载《中国新闻周刊》2015 年第 25 期。

科学、不合理。如在历次涉农开发项目及惠农资金审计中就发现：资金不能按照项目与对象的实际情况与需要进行分配，存在资金投向不突出重点、为平衡矛盾将资金“撒胡椒面”、资金分配“优亲厚友”“按长官意志分配资金”等问题，从而使“财政兜底”资金使用难以发挥应有的经济效益与社会效益。

三、对“财政兜底”法律规制的建议

按照法治原理，“财政兜底”不能仅停留在临时性举措层面，更不能停留在碎片化的政府规范性文件之中，必须通过出台其统一的和高层次的法律，才能避免目前散乱的状态，以保障其有效地运行。

（一）明确“财政兜底”法律关系的决策主体与基本原则

1. “财政兜底”的决策主体：国家权力机关

我国宪法和预算法明确规定：全国人大及地方人大及其常务委员会是国家的权力机关，分别对本级预算行使审议批准的权力以及监督执行的权力。但是，在我国现行的“财政兜底”制度中，由于法律的不完善，“财政兜底”由政府行政机关的具体部门来行使着这项决策权。这其实是一种角色错位，有悖于财政民主法治原则。因此，确立国家权力机关的最高决策主体资格有着重大意义。

2. “财政兜底”政策的制定和执行的基本原则：民主法治和公平正义

明确权力机关作为决策主体，并不意味着具体“财政兜底”行为中的每一项申请和每一项审批都由权力机关来行使，这不现实也没必要。权力机关只是从预算审查（包括预算报告、决算报告、预算调整报告的审议）的角度来参与“财政兜底”法律关系，而在审议批准的范围内的“财政兜底”的具体操作，则应当由行政机关来执行。突出“财政兜底”法的基本原则的意义在于：权力机关的审查通过只是一种形式上的合法，行政机关在审议批准的范围内所为的具体“财政兜底”行为若违反民主法治原则和公平正义等基本原则，则相应的行为是违法的，相应的主体要承担法律责任。

（二）出台《财政兜底条例》

本文建议国家应当出台统一的《财政兜底条例》，该《条例》的基本内容包括“财政兜底”的立法宗旨、适用范围、管理与监督主体、管理与监督体制、管理制度、管理责任等。

1. 适用范围

依照本文对“财政兜底”的定义及上述理论分析，结合我国的具体实践，本文认为，首先，在概念界定上，应把“财政兜底”与财政救市和财政援助相区别，把“财政兜底”主要限制在公共物品（产品）与准公共物品（产品）领域。在具体适用“财政兜底”的范围上包括三个方面：一是在国家推行相关经济社会发展政策时，由法律明确规定需要“财政兜底”或“保底”的部分；二是在政府将“准公共物品（产品）”通过招标或协议方式特许企业经营时，为保障公共利益不至于受损，明确政府对企业或居民的财政补贴；三是对于政府履行公共职能的投资项目建设上，涉及银行贷款或社会资金筹集，并由政府出面予以担保还债的部分，应由政府通过直接还贷或贷款贴息的方式予以“财政兜底”。

2. 适用条件

本文认为，“财政兜底”的基本条件：一是在对社会公共物品（产品）实施企业、居民个人和政府三方负担情况下，当企业或居民负担部分普遍地缴费不足时，政府应当予以补足；二是政府需要补足的部分，应当主要按照居民所在地实际生活水平的基本保障为标准，并随着生活水平的逐步提高有所调整；三是对于政府投资项目涉及贷款的“财政兜底”，应当坚持先由项目获得的收益归还，而后再由政府“财政兜底”的原则。另外，针对具体的不同对象，也可以预设不同的条件。例如，有观点认为，针对养老保险应当预设的条件是：“一应确保社会养老保险覆盖到位，应参保的都参保，包括单位的职工。二应加强征管，养老保险基金要应收尽收。确保养老基金的收缴率达到国家规定的要求，并且没有水分。三应严格财务管理，杜绝漏洞，确保养老基金没有被挪用截留，没有被虚报冒领。坚决杜绝一方面伸手向财政要钱，另一方面却胡支乱花养老资金。四应认真执行社会养老保险的各项规定，不得随意或变相让职工提前退休。五应严格养老金发放标准，不得擅自或变相提高标准，增加补助项目。只有在符合以上前提的情况下，财政方可‘兜底’。”

3. 适用程序

必须实施民主，坚持公开、公正的原则。凡涉及公共利益的重大事项，均应当按照预算要求，在制定公共政策和提出“财政兜底”方案时，征求相关各方的意见，取得公众的理解和支持，并经过权力机关的审议批准后，才能组织实施。与此同时，在实施过程中，要发动社会力量予以监督。对于政府“财政兜底”实施中出现的问题，要有及时的纠错机制。

（三）以法治理念重塑“财政兜底”规则的确定和执行

以法治理念重塑“财政兜底”规则的确定和执行，包括形式和实质两个层面。法治在形式层面的要求，主要侧重于法律程序。能够纳入“财政兜底”对象的产业，均是符合国家特定战略需求、牵涉国计民生的基础型产业、支柱性产业、创新性产业，兜底对象的确定应当符合严格的政府决策程序。“财政兜底”动用的是政府财政资金，在公共财政的大背景下，兜底标准、范围及条件的确定，兜底资金的划拨和监管，也应当按照我国《预算法》的规定严格设置相应的程序。应当将“财政兜底”纳入“重大行政决策”的范围，严格履行相应的决策程序，将决策动议、决策执行、公众参与、专家论证、风险评估、合法性审查和集体讨论决定等具体规则落到实处。

兜底资金的划拨、使用和监督，应当严格依照《预算法》规定的编制、审查、批准、执行、调整、决算和监督等各种程序。随着多年来“预算法治”的深入人心，预算资金的上述程序建设已经基本完备且在执行过程中能够得到严格落实，目前的主要问题是有关预算监督的规定落实不够严格、实践中的约束力也远远不够。按照我国《预算法》规定，亟须加强且能够更快产生实际意义的，无疑是人大监督。对于兜底规则的确定，人大监督应当在政府重大行政决策程序的约束上发挥作用。对于兜底资金的使用，也应当强化人大监督的作用。特别是要落实和强化各级人大常委会的调查权和质询权，对兜底资金的划拨和使用进行严格的预算监督，并追究相应的违法责任。

比形式层面的法治更加重要的，是在实质层面即合理性层面完善政府兜底的法治化。风险社会一方面放大了政府介入经济与社会治理的必要性，另一方面也使得政府行为常常处于一种相机抉择的压力之下。这就导致政府行为的合理性，应当更多地引入经济、社会、管理、民意等多种专业性和社会性因素的考量。在风险社会的背景下，社会应当允许基于善意或公益目的而行为的政府“出错”，更要通过社会主流价值观等虽抽象但强有力的民意、人大监督等实实在在的、具体并有效果的方法，迫使政府及时纠错。

政府应当发挥在组织和动员各方资源方面的优势，强化公众参与，吸收民意，尽量减少政府行为因信息和技术条件限制、官员个人能力不足等因素而成为经济与社会发展的负外部性的源头。从当前政府“财政兜底”的实践来看，目前以巨额财政资金为主的兜底方式已经初步实现了一定的效果，但也引发了诸多弊端，所以，即使坚持兜底的必要性，也应当寻求资金兜底以外的方式，比如采取加大研发费用的税费抵扣、政府采购、定向降息贷款等相对更柔和、对市场供求关系冲击更小的方式。

分享经济下用工关系的法律认定研究

温树英*　蒋鹏晋**

摘　要： 分享经济下用工关系的特点表现为：提供者类型多样化，用工方式虚拟化和灵活化，用工关系多重化。无论将其认定为劳动关系还是劳务关系都缺乏足够的理论和法律基础。长远来看，我国劳动法应构建介于劳动关系和劳务关系之间的新型用工关系——平台用工关系，以平衡经济的创新发展和就业主体的利益保护。短期而言，为解决目前分享经济下平台和提供者的用工争议，我国应细化劳动关系的认定标准。

关键词： 分享经济　用工关系　劳动关系　劳务关系

分享经济以创新的商业模式、便捷的服务方式、扩大的就业渠道等优势迅速席卷全球，成为经济发展的潮流。但不可忽视的是，分享经济为社会带来巨大福利的同时也开始显现出越来越多的法律问题，司法实践中以分享平台与提供者的用工关系认定问题尤为突出。这类纠纷多数是围绕提供者要求获得劳动者地位并享有劳动者相关权利保护而产生的：提供者认为其为平台服务，受平台控制，属于劳动者，理应受劳动法保护；平台则主张提供者工作灵活，不隶属平台，双方为平等合作，不存在劳动关系。相关司法实践的

* 山西大学法学院副教授，法学博士，主要研究方向为国际经济法学。
** 山西大学法学院经济法专业硕士研究生，主要研究方向为经济法学。

认定与处理也不尽相同。① 平台新型用工关系突破了传统用工关系的认定标准，对植根于传统工业的劳动法律的适用构成挑战，法院在解决新型用工关系争议时往往陷入进退维谷的境地。分析并准确认定分享经济平台与提供者之间的用工关系对完善我国劳动法律制度，平衡分享经济发展和提供者权益保护有重要意义。

一、分享经济的概念和特征

分享经济作为互联网时代下的新经济模式已渗透至各个产业，但现阶段仍缺乏明确的概念和界定。共享单车、共享纸巾等大量伪分享经济的出现对社会创新形成错误导向，不仅阻碍了分享经济的健康发展，而且严重扰乱了市场竞争秩序。

（一）数字化平台是分享经济得以发展的前提

数字化平台是分享经济发展不可或缺的关键因素。分享经济的商业模式在工业经济发展早期就已存在，但由于科技所限，早期的分享经济是以社区为单位形成和发展的，经营范围通常与生活范围重合。如首例汽车分享于 1948 年出现于苏黎世，且在 20 世纪的北欧受到了广泛地接受与适用，在当时主要是由规模不大，以社团为基础的非营利性团体运营。② 现代分享经济快速发展的关键在于数字化平台的参与和支撑。分享经济发展之初平台主要发挥信息整合功能，以技术手段高效采集需求方和提供方数据，并将双方的需求通过平台予以发布，

---

① 如天津市首例网约车平台劳动关系诉讼中，天津市和平区人民法院认为，被告吾步公司（优步客户端程序由吾步公司经营）为原告提供乘客乘车信息，并且从乘客支付的乘车费中扣除信息服务费用，原告可自行掌握工作时间，其劳动报酬亦非从被告吾步公司领取，故双方之间的关系不符合劳动关系的特征，不属于劳动关系。但在北京市首例涉网约车平台诉讼中，北京市海淀区人民法院审理认为，网约车司机系接受网约车平台指派履行与乘客的客运合同，在此过程中，网约车司机属于提供劳务的一方，其因劳务造成他人损害的，网约车平台作为接受网约车司机劳务的一方，应承担相应的侵权责任。

② Cristiano Codagnone and Bertin Martens, Scoping the Sharing Economy: Origins, Definitions, Impact and Regulatory Issues. Institute for Prospective Technological Studies Digital Economy Working Paper 2016 /01. JRC100369, p. 4.

平台排除于交易之外，仅承担信息中介的角色。但随分享经济的发展和社会需求的增加，平台扩大的管理权限与其负担的社会义务和法律义务相互作用，平台逐渐呈现“被责任化”趋势，平台承担的法律责任超越其中介者角色，平台在分享经济中扮演数据库和管理者双重角色。

（二）私人资源是分享经济的标的

关于分享经济内涵最大的争议点在于分享经济的范围是否应涵盖以资产中心为基础的分享模式，即分享标的的属性问题。分享经济本质上以绿色经济理念为基础，无论从宏观还是微观方面分析，以资产中心为基础的运行模式都不符合分享经济。从宏观上看，分享经济本质上属于循环经济，其使用权超越所有权的本质有利于实现闲置资源的最大化利用，促进经济的可持续发展；而以资产中心为基础的企业，不断创造新资源并将其大规模投放市场的行为造成了极大的资源浪费和社会压力，与分享经济的理念背道而驰。从微观上看，分享经济中交易的商品或服务都属于已拥有但未利用或未充分利用的资源，交易直接地、排他地发生于商品或服务的需求方和提供方之间，平台方不直接参与交易；而资产中心模式下资产公司创造并拥有资源，以资源为基础直接与消费者发生交易，属于交易的主体之一。资产中心模式下的“分享经济”实质上是披着分享外衣的传统经济模式。

因此，分享经济应排除以资产为中心的分享模式，即分享经济应以私人闲置资源为分享标的。2017 年国家发改委发布了《关于促进分享经济发展的指导性意见》并未明确表明分享经济标的是否排除了资产中心这一模式，这样的模糊界定显然不利于分享经济的发展和监管。

（三）营利是分享经济的目的

有学者认为真正的分享应该是人们使用数字化平台，无偿地超越所有权拥有资源的短期使用权。因此，分享经济中的大部分平台不符合真正的分享。①笔者认为，营利性是分享经济的主要特征。首先，分享经济一词由来已久，经

---

① San Cristiano Codagnone and Bertin Martens（2016），Scoping the Sharing Economy：Origins，Definitions，Impact and Regulatory Issues，Institute for Prospective Technological Studies Digital Economy Working Paper 2016 /01. JRC100369，p. 6.

过长时间的适用已具有其特定含义。其次，分享经济的兴起与经济大萧条密切相关，经济萧条的压力促使人们实现闲置资产的最大化利用。[①] 最后，在现阶段的社会化和经济化环境中，人们参与分享经济的最大推手即为利益。因此，营利性是分享经济兴起和发展的根本驱动力。

综上所述，分享经济是以个人闲置资源的分享和短期使用为基础，由分享平台以营利为目的通过网络连接闲置商品或服务的需求方和提供方，在所有权不发生转移的情形下促进个人闲置资产或服务最大化利用的经济形态。

二、分享经济下用工关系的特点

分享经济模式下，需求方在平台方注册并发布任务、服务要求和价格等条件，提供方在平台上注册并通过竞争获得和完成该项任务。平台方通过 GPS 和云计算等方式高效匹配需求方和提供方，促进交易。在整个交易过程中，平台方并不直接向需求方提供服务，而是通过准入审查、路线测试、评价机制和实时追踪等对提供者进行审查和规制。同时，提供者又享有一定的自主权，有权自主选择工作时间和工作地点。分享经济下的用工关系明显呈现与传统用工关系不同的特点。

（一）提供者类型多样化

分享经济下平台提供者主要可以分为三类：拥有全职工作和稳定劳动关系的兼职提供者；从事其他兼职工作的兼职提供者；以平台工作为生的全职提供者。[②] 三种提供者在平台业务发展中占有不同比重，对平台的重要性也各有差异，不同服务类型的提供者与平台形成多类型的用工关系。以网约车为例，平台下的业务主要包括快车、专车、顺风车和出租车。其中，出租车司机属于出租车公司的劳动者，与平台不存在用工关系争议。关于顺风车，交通运输部的答复函指出，顺风车属于私人小客车合乘。合法的私人小客车合乘应当具备两

① Robert Sprague, Worker (Mis) Classification in the Sharing Economy: Square Pegs Trying to Fit in Round Holes, p. 3.

② Whitney Rutherford, Fitting a Square Peg into a Round Hole: Alexander v. Fedex Ground Package Systems & the Sharing Economy, 11 Liberty U. L. Rev. 33 (2016), p. 64.

个核心要件：一是以满足车主自身出行需求为前提，二是分摊部分出行成本或免费互助，而且驾驶员提供合乘服务每车每日不超过 2 次。就我国现阶段关于顺风车的规定而言，司机应以免费或仅分摊油费等合理价款顺路捎带，不得以营利为目的，否则视为非法营运。① 据此，在顺风车的情况下，平台和提供者之间不存在用工关系争议。因此，平台下由私家车主利用私家车提供的快车业务和专车业务是平台业务的重要组成部分，这类提供者相较前两类业务提供者而言也受平台的更高的约束和限制，如平台对于快车升专车的提供者有更高的车型和车龄限制，要对该类提供者进行培训等。

（二）用工方式虚拟化和灵活化

传统劳动关系中，用人单位对劳动者实行层级化和垂直化管理模式，用人单位与劳动者的关系模型呈现垂直细长化。用人单位和劳动者双方当面交流和沟通工作事宜，工作时间有 8 小时工作制的限制，工作地点和工作内容由用人单位指定，工作报酬由用人单位支付。而分享经济下平台直接对提供者实施虚拟化管理，双方关系结构呈现扁平化。平台和提供者完全通过网络进行交流，平台通过网络发布指令对提供者实施控制和管理。在虚拟化的控制和管理过程中，双方之间的工作方式呈现灵活化趋势。虽然分享经济中平台会对提供者施加一定的限制，如平台通过科技手段和评价机制等方式对提供者的接单数量、服务质量和行驶路线等进行监督和管理从而保障平台流量，但与传统劳动关系相比，提供者有权自主选择工作时间和工作地点，有权拒绝平台的派单，提供者的进入和退出机制灵活化。

（三）用工关系多重化

传统劳动关系以从属性为本质特征，用人单位对劳动者享有控制权。因此，我国劳动关系以一重劳动关系为主，只有在不影响本职工作的完成或经用人单位允许方可建立多重劳动关系，即我国并不提倡多重劳动关系。而分享经济中由于平台对提供者实施扁平化管理和松散化监督，提供者的工作方式灵活化和

---

① 交通运输部：《关于政协十三届全国委员会第一次会议第 3512 号（工交邮电类 262 号）提案答复的函》，http：//zizhan. mot. gov. cn/zfxxgk/bnssj/dlyss/201807/t20180721_ 3048772. html.

虚拟化，提供者出入平台的随意性以及平台的相互竞争导致提供者大多为兼职劳动，同时与多个平台建立用工关系，使用工关系呈现多重化趋势。

三、现行法律框架下分享经济用工关系认定的困境

实践中我国传统用工关系分为劳动关系和劳务关系。劳动关系以从属性理论为基础，注重用人单位对劳动者的控制权，双方之间为形式上的财产关系和实际上的人身关系、形式上的平等关系和实际上的隶属关系。[①] 劳务关系以意思自治为基本原则，强调关系双方的独立性和平等性，双方之间只存在财产关系，不存在人身隶属关系。分享经济下平台和提供者之间的新型用工关系对我国现行法律框架下两分法的传统用工关系认定提出挑战。

（一）认定为劳动关系的困境

我国法律未明确劳动关系的概念。一般而言，劳动关系指劳动力所有者（劳动者）和劳动力使用者（雇主或用人单位）之间，为实现劳动过程而发生的一方有偿提供劳动力由另一方用于同其他生产资料相结合的社会关系。[②] 就具体认定而言，原国家劳动和社会保障部《关于确立劳动关系有关事项的通知》（以下简称《通知》）第一条的规定表明劳动关系成立应符合三标准：主体标准、人格从属性标准、组织从属性标准。[③] 此外，根据《劳动合同法》，用人单位自用工之日起即与劳动者建立劳动关系；建立劳动关系，应当订立书面劳动合同。[④] 基于此，法院在审理传统劳动关系认定案件时先审查书面劳动合同，没有书面劳动合同的情况下，辅之以《通知》规定的三标准。为解决分享经济

① 常凯：《论个别劳动关系的法律特征——兼及劳动关系法律调整的趋向》，载《中国劳动》2004 年第 4 期。

② 王全兴：《劳动法》，法律出版社 2017 年版，第 33 页。

③ 原国家劳动和社会保障部《关于确立劳动关系有关事项的通知》第一条规定：用人单位招用劳动者未订立书面劳动合同，但同时具备下列情形的，劳动关系成立：（一）用人单位和劳动者符合法律、法规规定的主体资格；（二）用人单位依法制定的各项劳动规章制度适用于劳动者，劳动者受用人单位的劳动管理，从事用人单位安排的有报酬的劳动；（三）劳动者提供的劳动是用人单位业务的组成部分。

④ 见《中华人民共和国劳动合同法》第 7 条、第 10 条。

出现的相关问题，2016 年交通运输部、工信部等七部委出台了《网络预约出租汽车经营服务管理暂行办法》（以下简称《暂行办法》）。《暂行办法》规定：网约车平台公司应当保证提供服务的驾驶员具有合法从业资格，按照有关法律法规规定，根据工作时长、服务频次等特点，与驾驶员签订多种形式的劳动合同或者协议，明确双方的权利和义务。该条赋予关系双方签订劳动合同和其他类型的协议的权利，但并未明确分享平台与服务提供者之间的关系，也未为双方之间的关系认定提供判断标准和原则，因而只能按照现行劳动法律来认定两者之间的关系。

依据上述分析，如果分享平台和提供者之间不存在劳动合同，判断双方之间是否存在劳动关系主要依据《通知》规定的三标准进行分析判断。平台和提供者的用工关系争议集中于双方关系是否具有人格从属性和组织从属性。

人格从属性为我国劳动关系认定的核心标准，即用人单位对劳动者的工作种类、劳动工具、工作时间和工作地点等事项享有较高的控制权。在分享经济用工关系中，一方面，分享平台通过评价机制、审查和终止条款以及实时跟踪等技术控制提供者的服务质量和服务频次，设定平台的准入和退出机制，自主决定平台收费的抽成比例。《暂行办法》对于网约车平台责任的规定也表明平台对提供者实际上享有管理和监督职能。① 另一方面，提供者有权自主选择工作时间、工作地点和工作任务，提供者一定程度上掌控自己的收入。严格来说，分享经济平台和提供者之间的关系并不符合劳动关系人格从属性的要求。

就组织从属性而言，即认定平台提供者的服务是否构成平台业务的组成部分。该问题涉及平台的法律定位问题。在网约车领域，平台主张其仅为司机和乘客提供交通服务的前期的信息交换和技术服务，并未参与实际交通运输服务，因此司机所从事的交通运输业务并不构成平台业务的组成部分。虽然在司法案例中，法庭倾向于将平台认定为交通运输服务公司。如美国 O’ Connor V. Uber

---

① 《网络预约出租汽车经营服务管理暂行办法》第四章网约车经营行为中规定：如网约车平台公司应当保证提供服务车辆具备合法营运资质，技术状况良好，安全性能可靠，具有营运车辆相关保险，保证线上提供服务的车辆与线下实际提供服务的车辆一致。网约车平台公司应当维护和保障驾驶员合法权益，开展有关法律法规、职业道德、服务规范、安全运营等方面的岗前培训和日常教育，保证线上提供服务的驾驶员与线下实际提供服务的驾驶员一致。

Technologies，Inc. 中法庭认为优步属于交通运输公司；在 Elite Taxi 诉优步中，欧洲法院裁决称，优步并非数字服务公司，而属于提供运输服务的出租车公司。但目前多数平台公司都是以科技公司注册的，其经营范围也限于技术开发、信息技术服务等，提供者所提供的服务明显不构成平台业务的组成部分，因此，分享经济平台和提供者的用工关系不符合劳动关系认定中的组织从属性标准。

基于此，分享经济下的用工关系不符合劳动关系认定的人格从属性标准和组织从属性标准，分享经济用工关系认定为劳动关系缺乏充分的理论基础。若将该用工关系模糊认定为劳动关系，则会造成劳动关系认定泛化，加大分享企业的成本负担，阻碍分享经济的发展，不利于互联网时代下企业的持续创新和与之相适应的灵活化就业趋势的发展。

（二）认定为劳务关系的困境

我国法律既未明确劳务关系概念，也并未规定判断标准。理论上劳务关系是指提供服务的合同形成的关系，分承揽合同、建筑工程合同、运输合同、保管合同、仓储合同、委托合同、行纪合同、居间合同等。[①] 双方构成劳务关系应满足三个条件：一是主体之间无人格从属关系，劳务提供者不属于劳务接受方的成员，双方之间地位平等；二是劳务关系的产品是作为产品的劳务，即运用劳动力等生产要素所生产的劳务；三是劳务独立，双方作为平等主体签订以劳务交换为内容的合同，提供方的劳务行为独立于接受方的生产体系。[②] 司法实践中一般将缺乏劳动关系从属性、形式上一方相对独立地向另一方提供劳务并获得报酬的有偿合同关系认定为劳务关系。也就是说，认定劳务关系的关键在于衡量双方关系是否存在从属性。

表面上看，平台提供者通过平台向消费者提供服务，交易完成后平台收取部分服务费或中介费，平台与提供者的关系属于劳务关系。事实上，从平台对交易达成、交易价格、交易履行以及交易违约责任的控制力看，平台享有匹配交易，掌握交易的定价权，担保交易履行和惩罚违约行为的功能和权利，平台应属交易主体，并非单一的交易中介。[③] 且平台和提供者地位悬殊，平台对提

---

① 王利明、杨立新、王轶、程啸：《民法学》，法律出版社 2015 年版，第 569—590 页。

② 王全兴：《劳动法》，法律出版社 2017 年版，第 37—38 页。

③ 蒋大兴、王首杰：《共享经济的法律规制》，载《中国社会科学》2017 年第 9 期。

供者施加的控制明显超过劳务关系的范围，具有一定的从属性特征，将该用工关系粗略笼统地纳入劳务关系的做法只会严重损害提供者利益。

四、构建新型用工关系——平台用工关系

平台与提供者用工关系的认定困境正如美国 Uber 案中 Vince Chhabria 法官所言，这样的审判就如同在两个圆孔中选择放入方形钉子。① 该困境的根本解决要求从法律角度构建新型用工关系——平台用工关系，其目的在于平衡经济的创新发展和就业主体的利益保护。

（一）平台用工关系的性质

该用工关系是介于劳动关系和劳务关系之间的中间类型的用工关系，与劳动关系和劳务关系是平行存在和平行适用的，且不同于国外依赖于雇佣关系认定的依赖型合同人制度。加拿大的依赖型合同人认定分两步走：首先法院应依据普通法中的控制权标准对提供者进行雇员和合同人的界定，提供者被界定为合同人后，法院再依据经济依赖性将其分类为独立合同人或依赖合同人。② 该分类实质上未根本解决分享经济下的用工关系问题：一方面，该制度的认定依据仍具有模糊性和不可操作性；另一方面，依赖合同人的权利义务设定仍不完善。分享经济的兴起必然催生大量平台用工群体，该类群体在互联网时代越发壮大，在此背景下，双方的利益博弈需要法律予以平衡。基于此，独立适用的平台用工关系的构建是与经济发展和各方利益需求相适应的。

（二）平台用工关系的认定标准

平台用工关系是以传统用工关系的认定为基础和参照，同时根据平台用工

---

① Valerio De Stefano, The Rise of the 'Just – in – Time workforce': On – Demand Work, Crowd Work and Labour Protection in the 'Gig – Economy', International Labour Office, Inclusive Labour Markets, Labour Relations and Working Conditions Branch. - Geneva: ILO, 2016 Conditions of Work and Employment Series No. 71.

② Carl Shaffer, Square Pegs Do Not Fit in Round Holes: The Case for a Third Worker Classification for the Sharing Economy and Transportation Network Company Drivers, 119 W. Val. Rev. 1031 (2017), p. 1058.

的特点构建的。因此，构成平台用工关系应满足三个标准：主体标准、半人格从属性标准、强经济从属性标准。一是主体方面，平台劳动者为使用私人资产通过平台向消费者提供服务的个人。个人在提供服务时应保证人车一致，且与平台登记信息相符，证件真实完备，手续齐全。若提供者使用个人资产雇用他人通过平台服务的，则提供者和受雇人都不属于平台下的提供者。同时，提供者应为平台下的全职提供者或专门从事兼职工作的兼职提供者。平台应符合法律法规的运营条件和资质。二是提供者对平台的人格从属性弱。主要体现为提供者有权使用自己的生产工具，选择工作时间和工作地点，平台有权为提供者制定规章制度，且享有对提供者服务的监督权和相应的奖惩权。三是提供者对平台存在强经济从属性。平台下提供者类型多样，工作时间、工作频次、工作强度存在差异，不能一刀切地认定双方之间的用工关系。《暂行办法》中规定根据工作时长、服务频次等特点签订劳动合同或协议。在构建新型用工关系时也应以提供者的工作时长、工作频次、工作内容等为依据设定标准，只有完全或大部分日常为平台提供服务，以平台服务为全部或主要收入来源的提供者才能满足该新型用工关系的经济从属性标准。

（三）平台用工关系的内容

同劳动者的权利和义务相比，结合平台用工特点，提供者的法律权利和义务时应是中间性的，即根据平台发展有选择地设定提供者的权利和义务。根据现阶段分享经济的发展趋势，提供者和平台应享有如下几项权利：一是平台劳动者应享有收入保障权。这里所称的保障主要是指保障收入的可预测性和平台收费的限制性。一方面平台应按期足额支付平台劳动者报酬，不得以任何理由克扣和拖延报酬的支付。另一方面，应对平台的收费予以限制，防止平台抽成比例变动频繁，抽成比例过高，以其他收费形式侵害提供者合法利益。二是平台提供者应享有相应的社会保险待遇。该项权利的设计应与社会保障体系改革相适应。以平衡用工关系双方的利益为前提，建立适合包括平台就业者在内的灵活就业的参保和缴费机制。三是平台劳动者享有知情权和申诉权。在平台对提供者进行审查和监督并做出拒绝准入或给予奖惩决定时应明确告知平台劳动者原因，并建立完善的内部申诉机制解决。在申诉不成时，提供者有权向法院提起诉讼，要求法院确认平台行为无效并请求赔偿。四是终止合同获得事先通知的权利。① 在平台运行过程中，平台提供者可能会因为提供者错位或资产不合格，或提供者违反平台规则等原因被排除在平台之外。但是，平台劳动者对平台存在强经济从属性，平台的排除或禁止决定将严重影响平台劳动者的正常生活和再就业规划。因此，平台在作出决定时应事先通知平台劳动者，为劳动者预留必要的规划和安排时间。若平台违反事先通知义务的，平台劳动者有权要求平台支付补偿金。同时，提供者应当认真完成劳动任务，提高工作技能，遵守平台的规章制度和法律法规。

结　语

分享经济的潮流已不可逆转，分享经济所形成的灵活松散的用工方式在未来社会发展中也将成为常态。长远来看，针对分享经济下灵活就业群体的出现及其利益诉求不断增加，创建新型用工关系——平台用工关系是必要的。构建平台用工关系不仅可以准确有效地解决平台不断出现的用工关系争议问题，同时也可以促使我国用工关系走向多元化和层次化，有助于我国劳动法律制度的完善，构建和谐社会关系。短期而言，构建平台用工关系非一日之功，且同国外劳动关系认定标准比较，我国劳动关系判断标准规定笼统，缺乏操作性和明确性。② 因此，在平台用工关系构建之前应积极细化劳动关系的判断标准，使得认定平台与提供者之间的用工关系争议时的法律依据更具准确性和可操作性，从而公平公正地给予各方应有的保护。

---

① 班小辉：《论“分享经济”下我国劳动法保护对象的扩张——以互联网专车为视角》，载《四川大学学报》2017 年第 2 期。

② 如美国加州产业关系部认定雇佣关系适用的经济现实性标准，除了考虑雇主是否对工人工作行为、工作方式和工作结果实施控制或享有控制权外，还应考虑 11 个因素。分别是：(1) 工作内容是否与用工方的业务一致；(2) 工作是否构成用工方的日常业务；(3) 工具和工作场所是否由用工方提供；(4) 工作内容是否要求提供服务的人投资设备或材料；(5) 工作是否需要特殊的技能；(6) 工作是否通常需要用工方或者专家指导；(7) 收入是否取决于管理技能；(8) 工作时间的长短；(9) 用工关系的持续时间；(10) 报酬支付是按工作时间还是工作内容；(11) 双方是否相信他们之间形成雇佣关系。See https：//www. dir. ca. gov/dlse/faq_ independentcontractor. htm.

我国慈善法的非营利原则研究

李 冰[*] 单雪婷[**] 教 玲[***]

摘 要： 英国以成文法的形式将公益原则认定为其《慈善法》的核心原则，英国慈善委员会的慈善指南中也明确了按照公益原则的两个具体内涵检测所有的慈善行为。非营利原则概念的三大特征是不以营利为目的、不禁止组织从事相关营利活动以及组织不进行利润分配，基于当前的立法理念以及非营利原则的重大价值，我国确立非营利原则为《慈善法》的核心原则。然而，非营利原则本身及其统帅下的具体规则均有一定缺陷，笔者给出相应的完善建议，为《慈善法》的执行以及下位法的制定提供参考。

关键词： 慈善 慈善法 非营利原则 公益原则

2016年3月我国通过了《慈善法》，非营利原则被立法确认为慈善法的核心原则，但学界关于非营利原则与公益原则谁能够作为慈善法核心原则的争议仍未平息，争议直接影响到《慈善法》的执行和下位法的制定。因此，有必要对两原则的内涵、联系、价值等进行进一步地分析研究。

一、公益原则与非营利原则的法律界定

（一）公益原则的历史发展及争议

近代第一部慈善立法为英国1597年的《慈善用益法》，立法者尝试采取列

* 山西大学法学院副教授，主要研究方向为市场规制法和社会保障法。
** 山西大学法学院硕士研究生，主要研究方向为社会保障法。
*** 山西省政法管理干部学院讲师，主要研究方向为劳动及社会保障法。

举“慈善目的”的方式来界定法律中的慈善。英国1601年的《慈善用益法》、1853年的《慈善信托法》均沿用列举式的界定方式来说明慈善概念。列举式的方式在一定程度上指明了界定慈善概念的方向，但其缺乏抽象的慈善价值概括，没有体现法律区分慈善并给予其免税等优惠的理由和标准。

1891年Pemsel案中①，麦克奈特大法官将慈善目的概括为四种类型：救济贫困、促进教育、促进宗教和有益于社群的其他目的。② 那么何为有益于社群的其他目的？英国慈善法最终确立了公益原则标准，并赋予其两个层次的具体内涵：一是对象的公共性，即慈善组织的受益人必须是不特定的多数人。慈善组织的受益人必须与该慈善组织设立的目的相适应，在慈善目的贯彻实施中，能够受益的人数必须是足够多的并且本质上是开放的。③ 任何私人利益均应是附带的，且必须仅仅是推进慈善目的行动的必然延续。二是利益的客观可辨识性，即慈善组织的公益性是明确的，这种有益于社会公众的利益必须是客观的、可识别的。利益经过衡量必须超过它所带来的损失。至此，英国慈善法的核心原则——公益原则被确立。显然，公益原则的确立是用来审查某项慈善目的是否归属于“有益于社群的其他目的”，也确实为慈善目的的识别起到了重要的指引作用。

那么，前三种类型的慈善目的能否不接受公益原则的审查而被推定符合要求？问题的争论结果分为三派：第一，英国对此持反对态度。2006年英格兰与威尔士《慈善法》第3条第2款规定“不得推定某项慈善目的符合公益原则”，即英国以成文法的形式明确了前三类慈善目的也应当接受公益原则的审查。第二，在英美法系的其他国家，赞同的观点更为主流。澳大利亚、新西兰均未改变前三类慈善目的推定符合公益原则的观点，仅在慈善目的的分类方面做了拓展或者修改。第三，美国没有移植英国的公益原则，其并未对公益的内涵进行系统性的界定，而是尝试采取否定性的方式对公益原则的内涵予以界定，分析和归纳公益原则的禁止情况。

综合来看，英国以成文法的形式将公益原则认定为慈善法的核心原则，慈

---

① Income Tax Special Purpose Commissioners v. Pemsel [1891—1894] All ER Rep 28.

② 吕鑫：《法律中的慈善》，载《清华法学》2016年第6期。

③ 王涛：《英国慈善法中的公益性标准及启示》，载《聊城大学学报（社会科学版）》2014年第4期。

善委员会的慈善指南中也明确了按照公益原则的两个具体内涵检测所有的慈善行为。但是英美法系的其他国家仍旧保留列举加兜底的模式，对于已列举的慈善目的类型推定为符合公益原则，再基于“有益于社群的其他目的”对慈善目的做适度扩展。关于公益的具体内涵，英国法律也没有一个明确的概念，公益原则的遵从和执行依靠英国慈善委员会的公益慈善认定标准，但这一标准并没有在英美法系的其他国家得到一致认同。

（二）非营利原则的发展及内涵

在我国慈善法将非营利原则认定为核心原则之前，学界仅将非营利原则作为禁止性规则之一去识别法律中的慈善。英国法禁止以宗教（迷信）为目的的慈善，是禁止性规则产生的渊源。禁止性规则是以否定的方式明确何种慈善目的不能认定为法律中的慈善，非营利性规则强调慈善不得以营利为主要目的，不得存在分配营利等情况。我国慈善法颁布后，非营利原则就成了我国《慈善法》独有的核心原则。①

笔者综合研究学界主流观点，总结出非营利原则具有以下特点。

1. 从目的来看，组织不以营利为目的。不管是向不特定的多数人无偿或者以较优惠条件提供服务的公益性组织还是向特定的多数人无偿或者以较优惠条件提供服务的互益性组织，均符合不以营利为目的。

2. 从过程来看，不禁止组织从事相关经营活动。在这一问题上，不同的国家有不同的法律规制。一是绝对禁止主义，即禁止非营利组织参与任何经营活动，例如印度；二是一般禁止主义，即原则上禁止非营利组织从事经营活动，除非为组织生存目的之必要，例如我国台湾地区；三是附条件许可主义，即原则上允许非营利组织从事经营活动，但要附加一定的限制条件。② 附条件许可主义的国家占大多数，我国立法也采用了附条件许可主义。资金匮乏一直是各国慈善组织面临的首要问题，允许慈善组织在符合慈善的宗旨范围内从事相关

---

① 我国《慈善法》第四条明确将合法、自愿、诚信、非营利作为开展慈善活动的基本原则，其中合法、自愿、诚信原则均在民法中有所规定，非营利原则就成了我国《慈善法》独有的核心原则。

② 杨道波：《公益性社会组织营利活动的法律规制》，载《政法论坛》2011 年第 29 卷第 4 期。

的经营活动，能够强化慈善组织自身的造血功能，为慈善组织的可持续发展注入力量。

3. 从结果来看，组织不进行利润分配。营利性的法律意义在于出资者或股东依法可以分配企业利润和清算后的剩余财产，营利与一个企业或者组织本身是否获得利润无关，营利与非营利的区分点就在于利润私用还是利润用于社会或者公益目的。美国法的控制方式为，对该组织采取何种组织形式、从事何种事业或活动及是否营利或获益在所不问，仅看股东是否取利。① 不进行利润分配并不意味着慈善组织的管理人员以及工作人员不能够获得一份合理的报酬，相反，合理的薪酬能够吸引更多的专业人才进入慈善管理队伍，为慈善发展助力。

（三）两原则的区别与联系

通过立法对慈善活动与慈善事业进行规范是各国慈善事业发展的基本条件与特征，也是国际通行惯例。② 在一国立法过程中，法律移植是一种非常重要的手段，国外悠久的慈善立法历史和实践经验可以为我国慈善立法提供有益借鉴。公益原则作为慈善法母国——英国的慈善立法核心原则，在界定慈善、检测慈善行为、认定慈善组织等方面都起到了核心的作用。英国《慈善法》通过专门章节明确规定设立慈善事业的最高管理机构——慈善委员会，通过“一委员会一原则”支撑英国慈善法律的整体有序进行。

我国《慈善法》第三条中将慈善活动释义为公益活动，同时，第四条将非营利原则作为《慈善法》的核心原则。因此，要对我国《慈善法》的非营利原则进行研究，有必要对非营利原则与公益原则的联系与区别进行探析：

1. 从目的上来讲，公益原则要求组织以公益或者慈善为目的，非营利原则强调组织的非营利目的，具体可能包含公益目的，也可能包含除公益以外的其他目的（例如社团成员的互益发展、针对特定多数人的无偿或较优惠条件服务等）。也就是说，公益原则与非营利原则都强调组织不以营利为目的，但两原则的具体目的和宗旨又不完全重合。

2. 从行为主体来讲，公益原则要求的慈善主体是公益性组织或慈善组织，

---

① 史际春：《论营利性》，载《法学家》2013年第3期。

② 谢琼：《国外慈善立法的规律、特点及启示》，载《教学与研究》2014年第12期。

非营利原则要求的行为主体是非营利组织。在中国，非营利组织包括事业单位、免予登记的社会团体（群众团体）、在民政部门登记的社会组织、没有登记的非法人团体等。我国《慈善法》第八条明确了慈善组织即为非营利组织，可以采取基金会、社会团体、社会服务机构等组织形式。也就是说，非营利原则的行为主体较之于公益原则更为宽泛。

3. 从对象上来说，公益原则要求慈善行为的对象具有不特定性，即受益人是社会公众或者社会公众的一部分。非营利原则将公益原则排斥在外的私人直接捐赠、虽然通过慈善组织捐赠但却指定了受益人的捐赠、没有获得慈善组织资格认定的非营利组织的慈善捐赠活动都纳入《慈善法》的规制范围之内。以《慈善法》第三十五条和第四十条为例，捐赠人可以直接向受益人捐赠的规定，以及捐赠人可以与慈善组织约定财产用途和财产受益人的规定，均不符合公益原则之对象不特定性的要求，但都在非营利原则允许和规制的范围之内。非营利原则突破了公益原则的限制，拓宽了捐赠渠道，赢得了捐赠人信任，鼓励了捐赠人进行捐赠，更符合当前我国全方位规范慈善领域相关活动，促进慈善事业发展的立法宗旨。

4. 从结果来讲，两原则重合的部分最主要表现在对利润分配的禁止。无论是公益原则还是非营利原则，对于组织的利润分配都是绝对禁止的，这也是非营利组织区别于一般公司组织的最重要特征。

因此，我国慈善法虽然在一定程度上借鉴了英国的慈善立法，将慈善活动定性为公益活动，但这里的“公益活动”之“公益”与英国慈善法“公益原则”之“公益”的具体内涵是不同的。从历史与实践的角度看，不同于英国慈善法针对不特定多数人的公益概念，我国的公益更多的是一种“利他公益”，即不是为了个人的私益即为公益。我国采用“大慈善”的概念归纳出了六种类型的慈善目的，不仅包含以公益原则为准的公益慈善活动，而且也包含私人捐赠这种慈善概念，突破了公益原则的瓶颈限制，最大程度地提升了法律的适用范围和可操作性。

二、我国《慈善法》确立非营利原则的原因

自2005年9月民政部正式向全国人大和国务院法制办提出慈善法的立法建

议至2016年3月全国人大通过《慈善法》，我国的慈善立法可谓是“十年磨一剑”的伟大立法成果。① 我国《慈善法》在法律层面上第一次规定了“非营利”的操作性标准，包括“禁止财产分配”规则、“清算后剩余财产近似处理”规则、“投资全部用于慈善目的”规则以及执行国家统一会计制度、报送年度工作报告和财务会计报告规则、关联交易限制规则、信息公开规则、税收优惠规则、土地优惠规则等相关保障规则，② 这些规则的设计使得非营利原则在《慈善法》领域能够最大程度地发挥统领和指引价值。

我国《慈善法》立法过程中，基于“开门立法”的总基调，慈善立法的社会参与度非常广泛。由于参与慈善立法的主要群体多数为非营利组织研究、管理与实践的专家，在当下中国制定非营利组织基本法困难重重的环境下，大家都期待在慈善立法中能够最大程度上解决非营利组织规范问题。③

基于以上立法背景，非营利原则符合我国现阶段的立法需要。非营利原则作为我国《慈善法》的核心原则，其价值体现在《慈善法》领域的方方面面。

（一）非营利原则厘清了作为业务类别的慈善组织和作为组织形式的社会组织之间的区别

《慈善法》第十条第二款确立了慈善组织认定机制，建立了法人登记与慈善属性认定相分离的制度，使得非营利组织可以根据自身发展选择“慈善组织”的后置认定方式，灵活了非营利组织的发展方式。《慈善法》第八条规定了慈善组织的概念是以面向社会开展慈善活动为宗旨的非营利组织，即非营利组织以开展慈善活动为宗旨即为慈善组织。非营利原则厘清了作为业务类别的慈善组织和作为组织形式的社会组织（基金会、社会团体、社会服务机构）之间的区别，降低了慈善组织的门槛，使得更多的非营利社会组织能够参与到慈善活动当中。

---

① 王作全：《解读〈慈善法〉：过程、内容、亮点与问题》，载《中国农业大学学报（社会科学报）》2016年12月第33卷第6期。

② 魏建国：《“非营利”内涵的立法界定及其对民办教育发展的意义——从〈慈善法〉出台到〈民办教育促进法〉修改》，载《华中师范大学学报（人文社会科学版）》2017年1月第56卷第1期。

③ 马剑银：《“慈善”的法律界定》，载《学术交流》2016年第7期。

（二）非营利原则在促进慈善发展和维护慈善秩序之间提供了平衡点

非营利原则允许慈善组织的经营活动，但只限于相关的经营活动，即为了实现慈善组织的宗旨和目标、维持慈善组织自身的健康运行而进行的经营活动。由于法律的艺术在于实现各种利益之间的平衡，在于“兴利”和“防弊”之间的协调，非营利原则允许慈善组织的经营活动，但并未放开无关的营利活动，是在促进慈善发展和维护慈善秩序之间寻求的平衡点。

（三）非营利原则为慈善组织的管理提供了一条明确的标准

慈善组织的法律内涵是免税组织，慈善组织之所以能够享有免税优惠，一方面是因为其向社会提供公共服务和公共物品，具有公益性质，另一方面是因为其对社会力量的动员以及对社会资源流动的合理分配，在一定程度上代替了政府工作，政府以免税的方式支持慈善组织，相当于以公共财政的力量支持慈善组织的可持续发展。① 因此，慈善组织的活动内容应当被限制在非营利原则要求之内，一旦慈善组织存在从事无关营利活动、进行利润分配等违反非营利原则的行为，必将受到相应的约束和制裁。

（四）非营利原则能够吸收更多专业的慈善人员进行慈善管理

慈善组织的可持续发展以慈善组织成员利益的可持续发展为基础，不同于公益原则的要求，非营利原则承认私益的存在，慈善组织工作人员的合理报酬亦被非营利原则承认。因此，非营利原则能够吸收更多专业的慈善人员进行慈善管理，以此更能促进慈善组织的健康运行和可持续发展。

（五）非营利原则是慈善组织享受税收优惠的标准和依据

税收优惠是促进慈善最有力的支撑，我国《慈善法》的配套规定《关于非营利组织免税资格认定管理有关问题的通知》（财税〔2018〕13 号）为慈善组织享受税收优惠提供了具体可操作的程序。通知中规定的免税条件基本符合非营利原则的要求，即非营利组织不以营利为目的，不进行利润分配，从事的慈

① 李芳：《慈善法应界定为“公益慈善法”申论》，载《东方论坛》2015 年第 6 期。

善活动以及相关经营活动享受免税。非营利原则区分慈善组织的营利活动是否具有相关性，仅允许相关的经营活动，无关的经营活动不符合非营利原则的要求。对于无关的经营活动要进行征税，从而消除与非免税商业组织的不公平竞争，促进社会公平。

三、我国《慈善法》非营利原则操作中存在的问题

我国《慈善法》仅笼统地确立了非营利原则，其本身并未就非营利原则的内涵进行规定，同时也缺乏非营利原则所要求的慈善组织之目的、方式、范围、对象、结果等方面的规定。

非营利原则统帅下的具体规则，也存在法律规定上的待完善之处。

（一）“禁止财产分配”规则损害了公益人员的权益

在现实生活中，非营利原则是允许私益存在的，但配套的《慈善法》之“禁止财产分配”规则没有将组织人员的合理报酬问题表述出来，相反，《慈善法》禁止慈善组织的负责人和工作人员在慈善组织投资的企业兼职或者领取报酬，这一方面与实际操作情况不符，另一方面也抑制了组织人员的工作选择。实际上，“禁止财产分配”规则旨在区分公益活动与营利活动，避免两者混淆，实现慈善目的。但这一目的的实现不应当损害公益人员的个人权益，而是应当在符合非营利原则的大前提下（即组织利润不进行分配），一方面依靠政府的监督手段，另一方面与后续的税收优惠政策相衔接，区分营利活动的相关性，针对不同性质的收入采用不同的税收手段。

（二）“允许相关经营活动”规则缺乏具体性安全要求

非营利原则允许非营利组织从事相关经营活动，《慈善法》规定慈善组织为实现财产保值、增值进行投资、应当遵循合法、安全、有效的原则，投资取得的收益应当全部用于慈善目的。即法律仅对相关经营活动作了概括性安全要求，对营利活动的具体方式、规模、实施过程均缺乏安全性操作规定。

（三）非营利原则统帅下的其他具体规则操作程序尚不完善

执行国家统一会计制度、报送年度工作报告和财务会计报告规则的规定都

为非营利原则的贯彻实施提供了具体操作路径，然而这几项规则的制定并不完善。例如执行国家统一会计制度中，会计审核部门没有明确规定；报送年度工作报告规则中，年度工作报告的公益要求、报告流程均存在空白。

税收优惠规则也是非营利原则统帅下的重要慈善规则，《慈善法》第七十九条至第八十二条规定了慈善相关主体享有税收优惠政策。由于法案设定的慈善组织税收优惠政策与税法没有一个有效的衔接，促进、支持、鼓励慈善事业发展的关键性制度——税收优惠制度被束之高阁，无的放矢。

非营利原则要求慈善组织遵循信息公开规则，以保障慈善组织的非营利属性。但《慈善法》有关信息公开规则的设定在内容、途径和救济三方面都存在缺陷。从内容上讲，慈善组织信息公开内容不明确且未作区别性对待，同质化的规定导致不同规模不同类型的慈善组织信息公开程度悬殊。从途径上看，慈善组织统一信息平台亟待建立。目前我国仍有71%的省市尚未开通省级信息平台，且相互之间保持独立，缺乏信息交换和共享。① 从救济上看，慈善组织信息公开的对象缺乏救济途径。而公民的信息权利救济是信息公开在制度层面上的有效保障。

四、我国《慈善法》非营利原则的实施建议

非营利原则作为我国《慈善法》的核心原则，在搭建慈善法律体系、规范慈善相关主体的慈善活动以及引导和促进慈善事业发展方面都有其重大价值。针对上述非营利原则及其统帅下的具体规则存在的问题，笔者尝试提出完善建议，为我国《慈善法》的贯彻执行以及下位法的制定提供参考。

（一）尽快出台相关解释明确非营利原则的内涵

相关解释要明确非营利原则的要求，具体包括：慈善目的要符合不以营利为目的；慈善行为主体应当是非营利组织；慈善行为类型包含公益慈善捐赠、私人直接捐赠、虽然通过慈善组织但却指定了受益人的捐赠以及没有获得慈善

---

① 何华兵：《〈慈善法〉背景下慈善组织信息公开的立法现状及其问题研究》，载《中国行政管理》2017年第1期。

组织资格认定的非营利组织的慈善捐赠；慈善方式上不应当禁止慈善组织进行相关营利活动，但绝对禁止利润的分配。

（二）完善非营利原则相关的具体操作规则

1. 更正“禁止财产分配”规则中损害公益人员权益的部分

一方面法律要确认公益人员合理报酬以及工作选择的权利，修改禁止慈善组织的负责人和工作人员在慈善组织投资的企业兼职或者领取报酬的规定。另一方面，要强调非营利组织及其管理人的信托责任，强调相关经营活动中投资者的勤勉义务和谨慎责任。一旦债权人或者侵权行为的受害人举证工作人员滥用非营利组织及其规则，可戳穿其法人面纱并追究责任人的个人责任。笔者建议将公益组织和组织人员的行政支出和工资收入置于市场竞争之中，减少政府干预，以市场化的方式进行自我管理和调节机制，以维护私益权益的方式促进公益，促进慈善。

2. 补充“允许相关经营活动”规则中缺乏的具体性安全要求

首先，应当限定投资的具体方式。通过制定慈善组织投资活动实施细则和投资活动指引，规定投资资金占全部资产的比例、禁止或限制投资的领域和更多规避风险的措施。其次，营利活动规模的适当性也要得到体现。既要有原则性的规定，如投资规模不应妨碍公益事业实施，又要有具体投资比例控制。最后，经营活动实施的独立性也要得到保障。经营活动与公益活动的混同会干扰或者弱化其主要事业，还会使得税收优惠变得难以操作和实现。因此，保障经营活动实施的独立性一方面可以保持慈善组织的基本属性，另一方面也降低了慈善组织从事投资活动的风险。①

3. 尽快出台配套法规填补相关规则的衔接空白

第一，完善执行国家统一会计制度、报送年度工作报告和财务会计报告规则的具体操作规定。明确会计审核主体，突出年度工作报告中的重点，除了《慈善法》已经做出要求的几项情况外，进一步设计情况报告规则，采取具体量化的标准和规则对非营利组织的年度报告进行审核，同时注重标准要求与灵

---

① 李永军：《论〈慈善法〉的理解与完善建议》，载《北京航空航天大学学报（社会科学版）》2017 年第 3 期。

活性的衔接。第二，完善与慈善法案设定的慈善组织税收优惠政策相衔接的税法规则。立法应当明确公益性社会组织营利性机构的税后利润全部返还给公益性社会组织，全部用于公益目的事业。此外，笔者建议在下一轮税收相关法律的修改过程中，与《慈善法》立法的倾向保持一致，将慈善组织以及其他非营利免税组织的税收优惠细则，如税种、税率、税收减免程序细则等进行法律明确。第三，完善信息公开规则。首先，规范慈善组织信息公开的途径，建立不同层级的信息共享平台。其次，对不同规模不同类型的慈善组织进行细分，按照必须公开的信息和选择公开的信息进行划分，由民政部和其他相关部门制定表格进行详细罗列说明。最后，制定公民信息权利救济的具体救济程序和具体惩罚规则，落实公民救济途径。

城乡规划变更的法律规制

李冰强* 郭 彦**

摘 要：城乡规划关系国计民生，它的科学性、权威性、确定性、持续性和公益性决定了其不能随意变更。实践中由于城乡规划编制不科学，政府未能协调好与开发商、公民的权益，政府机构内部扯皮，法律对规划的评估标准模糊以及公民在规划编制实施过程中参与不足等原因，城乡规划经常“被变更”。规划随意变更损害政府的权威，损害公民、法人和其他组织的合法权益，影响社会的生产生活，更是严重浪费社会资源，因此须进行有效的法律规制。

关键词：城乡规划 变更 法律规制

城乡规划对于促进土地资源的合理利用和城乡人居环境的改善，实现城乡经济社会全面协调可持续发展具有十分重要的作用。但是，城乡规划发挥这一作用的前提是，城乡规划得到科学制定并严格执行。然而，从我国城乡规划制定实施的实际情况来看，规划编制不科学、规划随意变更的现象屡见不鲜。比如欲建设成为“国内最高的人物铜像”斥资7000万元的广西柳宗元雕像，2012年动工，2013年年中停工，2014年8月开始被陆续拆迁，未建成即被拆迁，此类现象在国内比比皆是。习近平总书记在北京市规划展览馆调研时指出：“考察一个城市首先看规划，规划科学是最大的效益，规划失误是最大的浪费，规划折腾是最大的忌讳。”① 因此，如何通过合理的制度设计，来确保城乡规划得到

---

* 山西大学法学院副教授，法学博士，主要研究方向为环境与资源保护法。
** 山西大学法学院经济法学专业硕士研究生，主要研究方向为环境与资源保护法。

① 李斌：《规划失误是最大的浪费》，载《人民日报》2014年5月21日，第5版。

科学编制、减少规划失误，避免规划折腾，是城乡规划制度建设亟须考虑和解决的关键问题。

一、城乡规划的特性及其要求

城乡规划是在综合考虑城乡经济社会发展、生态环境系统以及资源合理开发利用等要素的基础上，合理利用城乡土地，协调城乡空间功能布局，来确定城乡的规模和发展方向的战略部署。① 作为政府统筹安排城乡发展建设空间布局，保护生态和自然环境，合理利用自然资源，维护社会公正与公平的重要依据，城乡规划具有以下几个方面的特性：

第一，科学性。由于城乡规划涉及某一区域城乡发展与建设的合理布局，对资源利用和生态环境的保护也至关重要，因此，必须要利用科学的方法来编制城乡发展与建设规划。所以，各级政府在城乡规划的编制过程中，不仅要考虑城乡政治、经济、文化以及环境各方面的发展状况，在保持经济平稳较快运行的同时，注重中国传统建筑、文化遗址的保护，而且要注重对生态环境的影响评价，考虑绿色生态城市的发展要求，确保城乡规划的编制符合经济社会发展和生态环境保护的要求。

第二，权威性。城乡规划在编制过程中不仅关涉政府机关，一些城乡规划还需要经地方人大常委会进行审批或者备案，即城乡规划是由代表行政权力的行政机关和代表权力机关的地方人大共同决定，才能公布施行，具有较强的公定力和权威性。比如省级人民政府组织编制的城镇体系规划和市、县人民政府组织编制的总体规划，在报上一级人民政府审批前，应当先经本级人民代表大会常务委员会审议。依据总体规划编制控制性详细规划时，不仅要经市人民政府批准，还要向本级人大常委会和上一级人民政府备案，这相当于一项规划要经过三级机关的审阅，大大增强了规划的权威性。

第三，确定性。城乡规划是政府经过一系列科学、合法的程序编制出来的，是权威机关经过法定程序编制的，体现的是公权力的管理和控制，应当具有确定性和拘束力。同时，城乡规划也是根据区域经济和社会发展的具体情况予以

---

① 隋卫东等主编：《城乡规划法》，山东大学出版社2009年版，第4页。

编制的，是对城乡空间发展和整体布局的战略部署，其一旦公布实施，便会对相关利害关系人的权益产生影响与约束，利害关系人也会基于规划对自己的行为活动作出相应的调整或者安排，如果城乡规划随意变更，利害关系人乃至社会公众就会无所适从，影响规划的权威性和公定力。因此编制完成后就应具有确定力，任何单位和个人不得随意变更。

第四，持续性。《城乡规划法》规定近期规划的时间是五年，国家、省（区、市）总体规划和区域规划的期限也是五年，可以展望到十年以上，对于城市和镇总体性规划的期限为二十年，其中城市总体规划还要对城市更长远的工程项目作出预测性安排。因此，城乡规划不仅要考虑当前城乡居民生活生产的需要，更要考虑后代人的需要，做好预测性的工作安排，保证城乡规划的平稳健康运行，实现可持续发展。

第五，公益性。城乡规划的编制和实施是政府行使职能的基本手段，是综合考虑全局的利益，本着“服务公众，方便公众”的宗旨，以大多数居民对美好生活的渴望为出发点，遵循区域政治、经济等人文状况，将人民群众的需要放在首要位置来编制和实施规划，从而提高人民群众对生产生活环境的满意度，优化城乡生活空间，早日实现良好人居环境的最终目标①，因此，城乡规划具有较强的公益性。

基于城乡规划的科学性，城乡规划不需要被变更；基于城乡规划的权威性、确定性，城乡规划不能随意被变更；再基于城乡规划所具有的持续性和公益性，城乡规划也不宜经常被变更。因此，城乡规划所具有的科学性、权威性、确定性、持续性和公益性等特性，决定了城乡规划应当具有稳定性和确定力，不能随意被变更。

二、城乡规划随意变更的原因分析

城乡规划根据其运行环节，可以划分为规划编制、规划实施两个阶段。在规划编制阶段，由于规划尚未发生效力，规划组织编制机关对所拟定的规划草案进行修改不属于规划变更的情形；只有规划在编制完成，经过审批机关审批

---

① 何俊明：《空间宪政中的城市规划》，东南大学出版社2013年版，第76页。

并发布，产生法律效力之后尚未完结之前，才涉及是否变更问题。因此，从时间节点上讲，城乡规划的变更主要是指规划审批公布之后的变更。因此，本文对城乡规划变更的界定，是指城乡规划的组织编制机关在规划实施后，基于某些特定原因或者情形，按照法定的权限和程序对城乡规划所做的修改和变更。规划变更基于变更的理由判断，可以划分为合理变更和随意变更。合理变更是在规划实施中，因为法律或者社会情况等客观因素发生变化而被终止实施的情形。比如《城乡规划法》第四十七条所列举的规划变更的情形，即属于合理。而随意变更则是指在规划实施中，凭借私人意志或是利益驱动等人为因素对规划进行恣意变更或调整的情形。从现实情况来看，城乡规划之所以随意被变更，主要还是由于规划编制本身的科学性不高，地方政府滥用自己的行政职权，政府内部机构职能衔接不合理，规划的评估标准不明确和公众在规划运行过程中的参与不足等原因造成的。

（一）城乡规划编制不科学

城乡规划的编制主体政府规划主管部门。在《城乡规划法》关于规划的制定中，规划的编制机关也只出现了国务院城乡规划主管部门、国务院有关部门和相应的地方各级人民政府，并未规定内部成员的组成及比例问题，因此这种规划制定出来之后科学性有待考量。另一编制主体是城乡规划组织编制机关委托具有相应资质等级的单位承接编制工作，生活中通常叫“外包”，虽然对承接单位有相应资格限制，但“规定数量的规划师，规定数量的专业技术人员，相应的技术装备、健全的技术、质量、财务管理制度”并未规定确切的严格的标准，是否可以在具体操作中“具体问题具体分析”，会使标准存在过多的主观因素，过多加入人为干预，相应的科学性就会降低。

（二）法律对政府及其工作人员的责任划分不明确

在现今的财税体制下，地方政府的事权和财权不对应，在城市建设中面对很大的财政压力。我国自 1986 年起逐步确立了土地有偿使用制度，允许城市政府将土地出让金列为预算外财政收入，随着房地产市场的逐步升温，土地出让金成了政府新的收入来源，通过频繁地出让土地，地方政府有更多的资金可以用于城市建设，此项收入已成为城市政府的“重要财源”。① 同时地方政府官员出于自身利益的考量，对仕途政绩或是名誉金钱的追求，在城市规划过程中经常会出现寻租等行为，这实际上是以公共利益的牺牲为代价，来换取集团利益和个人利益。在这样的大背景下，开发商利用资本优势来获取在城市规划中的话语权，用以影响城市规划的制定和实施，且由于目前相关法律制度的短缺，某些开发商甚至通过不正当的手段，违反法定程序，在城市建设中为自己谋求最大利益。

这在现实中也得到了证实，例如江西省南昌市违反城市总体规划强制性内容审批钻石广场商业项目案②和福建省厦门市在鼓浪屿万石山国家级风景名胜区内建设云顶豪华精选酒店案③，政府和开发商主要违反《城乡规划法》第三十五条④、第四十条⑤及第四十二条⑥的规定。出现违法行为的原因大多是政府

---

① 董珂:《〈总体规划编制办法改革与创新〉专题——城市总体规划审查办法的改革与创新》，载中国城乡规划行业网。

② 南昌市违反城市总体规划强制性内容修改控制性详细规划，擅自将1.6万余平方米现状公园绿地变更为商业、金融和旅馆用地，核发钻石广场项目《建设工程规划许可证》，总建筑面积约11万平方米。

③ 厦门市将鼓浪屿—万石山国家级风景名胜区云顶岩南麓地块约4.56万平方米出让给恒兴滨海置业有限责任公司，并将相邻的茂后水库及周边绿地10.24万平方米租赁给该公司。恒兴滨海公司未取得规划许可手续，擅自开工建设云顶豪华精选酒店。目前，现场自然山体地貌、水系和植被已被破坏。

④ 《城乡规划法》第三十五条，城乡规划确定的铁路、公路、港口、机场、道路、绿地、输配电设施及输电线路走廊、通信设施、广播电视设施、管道设施、河道、水库、水源地、自然保护区、防汛通道、消防通道、核电站、垃圾填埋场及焚烧厂、污水处理厂和公共服务设施的用地以及其他需要依法保护的用地，禁止擅自改变用途。

⑤ 《城乡规划法》第四十条，在城市、镇规划区内进行建筑物、构筑物、道路、管线和其他工程建设的，建设单位或者个人应当向城市、县人民政府城乡规划主管部门或者省、自治区、直辖市人民政府确定的镇人民政府申请办理建设工程规划许可证。

申请办理建设工程规划许可证，应当提交使用土地的有关证明文件、建设工程设计方案等材料。需要建设单位编制修建性详细规划的建设项目，还应当提交修建性详细规划。对符合控制性详细规划和规划条件的，由城市、县人民政府城乡规划主管部门或者省、自治区、直辖市人民政府确定的镇人民政府核发建设工程规划许可证。

城市、县人民政府城乡规划主管部门或者省、自治区、直辖市人民政府确定的镇人民政府应当依法将经审定的修建性详细规划、建设工程设计方案的总平面图予以公布。

⑥ 《城乡规划法》第四十二条，城乡规划主管部门不得在城乡规划确定的建设用地范围以外作出规划许可。

违反法定事由擅自改变土地用途，违法变更总体规划的强制性规定，同时违规发放规划建设许可证，将留给公共基础设施的区域（比如绿化区）违法划拨给开发商用作生产生活等营利场所。随意变更规划用地，为开发商的需要而占用区域的重要基础设施、公共服务设施用地，损害区域的公共利益，政府应该承担相应责任，而在第六章法律责任中却没有提及对政府相关部门此类违法行为的相关法律处罚。政府不按法定程序办事，从中获得利益却不受处罚，让其变更规划的随意性加大。

（三）政府内部机构职能衔接不合理

城乡规划由城乡规划司负责，土地的使用由国土资源部负责，《城乡规划法》与《土地管理法》分别制定用以规制部门之间的行为规范，《土地管理法》是由国土资源部负责实施，而《城乡规划法》由住房和城乡建设部负责实施，且各地的部门名称与职能也并非完全一致①，导致城市规划的编制、审批、实施是由城乡规划部门负责，之后拿到规划许可证的开发商去土地部门申请领取土地使用证，这是独立的两条线。加之权责一致原则，有权力必然就会承担责任，政府由之前的争夺利益转而变成相互推诿，政府职能呈现各自为政的“碎片化”局面，这就导致城乡规划与土地利用规划在现实生活中产生了严重的不协调性，相互不能衔接，在实务中出现管理混乱或者是相互推诿的情形，加重了政府管理的负担。

（四）规划实施的评估体制不明确

《城乡规划法》第四十六条规定省域城镇体系规划、城市总体规划、镇总体规划的组织编制机关，应当组织有关部门和专家定期对规划实施情况进行评估。其中“定期”规定为两年，各省市可按照自己的意愿去制定时间间隔，法律在定量的基础上赋予了其弹性。但是，现实中定期评估灵活性的标准法律未明确，且评估是否进行，评估的标准怎样算合格以及合格或者不合格之后相应的实施程序该怎样进行，这些均没有相关的规定，是否还是各省自由裁量？各

① 高小惠：《对我国〈城乡规划法〉实施障碍的探讨》，载《法制与社会》2011年第12期。

省市关于这些问题的规定良莠不齐，审批机关定期对规划的实施情况作出评价，评估的范围、标准，以及不合格之后的处理程序并未给出统一明确的阐述。

(五) 公众在制定城乡规划时的参与度低

城乡规划现已从注重经济发展转向社会发展，着重强调人类的利益和社会的协调发展，为此建设良好的人居环境首先要考虑公众的意见。[①] 《城乡规划法》第二十六条规定规划在报送审批前，要将草案予以公示，征求专家和公众的意见，且规定公示日期不得少于30天。编制机关充分考虑这些意见后，在报送材料中附意见采纳及理由。首先，这其中公示的方式方法及程序并没有明确，公众是否可以接收到相应信息成为一大问题。其次，公示30天的期限，是否应根据不同区域以及相应人口数量的实际情况而有所不同。最后，专家及公众的意见提交之后，附具在报送材料中的采纳情况及理由并未对公众展示，相关负责人怎样对待这些宝贵的意见，公众并不知情。并且第二十七条规定审批机关应组织专家和有关部门进行审查，其中审查的程序以及相关公示工作该怎样落实的规定法律并未提及，这其中存在的不合理因素值得利害关系人进一步思考。

三、城乡规划随意变更的消极影响

基于前文所述关于城乡规划的特性，城乡规划的变更引发了空间关系的变化，松散的个体变成了紧密的个体，相对独立的个体变成了社会中的个体，既相互协作也相互影响，由此便涉及权益的变化。城乡规划文件一经公布即产生法律约束力，具有公信力。在规划执行过程中如被随意变更，会损害政府权威，引起相关利害关系人权益的变动，还会浪费社会资源，在发生法律效力后以及实施过程中规划都不应随意发生变动。但现实中规划随意变更的现象屡见不鲜，并由此给经济社会带来了诸多的消极影响。

(一) 规划随意变更降低了政府的公信力

政府公信力是政府的影响力与号召力，它体现了政府工作的权威性、民主

---

① 何俊明:《空间宪政中的城市规划》，东南大学出版社2013年版，第196页。

程度、服务程度和法治建设程度，是政府履行职能、从事行政管理、提供公共服务的综合反映。但是，政府作为一个行使公权力并为广大社会成员提供普遍服务的组织，其公信力并非天然取得，而是通过其法定职责的履行予以体现。①城乡规划是政府公布的权威性法律文件，是政府履行职能的重要途径。随意变更规划是政府不负责任的表现，背离了政府为人民服务的宗旨，违反了法律法规及法律精神，同时变更程序不公开透明，公众无法参与其中，也无法实现有效监督。城乡规划如果随意变更，朝令夕改，会削弱社会公众对政府的信任和支持，最终损害政府的权威性和公信力。

（二）规划随意变更损害利害关系人的合法权益

行政行为具有确定力、拘束力和执行力。城乡规划作为政府行政行为的一种，其一经法定程序公布实施，就会产生相应的行政效力，无论是政府、企业还是社会公众都应当严格遵循并执行，非经法定程序不得随意变更。城乡规划范围内的企业和个人往往会根据政府公布的城乡发展建设规划，来安排自己的生产经营活动或者社会生活。如果城乡规划随意变更，规划范围和规划内容朝令夕改，不仅会导致社会公众无所适从，而且也会给相关公民、法人和其他组织的合法权益造成损害。前几年湘江台州数十家企业十年内三次“被搬迁”，就是政府城乡规划随意变更对利害关系人合法权益造成损害的典型例证。

（三）规划随意变更造成资源的严重浪费

自然资源是一国经济和社会发展的基础。然而，人类可以利用的资源是有限的，自然资源的稀缺性以及某些资源的不可再生性，使得自然资源在有限的空间里显得弥足珍贵。城乡规划作为政府统筹安排城乡发展建设空间布局的重要依据，其对以钢材、水泥、玻璃、木材等为主要内容的自然资源的占有、使用和消耗在数量上十分巨大②。但是，城乡规划的随意变更，导致现实中大量“短命建筑”层出不穷，今天建好明天拆掉，甚至尚未建成即被拆除的建筑比

---

① 余建中：《政府职能转变与城乡规划公共属性回归——谈城乡规划面临的挑战与改革》，载《规划研究》2006 年第 2 期。

② 赵丹，何永：《新型城镇化背景下生态导向的城乡变更初探》，载《城乡规划》2016 年第 7 期。

比皆是，由此造成大量的城市建筑垃圾。根据《中国建筑垃圾资源化产业发展报告（2014 年度）》的测算，我国每年因新建、拆除、装修等产生的建筑垃圾约为 15.5 亿—24 亿吨。而我国目前对建筑垃圾的处理能力和循环利用还远远不够，相较于欧美、日本等发达国家 90% 以上的资源化率，我国目前建筑垃圾资源化率尚不足 5%。[①] 因此，由于城乡规划变更导致资源浪费的现象在我国不仅十分普遍，而且相当严重。

四、随意变更城乡规划的法律规制

由于城乡规划随意变更给经济社会带来的诸多不利影响和负面效应，因此，必须针对现实中随意变更城乡规划之根源，对症下药，寻求解决问题的具体对策与措施，以保证城乡规划的科学性并真正得到有效实施和执行，促进我国城乡建设和人居环境的改善。

（一）确立科学的机制来确定城乡规划的编制方案

城乡规划编制机关在制订方案时应确定科学合理的主体编制结构，建议可以由政府代表牵头，规划编制部门、城市设计者、环保学家、历史研究工作者等专家学者以及公众代表共同研究，提出完善的规划设计方案。而当委托具有相应资质等级的单位承接编制工作时，首先，择优且严格审核选择具有资质的单位，通过招标的方法确定最适合城乡规划发展，同时也最能协调各方利益的单位承接编制以及修改工作。其次，在编制过程中，要求其提出相应的专题报告，以及对报告进行可行性分析，同时定期向政府部门报告编制工作的进展情况及对遇到问题的解决办法，政府组织相关专家进行审核。城乡规划的合理变更也要遵循前述标准。

（二）规范对政府及其工作人员的问责机制

编制机关在制定和修改城乡规划时利用自己的职权，违反总体规划或是强

---

① 方开燕，连品洁：《建筑垃圾　再生路有多长》，载《人民日报》2016 年 4 月 8 日，第 6 版。

制性规划，擅自变更土地用途，给予开发商便利，牺牲公共利益，因此，必须明确相关规划部门在规划变更中的责任。当编制机关或土地主管部门违反法定程序违规变更规划发放建设用地许可证或是随意变更土地用途，影响到公共基础设施、服务设施以及相关利害关系人的权益时，不仅追究相关部门的责任，同时将责任具体落实到个人。在个人承担责任方面，政府相关人员一般采用警告、记过等方式进行处罚，很少涉及刑事责任，在处罚机制加入刑事责任的同时，更有效更快速的方法便是对个人处以罚款，根据行政机关工作人员的人事级别确定罚款标准，没收其年终奖励，并在当年的考核中记为不合格，以此提高相关部门及工作人员的危机预警意识，谨慎处理城乡规划工作，促进城市健康发展，为人民群众创造良好的工作和生活环境。

（三）明确政府内部机构职能的分割和协调

英美等地区大多采用规划决策与规划执行分离的制度。如英国的规划管理由立法、监督与仲裁三种机构分别承担，并实行中央、郡、市或地区的分级管理，采用“指导性”规划管理模式，在法律赋权的前提下保持上下、左右之间的服从与协商。从中央、郡到地方，规划法令、政策的制定和发展规划的决策权掌握在专门的规划委员会（从属于议会）手中，规划的执行则是英国政府规划行政主管部门的公务员负责。①

我们可以借鉴英国的做法，城乡规划的编制机关实行自上而下的领导管理模式，由制定总体规划的部门直接领导地方部门的详细性规划，提高规划编制的科学性和可执行性，但不能借鉴英美国家的做法将执行权独立，在我国政府部门过于冗杂，需要相关部门的配合才能更好地执行，如果独立出来反而不利于规划的执行。我国规划的运行和土地的审批由不同部门负责，可以在政府城乡规划部门与土地管理部门之间存在重叠或是冲突的部分设置一个专项工作组，这类机构的人事安排可以抽调城乡规划部门和土地部门的相关人员来专门执行这类事务，既能协调两个部门机构之间的利益，又能保证规划的贯彻执行，因此需要制定详细的法律法规来完善政府内部机构的职能，以保证城乡规划的顺利进行。

---

① 温雅、房予、陈晓越：《城乡规划新体系下国外规划管理的再认识和经验借鉴》，载《生态文明视角下的城乡规划——2008 中国城市规划年会论文集》。

(四) 规范对规划的定期评估制度

对于城乡规划的定期评估，实践中在相对稳定的基础上赋予其弹性，弹性的标准可以按照城市政治、经济、文化等方面的发展状况划分城市等级，将属于同一发展水平的城市规定相同的时间定期对城乡规划进行评估，不同等级的城市按一定比例确定具体评估的间隔时间。对于规划的评估全国上下要根据不同等级制定各层级明确统一的标准，便于管理。对于规划是否照常实施，可以利用卫星遥感技术对城乡规划的实际建设情况进行动态监测，实时监控规划的变动情况，有效防止随意变更规划的情形。完善对规划评估后的程序性措施，合格后规划当然继续执行，不合格的必须恢复原状，给予相当的警告、罚款或是其他行政处罚，这样一旦发现违法操作，可以在第一时间找到应对措施，及时纠正相关部门或是开发商的违法行为，有效地节省人力物力，也可以最大程度地节约自然资源。

(五) 提高公众对规划制定全过程的参与深度

事先监督是有效的救济手段，与监督联系密切的就是广泛的公众参与制度。所以，公众积极参与城乡规划的运行是实现自己权利的有效方式。首先，完善公众参与制度，加强公众参与。居民是居住在这个城市中最集中的群体，也是城市规划和城市建设影响最直接的群体，居民对城市规划的参与表现出越来越强烈的愿望，希望能在城市规划的制定中发出自己的声音，表达自己的愿望。公众在草案出台前就可以先提出自己的建议，政府利用公开征求意见的方法听取大多数居民的意见和建议，使规划最大程度地反映人民群众的呼声，提高规划的合理性。其次，对公众意见的采纳情况进行公示，不采纳的要说明理由。这是针对编制部门对规划草案向专家和公众征求建议，集齐建议之后要将他们的建议予以公示，在最后报送材料中对意见采纳及理由的相关文件也应予以公示。公示期限的30天太过死板，应赋予其弹性，根据不同规划区的具体情况制定合理的公示期。最后，健全监督体制，进行全方位（横向)、一条线（纵向）监督。在上级政府和地方人民代表大会监督规划变更的同时，要强化社会媒体的全方位监督，同时完善规划编制从制定—审核—实施—评估—修改—再审核—再评估等的循环过程进行全过程监督的机制。

山西省开放型经济法律制度建设探析

冯秀峰*

摘　要：2015年中共中央、国务院提出构建开放型经济新体制，作为内陆省份的山西虽然在进出口贸易、外商投资和“走出去”方面相对落后，但是以建设国家资源型经济转型综合改革试验区为平台，山西省近几年出台了一系列政策来促进开放型经济的构建，并筹建了山西转型综合改革示范区。笔者通过对诸多一手资料的研究，对山西开放型经济构建的主要制度进行了梳理和研究，分析了山西省开放型经济法律制度建设存在的问题并提出了相应的解决建议。

关键词：山西省　开放型经济法律制度　综合改革示范区

自从2015年中共中央、国务院提出构建开放型经济新体制以来，作为内陆省份的山西，在建设国家资源型经济转型综合改革试验区的背景下，也作出了一系列的努力来向开放型经济新体制转变。虽然在进出口贸易、外商投资和“走出去”方面，山西相对于东部沿海省份甚至相对于中部省份都处于相对落后的阶段，为了扭转这一局面，山西省出台了一系列政策来促进开放型经济的构建，并筹建了山西转型综合改革示范区。笔者发现，目前对于山西开放型经济的研究成果年份相对较早，而最近几年出台的政策又很多，现有的研究没能够及时地反映现实的变化，因此有必要对于山西省开放型经济法律制度的建设现状进行一个系统全面的梳理和分析，并在此基础上指出现有的问题，进而提出应对的建议。

---

* 山西大学法学院讲师，法学博士，主要研究方向为国际经济法学。

一、山西省开放型经济构建的基本情况

山西地处中国内陆，加上过度依赖于煤炭而形成的资源型经济发展模式，使得山西在对外开放方面与东部省份相比落后很多，甚至在中部六省中也常常排名落后。以《中国统计年鉴》最新可得的2016年的数据为例，山西的货物进出口总额约为166.6亿美元，① 在中部六省中排名落后，而在环渤海经济区的省市中，山西的差距就更为明显了，只比内蒙古略高。② 就山西省自身而言，从图1来看，2012年至2016年间，山西省海关进出口数额在2015年出现明显下滑外，总体形势呈现增长态势。与此同时，外商直接投资的数据并不乐观，从2014年至2016年，呈现逐年下滑的趋势（见图2）。

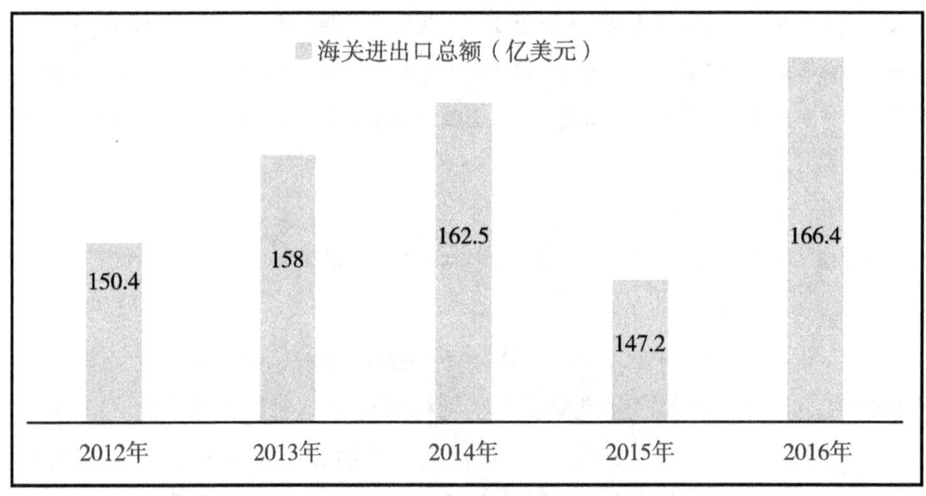

图1　山西省海关进出口总额③

① 山西省《统计年鉴》(2017) 的海关进出口总额数据为166.4亿美元。

② 以上数据均来自《中国统计年鉴》(2017)。

③ 图表中的数据来自山西省《统计年鉴》(2017)。

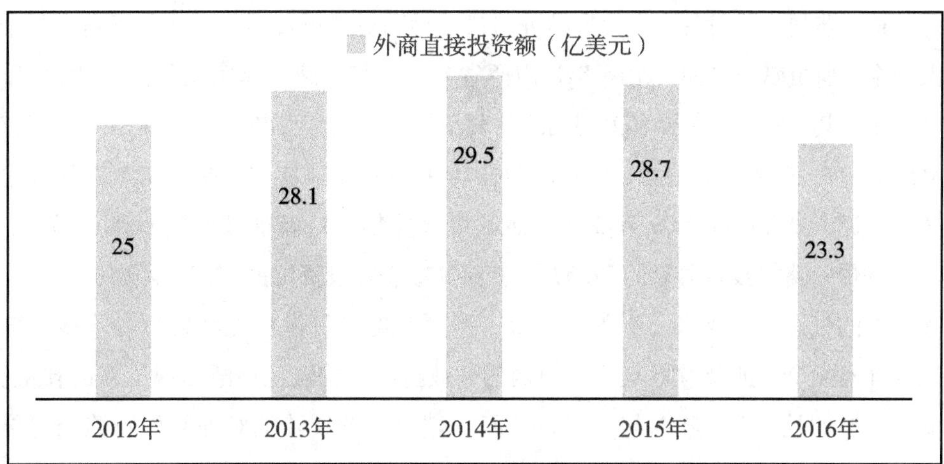

图2　山西省外商直接投资额①

从对外投资来看，2016 年山西省企业对外非金融类直接投资流量约 5.7 亿美元，不论是相对中部六省还是环渤海地区的五省（区）二市，山西的对外直接投资排名都很落后。与同期中国地方对外直接非金融类直接投资最多的省市上海市的 239.68 亿美元相比更是相差甚远（见图 3）。②

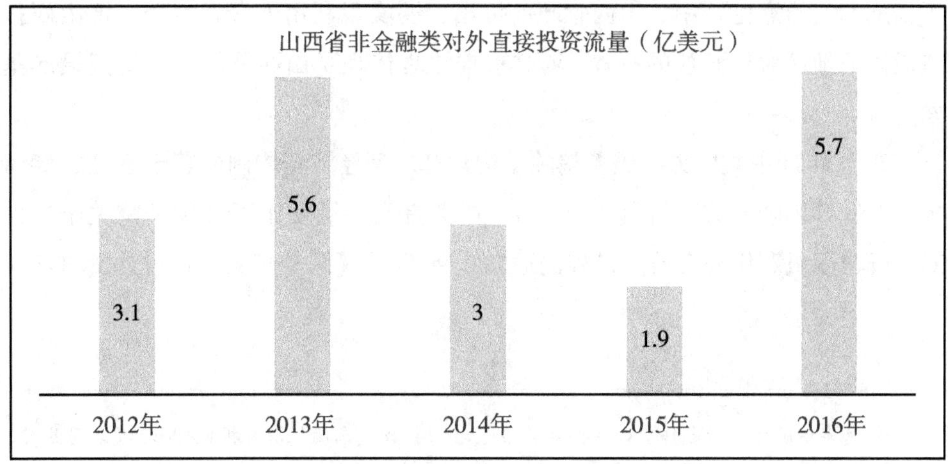

图3　山西省非金融类对外直接投资流量统计③

① 图表中的数据来自山西省统计年鉴（2017）。

② 以上数据来自《2016 年度中国对外直接投资统计公报》，第 57 页。

③ 图表中的数据来自《2016 年度中国对外直接投资统计公报》。

进一步研究后发现，山西省的进出口贸易和对外投资额的大部分都是由几个大型企业所贡献。例如，2016 年，山西省与“一带一路”国家贸易总额达 36.75 亿美元，其中富士康集团和太钢集团的贸易量，占到全省与“一带一路”国家贸易总额的 69.06%。再比如，同年山西省共有 10 家企业在“一带一路”沿线国家开展投资，投资总额 8003 万美元。而其中太重集团对新加坡投资 6200 万美元，占“一带一路”投资总额的 77.5%，其余 9 家企业投资仅占 22.5%。①

总的来说，近年来，借着“一带一路”战略、资源型经济转型、承接东部地区外商投资产业转移等契机，山西的开放型经济构建也逐渐出现了新的转机。值得一提的是，以积极参与“一带一路”建设，开展陆上对外开放新路径为导向，山西开行了中欧班列并逐渐实现了常态化运行。②

二、山西省开放型经济的主要制度

在这种基本省情下，山西省相继密集出台了许多着力于开放型经济构建的政策。在《山西省人民政府关于贯彻落实国务院扩大对外开放积极利用外资若干措施的实施意见》中，山西省政府提出，要实现利用外资新突破，把山西打造成内陆地区对外开放的高地。③ 这一提法也体现了山西开放型经济建设的基本定位。

2015 年《中共中央、国务院关于构建开放型经济新体制的若干意见》专门提出要完善内陆开放新机制。④ 之后，国务院又相继发布了《国务院关于扩大对外开放积极利用外资若干措施的通知》，⑤ 以及《国务院关于促进外资增长若

---

① 《实现国际产能合作 山西企业为啥忐忑?》，载《山西经济日报》，2017 年 8 月 8 日。

② 《山西中欧班列实现常态化运行》，载中国新闻网 http://finance.chinanews.com/cj/2018/07-03/8555151.shtml.

③ 《山西省人民政府关于贯彻落实国务院扩大对外开放积极利用外资若干措施的实施意见》(以下简称《山西利用外资实施意见》)，2017 年 7 月 7 日。

④ 《中共中央、国务院关于构建开放型经济新体制的若干意见》，2015 年 5 月 5 日。

⑤ 《国务院关于扩大对外开放积极利用外资若干措施的通知》(国发〔2017〕5 号)，2017 年 1 月 12 日。

干措施的通知》①。针对山西省的具体情况，国务院还专门制定了《国务院关于支持山西省进一步深化改革促进资源型经济转型发展的意见》。②

相应地，山西省政府为了贯彻落实上述文件，也相继出台了《山西省人民政府关于贯彻落实国务院扩大对外开放积极利用外资若干措施的实施意见》《山西省人民政府关于促进外资增长的若干意见》③ 等。笔者详细查找收集了近几年国家及山西省出台的涉及山西开放型经济建设的文件，发现文件调整范围相互交错而又各有侧重，有必要对其进行全面系统的梳理总结。

具体来说，着力建设国家资源型经济转型综合配套改革试验区是国家层面对山西经济发展进行的最重要的战略部署，也是山西省开放型经济建设的顶层架构，山西省委更是提出要以转型综改试验区建设为切入点深入推进改革④；而从实施层面，开放型经济的发展主要以外商投资、对外投资以及进出口贸易这三大块为主要的工作方向。笔者在这部分将主要从这些方面对目前山西的有关政策进行梳理总结。

（一）国家资源型经济综改试验区的开放型经济导向

2010 年 11 月，国务院批准山西省作为国家资源型经济转型综合配套改革试验区（以下简称“试验区”）。这对于推动山西省在战略层面进行经济结构调整，使长期积累的深层次矛盾得到有效调整，进而促进经济发展方式的进一步转变具有重要意义。⑤

国家发展改革委 2012 年印发的《山西省国家资源型经济转型综合配套改革试验总体方案》⑥（以下简称《山西综改总体方案》）中专门提出要加大山西省

---

① 《国务院关于促进外资增长若干措施的通知》（国发〔2017〕39 号），2017 年 8 月 8 日。

② 《国务院关于支持山西省进一步深化改革促进资源型经济转型发展的意见》（国发〔2017〕42 号），2017 年 9 月 1 日。

③ 《山西省人民政府关于促进外资增长的若干意见》（晋政发〔2018〕6 号），2018 年 1 月 31 日。

④ 中共山西省委《关于深入贯彻党的十八届三中全会精神　加快推进转型综改试验区建设的若干意见》（晋发〔2014〕3 号），2014 年 1 月 15 日。

⑤ 国家发展改革委《关于印发〈山西省国家资源型经济转型综合配套改革试验总体方案〉的通知》（发改经体〔2012〕2558 号），2012 年 8 月 20 日。

⑥ 发改经体〔2012〕2558 号。

的开放力度。2014 年，《中共山西省委关于深入贯彻党的十八届三中全会精神加快推进转型综改试验区建设的若干意见》① 就创新区域发展和对外开放管理体制进行了安排。2016 年，山西省人民政府《关于印发〈山西省国家资源型经济转型综合配套改革试验实施方案（2016—2020 年）〉的通知》② 将对外开放体制机制改革列为重大改革之一，并将对外开放作为重大事项，进行了非常具体的安排部署。

2017 年，国务院文件指出，中国的经济发展进入了新的常态，因而对于资源型经济的转型发展也就提出了新的更高要求。国务院专门出台了《国务院关于支持山西省进一步深化改革促进资源型经济转型发展的意见》。③ 意在帮助山西破解制约资源型经济转型过程中的深层次体制与机制障碍以及结构性矛盾，从而走出一条以转型促升级、以创新驱动发展的路子，推动山西省改革发展迈向更加深入的新阶段。与 2012 年的《山西综改总体方案》将“加大开放力度”作为资源型经济转型综合配套改革主要措施的最后一项提出相比，此次国务院把“国际合作”以及“扩大对外开放”放到了第一部分“总体要求”中，列为“指导思想”的内容，反映了国家对于山西省发展开放型经济的新定位。

从这一系列的文件中可以看出，在综改试验区的顶层设计中，开放型经济的建设从一开始就在考虑之中，并且随着国家启动新一轮更高层次的对外开放，全方位开展开放型经济建设以来，山西综改试验区建设中对开放型经济建设强调也更多了。

（二）创新外商投资管理体制

在创新外商投资管理体制方面，最突出的举措是全面推行准入前国民待遇加负面清单的管理模式。自 2015 年，《中共中央、国务院关于构建开放型经济新体制的若干意见》提出“探索对外商投资实行准入前国民待遇加负面清单的管理模式”④ 以来，2017 年国务院两次发文，从开始的措辞：“推进对外商投

---

① 晋发〔2014〕3 号。

② 山西省人民政府《关于印发〈山西省国家资源型经济转型综合配套改革试验实施方案（2016—2020 年）〉的通知》（晋政发〔2016〕9 号），2016 年 3 月 23 日。

③ 国发〔2017〕42 号。

④ 《中共中央、国务院关于构建开放型经济新体制的若干意见》

资全面实施准入前国民待遇加负面清单管理模式”,[①] 到后来明确提出要“全面实施准入前国民待遇加负面清单管理制度。”要求尽快在全国范围推行在自由贸易试验区试行过的外商投资负面清单制度，并进一步建设开放、透明和规范的投资环境。[②] 这些都表明，国家层面对于实施准入前国民待遇加负面清单的管理模式的立场也更加鲜明。

相应地，山西省在贯彻实施国务院以上规定的文件中也明确提出要最大限度地放开对外资的准入，要求但凡国家的法律、法规、规章和政策并未明令禁止的领域，要全部向外资以及社会资本开放，进一步确保内外资、内外地企业同等待遇[③]；并且全面实施准入前国民待遇加负面清单的管理制度。具体来讲，要按照国家的统一部署，在山西省推行自由贸易试验区已经试行过的外商投资负面清单管理制度。同时要完善以负面清单为主的产业准入方面的制度，对于未纳入负面清单管理的那些行业、领域还有业务等，外商投资企业可以依法平等地进入。[④] 这可以说是具有历史意义的提法，彻底开启了内外资在准入前和准入阶段与内资平权的时代。

在全面实现外资准入前国民待遇的同时，为确保进入后的外资能够享受公平的竞争环境，事实上还需要进一步对准入后的国民待遇进行保障。一方面，要在顶层设计上，对外资立法进行修改完善，这项工作目前正在进行。对于地方政府来讲，就要对地方法规、规章进行清理完善。进一步清理和取消那些妨碍内外资公平竞争以及对外开放的地方性法规、规章和规范性文件。要落实公平竞争的审查制度，在市场准入、政府采购、招投标、国有土地出让等经济领域，按照内外资一视同仁的原则，推动外商投资企业与内资企业享受同等待遇。[⑤]

另一方面，国家对于高新技术、科研等的鼓励措施，是否适用于外资在以前并不明确。此次改革中，多项文件都对此作了规定，明确规定了外资在这些领域享受和内资相同的鼓励性政策措施。[⑥]

---

① 国发〔2017〕5号。

② 国发〔2017〕39号。

③ 《山西利用外资实施意见》。

④ 晋政发〔2018〕6号。

⑤ 晋政发〔2018〕6号。

⑥ 《山西利用外资实施意见》。

（三）“一带一路”背景下“走出去”相关政策

笔者研究发现，相对于在“一带一路”沿线国家进行的贸易，山西企业在“走出去”的过程中步子迈得并不大，用《山西经济日报》记者的话来说“更多的山西企业犹如小脚老太”①。从外在原因来讲，对于国外投资环境不熟悉、投资经验不足、语言沟通不畅，从内在原因来说山西的企业有国际投资能力的并不多，客观上能力所限，主观上也缺乏“走出去”的动力。

从政策层面来讲，相对于在吸引外资方面全方位、高规格的政策，在“走出去”方面，相关的政策并不多。笔者发现，近年来山西省相继出台了《关于促进企业“走出去”开展跨国经营的指导意见》《主动参与“一带一路”建设，打造内陆地区对外开放新高地的实施意见》《山西省推进国际产能和装备制造合作工作实施方案》《推进煤焦国际产能合作实施细则》等文件，但笔者反复查找并未在公开渠道获得这些文件的全文。此外，山西省还出台了文件对于企业从事境外投资、对外承包工程和对外劳务合作等对外投资合作业务给予财政支持。

（四）山西综改示范区的开放型经济法律制度

中国共产党山西转型综合改革示范区工作委员会、山西转型综合改革示范区管理委员会于2017年2月25日正式揭牌成立。转型综合改革示范区，是推进开发区改革创新发展的第一突破口，通过先行先试，改革创新，创造可复制、可推广的经验。国务院有关文件特别提到，要支持山西省整合太原市及周边各类开发区，高起点、高标准建设转型综合改革示范区。

在促进投资便利化方面，山西转型综改示范区在推进相对集中行政许可权改革试点，适时将试点经验推广到全省开发区，② 并在示范区推行“一枚印章管审批”，统筹办理立项、建设、人防、外资等审批、服务事项，为企业提供“一口进出”的政务服务。与此同时承接省商务厅外商投资相关权限，推进负面清单以外领域外商投资企业设立及变更审批改革，推进综合行政执法，实现

---

① 《实现国际产能合作　山西企业为啥忐忑?》。

② 晋政发〔2018〕6号。

示范区内“一支队伍管执法”等。①

在促进外贸发展方面，示范区推进海关通关一体化改革。通过完善电子口岸平台建设，推进单一窗口免费申报机制；实施海关企业进出口信用信息公示制度；鼓励保税中介机构发展。鼓励电子信息、高端装备等领域外贸企业在保税区开展出境加工、委内加工业务。

在培育外贸竞争新优势方面，示范区还鼓励大力发展服务贸易，入境维修产品贸易，鼓励发展跨境电商。通过建立海关监管、检验检疫、税收、跨境支付、物流快递等跨境电商支撑体系，鼓励直邮进口和保税进口业务发展。并且示范区还专门出台了《山西转型综改示范区管委会关于印发山西转型综合改革示范区促进跨境电子商务发展扶持办法（试行）的通知》,② 关于这份文件，笔者将在下一部分评述。

三、山西开放型经济法律制度构建存在的问题与对策

（一）注重与国际规则的对接

随着中国经济的快速发展与西方经济发展的放缓，西方对于中国的戒备与防范心理泛起，利用贸易规则对中国企业进行制裁是常常被用到的手段。山西地处内陆，长期以来很少涉及与国际经贸规则的正面交锋，这可能导致山西在政策制定方面对国际规则的考虑欠充分。而事实上，地方政府的制定的政策也是可能违反国际经贸规则特别是 WTO 规则的。笔者在研究当中发现，山西省的有些规定是直接与 WTO 的禁止性规定相违背的。

譬如《山西转型综改示范区管委会关于印发山西转型综合改革示范区促进跨境电子商务发展扶持办法（试行）的通知》中就规定了许多基于出口业绩而给予补贴的规定。例如其中第五条就规定了对办公和经营场所的租赁补贴：“示范区跨境电子商务企业，在区内指定范围租赁办公或经营场所的，从签订租赁

---

① 《山西转型综改示范区管委会关于印发推广自贸区改革试点经验的实施意见》，2017年8月24日。

② 《山西转型综改示范区管委会关于印发山西转型综合改革示范区促进跨境电子商务发展扶持办法（试行）的通知》（晋综示发〔2017〕158号），2017年1月18日起施行。

合同之日起，每平方米每年进出口额达到3000美元的，全额补贴年度实缴租金；每平方米每年进出口额达2000美元的，按年度实缴租金的50%给予补贴。单个企业补贴不超过3年。”再比如第八条“跨境电子商务B2B出口奖励”：“通过太原跨境贸易电子商务平台开展跨境电子商务B2B出口业务的电商平台企业和电商应用企业，交易额首次超过2亿元的，一次性给予30万元奖励；交易额首次超过1亿元的，一次性给予10万元奖励；交易额首次超过5000万元的，一次性给予5万元奖励。”

而WTO《补贴与反补贴措施协定》第三条就明确规定：“3.1 除《农业协定》的规定外，下列属第一条范围内的补贴应予禁止：(a) 法律或事实上视出口实绩为唯一条件或多种其他条件之一而给予的补贴，包括附件1列举的补贴……3.2 一成员不得给予或维持第1款所指的补贴。”而《山西转型综改示范区管委会关于印发山西转型综合改革示范区促进跨境电子商务发展扶持办法(试行)的通知》中，除以上列举的两条外，还有多条规定都是全部或者部分基于出口业绩给予补贴的规定，明显属于WTO《补贴与反补贴措施协定》明令禁止的规定。

《中共中央、国务院关于构建开放型经济新体制的若干意见》明确要求要化解相关贸易摩擦，而这样明显违反WTO规定的政策，是潜在的贸易冲突爆发点，应该尽快修订。

(二) 执行国家政策与寻找地方特色相结合

国务院文件明确指出，允许地方政府在法定权限范围内制定出台招商引资优惠政策，营造良好的投资环境。从山西目前已经出台的政策来看，还是以贯彻落实国务院的文件为主，面很广，但是缺乏山西的地方特色。在全国上下都在建设开放型经济的情势下，如何能够形成自己的特色，发挥比较优势，形成吸引力，是值得从全省的经济发展战略高度出发进行布局的。譬如，发展专门吸引某类投资的产业园，形成产业集聚优势，从研发到原材料供给再到生产、销售、服务一体化整合的产业链来吸引投资，促进和带动货物进出口和服务贸易发展。

(三) 政策文件信息的公开可获取

笔者在研究中发现，目前政府的信息公开工作已经有了很大的进步，许多文件、信息能够很便捷的从网络上获取。但是笔者同时也发现，依然有一些关系到企业切实利益的文件无法从网络上检索到。同时还有一个问题就是关于开放型经济建设的文件涉及多个部门，相关文件的发布主题不集中，需要反复查找比对才能了解到政策的全貌，所以建议山西省在下一步能够建设一个专门的开放型经济平台，把相关的信息集中到一起发布，对于想来山西投资、想走出去或者想要开展进出口贸易的企业和个人来说，能够一站式了解山西目前的政策导向，有哪些渠道哪些政策优惠，一目了然，便于更高效地作出决策。

（四）管理能力要跟上开放的力度

新一轮开放型经济的构建开放力度空前，这就要求相应的管理能力要跟上，特别是实现事前监管模式到事后事中监管的转变。在负面清单制度下，除负面清单列出的领域，在其他领域推行内外资同等待遇，许多之前需要审批的事项变为备案制。而且许多以前外资很难进入的领域，现在也明确规定鼓励外资参加，例如鼓励外资参与国内企业优化重组，鼓励外资参与国有企业混合所有制改革。另外，在开发区、综改示范区，许多事项强调快速办结、容缺处理，这一方面可以简化办理流程，加快办事进度，但另一方面也有可能给后续的管理留下隐患。

以山西煤炭开采领域非常有争议的亚美大宁案为例，曾有报道称，亚美大宁公司，外资以3000万美元控制了实际价值14亿人民币的山西国有煤矿。各种争议此不再展开，但在招商引资过程中，股权分配方案导致中方失去了控制权，对于煤矿实际价值评估的不重视，关于股权出让的不利约定（放弃优先购买权），合资公司成立时中方公司还未取得法人资格，煤矿采矿许可证的审批流程瑕疵等，成了后来中方在这场争议中屡屡无法正常维权的重要原因。所以，在招商引资的大潮之中，虽然强调对于外资给予更大范围的准入和更高程度的便利化，但是要在关键环节保持理性思考，注重用合同等法律手段维护合法权益，在重要问题上要谨慎。只有这样，才能防患于未然，避免不必要的纠纷，保护好国有资产和人民群众的切身利益，让开放型经济的建设能更加健康发展。

清朝太原县柏树坡生态环境公益诉讼的现代启示

——兼论我国生态环境法律保护之完善

郭林虎*　刘　黎**

摘　要：我国正面临着日益严重的生态环境问题。保护生态环境是政府和公民义不容辞的责任。《民法总则》已将绿色原则确立为民法的基本原则，它是民事主体从事民事活动和司法机关进行民事司法活动应当遵循的基本准则之一。对照这项基本原则的要求，我国的生态环境的法律保护亟待完善，特别是合同法。清朝太原县柏树坡生态环境公益诉讼可圈可点，它为我们完善今日之生态环境法律保护能提供多方面的启迪。

关键词：绿色原则　生态环境法律保护之局限　柏树坡生态环境公益诉讼　完善策略

案情介绍①

清朝乾隆年间，山西省太原府太原县辖区内有九条山峪，柳子峪即为其一。它位于风景秀丽、闻名遐迩的晋祠，峪中蕴藏着丰富的煤炭资源，分布着许多煤窑。有大小十三个小山村，牛家口村位于峪口，上面一村便是下舍村。村子

* 北京市兆亿律师事务所律师。

** 北京市朝阳区人民法院奥运村人民法庭庭长。

① 该案录于《下舍村柏树坡碑记》，出自（清）刘大鹏：《晋祠志·柳子峪誌卷第一》，山西人民出版社2003年版，第898—899页。

对面有一陡峻的山坡，山坡上生长着一百多株柏树，村民称之为柏树坡。这些柏树奇形怪状，郁郁苍苍，美不胜收。李氏是柏树坡的所有人，出于贪图厚利，意欲将这面山坡上的煤窑、树木等卖予他人。为了保护柏树坡的自然美景不被破坏，村民赵某财、王某甲、王某乙等对李氏的售卖行为加以阻止。双方发生争执，诉至太原县，沈、陈两任县令都不能决断。后来，黄知县审理此案，他亲自勘察调研，查明了案情，喻令下舍村全体村民集资二百两银子偿付李氏，柏树坡上的窑场、树木等项财产所有权归下舍村村民。并且判令，东至井儿沟、小岭坡，南至大南坡，西至崖北，北至石崖大沟，在此范围内严禁砍伐柏树，如有违犯，严惩不贷。判决后，村民赵某、王某锦贷款偿付了李氏。又过了两年，村民获得地方公项经费，① 追偿给赵某、王某锦，至此围绕柏树坡的争端才最终得以平息。

原告赵某财、王某甲、王某乙等诉李氏柏树坡生态环境公益纠纷一案，这是中国法制史上有关生态环境公益保护方面一则非常成功的判例。黄知县秉持生态环境公益保护优先，兼顾被撤销合同当事人预期利益之裁判宗旨，圆满地化解了围绕柏树坡产生的民事纠纷，给后世留住了柏树坡的美景。裁判中所蕴含的法律理念和使用的法律技术，能给予今人一些十分有益的启迪。

一、生态环境是公共利益

清朝入关，沿袭明制，山林等为私人所有。李氏既为柏树坡所有人，他对坡表上的百余株柏树与坡表下的矿产资源享有所有权。他可以自主地占有、使用、收益、处分这片不动产，他人不得加以干涉。李氏在对柏树坡进行处分时，遭到赵某财、王某甲、王某乙等村民的“无理阻挠”，被诉至衙门。沈县令居然也接收了状子，准予立案，中经陈知县，最后由黄知县作出了倾向于原告的判决。在这里，李氏的处分权受到来自原告和官府的干涉，若单纯从所有权理论来讲，这个干涉是粗暴的，是对私权的亵渎。然而，这个干涉不仅为时人也为后人所称道，正是这个干涉保护了柏树坡这处美景。从公共利益的角度来讲，

---

① 清代用于各省地方公事之经费称为公项。公项来源有按制度留用之正赋（也称正项）、耗羡归公之银两以及封贮于库的银两等。公项之动用均须按照既定规章，并应于年终造册报部汇题核销。凡临时动支者，数在三百两以上者必须咨部核明。

这个干涉很好地维护了公共福祉，值得大加赞赏。无论本案原告，还是三任县令，如果他们认为柏树坡纯粹是私人所有权之客体，其处分不关涉公共利益，既不会起诉，也不会受理，更不会作出有违被告的判决。

他们认为，柏树坡的自然美景属于大家，具有公共利益的属性，这是本案给予今人的第一个启示。生态环境是一个国家（地区）所有公民共同的财富。在良好的生态环境中，不分贫富贵贱，一起受益；在恶劣的生态环境中，不分男女老幼，同时受损。目前困扰中国京津冀地区的严重雾霾就是一个不幸的例证。毋庸论证，生态环境当之无愧属于公共利益的范畴。《民事诉讼法》第五十五条、《环境保护法》第五十八条已将生态环境利益定位于社会公共利益。保护生态环境是所有民事主体的一项法律义务，自然人、法人和组织的一切活动都不得破坏生态环境，一切破坏生态环境的行为都损害了社会公共利益，国家都应追究其相应的法律责任。

二、合同自由不得损害生态环境

依据合同自由原则，柏树坡既为李氏之业，他可自由决定是否将之出售，出售给谁。李氏所订立的契约含有不利于柏树坡生态环境保护的内容，其履行将破坏柏树坡之生态环境。他只考虑了自己的交换利益，而忽视了柏树坡生态利益的保护。黄知县认为，李氏虽然享有合同自由权，但其合同自由权是要受到限制的，应受限于柏树坡生态环境之保护。经过这场公益诉讼，这个契约被判决撤销。它表明，合同自由以不得损害生态环境为前提，应将那些已订立的对生态环境有破坏之虞的合同纳入生态环境法律规制的范围，这是本案给予我们的第二个启迪。

假如柏树坡案件发生在今天，它将不会产生诉讼，因为它不在我国生态环境民事公益诉讼案件类型之内。目前，我国法律体系中担当生态环境保护重任的主要实体法部门是侵权责任法和环境保护法。根据《最高人民法院关于审理环境民事公益诉讼案件适用法律若干问题的解释》（以下简称《解释》）第一条的规定，生态环境民事公益诉讼案件类型有两种：污染生态环境的行为、破坏生态环境的行为。前者指以排放废水、废气、噪声等方式污染生态环境，后者指因不合理开发利用自然资源而破坏生态环境，如土壤沙漠化、酸雨、雾霾、生物多样性减少等。[①] 其中，污染生态环境的行为是其典型。有学者统计，自2015 年修订后的环境保护法实施至2016 年5 月，全国法院共受理环境公益诉讼一审案件82 件，大多数属于污染生态环境的案件。[②] 显然，我国现在对生态环境的法律保护是一种事后保护，即发生污染、破坏生态环境的案件后，由法院追究行为人的侵权损害赔偿责任。这种保护的局限性比较明显。首先，被告败诉，要承受巨额的经济负担，除了支付较高的司法成本外，高昂的生态环境修复费用也会令其不堪重负。执行难便接踵而至，判决的权威将面临贬损的风险。其次，有的生态环境要素一经污染破坏，将难以修复，即便修复，将永久地丧失了天造自然之属性。因此，事后惩治修复只是一种被动的生态环境保护模式，不利于及时有效地保护生态环境。我们应当构建一种生态环境事前法律保护的新模式，变被动为主动，把对生态环境有污染、破坏之虞的行为消除在萌芽状态。

三、生活在具体生态环境中的自然人具有原告的资格

本案是共同诉讼，原告是以赵某财、王某甲、王某乙、赵某、王某锦为代表的下舍村全体村民。原告是柏树坡生态环境的直接受益者，也是遭受破坏后的直接受害者。在对柏树坡流连忘返的人群中，他们是柏树坡美景最坚决的捍卫者。允许生活在具体生态环境中的自然人做生态环境公益诉讼的原告，这是本案给予我们的第三个启迪。

如果案发于今日，赵某财、王某甲、王某乙等人并不具有生态环境公益诉讼原告资格。当下我国法律只承认两类生态环境公益诉讼原告主体，即法律规定的有关机关和有关组织，不承认公民的原告资格。这种规定不尽合理，表现在以下三个方面：

第一，它肢解了公民的环境权。1972 年联合国发布了《人类环境宣言》，

---

① 颜运秋、张金波：《构建完整的生态环境保护公益诉讼制度——兼论新〈民事诉讼法〉第55 条》，载《江西社会科学》2013 年第12 期。

② 孙茜：《我国环境公益诉讼制度的司法实践与反思》，载《法律适用》2016 年第7 期。该文指出，在受理的82 件环境公益诉讼案件中，水污染公益诉讼案件41 件，大气污染公益诉讼案件14 件，土壤污染公益诉讼案件10 件，固体废物污染公益诉讼案件9 件。另有破坏资源公益诉讼案件5 件（其中破坏土地、草原、森林、海洋、濒危野生植物各1 件）、破坏自然保护区公益诉讼案件2 件、破坏人文遗迹公益诉讼案件1 件等。

宣言明确指出环境权是一项基本人权。一般认为，环境权的权能有三，环境资源利用权、环境状况知情权、环境侵害请求权，这三项权能相辅相成。环境侵害请求权是具有救济性质的权能，其宗旨在保卫环境资源利用权和环境状况知情权。法律如果不承认公民的环境侵害请求权，即环境公益诉讼起诉权，环境权将支离破碎，失去公力救济，其结果等于变相取消了公民的环境权。

第二，它使法律规范间产生冲突。《环境保护法》第五条规定了公众参与的基本原则，意在把蕴藏在公众中的热情与力量汇集到参加生态环境公益诉讼中来。当有诉讼意愿、有诉讼能力的公众准备将污染、破坏生态环境的行为诉诸法庭时，却发现法律不允许他们当原告。《环境保护法》第六条明确规定一切公民有保护环境的义务。法律义务的履行，义务者须具备一定的条件。为了保障法律义务的履行，法律应给予履行者一些有关义务履行的便利条件。法律要求公民履行保护环境的法律义务，却不赋予他们就损害生态环境行为的起诉权，类如又想马儿跑又想马儿不吃草。由此可见，我国法律有关生态环境公益诉讼原告资格的规定与环境保护法的基本原则有冲突之嫌。

第三，它反映了立法认知的误区。相较公民个人而言，有关机关和组织在生态环境公益诉讼中更值得信赖。诚然，在人力、物力、财力方面，有关机关和组织占有优势，理论上讲在生态环境公益诉讼中它们比公民更有力道。然而，动力不足却是它们身上的一个硬伤。这些机关、组织是法律拟制的人格，它们对生态环境没有公民那样真切的爱和切肤的痛，参加生态环境公益诉讼完全是被动地执行法律赋予的使命，没有公民的那种热情和主动。据统计，目前我国大约有700余家社会组织符合提起环境公益诉讼的主体资格，但自环境保护法施行以来，截至2015年7月底，全国仅有9家环保组织提起环境公益诉讼。① 此外，有关机关还表现出自身的弱点。受地方保护主义以及不恰当的政绩观念影响，这些机关“往往只能赢不能输，使得在选择案件时偏向保守，很少啃那些败诉率很高的‘硬骨头’，也很少在诉讼请求中涉及赔偿问题。如果案件涉及本级环保部门的监管责任，就更难提起”。② 主动热情是意欲提起生态环境公益诉讼的公民独具的特征，法律如果顺势而为，承认公民生态环境公益诉讼的

---

① 黄忠顺：《环境公益诉讼制度扩张解释论》，载《中国人民大学学报》2016年第2期。

② 陈阳：《环境公益诉讼：一枝独秀不是春》，载《中国经济导报》2013年6月29日。

原告资格，越来越多的在某方面有影响力或具备专业知识的公民会主动参加到生态环境公益诉讼中来。

四、对生态环境有污染、破坏之虞的合同，原告有权提起撤销之诉

柏树坡的美景是大自然的杰作，非人力所能及，一旦被破坏将不可再生。本案中，李氏把柏树坡售卖他人，目的在于开煤窑营利，正如柳子峪中存在的星罗棋布的小煤窑一样。这是一份对柏树坡的生态环境有破坏之虞的合同。如果该合同得以履行，必将破坏柏树坡的美景奇观，损害这一带的生态环境。原告赵某财、王某甲、王某乙等人对李氏的售卖行为适时加以阻止，诉至太原县。黄知县的判决虽然没有守尊重合同之小诚信，却严守了生态环境保护之大诚信。对生态环境有污染、破坏之虞的合同，原告有权提起撤销之诉，这是本案给予我们的第四个启迪。

将绿色原则贯彻于我国《合同法》，就是要建立对生态环境有污染、破坏之虞的合同加以撤销的制度。这个制度的创设必须直面合同相对性原则。合同相对性是合同关系区别于其他民事法律关系的重要特点，其基本内容是：合同项下的权利义务只能对合同当事人产生拘束力，而非合同当事人不能诉请强制执行合同。[①] 合同的相对性是我国合同立法的一般原则，但它不是绝对和僵化的，作为例外，为了实现特定的立法意图，立法突破了该原则，作出了特殊的安排。《合同法》第七十四条、第七十五条规定的债权人撤销权制度就突破了合同的相对性原则。关于债权人撤销权制度的立法意图，日本学者我妻荣认为，债务人的行为造成其责任财产减少，将使债务不能履行，因此为保障债务的履行，必须赋予债权人以撤销权。[②] 合同债权是一种私权，立法基于它的保障而突破了合同的相对性原则，当合同具有污染、破坏环境之虞时，公共利益面临危险时，立法又岂可无动于衷而不赋予充满公益热情的原告以合同的撤销权呢？

所谓对生态环境有污染、破坏之虞的合同撤销权，指因他人之间签订的合

---

① 沈达明编著：《英美合同法引论》，对外贸易教育出版社1993年版，第205页。

② ［日］我妻荣：《新订债权总论》，中国法制出版社2008年版，第154页。

同有污染、破坏生态环境的危险，原告可以依法请求法院撤销该合同的行为。与债权人撤销权相比，这种撤销权应该具备如下特点：

第一，制度目的不同。前者具有私益性，出于保障私人债权为目的，债权人与拟撤销的合同有直接的财产利害关系；后者具有公益性，出于保护生态环境之目的，原告与合同毫无直接的财产利害关系。

第二，权利主体不同。前者主体范围窄，仅为债权人。后者主体范围较宽，包括有权提起生态环境公益诉讼的国家机关、有关组织和生活在具体生态环境中的公民。

第三，针对的对象不同。前者针对的是债务人不当处分财产的积极行为，有两种情形：债务人放弃到期债权或者无偿转让财产对债权人造成损害的；债务人以明显不合理的低价转让财产，对债权人造成损害，并且受让人知道该情形的。后者针对的是他人之间订立的对生态环境有污染、破坏之虞的合同，合同当事人明知该合同存在污染、破坏生态环境之虞。实践中，对生态环境有污染、破坏之虞之合同主要指自然资源的转让以及许可使用的合同。

第四，形成权的后果不同。二者虽俱为形成权，但权利行使的后果不同。前者可导致因债务人的行为而获得利益的第三人返还财产，从而恢复债务人责任财产的原状。① 后者则可导致合同双方相互返还财产，恢复到合同订立前的财产状态。

第五，权利行使的期限不同。前者必须在法定的期限内行使，以督促权利人及时行使权利，稳定交易秩序。后者则不应该有法定期限的制约，因为生态环境保护牵系重大公共利益。自原告知道或应当知道撤销事由时，皆可行使撤销权。

---

① 王利明：《合同法研究第二卷》（修订版），中国人民大学出版社 2011 年版，第 140 页。

附：下舍村柏树坡碑记

下舍村柏树坡碑记

李宗昉

乾隆三十八年癸巳又三月立。本邑廪膳生员李宗昉撰文，邑人武天球书丹。石高三尺有八寸，广可二尺。楷书凡九行，另一行为硃契一张，存王某锦手。峙三清阁檐下。

记云：原邑属峪有九，而柳子峪其一。峪中为村者十有三，而下舍村其一。是村北枕龙山，东西当涧道南，对山有峻坡，上产柏百余株。村人因呼柏树坡，而柏树坡之号遂传。余尝履其地，见夫夭者、乔者、仰者、卧者、傍岩危立者、裂石挺出者，形奇状怪，翠郁苍葱，殆不可方物，诚下舍村巨观，而亦峪中之胜景也。坡本李氏业，主人利其值厚也，欲货之。村人赵某财、王某甲、王某乙等护其风景也，遂挠之。讼于官，历沈、陈诸令，皆弗决。江右黄明府莅斯狱，身勘之，得其情，喻村民出金二百以偿李，李契卖窑场、树木、黑白等项以归村。且禁东至井儿沟、小岭坡，南至大南坡，西至崖北，北至石崖大沟，毋伐柏，犯者有常刑。判成，赵某、王某锦贷酬李某。阅二年，村人始得公项追偿焉，至是讼端乃息。嗟乎！李氏业化为乌有矣。而柏之夭者、乔者、仰者、卧者、傍岩危立者、裂石挺出者自若也。庶终保其奇形怪状，翠郁苍葱，以为斯村之巨观，而状斯峪之风景乎！癸巳又三月以镌石。故乞文于余，因述其本末而记之。使后世知乃村中之得以长有此坡者，自赵某财、王某乙、王某甲诸人始，并以戒夫至内伐柏者。

PPP 模式中的反垄断法律问题研究

王楚君*

摘　要：PPP 模式在我国发展迅速，但行政机关及社会资本方在 PPP 项目运行中实施垄断行为，破坏市场秩序。文章以“PPP 模式中的反垄断法律问题”为研究对象，在阐述 PPP 项目在运营中存在的行政垄断和经济垄断问题的基础上，分别从立法层面、政府层面、社会资本方层面进行法律分析，进而提出 PPP 模式反垄断法规制的具体措施，实现良性竞争。

关键词：PPP　反垄断　公平审查制度

一、PPP 项目在运营中存在的垄断问题

（一）行政机关实施的行政垄断行为

行政机关实施的行政垄断行为主要集中产生在 PPP 项目实施的两个阶段：第一个阶段是政府方的准备和采购阶段。在这个阶段，政府方滥用行政权力，通过制定关于社会资本方的准入条件以及下发相关政策性文件等措施限制部分企业的权利，成为垄断问题的源头。第二个阶段是执行和移交阶段。在这个阶段由于存在多方行政主体参与，以至于各部门以追求己方利益为首要原则，忽略了 PPP 项目运营的社会公益原则。利用行政主体执法不明、合同条款约定不明确等法律和事实漏洞来对相关 PPP 法律和政策性文件变相不执行，造成行政垄断。

---

* 山西大学法学院经济法学专业硕士研究生，主要研究方向为经济法学。

1. 准备和采购阶段存在的行政垄断问题

(1) 政府方设置市场准入条件

政府作为项目主导方，在PPP项目审核、资格预审、文件审核中，各种不合理的甚至带有歧视性的准入和退出条件以及一系列不平等的特许经营权授予制度，没有统一规范的审批和进入程序，对市场准入负面清单以外的行业、领域、业务等设置审批程序等程序环节设定，都属于滥用行政权力实施垄断的行为。比如地域歧视行为，《山东省城市市政公用事业经营许可管理办法》第三条规定："各类城市市政公用事业生产经营单位，均应当提交经营许可申请及规定的申请材料，经审查合格，取得《山东省城市市政公用事业经营许可证》后，方可从事城市市政公用事业生产经营活动。"

(2) 民营资本中标率低

PPP模式在设计之初，理想中最好的社会资本方是非国有资本和外方资本，但是在实践中，最后实际参与PPP项目的企业集中于国有资本控股公司。我国参与PPP项目的社会资本可分为中央企业、地方国有企业、民营企业、外资企业和有限合伙企业五大类。① 分析2017年PPP项目中标的社会资本方中，国有资本的中标比例占据绝对优势，占总成交数目的55.8%，民营资本及外资的规模以及占比数量相比国有资本来说，表现出明显的弱势。以下是参考明树数据，所制作的图表：

民营资本中标金额表

社会资本名称	累计中标金额（亿元）	所有权背景	上市情况
中国建筑集团	9944	央企	上市
中国交通集团	6490	央企	上市
中国铁建集团	4952	央企	上市
中国中铁集团	4234	央企	上市
中国冶金集团	3994	央企	上市
中国电建集团	2709	央企	上市
中国葛洲坝集团股份有限公司	2186	央企	A股

① 柳正权：《公私合营模式（PPP）理论与实务》，武汉大学出版社2016年版，第220页。

续表

云南省交通投资建设有限公司	1803	地方国企	非上市
云南省建工集团有限公司	1036	地方国企	非上市
河南省收费还贷高速公路管理有限公司	1033	地方国企	非上市
中建国际投资有限公司	812	央企	非上市
云南省建设投资控股集团有限公司	647	地方国企	非上市

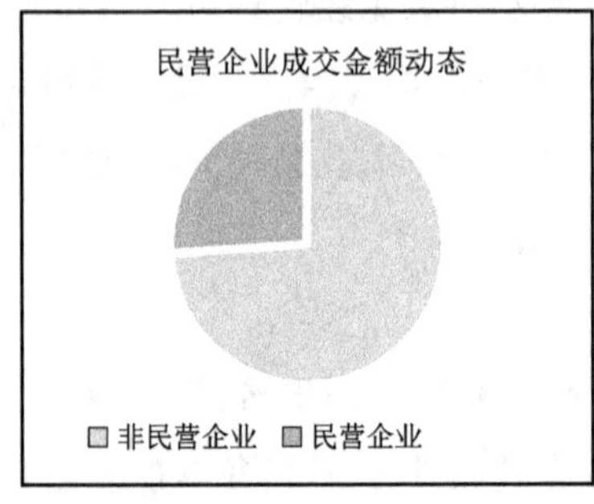

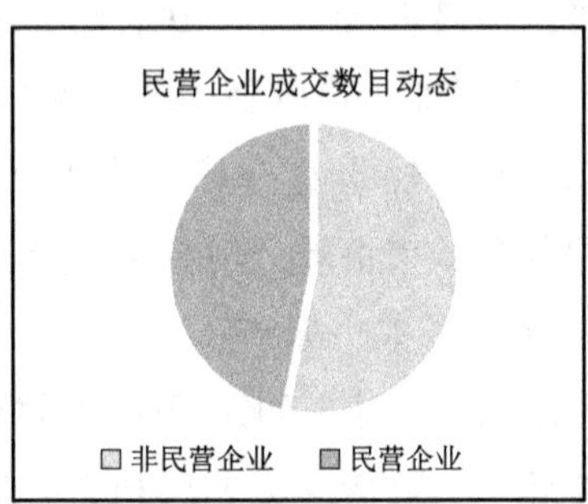

数据来源：明树数据

以上数据分析可知，截至2018年8月，民营企业参与PPP项目的成交数目（3739个）占总成交数目的46.80%，相比非民营企业参与PPP项目，占比较小。对于成交金额来说，非民营企业的成交金额为86026.2亿元，而民营企业的成交金额仅为30184.1亿元，几乎接近三倍的悬殊，虽然成交个数比例差别较小，但体现在成交金额上的差别显而易见，这就需要我们从《经济法》的角度去探索出现这种悬殊比例的原因所在。

2. 执行和移交过程中的行政垄断

（1）行政协议违约行为

在项目执行过程中，会涉及更多的行政主体，很可能造成更多的行政权力滥用。工商、水利、电力、税务等部门在各自部门利益的驱使下，很容易不遵守立项过程中订立的规则，滥用自身权力介入PPP项目中，违法给予特定经营者优惠政策，或者承诺给予优惠政策而不兑现。例如：上海大场水厂项目由于当时的上海市政府对PPP的认知有限，项目初始在对市场结构和定价都不了解情况下以较高价格签订合约，后又进行谈判要求减价，政府对项目态度频繁变化，合同谈判时间也一再延长。

（2）PPP项目价格机制不健全

尽管政府积极推动PPP项目，但外资企业多数在观望，其中一个原因是中国PPP项目价格机制仍不健全，还没有形成由市场供需决定的价格机制。PPP项目价格形成机制是PPP项目相关主体之间利益风险分配机制的重要体现。中国PPP项目大多涉及公共服务，其大部分具有公益性质，相关价格调整涉及民生，因此很多领域的价格由政府制定，社会资本尤其是外资企业参与PPP项目定价时处于弱势地位，缺少话语权，议价空间较小，收益难以得到保障，不利于调动外资企业参与项目投资的积极性。①

（二）社会资本方实施的经济垄断行为

1. 排除、限制竞争行为

随着经济发展和社会分工的精细化，以及市场对公共产品的需求性增强，许多由政府方包揽的市政项目正逐步和市场进行对接，因此，公用事业引入公私合作是大势所趋。然而，在许多公私合作项目的启动阶段，项目由于在社会资本方为了维持其垄断利润而滥用市场支配地位排除、限制竞争，严重损害潜在私主体、消费者甚至公众的利益。私营部门滥用市场支配地位排除、限制竞争具体有以下几种表现形式：限制交易、附条件交易及搭售等。

2. 项目公司的寻租行为

项目公司凭借政府保护而进行的寻求财富转移，旨在通过引入政府干预而获利。关于寻租，布坎南等人认为“寻求租金一词是要描述这样一种制度背景化的行为，在那里，个人竭尽使价值最大化造成了社会浪费，而没有形成社会剩余。”项目公司在获得政府经营特许权后，也会凭借手中的特权进行一些不正当的市场干预行为，例如，宿迁银控自来水有限公司因在住宅小区给水安装等工程中指定交易相对人的行为，被江苏省工商局认定为限定交易的滥用市场支配地位行为，没收违法所得3,665,347.08元，并处上一年度销售额百分之三的罚款1,835,071.66元。

① 李陆：《论PPP模式中政府部门和私营部门的权利义务配置》，华东政法大学2013届硕士学位论文。

二、PPP项目运营中存在的垄断问题的法律分析

(一)立法层面

从法律渊源上看，我国关于PPP运营方面相关的反垄断法律制度的立法包括多种渊源，既包括全国人大常委会指定的法律规范，如《反垄断法》《行政许可法》等，又包括国务院制定的行政法规，比如《政府采购法实施条例》等，还包括国务院部门规章、地方人大及其常委会制定的地方性法规和地方人民政府修订的地方人民政府规章，比如发改委、财政部等六部门联合制定的《基础设施和公用事业特许经营管理办法》等。这些法律法规及规范性文件对PPP合作运营中的各种行为进行了调整和规范，但是仍然存在不足之处。主要体现于以下两个方面:

1. PPP项目立法体系不科学

第一，立法形式散乱，没有形成行为的系统规制。目前关于公私合作项目的立法散见于众多条例、通知、意见和暂行规定之中；第二，法律位阶过低，权威性不够。最具代表性的《基础设施和公用事业特许经营管理办法》也仅属于国务院部门规章；第三，立法缺乏可操作性。如《价格法》第二十三条规定建立听证会制度，但对听证会召开程序、群众知情参与权的保障等并无规定，导致实践中许多听证会都流于形式；第四，立法适用冲突、不协调。现行的《反不正当竞争法》以及相关行业立法无法适用公用事业公私合作运营的需要，需要与《反垄断法》之间的协调适用。此外，《反垄断法》第七条规定了公用事业的反垄断豁免，而公私合作及其私营部门的反垄断适用问题却尚未解决；第五，立法内容疏漏。许多法条均采用穷尽式列举形式，无法对可能出现的新型垄断行为进行规范与调整。

2. 《反垄断法》的适应性较低

PPP项目中的反垄断不但需要自身行业立法防止垄断行为，而且需要运用《反垄断法》对已出现的垄断行为进行规制和处罚。其中，反垄断豁免制度是

反垄断法的特殊制度①。我国《反垄断法》第七条规定了豁免适用的行业或经营者，主要包括以下两类：国有经济占控制地位的关系国家经济命脉和国家安全的行业。包括自然垄断行业和政策性垄断行业。依法实行专营专卖的行业。这些行业的主体应当依法经营、诚实守信、严格自律、接受政府和社会公众的监督，不得利用其控制地位或专营专卖地位损害消费者权益。若在PPP项目中，相关行业或者企业享受《反垄断法》的适用豁免，就可能会对竞争秩序和消费者利益造成危害。因此，应当严格限制反垄断适用豁免的运用。所以，在PPP行业中，反垄断法的适应性还存在一定的问题。

（二）政府层面

PPP是指一种由公共部门与私人部门建立伙伴关系提供公共产品或服务的制度安排方式。② 在PPP模式中，政府本身具有参与主体和监管主体的双重身份，在参与PPP项目中，通过两种方式造成行政垄断，一种是作为一方参与主体，利用滥用自身行政权力；另外一种是作为监管者对社会资本方的准入过程的监管缺失。

1. 政府滥用行政权力

（1）政府方滥用行政权力，违法设立行政许可

根据《行政许可法》规定，设定行政许可仅能依据法律、行政法规、国务院决定、地方性法规以及省级地方政府规章这五种规范性文件，其余规范性文件一律不得设定行政许可。在PPP项目中，设定市场准入的方式只能依据法律、行政法规，而其他规范性文件只能是作为政府招投标、拍卖进一步细化的依据。但是，许多行政机关仅通过自身制定的规范性文件便设定行政许可，造成行政许可的混乱局面。山西省政府规定：新建公用事业公私合作应采用招标方式，而现有项目可采取资产有偿转让或委托的方式。由此带来的危害便是，除招标、拍卖以外的准入方式存在合法性质疑，公共部门的权力无约束，从而产生大量行政垄断。此外，行政许可设立存在冲突。对于PPP模式下的新型投融资模式，相关行政主体在各自利益驱动下，面对复杂的公私主体之间的法律关系，竞相

① 姚保松：《公用企业反垄断法律制度研究》，法律出版社2014年版，第10页。

② ［英］达霖·格里姆赛：《PPP革命：公共服务中的政府和社会资本合作》，中国人民大学出版社2016年版，第46页。

通过政策性文件来规范PPP行业的行为，而这些法律法规与政策之间存在明显冲突。

（2）政府方的自我审查制度的落地不稳

按照国务院颁布的《关于在市场体系建设中建立公平竞争审查制度的意见》中已经公布的总体要求和基本原则，公平竞争审查的核心是“自我审查”，即由行政机关和法律、法规授权的具有管理公共事务职能的组织（“政策制定机关”或“行政机构”）担任审查者，以审查者自身制定的涉及市场主体经济活动的规章、规范性文件和其他政策措施为被审查对象，对政策措施当中具有排除、限制竞争效果的内容进行自查自纠。

行政机关进行自我审查，政策制定机关兼具制定者与审查者的身份，很难期待政策制定机关对自己制定的大小政策均进行严格审查，也必然会存在审查不力的状况。因此，PPP政策规则制定过程中如何贯彻落实公平竞争审查制度成为当务之急。在制止行政机关排除、限制市场竞争方面，注重事后规制的《反垄断法》与强调事前防御的公平竞争审查制度之间既有联系，又有区别。二者的相同之处是规制主体具有同一性（行政机关以及法律法规授权的具有管理公共事务的组织，即政策制定机关）和目的的一致性（保护市场的公平竞争）。此外。二者的不同之处体现在审查范围、侧重点以及规制手段方面：

第一，审查范围上有差异①。《反垄断法》中对行政性垄断进行界定时强调行政权力的滥用，即并未严格依照法律规定实施权力，强调政府行为的非法性。公平竞争审查从排除、限制市场竞争的角度出发，凡是在规定之外所实施的排除、限制市场竞争的行为均应受到规制和审查。它审查的范围不仅包括《反垄断法》中的行政性垄断，更包括政府在法定授权范围之内实施的排除、限制市场竞争的行为。第二，两者侧重点不同。《反垄断法》作为行政性垄断的事后规制手段，其针对的是政府已经出台或实施的政策，既包括具体的行政行为，也包括抽象的行政行为。而公平竞争审查的内容在对已经实施的政策进行审查的同时，即注重对现存政策的清理，更注重在政策制定之初，即从源头上预防含有排除市场竞争政策的出台。第三，规制手段有区别。相比《反垄断法》，《公平竞争审查制度实施细则（暂行）》规定了反垄断执法机构在发现相关政策

① 张守文：《公平竞争审查制度的经济法解析》，载《政治与法律》2017年第11期。

有违反《反垄断法》可能的，有权进行调查，并针对调查结果，可向政策制定机关或其上级机关提出相关建议。考虑到竞争审查要求专业性，政策制定机关可就有关问题，向反垄断执法机构提出咨询。而且在《暂行规定》中新增了社会监督的内容，注重发挥公众对竞争政策的监督作用，公众发现政策制定机关违反公平竞争审查制度时可向反垄断执法机构举报。

2. 政府监管缺失

当前 PPP 项目监管主体繁多、权力分散，体系不完善，在部分领域存在监管缺失或多重监管现象，由此导致政府的腐败与寻租问题频发。

监管权分散造成多重监管。各自为政的分散监管现象是基础设施领域的主要问题。监管机构的范围太过局限，各自权利也分散，而监管权往往分散于产业监管机构与其他综合政策或执法部门之间，例如交通运输部门只着眼于航海和公路，航空和铁路却又分属于各自部门。这就导致多头执法现象普遍存在，最终监管部门不能很好地统观全局，多重监管频发，监管效率低下。

定位不准导致监管不足。地方政府未能找到正确的定位，仅看重社会资本对公共事业项目的促进作用，将自己定位在筹资的角色上，对项目的评估不够准确，忽视了定价机制与特许经营期。由此导致的问题难以解决，包括：公共产品服务质量下降、价格上涨、中断服务等。只有明确政府自身的监管理念和角色定位，政府方才能够通过对城市基础设施领域进行投资、运营、服务等全方位的监管，实现城市化进程中基础设施的健康快速发展。

（三）社会资本层面（社会资本方滥用市场支配地位）

滥用市场支配地位是指拥有市场支配地位的企业利用其市场支配地位实施的反竞争行为或者是拥有市场支配地位的企业滥用其市场支配力，并在一定交易领域实质性地限制竞争，违背公共利益，应受到反垄断法禁止的行为。滥用市场支配地位构成要件：主体、行为、结果。

1. 主体要件

PPP 项目中对社会资本方有两个显著要求：一是所需投入资金量大；二是行业准入门槛高。凡是能够参与 PPP 市场的，自身需具备相当雄厚的实力，我国能参与 PPP 项目的社会资本方多数是与政府有千丝万缕关系的国有企业，除此之外，余者也皆是国内举足轻重的龙头企业或资本雄厚的外国顶尖业内企业，它们有足够的资本与政府讨价还价。当其进入PPP市场从事PPP项目时，本身的庞大实力再加上PPP协议赋予的排他性经营权，使其在选择各个环节的合作方、销售和搭售商品上都拥有绝对的自主权和决定权，很容易触碰到《反垄断法》规定的关于滥用市场支配地位的禁止性条款。

2. 行为要件

市场支配者有滥用支配地位的行为。根据我国《反垄断法》第十七条的规定，滥用市场支配地位行为包括不公平交易价格、低于成本销售、拒绝交易、强制交易、搭售和价格差别待遇等情形。下文从拒绝交易和附条件交易来研究社会资本方滥用市场支配地位的行为。

拒绝交易行为。具有市场支配地位的PPP项目方滥用市场支配地位，没有正当理由拒绝向交易相对方（消费者和竞争对手）提供商品或服务，突出表现在PPP项目企业在与经济主体（消费者）进行交易活动时具有选择拒绝、终止的随意性。根据民法上的意思自治原则以及PPP模式设计上的初衷，这种拒绝交易的行为将直接导致垄断行为的产生，是反垄断法所必须要规制的。

附条件交易行为。PPP项目合作成功并成功移交之后，社会资本方强迫购买方也即消费者购买从性质上或者交易习惯上均与合同无关的产品或服务，这种行为也即是一种滥用行为。PPP项目中表面涉及两方主体：政府方和社会资本方，但是通过分析其运营原理可知其是三方主体（政府方，社会资本方，以及交易相对方也即购买方）在市场中达到供给与需求的一种市场机制。实践中，首先是通过PPP合约，政府会承诺一定时间和地域内的特许经营权，来排除相关市场的竞争，从而使得项目公司具有市场支配地位。其次是具有市场支配地位并不当然违反《反垄断法》，因为项目公司会通过提供产品和服务向子公司或者购买方出售，在此过程中极有可能形成另外一种搭售行为，属于垄断行为。

3. 结果要件

社会资本方滥用市场支配地位，通过强制交易等滥用行为，在客观上造成了对有效的PPP市场竞争和公共利益的损害事实。根据有效竞争理论，相关市场上应当具有足够多的竞争者参与竞争，每一个企业都要考虑其他竞争者、顾客及最终消费者的反应而决定竞争策略和市场行为。但是相关市场上由于支配地位社会资本方滥用行为的实施，打破了原有有效竞争的模式。诸如搭售、价格垄断等一系列滥用行为对竞争产生了不良影响，恶化了市场结构，阻碍了公平的竞争，从而损害了市场上交易主体的公平交易权，直接或间接地损害了消费者和社会公共利益。

三、我国 PPP 模式反垄断法规制的具体措施

（一）完善立法体系、加强《反垄断法》适应性

虽然目前社会一致呼吁制定上位法，但是笔者认为目前最主要的是对相关 PPP 条例、法规、政策性文件进行挑选整合，废止掉相关不适应的，力推适用性更强的。第一，以国务院为制定主体的《PPP 条例》则是目前最好的上位法选择。因此，对《PPP 条例》的综合性的适用和调整范围应该需要更进一步的细化和加强，包括行业范围及概念定义、竞争程序、合同法律属性、部门分工协作等问题。第二，整合部委规章和地方性法规。目前部委规章和地方性法规是规范 PPP 项目最多的政策法规文件，是 PPP 项目法律体系的重要组成部分，将部委规章和地方性法规与《PPP 条例》和单行冲突的部分加以废止或改正，保证良好的衔接或者适应。

（二）细化公平审查标准，加强与《反垄断法》的衔接

公平竞争审查是由竞争主管机关或相关机构负责，其审查重点是评定现行或即将出台的规章、规范性文件和其他政策措施等可能或已经造成的不利竞争影响，提出损害最小的替代方案。这一制度的引入有利于逐步完善 PPP 模式反垄断法规制的事前防御机制。

公平竞争审查制度实施以来，从《关于在市场体系建设中建立公平竞争审查制度的意见》到《暂行规定》，对规制行政性垄断的审查标准逐步细化。现已经建立起四大标准、18 条具体标准，基本上涵盖了政府妨碍市场竞争的主要行为类型，根据相关法律法规、反垄断执法实践以及各方面反映的问题，在充分征求行业主管部门、行业协会、企业和专家学者意见的基础上，对四个方面 18 条审查标准逐条进行细化，形成二级标准。这将会增强制度的适应性。此外，《反垄断法》的实施离不开公平竞争审查制度的有力辅助。在市场竞争日益加剧的状况下，为了更好地运用反垄断达到矫正市场的目的，需发挥公平竞

争审查制度的作用，规范政府的行为，从而防止行政机关颁布排除、限制竞争的文件对 PPP 市场竞争造成不利影响。

（三）规范 PPP 合作协议

以往我国 PPP 合作协议中设置的不竞争条款具有竞争保护性质，致使社会资本即使滥用市场支配地位也不影响公私合作项目的运行，不会影响社会资本的长期利益，所以罚款等惩戒措施难以对其产生足够的威慑。借鉴美国经验，通过协议约定弹性特许期或者其他惩戒性条款，将社会资本滥用市场支配地位的行为后果与 PPP 项目的经营权挂钩，一定程度上能够约束社会资本的行为①。

（四）构建发达的市场机制，积极引导潜在社会资本的良性竞争

PPP 市场是以政府干预为轴上下波动的产物。② 以目前的情况来看，政府需要减少对 PPP 市场的过度干预，分权给市场，让市场用其自身的力量来解决自己的问题，促进潜在社会资本进行良性竞争，首先是从数量上吸引更多社会资本，比如在一定规模内适量分成若干小合同，从而促进分工合作。其次是分散社会资本，避免对部分社会资本的过分依赖。例如，完善未中标企业的二次招投标方案。

---

① 何春丽：《基础设施公私合作的法律保障》，法律出版社 2015 年版，第 20 页。

② 王继军：《市场规制法研究》，中国社会科学出版社、人民法院出版社 2005 年版，第 88 页。

生态文明建设绩效考核制度必要性及推进思路

王梦雨*

摘　要：生态文明绩效考核作为生态文明体制改革的重要内容，近年来，中央和地方纷纷出台生态文明建设绩效考核的相关办法。本文从法学角度出发，分析了完善生态文明建设绩效考核制度的必要性，阐述了该制度存在的问题，并梳理了生态文明建设绩效考核法律关系，提出了推进生态文明建设绩效考核制度还需解决的问题，为推进生态文明建设绩效考核提供一定思路，期望为完善我国生态文明建设绩效考核制度提供一些思路，进而助推我国的生态文明建设。

关键词：生态文明建设　绩效考核制度　必要性　推进思路

政府是生态文明建设的实施者和管理者，同时也是监督者。然而在现阶段，政府在生态文明建设领域的工作不尽如人意。为了推进我国生态文明建设，提高政府环境管理效率，对政府生态文明建设绩效评价进行理论研究具有重要意义。

一、完善生态文明建设绩效考核制度的意义

（一）完善生态文明建设绩效考核制度是推进生态文明建设的重要途径

就政府而言，我国现行绩效考核体制具有的缺陷严重阻碍了生态文明建设

* 山西大学法学院2016级经济法专业硕士研究生，主要研究方向为经济法学。

的进程。生态文明建设的成效如何，党中央、国务院确定的重大目标任务有没有实现，社会公众在生态环境改善上有没有获得感，需要确立相应的考核制度来检验政府生态文明建设工作，并通过考核制度的运用激励政府及干部扭转传统观念、重视生态文明建设。因此，探讨生态文明建设绩效考核制度的相关问题，运用法律制度为生态文明建设保驾护航，是推进我国的生态文明建设的重要途径。

（二）生态文明建设绩效考核制度是传统考核制度改革的重要内容

传统单纯追求经济增长的发展模式不符合绿色发展理念，也无法满足人民日益增长的生态需求。目前，我国大力推进生态文明建设，但囿于多重因素的限制，生态文明建设还存在亟须解决的诸多问题。例如，新《环境保护法》[①] 将实施了十余年的环境保护目标责任制加以确认。在个别大型污染事件中确实反映出了环保目标责任制度追责的落实，但从总体看来，环保责任制承诺的内容多数停留在对环境污染的治理方面，还未做到环境污染和生态文明建设工作的共同开展，仅靠环境目标责任制度还不能达到环境绩效评估本身改革的目的。因此，大力推进生态文明建设，进行局部制度的变革远远不够，我国需要对传统考核制度进行大刀阔斧改革，以建立系统、科学的生态文明建设绩效考核制度。

（三）有助于推动生态文明建设绩效考核法制化的理论研究

生态文明领域的改革要求基本建立体现生态文明要求的目标体系、考核办法、奖惩机制、责任追究制度，目的是规范生态文明建设目标评价考核工作，推进生态文明建设。生态文明建设进程的推进需要完善的环境法治体系，在法治轨道内积极稳妥地推进生态文明体制改革[②]。生态文明建设绩效考核法制化作为生态文明建设的重要内容，其相关理论仍处于探索阶段，生态文明建设绩效考核制度的基本概念、法律关系等问题亟待明确，立法层面缺乏相应的顶层

---

① 《中华人民共和国环境保护法》第二十六条规定“国家实行环境保护目标责任制和考核评价制度。县级以上人民政府应当将环境保护目标完成情况纳入对本级人民政府负有环境保护监督管理职责的部门及其负责人和下级人民政府及其负责人的考核内容，作为对其考核评价的重要依据。考核结果应当向社会公开”。

② 陈海嵩：《生态文明体制改革的环境法思考》，载《中国地质大学学报》2018 第 2 期。

设计。生态文明建设目标考核制度作为生态文明体制改革前期的产物，还存在很多不足，通过运用法治思维和法治方法来探讨生态文明建设绩效考核制度，有助于推动该制度的理论研究，推进我国的生态文明建设。

二、生态文明建设绩效考核制度存在的法律问题

（一）生态文明建设绩效考核制度法学研究的局限性

在党中央提出大力推进生态文明建设的战略部署后，《关于加快推进生态文明建设的意见》《生态文明体制改革总体方案》① 等文件相继出台，均要求建立生态文明建设绩效考核和责任追究制度。2016 年 12 月 2 日，中共中央办公厅、国务院办公厅下发《生态文明建设目标评价考核办法》②（以下简称“《办法》”），确立了我国生态文明建设目标评价考核制度。此后，各地按照《办法》实施考核办法，内容基本一致。因此，为了研究方便，笔者不再区分《办法》与各地的考核办法。

《办法》属于规章性质，效力较低。与之相比，环境目标责任制应属于生态文明建设的组成部分，由《环境保护法》第二十六条加以明确规定，生态文明建设绩效考核制度作为上位制度却缺乏法律的规定。此外，《办法》是我国进行生态文明建设绩效考核的初步尝试，全文有 21 条，为全国生态文明建设绩效考核与评价构建出大致框架。后多地纷纷出台考核实施办法，但是以江苏省、北京市的相关文件③为例，无论从形式还是内容上看，都基本照抄《办法》，并

① 2015 年 4 月 25 日，中共中央、国务院印发《关于加快推进生态文明建设的意见》，要求建立体现生态文明要求的目标体系、考核办法、奖惩机制。2015 年 9 月 11 日，中共中央政治局会议审议通过《生态文明体制改革总体方案》，强调建立充分反映资源消耗、环境损害、生态效益的生态文明绩效评价考核和责任追究制度，并将其确立为生态文明制度体系的八项制度之一。

② 2016 年 12 月 22 日，中共中央办公厅、国务院办公厅印发《生态文明建设目标评价考核办法》。

③ 2017 年 7 月 5 日，中共江苏省委办公厅印发《江苏省生态文明建设目标评价考核实施办法》。2017 年 12 月 7 日，中共北京市委办公厅印发《北京市生态文明建设目标评价考核办法》。

未体现各地因地制宜的细化工作。因此，《办法》作为目前唯一系统规定生态文明建设制度的规章，不足以支撑生态文明建设及绩效考核工作的推进，该制度的实施还需依靠完善的法律体系作为保障。

此外，学术界也少有对生态文明建设绩效考核制度领域的研究。从目前仅有的研究成果来看，学者们大多是从环境科学、行政管理等领域分析构架绩效考核指标、计算权重与指数的设计、具体操作设计等实践层面进行研究；以法学为视角，分析和论证生态文明建设绩效考核制度的基础研究较少。少数学者在近年来对生态文明建设绩效考核进行了研究，还未从法学视角界定生态文明建设绩效的内涵与外延，仅对生态文明建设绩效考核的面临挑战、主要措施与建议作出了分析。

总之，生态文明建设绩效考核制度的相关法律不健全，以法学视角的系统研究还没有展开，许多问题还未取得法律共识，立法和基础理论研究还有很大不足之处。

（二）生态文明建设绩效考核法律关系尚需明确

法律关系是以法律规范为基础，以法律权利和法律义务为核心内容的特殊社会关系，其通过权利、义务的双重机制指引、调整社会关系。生态文明建设绩效考核法律关系的内容即为各主体之间依据生态文明建设绩效考核法律法规享有的权利和应当履行的义务。生态文明建设绩效考核作为新制度，《办法》实施以来还没有进行过五年考核，并且法学视角梳理生态文明建设绩效考核的研究成果较少，该制度的理论基础和实践基础都较薄弱，生态文明建设绩效考核法律关系尚未完全明晰且存在缺陷，法律关系还需要进一步的梳理和完善。

1. 生态文明建设绩效考核法律关系不明确

对于法律关系的内容来说，生态文明建设绩效考核《办法》仅用两条条文来规定考核主体的消极义务以及被考核地区的异议申诉权，在全国生态文明建设考核工作中必然会发生未提及考核主体与被考核主体的其他权利、义务。从现有规定看来，该制度法律关系不清晰，还需要对该制度进行研究。

2. 生态文明建设绩效考核法律关系不健全

考核工作由牵头部门，会同其他相关部门组织实施由各级党委和政府机关进行自查，由实施部门将考核结果送考核牵头部门，考核牵头部门汇总各地区考核成绩提出建议，本质仍是上级对下级政府的考核。上级政府部门对下级绩效的考核存在着一定的局限性：各级党政机关负有本辖区内生态文明建设职责，上级党政机关兼具生态文明建设职责和考核下级的职责，政府内部自成体系，上下级之间属于利益共同体，绩效考核主要依靠自我监管显然不合理；此模式不能排除下级政府忙于应付上级，只做表面工作，而使生态文明建设流于形式的可能性。同时，此模式把公众与社会团体排除在了参与对地方政府生态文明建设工作考核的机会之外，降低了公众的政治参与度与对地方政府生态考核的准确性。以往考核主体单一的考核模式存在缺陷，需要在考核主体方面做出针对性的调整①。

（三）政府环境责任法律实施效果差

经济、法律、政治三者之间相互影响，相互作用。国家要求“以经济建设为中心”，立法受其影响，立法成果使生态环境保护工作作出了足够的让步，为经济发展留下了空间。我国现行环境法律主要强调政府环境职权，对于政府因不履行政府环境职责和义务、不行使政府环境职权和权力、违法行使政府环境职权等需要承担责任方面，大多数法律没对照有关政府环境职权和职责的法律条款设置责任条款，缺乏追究政府及政府干部环境法律责任的具体措施、程序和制度②。政府环境责任法律存在的法律漏洞、留有的余地较大，没有抓住要害和关键，可操作性、可实施性较差，这导致我国环境法律实施效果不尽如人意，环境责任追责无法有效落实。

党的十八大以来，党中央扭转经济建设与生态文明建设矛盾的观念，但是政府环境责任方面的法律却还没来得及完全更新，相关法律的实施效果不佳，阻碍了生态文明建设进程的推进。因此，研究生态文明建设绩效考核制度对推进生态文明建设法制化的重要性不言而喻。

---

① 姚思京、侯子峰：《生态文明建设视角下对地方政府绩效考核制度的探讨》，载《传承》2013 第 10 期。

② 蔡守秋：《论政府环境责任的缺陷与健全》，载《河北法学》2008 年第 3 期。

三、生态文明建设绩效考核制度的推进思路

(一) 丰富与完善生态文明建设绩效法律关系

作为生态文明体制改革前期的产物，生态文明建设绩效考核还存在很多不足，需要严密的法治来为生态文明建设提供保障，助其制度破冰。因此，生态文明建设尚需法学界更多的研究，本文尝试性的探讨生态文明建设绩效考核法律关系，即生态文明建设绩效考核法律关系的主体、客体、内容。

1. 生态文明建设绩效考核法律关系主体

绩效考核主体对被考核主体的生态文明建设工作进行考核，并将考核结果作为政绩重要指标应用到实践中，因此科学地设计考核主体是实现生态绩效考核制度设计目的的关键。笔者建议：

第一，合理控制政府内部自查的考核比重。将内部考核结果纳入考核的一部分是政府系统本身对其工作进行自评的反馈，但是由于政府内部考核无法完全避免政府部门所有的利益联系从而保证绩效评价完全客观公正，需要将考核比重设定在合理范围内。第二，成立生态文明建设考核智库进行考核，利用网络随机进行考核。若由稳定的社会组织、学者等成立专门、独立的考核组织进行政府绩效考核，因民间社会组织与强大的政府并非平等主体，其考核工作势必会因政治、人事、财政等多种因素受限于公权力，考核组织易成为政府傀儡和考核工具，难以避免考核流于形式的结局。所以，建议吸收环境科学、环境法学等与生态文明建设以及经济学等相关领域的组织、学者来建立全国考核智库，并进行定期更新，考核工作从全国开展，利用网络随机分配考核主体和被考核主体，在规定时间利用网络进行考核评估。第三，建议将民意纳入考核结果。由于生态文明建设利益关系到每一个人，人民群众的关注和需求也与日俱增，因此尊重民意，将民意纳入一定的考核比例有其合理意义，但是我国人口众多，不可能为一项考核进行民意普查。因此笔者认为可利用网络进行民意调查，将这不完全的民意结果设置为较小比重，但是值得注意的是，最终各项考核结果与民意如有一定差距，则应由考核主体、被考核主体向社会详细公开其评价与考核过程和理由，重点接受监督。

对于生态文明建设绩效被考核主体，《办法》将地方党委和政府领导纳入被考核主体范围。笔者认为较为合理。考核自身不是目的，生态文明建设绩效考核制度的目的是欲通过该制度推进生态文明建设的有序进行，满足人民群众的生态需求。因此，如何有效通过考核制度调动起政府进行生态文明建设积极性才是关键。党政机关领导班子对生态文明建设工作的影响远超环保主管部门负责人的影响，只有当地党政机关的一把手切实意识到生态文明建设的重要性，其运用行政手段分散生态文明建设任务，才可以有力推动生态文明建设工作的进行。此处不再赘述。

2. 生态文明建设绩效考核法律关系客体

法律关系客体指法律关系主体发生权利义务所指向的对象，是法律关系发生和存在的前提，生态文明建设绩效考核法律关系客体指考核主体与被考核主体开展的系列考核行为。

生态文明建设绩效考核内容主要包括各地关于资源环境约束性指标及生态文明建设重大目标任务完成情况，前者包括但不限于资源利用指标、生态环境保护指标、生态环境事件指标等；后者包括但不限于环境目标责任制、生态补偿机制的完成情况等。生态文明建设绩效考核要根据各地区实际情况，合理侧重各地政府生态文明建设绩效考核的内容，比如，对于自然资源大省来说，生态文明建设绩效考核的重点领域就应放在资源环境约束性指标上，以此促进资源可持续利用及地域经济转型；又或者对于沿海省份来说，生态环境条件先天优越且矿产资源开发少，考核重心应放在生态文明建设重大目标任务上，促使这些经济基础较好的地区率先探索生态文明建设改革。

3. 生态文明建设绩效考核法律关系内容

生态文明建设绩效考核法律关系内容从权利和义务两个方面来认识。法律关系主体之间的权利与义务是相对的，即考核主体的权利对应被考核主体的义务，考核主体的义务对应被考核主体的权利。

首先，考核主体有调查、核实、考核党委和政府生态文明建设工作的权利，同时也负有客观公正的考核义务；被考核主体有要求考核主体进行公正考核的权利，同时也有配合考核、保证自查报告的客观真实的义务。

其次，在生态文明建设绩效考核法律关系中，被考核主体不存在权力的运用，此时的政府是一个权利、义务统一的主体，但被考核主体客观上拥有绝对公权力，可利用公权力影响考核主体的考核。为控制或避免被考核主体滥用权力使考核主体对其作出违背客观事实的评价，还需要重视对被考核主体和被考核主体弄虚作假、滥用权力的责任追究，通过强制性法律规范提升相关法律的有效性，为考核制度的运行保驾护航。

与此同时，对于非公权力机关的考核主体，侧重点应在于切实保障其考核权利以及检举、批评、建议、公开信息等相关权利，同时需要明确遵守公平公正等相关考核义务以及考核主体以权谋私等违法行为的责任追究。

（二）推进生态文明建设绩效考核制度还需解决的问题

1. 明确生态文明建设绩效考核制度的定位

任何制度都是人类在社会活动中创造的，其目的必须满足创造主体的特定需求。生态文明建设绩效考核制度的目的是为考核主体对政府生态文明建设工作的考核提供一套切实可行的制度，一方面通过改革矫正现在已经过时的传统考核制度，另一方面借助考核制度来提高政府的行政效率，为创造良好的生态环境提供制度保障。但需要注意的是，生态文明建设绩效考核制度作为后期考核、激励和责任追究机制，仅仅是考量政府环境管理效能、政府履行生态文明建设职能的一种“工具”，还需要以前期政府的生态文明建设工作为基础。考核本身或者奖惩不是目的，也不可能仅仅依据一个制度就扭转相关负责人的传统观念或者彻底改变我国生态文明建设现状，而是通过切实有效的考核制度来督促政府行政行为，提高政府行政行为效率，加速推动实现“法治中国”与“美丽中国”的宏伟目标。

此外，法律作为调整社会关系的一种手段，具有局限性，法律经常不是最经济，也不是最有效的调整手段，因此要正确认识生态文明建设绩效考核制度。生态文明建设绩效考核制度到达法律层面，便会具有稳定性和滞后性，生态文明建设实践中社会关系繁多且更新速度迅速，生态文明建设绩效考核制度势必无法将其囊括；此外，进行考核时，若所需的人力资源、精神条件和物质条件等不完全具备的情况下，该制度都不可能充分发挥作用。因此，生态文明建设绩效考核制度的有效实施不仅需要该制度本身的法律保障，还要适合我国现阶段国情，给予各地政府灵活操作的空间。

2. 完善生态文明建设绩效考核相关法律

《办法》作为我国进行生态文明建设绩效考核的初步尝试，除此之外，生态文明建设绩效考核的相关法律基本处于空白状态。生态文明建设绩效评价工作每年进行，考核工作每五年进行一次。截至目前，我国只存在评价工作，还未有过考核工作。应重视各级政府对生态文明建设绩效考核的实践，并以此为基础，鼓励学术研究，为出台高质量的生态文明建设绩效考核法律奠定良好基础。

2015 年 1 月 1 日施行的《环境保护法》一改唯经济发展为主的常态，将旧法中“使环境保护工作同经济建设和社会发展相协调”的条文修改为“使经济社会发展与环境保护相协调”，体现了环境保护优先原则，反映出立法者观念的转变，将矛盾的主要方面集中在环境问题上。生态文明建设绩效考核的相关立法应贯彻并落实《环境保护法》的新理念，并且应重视相关责任追究，推动生态文明建设。

3. 需要相关制度的配套实施

生态文明建设任重而道远，除了构建实施生态文明建设绩效考核制度，还需要相关配套制度的实施与考核制度形成合力，有力推动我国生态文明建设进程。生态文明建设绩效考核制度作为后期考核、激励和责任追究机制，需要以前期政府的生态文明建设工作为基础，例如在生态文明建设领域实施财政转移支付、生态补偿等；此外，应加强对绩效考核的运用，将生态文明建设绩效考核结果与政府及人员的奖励、晋升机制联系到一起，提高被考核主体的重视程度和积极性；完善对政府部门及相关人员的责任追究机制，落实责任的追究，解决环境保护法律失灵情况。

第三方贴付行为的法律规制研究

阎乐云*

摘　要：第三方补贴支付行为存在寡头垄断、销售主体选择权受限、交易主体信息权益受侵等问题。以掠夺性定价为切入点对第三方贴付行为的垄断后果进行法律规制，具有或不具有市场支配地位的贴付主体都可以构成掠夺性定价，破坏竞争的意图需要同其行为一并考量，即便定价高于成本，也可能构成掠夺性定价，市场份额大小、收回损失数额、第三方贴付后果等可以作为处罚依据。对此应创新惩戒措施、确认交易者的信息权益、开放法律救济渠道。

关键词：第三方贴付　掠夺性定价　交易信息权益

移动支付领域，阿里巴巴和腾讯为了争取用户量，争相砸钱提供优惠折扣和返利，掀起“烧钱大战”，同样的“烧钱战争”发生在各种第三方平台市场，外卖平台上“美团”和“饿了么”两大商家经过补贴支付后基本形成了两强垄断的格局，网约车市场经过滴滴和优步的轮番价格战争后以合并收场并一家独大。这种由第三方主体参与、引导的交易，在支付环节的价格补贴刺激下异常活跃，也成就了新兴的第三方主体的垄断地位。

一、第三方贴付行为存在的问题

（一）市场份额划分逐步呈现寡头垄断

第三方贴付主体为了促成买卖双方的交易或结算在其指定的平台上完成，

* 山西大学法学院经济法学专业硕士研究生，主要研究方向为经济法学。

不惜以雄厚的资本对交易双方进行大面积补贴，以求其平台本身迅速占领市场或扩大份额。从性质上说，支付平台提供的是一种服务，其服务内容是提供便捷的支付方式，所以，第三方贴付行为主体包括但不限于第三方支付平台，例如支付宝，还包括各种交易平台，例如网约车平台、电商平台、外卖平台、实体综合商场等。随着服务行业的兴起，由第三方为交易双方提供交易服务，成为新兴热门行业。然而，这种形式的市场走向、占据市场份额的竞争局面却伴随着资本实力的背景呈现了寡头垄断、不易打破的格局。移动支付市场，由支付宝和财付通（微信）平分天下，具体份额是：支付宝：53.70%，财付通：39.12%，壹钱包：1.39%，连连支付：1.02%，联动优势：1.02%，易宝：0.57%，快钱：0.48%，百度钱包：0.29%，其他：2.41%①。外卖市场也是两家独大，美团占据市场60%份额，饿了么占据30%，其他平台抢占剩下的10%②。

（二）支付消费者自由选择权利受限

第三方在交易结算时予以补贴支付，补贴支付的交易可能发生在线上，也可能发生在线下，例如在各种便利店、实体店、路边摊交易结算时，通过扫描支付宝“红包”，便可直接降低支付金额；补贴支付的交易内容可以是产品，也可以是服务，例如，乘客通过网约车平台接受网约车提供的出行服务，也会享受网约车平台的补贴。

第三方贴付行为形成如下法律关系：首先，传统形式的买卖（产品或服务）交易主体，即销售主体和消费主体之间是买卖关系。其次，传统的消费主体不仅消费了传统销售主体的产品或服务（有偿消费），同时也消费了第三方支付主体的支付服务（虽然目前表现为无偿消费），所以传统的消费主体是二重消费者，既是传统买卖关系的消费者，也是第三方支付服务的消费者。最后，传统的销售主体也具有二重身份，在传统买卖关系中，还是销售者，但在支付关系中，便成了接受第三方提供服务的消费者，本文称为“支付消费者”。

---

① 搜狐网：《第三方支付市场份额最新排名，第一名意料之中》，https://www.sohu.com/a/212847823_395138.

② 兴元说科技：《美团饿了么的外卖补贴大战，到底给我们带来了什么》，https://baijiahao.baidu.com/s?id=1608654296699608633&wfr=spider&for=pc.

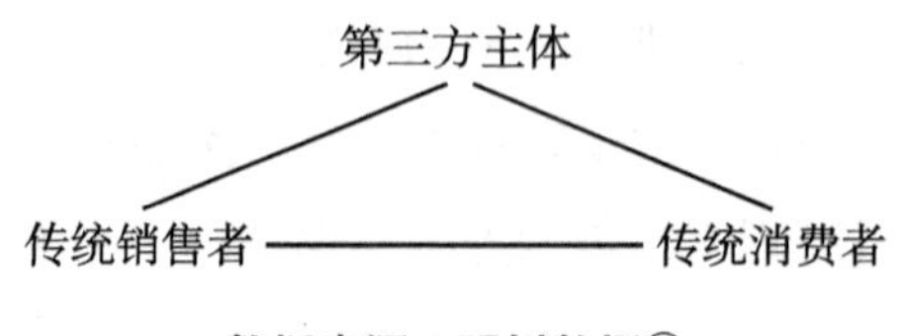

数据来源：明树数据①

“支付消费者”在第三方贴付行为持续过程中，被动经历了无偿，甚至有利可图地接受第三方支付服务，再到有偿，甚至高额接受支付服务的过程，却没有自由选择的权利。

（三）交易主体数据权益保护不力

第三方主体批量掌握了涉及安全问题的个人信息数据资源，消费主体的消费能力、购买习惯，以及销售主体的业绩经营信息，都汇聚于第三方主体形成大数据资源，即交易中销售和消费主体的数据权益。首先，第三方主体是免费、无偿获取数据的，也就是说，交易主体对其自身数据没有实现所有者权益，还容易受到侵害，其次是第三方主体被动丢失，例如遭受网络黑客的窃取，或者是第三方主体主动将数据资源应用于销售市场，以针对不同群体的喜好和消费能力精准投放产品，消费主体遭遇“杀熟”。例如，腾讯、爱奇艺、优酷三大视频平台在会员战略上与电商平台进行绑定营销，电商文娱化、文娱电商化，成为目前的发展趋势，而电商会员和视频平台会员如何真正打通，提升用户体验，获得用户留存，这是双方联通过程的重点②。

《民法总则》明确了自然人的个人信息受法律保护，但是交易数据权益是否完全被含在“自然人的个人信息”外延范围之内，还没有明确的法律依据。《全国人大常委会关于加强网络信息保护的决定》第四条规定，“网络服务提供者和其他企业事业单位应当采取技术措施和其他必要措施，确保信息安全，防止在业务活动中收集的公民个人电子信息泄露、毁损、丢失。在发生或者可能发生信息泄露、毁损、丢失的情况时，应当立即采取补救措施。”这个决定发布于2012年，现状是第三方主体并非泄露、损毁、丢失信息，而是直接加工利

① 明树数据：《2017年中国PPP发展年度报告》。

② 科技观察前沿：《三大视频网站的会员争抢大战，电商化成为趋势?》，http：//www.sohu.com/a/248998164_ 689434.

用。《电子商务法》第十八条规定："电子商务经营者根据消费者的兴趣爱好、消费习惯等特征向其提供商品或者服务的搜索结果的，应当同时向该消费者提供不针对其个人特征的选项，尊重和平等保护消费者合法权益"，被喻为"向杀熟说不"条款，一定程度上抑制了"杀熟"现象，但还是不够完善。首先，消费者相对第三方平台处于弱势，维权困难。其次，《电子商务法》第二十四条规定，经营者收到用户关于其信息查询或删除的申请时，才会作出处理，由于第三方贴付对象维权意识薄弱，无形中留给第三方主体利用交易信息资源的空间。

二、第三方贴付行为的反垄断视角分析

（一）第三方贴付行为的共性表征

首先，雄厚的资金实力做后盾。第三方主体以雄厚的资金基础作为其开拓市场、抢夺份额的后盾，源源不断地为现金补贴输送财力支持。例如，在外卖领域，腾讯和阿里巴巴分别领投了美团和饿了么，并用巨额补贴模式，快速占据市场，同时也杀死了其他竞争对手。但即使在大局已定的 2017 年，美团的补贴金额依然高达 42 亿元，这让饿了么也不得不跟风推出 30 亿元的补贴计划①。

其次，形式多样且灵活多变。第三方补贴往往发起于不同的交易服务平台，在不同业态背景下完成各自不同的市场周期计划，并在不同区域根据市场上表现出的活跃程度和反馈情况实时调整补贴范围和力度。对于平台用户个体而言，每笔交易得到的补贴金额和比例是随机的，所以，就市场规制考察价值而言，还需要在形式多样且灵活多变的补贴形式下分析其总体行为表现。

最后，经营范围涉及多类相关市场。实施补贴的主体业务经营范围广阔，有的业务范围属于同一相关市场，有的则完全不在同一的相关市场，综合经营主体完全可以在多样化的经营业务中整合、调配各种资源，比如，为补贴行为

---

① 兴元说科技：《美团饿了么的外卖补贴大战，到底给我们带来了什么》，https：//baijiahao. baidu. com/s？ id = 1608654296699608633&wfr = spider&for = pc.

筹集大量资金。此外，还可以借助互联网优势，将补贴交易中涉及的具有商业价值的数据整合起来，进行交叉利用。

(二) 第三方贴付行为的掠夺性定价分析

面对新兴经济活动，传统经济中的掠夺性定价认定形式已不能完全适应，需要沿着掠夺性定价的本旨，对新型掠夺性定价行为进行分析和认定，本文从主体地位、主观意图、客观行为、损害后果这四个方面逐一着手分析。

1. 掠夺性定价的第三方主体地位

我国《反垄断法》第十七条规定："禁止具有市场支配地位的经营者从事下列滥用市场支配地位的行为……（二）没有正当理由，以低于成本的价格销售商品……"《反垄断价格规定》第十一条，"具有市场支配地位的经营者不得以不公平的高价销售商品或者以不公平的低价购买商品……"。欧盟委员会《关于查处支配地位滥用行为的指南》的定义中，将掠夺性定价界定为"支配企业"所从事的行为。在我国与欧盟反垄断法体系中，掠夺性定价属于企业滥用支配地位的一种形式，换句话说，拥有市场支配地位是掠夺性定价的前提条件。传统反垄断理论也是持这种观点，不具备市场支配地位的经营者往往不具有实施掠夺性定价的能力，即使其实施价格削减或者低于成本价销售行为，一般也不会被认定为掠夺性定价从而受到反垄断指控①。

也有学者认为掠夺行为人必须拥有巨大的财力，而非支配地位，美国《谢尔曼法》既禁止"垄断力的滥用"行为，也禁止"企图垄断"行为，掠夺性定价往往被视为"企图垄断"的行为，不以行为人拥有支配地位为前提。掠夺性定价是谋求支配地位的手段，而不是对既有支配地位加以利用的方式，支配地位是掠夺性定价造成的结果，而不是其开始时的背景②。

市场经济背景下，经济主体的法律地位是平等的，所承担的法律责任也是平等的，只要其行为被市场规制法所禁止且造成了破坏竞争的后果，就应承担掠夺性定价行为的法律后果，不得因市场地位弱小而得到豁免。掠夺性定价的第三方贴付主体只是市场经济中的一般主体，而非特殊主体，从定性而言，是

---

① 谢亨华：《反垄断法中掠夺性定价的规制研究》，中国政法大学2006届博士学位论文。
② 许光耀：《掠夺性定价行为的反垄断分析》，载《政法论丛》2018年4月第2期。

否具有市场支配地位不构成影响。

2. 掠夺性定价的第三方贴付意图

掠夺性定价（低价倾销行为）的认定必须结合行为的目的。只有企业具有排挤竞争对手目的的时候，其行为才构成掠夺性定价。和掠夺性定价（低价倾销行为）在认定上具有类似性的是折扣行为。适度的折扣行为是一种合理的倾销策略，但具有反竞争目的的过度折扣则应当禁止①。就主观意图而言，美国法院的经验值得借鉴，他们一改注重主观意图证明的传统做法，转而重视企业客观行为的证明。他们认为，主观意图可以借助外在行为成功推导出来②。

第三方贴付是在免费策略基础上的进一步补贴，周期性的补贴行为，特别是处于竞争关系中的第三方主体轮番发起补贴行为，就足以证明其主观上存在排斥或限制竞争的目的，第三方并不想遵守健康的市场竞争秩序，而是意图排斥竞争，甚至不惜投入重金来主动打破正常的市场竞争格局。至于第三方主体的多重性主观意图，例如吸引消费者注意或是提高自身影响力，这些都不能否认其排斥、限制竞争的主观意图，只能说主观意图存在多重性。

3. 掠夺性定价的第三方贴付行为

传统认为，掠夺性定价的认定，必须证明产品的价格低于其可变成本。可变成本是相对于固定成本的一个概念，是指随着产量的变化而变化的成本，如劳动力成本、原材料成本等，固定成本是指和产量无关的成本，如厂房、机器设备等固定投资。如果企业以低于可变成本的价格销售产品，那么就意味着其销量越大则亏损额就越大③。也有学者认为欧盟采用的“平均可避免成本”更为合理，“可避免成本”是指企业如果不生产某个特定产量的话，原本可以避免的成本，以这些成本的总额除以特定产量，即为平均可避免成本。根据个案中当事人现有产能状况，可避免成本可以只包括可变成本，也可以同时包括可变成本与部分固定成本④。平均可避免成本高于或等于平均可变成本，平均可避免成本是比平均可变成本更为严苛的规则，若是在制造行业，二者会有明显的差值，但是在依托互联网的第三方主体之成本问题上，二者的差值并不大，

① 王继军：《市场规制法研究》，人民法院出版社 2005 年第 1 版，第 154、155 页。
② 游珏：《论反垄断法对掠夺性定价的规制》，载《法学评论》2004 年第 6 期。
③ 王继军：《市场规制法研究》，人民法院出版社 2005 年版，第 154 页。
④ 许光耀：《掠夺性定价行为的反垄断分析》，载《政法论丛》2018 年第 2 期，第 53 页。

由于网络外部性滚雪球式的扩大，即使是采用更为严苛的平均可避免成本规则，也存在大量的贴付式掠夺性定价行为。

有学者认为，第三方支付是典型的双边市场，第三方支付平台企业联结着有支付需求的消费者和商户，是向市场两边提供支付服务的中介平台，第三方支付市场中存在着掠夺性定价行为，将平台两边的消费者作为一个整体，对平台两边用户的总价格加成予以衡量，将平台企业在交易中的总边际成本和向用户收取的总价格进行比较，如果平台企业向两边市场投入的总成本低于所收取的总价格，则应当认定暗合于非中性定价机制中存在着构成掠夺性定价要素之一的“低于成本定价的行为”①。

以上双边市场理论为第三方贴付行为的掠夺性定价提供了有益借鉴，但不能完全契合。第三方贴付行为发生在交易服务市场，其市场一端是第三方贴付主体，另一端是销售者和消费者（两者都是第三方主体的服务对象），在交易服务关系中，这三者缺一不可，第三方主体的贴付价格是否低于成本，应当整体衡量。当第三方主体对支付价款实施补贴后获得的交易服务价款低于成本（平均可避免成本）时，则构成掠夺性定价行为。第三方贴付金额往往是随机的，所以考察其价格与成本的关系，应以某一个市场区域的一个商业周期为准，进行总价格与总成本的比较。既然第三方交易服务市场是一个整体，就不宜割裂讨论，有消费者存在的第三方交易服务市场，就必然存在相应的销售者，单独就消费者受到补贴推断第三方主体存在掠夺性定价是片面的，同样，因销售者一端价格高于成本否定消费者一端的掠夺性定价也是片面的，综合考查，才能判断第三方贴付行为是否构成掠夺性定价。

4. 掠夺性定价的第三方贴付后果

第一，第三方主体间市场壁垒坚厚。第三方主体通过贴付行为最终划定市场份额，并在一定时期内保持不变，经济实力强势的第三方主体占据或正在占据市场支配地位，弱小的第三方主体或是试图进入市场的新的竞争者，因不正当贴付行为造成的市场壁垒无法打破，而被迫维持现状或是退出市场。

第二，第三方主体服务对象遭受损失。第三方主体所服务的销售者和消费

① 黄勇、杨利华：《第三方支付平台企业掠夺性定价的反垄断法分析》，载《河北法学》2016年第34卷第4期。

者在不同程度上遭受损失：主要是销售者在贴付行为后期不得不对第三方主体承担交易服务费，因为受制于消费者已被第三方主体所绑定的现状，销售者为了达成交易不得不依照消费者的“附属要求”，即要交易就要通过指示的第三方平台完成，而第三方主体是收取服务费的，费用超出合理成本的部分即是销售者遭受的损失；另外是消费者遭受的损失，信息损失包括个人身份信息的泄露和消费记录被分析，直接经济损失也可能发生在消费者身上，第三方主体可以对其凭借贴付行为锁定的消费者进行交易加价，超出合理成本的部分即是消费者遭受的掠夺性定价损失。

第三，第三方主体服务水平停滞不前。正常市场竞争状态下，作为服务平台的第三方主体，应是在服务内容上推陈出新，不断创新服务方式，从而赢得服务对象的认可，而第三方贴付行为则是片面关注于价格，忽视甚至降低服务内容和水准，造成社会上服务水平的整体停滞或下降。

本文对第三方贴付行为是否构成掠夺性定价并予以规制的分析遵如下思路：首先，构成掠夺性定价之主体，其经济地位是一般主体，不具有市场支配地位的贴付主体也可以构成掠夺性定价，所以贴付主体的市场份额不影响掠夺性定价的定性，但是根据市场份额大小判断其破坏竞争的范围，划定其承担责任的轻重程度。其次，第三方贴付行为是否存在破坏竞争的意图无须单独讨论，若是没有实施掠夺性定价行为，意图是否明显都不会构成事实上的违法，若是实施了掠夺性定价，则其意图是不言而喻的，所以破坏竞争的意图是要同其行为一并考量的。最后，掠夺性定价行为方式不限于价格低于成本这种传统方式，即便价格高于成本，第三方贴付也可能构成掠夺性定价，例如以己身之资金实力或集团声誉影响竞争对手的融资能力，进而逼迫对手放弃竞争。

第三方贴付行为是否构成掠夺性定价的定性角度，主要是根据其行为表现结合意图进行分析，是否具有支配地位、是否能收回损失都不影响定性。但是，市场份额大小、收回损失数额、第三方贴付后果等，这些也应做翔实考察，从而可以对构成了掠夺性定价的第三方贴付行为在依法作出规制或惩戒措施时提供量化依据。

三、第三方贴付行为的法律规制建议

2018 年 4 月 17 至 19 日期间，交通运输部通过其微信号连发三篇评论文章，指出网约车运营中存在的问题及监管，特别是《网约车发展要“脱虚向实”》，批评了“烧钱大战”引起的乱象，呼吁网约车“脱虚向实”。这种政策导向性文章虽然指出了问题所在，但市场经济运行中还是需要以法治来规制，才能保证市场自由、健康竞争。为此，笔者提出以下建议：

（一）创新第三方贴付掠夺定价法律惩戒措施

1. 第三方贴付行为价格冻结

根据前文艾德林教授观点，可以对掠夺性定价者实施价格冻结，即按照第三方贴付时期的价格水平，在一定时期内不允许贴付主体取消贴付或是提高价格，这样既可以保护消费者利益，也可以对意图实施掠夺性定价并在后期提价收回损失的垄断者予以有力规制，防止其破坏市场秩序、攫取垄断利润。同时，为了防范经营者以规避价格冻结措施进行企业的重组或分立，应在价格冻结措施实施时进行经营者的股份及公司结构进行备案，在价格冻结期间对其股份转让或企业的重组与分立进行一定限制，或是设定附加条件。

2. 第三方贴付经营者融资限制

第三方贴付是否能产生垄断利益，很大程度上依赖其融资规模与速度。为此，对于第三方贴付经营者的融资行为应进行严格审查与监督。即便是符合条件的融资行为，也应当注意其注资速度，给市场一定的适应期。对于已定性为掠夺性定价的第三方贴付经营者，即使其危害后果不大，处罚力度甚微，也应将其纳入备忘录，在以后的融资过程中作出特别限制，防止其新一轮的融资再次注入贴付行为中。

（二）确认第三方贴付交易者的交易信息权益

伴随第三方贴付会产生不可计数的交易信息，这些信息涉及交易双方的交易习惯、消费能力、资金来源等重要的财产或人身信息，单次交易的信息不足为重，但是把某个个体的交易信息汇总分析就涉及该个体的信息权益，需要法律对其进行确认和保护，在法律框架内设置个人交易信息受到侵犯和违法使用的责任形式。在个人数据权益还未被纳入法律的有效保护背景下，个体的交易信息权益也得不到法律的有效保护，第三方贴付交易者因其交易信息权益不受保护而遭受损失也源于此，所以以法律方式确认并保护第三方贴付交易者的交易信息权益，是防止交易者遭受损害的必要环节，也是交易者挽回损失的法律基础。

（三）开放第三方贴付受害者的法律救济渠道

1. 第三方贴付受害者代表人诉讼

我国实践中，代表人诉讼制度的应用范围正在不断扩展。第三方贴付行为受害者范围广泛，提起代表人诉讼难以准确确定人数及具体人员，但是这并不妨碍代表人诉讼在第三方贴付行为上的司法应用。首先，部分受害者起诉以后，由受理诉状的法院进行全国范围的公示，其他受害者可以在实质性的审理过程前加入诉讼活动，成为原告。其次，由于受害群体的广泛性，审判活动结束后，确有证据能够直接证明其遭受的损害是由已经审理的行为造成的，也可以申请损害赔偿。

2. 第三方贴付行为公益诉讼

由于第三方贴付对象个体的弱势性，以及遭受损失的分散性，往往不会投入时间、精力积极维权。借鉴环境公益诉讼理论和相关制度，第三方贴附行为的原告可以是有关社会组织，例如消费者协会，或者是检察机关。相比第三方贴付对象，社会组织或是检察机关有一定的诉讼优势，面对财力雄厚的企业集团，避免消费者因其弱势地位而承担的不利诉讼结果。若是能够形成长效机制，社会组织（检察机关）也能够积累大量的诉讼经验和专业知识，更加准确的预判诉讼后果，从而节约社会司法资源。

互联网行业经营者集中申报制度研究

张 荟*

摘 要：经营者集中审查制度是我国反垄断规制的重要制度。“滴滴出行”和“Uber 中国”合并案，反映出现有制度对于互联网行业经营者集中在营业额范围、申报标准、竞争影响评价因素等方面缺乏针对性与有效性。基于互联网行业有别于传统行业的网络效应、用户锁定效应、数据竞争等特性，我们可以通过引入“用户量和交易额”标准，将数据作为评估竞争影响的参考因素等措施完善经营者集中申报制度。

关键词：互联网行业 经营者集中 申报标准 数据

引 言

2016 年滴滴与优步中国合并却没有向反垄断执法机构申报的事件引起广泛关注。滴滴的理由是滴滴出行和优步中国都没有盈利，没有达到法律规定的申报数额，所以不用申报。但两家公司的市场规模很大，在相关市场有着极强的市场竞争力，两家公司进行合并极有可能产生限制竞争的效果。“滴滴出行”和“Uber 中国”合并案，反映出现有申报制度的内在缺陷及在互联网行业中的适用困境。

一、现行互联网行业经营者集中申报制度存在的问题

（一）营业额范围不明确

传统行业的销售额是其销售产品或提供服务的收入。互联网经济中，互联

* 山西大学法学院经济法专业硕士研究生，主要研究方向为市场规制法。

网企业的收入还包括广告费、数据交易收入等营业范围之外的收入。这些营业范围之外的收入和流水额是否属于“营业额”，我国相关法律没有明确规定，“营业额”的范围不明确。

（二）申报数额没有区分行业

《关于经营者集中申报标准的规定》对所有行业的申报数额是“一刀切”的规定，这样的规定忽视了各行业自身的经济特征。各行各业的经营规模存在较大的差异，“一刀切”的申报数额缺乏合理性，导致申报数额在适用于某一行业太高或太低的争议，无法准确筛选出应当申报的经营者集中行为。

（三）申报数额固定缺乏调整机制

法律规定的申报数额是固定的，这与不断发展变化的经济不相适应。我国现在的申报数额标准是依据当时的经济发展水平所制定，随着经济的快速发展，可能出现在相关市场影响不大的几家经营者进行合并，不会对市场竞争造成不利影响，但却达到了法律规定的申报数额的情况，这将会造成企业的负担，阻碍经济的发展，也会造成执法资源的浪费，降低执法效率。

（四）申报标准单一

单一的营业额标准无法适用于所有的经营者集中行为，那些经济体量小、营业额少的企业合并虽然达不到申报标准，但却在相关市场能够产生限制竞争的效果，这种情况下，营业额标准就无法发挥其作用。

互联网行业实行免费策略和亏损策略，根据营业额不能准确判定互联网企业的市场规模及市场竞争力，无法准确有效的评估互联网企业进行经营者集中是否产生排除限制竞争的后果，① 可见营业额标准无法适用于互联网行业。滞后于时代发展的营业额标准不能准确有效地筛选出限制排除市场竞争的经营者集中行为。

---

① 蒋岩波：《滴滴收购优步中国经营者集中案例的反垄断法分析》，载张守文主编《经济法研究（第19卷）》，北京大学出版社2018年版，第37页。

（五）缺乏评估竞争影响的关键——数据

数据是互联网企业竞争的核心。例如网约车平台，根据用户的出行数据，企业会对用户的打车路线，打车习惯进行分析，从而提高乘客与司机的匹配率，缩短乘客等车时间，降低空车率，进而增强企业的市场竞争力。互联网企业拥有的数据可以反映出企业的市场规模及市场竞争力，所以在评估互联网行业经营者集中竞争影响时应当考虑数据因素，而我国现行法没有对此作出规定。

（六）现行标准违法的惩罚力度不足

我国反垄断法对于违反规定实施集中的惩罚力度非常微弱，法律规定处50万元以下的罚款，这一法律责任实属微弱的违法成本，正因如此，一些企业才敢违反经营者集中申报的规定。

二、互联网行业经营者集中申报制度存在问题的法理分析

互联网行业不同于传统行业，互联网行业有其特性，如网络外部性、双边市场、用户的锁定效应、数据竞争等。互联网行业经营者集中相较于传统产业有巨大的差异性。现有的经营者集中申报制度已经不能完全适用于互联网行业。

（一）互联网盈利模式已突破传统营业额计算方式

《关于经营者集中申报的指导意见》第五条第一款规定："营业额包括相关经营者上一会计年度内销售产品和提供服务所获得的收入，扣除相关税金及其附加。"该指导意见中对销售额的规定是从传统经济角度理解的。

传统行业通过销售产品或者提供服务所得收入就是其营业额。但互联网经济中，很多互联网企业实行免费策略，互联网企业的收入主要来自广告收入和利用数据进行交易获得的收入等。互联网企业的商业模式、盈利模式不同于传统行业，仅凭借其主营业务收入是否能直接反映市场竞争力是不确定的，[①] 这

① 李俪：《互联网产业经营者集中审查制度探析——以滴滴和优步合并案为例》，载《山东青年政治学院学报》2017年第6期。

些营业范围之外的收入应该纳入营业额的计算。

《关于经营者集中申报标准的规定》将“营业额”作为经营者集中申报标准，是因为根据营业额可以看出一个企业的市场规模和市场势力。互联网企业多实行免费策略，这种情况下，营业额不能直观地反映企业在相关市场的竞争力。根据互联网企业的流水额可以看出企业的用户规模，而用户规模可以看出互联网企业的市场竞争力，所以流水额完全符合“营业额”作为经营者集中申报标准的实质要求，[①] 流水额可以当作“营业额”认定。

（二）网络效应使互联网企业极易形成大规模

根据国务院《关于经营者集中申报标准的规定》第三条第一款规定可知我国经营者集中申报的数额临界点是统一的，没有区分行业；根据国务院《关于经营者集中申报标准的规定》第三条第二款规定及《关于经营者集中申报的指导意见》第五条第四款规定可知在申报标准中应该考虑特殊行业的关键特点，予以特殊衡量。但是我们国家目前相关的立法在特殊行业的申报标准方面并没有非常细致，除了银行、保险、证券、期货等行业之外，其他行业没有特殊的申报标准。

申报数额是专家经过比较分析其他国家的经验结合我国的实际情况制定的，具有一定的合理性。但这种做法忽视了不同行业的特性差异，经济体量也相差巨大。有些行业经济体量巨大，如金融业和房地产业，此类行业的经营者集中很容易就达到法律规定的申报标准；有些行业经济体量很小，如文化、传统农业，服务业等行业，此类行业很难达到法律规定的标准。对于那些经济体量巨大的行业来说，即使是几家不太大的企业合并也会达到申报标准；对于那些经济体量很小的行业来说，哪怕几个行业巨头合并也达不到应当申报的标准。可见如果对行业不加以区分，用一刀切的标准去适用所有的行业，将会对一些营业额本身就很巨大的行业造成过度审查，而使一些营业额很小的行业逃脱申报义务，从而无法发挥申报制度的设立目标。因此经营者集中申报标准应该对各个行业进行区分，在制定经营者申报数额时要考虑实际情况，对各行业进行区分。

---

① 蒋亚男：《我国出租车行业反垄断法律研究》，辽宁大学 2016 届博士学位论文。

（三）固定的申报数额不适应经济发展水平

为了提高经营者集中行为人对自身行为的可预测性，便于反垄断执法机构执法，需要确定的标准为申报作普遍指引。我国制定的数额标准是由中国社会科学院数量经济与技术经济研究所测算，具有相当的代表性和时效性。我国法律规定的营业额标准，是专家通过对德、法、日等40个国家反垄断法规定的企业并购申报标准进行比较，选取其中15个国家的规定作为基准数据，通过统计学和经济学模型进行测算，对我国经营者集中申报标准作出了具体建议。并依据其经济模型对国家统计局提供的2006年基本单位年报数据进行了分析，以此为依据对专家建议的申报标准进行分析验证。同时与其他国家规定的申报标准进行比较而得出。①

申报标准的制定依托于一国的经济发展。随着我国经济的不断发展，会有很多企业的营业额达到法律规定的最低申报标准，尤其是互联网企业。申报标准的制定应该与国家的经济发展水平相适应，而不是制定之后一成不变。我国的经济环境已经发生巨大的变化，如果依然沿用2008年定的营业额标准，无疑将会严重滞后于经济环境，无法达到初步筛选的立法目的。②

我国现行的申报标准是根据当时的经济条件制定的，《关于经营者集中申报标准的规定》第三条规定的“4亿元人民币”营业额的标准现在或未来是否依然适用，这值得商榷。固定的营业额与不断发展的经济不相匹配，应当引入申报标准的调整机制。

（四）用户量和交易额可以体现企业的市场竞争力

《关于经营者集中申报标准的规定》第三条将“营业额”作为申报标准，采用营业额标准的好处是可以体现出法律的确定性，一方面便于行为人守法，另一方面便于反垄断执法机构执法，通过营业额的大小直接对可能违法的经营者集中行为进行初步的筛选，节约成本，提高效率。而且根据国际竞争网络

---

① 国法：《国务院法制办解读〈关于经营者集中申报标准的规定〉》，载《政府法制》2008年第17期。

② 蒋璐璇：《互联网双边市场经营者集中申报标准之困境》，载《东南大学学报（哲学社会科学版）》2017年第19期。

(ICN) 的建议，申报标准应当完全以客观量化的指标如资产和销售额为基础。①

企业都是以盈利为目的的，互联网企业之所以实行免费策略和亏损策略，是因为企业可以获得其他收入或拥有极具商业价值的数据和可观的市场潜力。虽然他们之间进行合并或被收购达不到法律规定的申报门槛，但这样的企业可能成为相关市场中重要的竞争力量，若进行经营者集中，极有可能产生限制竞争的效果。

因此，仅仅以营业额标准来确定是否对互联网行业经营者集中进行审查，可能会导致一些应该被审查的经营者集中行为免于审查，营业额标准在适用于互联网行业时失灵了。

互联网企业的用户量和交易额能反映出其在市场竞争中的实力。并且一个企业估值越高，其获得的投资和融资金额也会越高。对于超过一定金额的投融资也要进行经营者集中申报，这是国际上新出现的一个趋势。在电子商务模式下，互联网企业本身不从事生产和销售，因而其营业额并不能客观地反映其在市场中的地位，而用户量和交易额却是评价其实力的最重要指标。因此，在为互联网模式的行业制定经营者集中申报标准时，应当引入“用户量和交易额”标准。

(五) 数据是互联网企业的竞争核心

人工智能、大数据、云计算等新兴技术的兴起，数据的生产要素属性越来越明显，甚至被誉为第四次科技革命的“石油”。互联网企业围绕数据的竞争愈加激烈，如美国的 Facebook v. Power 案和 HiQ v. LinkedIn 案，国内的新浪诉脉脉案、新浪与今日头条数据之争等，一个明显趋势是网络平台已经由用户之争向数据之争转移。② 用户数据对互联网企业的竞争有着至关重要的作用。

互联网企业通过对收集的数据进行分析，可以为用户提供更加个性化的服务，如淘宝网可以利用用户购买数据为其提供产品推荐；也可以改善服务质量，如搜索引擎通过对用户搜索数据进行分析来提高搜索结果的准确度。这样又可

---

① 石俊华：《反垄断与中国经济发展——转型期中国反垄断政策研究》，经济科学出版社 2013 年版，第 23 页。

② 曾雄：《数据垄断相关问题的反垄断法分析思路》，载《竞争政策研究》2017 年第 6 期。

以吸引更多的用户，因此而吸引广告商，获得的广告收入再投入产品服务的优化中，提升平台的性能。这样的正反馈机制导致新进入者很难与拥有大量用户数据的现有企业进行竞争。网约车平台企业竞争核心正是用户数据竞争，网约车平台能够利用数据使平台更好地开展业务，如定位用户，而没有这些数据的新的市场进入者，则可能会因为难以准确定位而处于劣势。互联网企业可以利用数据拓展新业务，增强企业在相关市场的竞争力。

收购方开出高价并购那些没有盈利甚至亏损的初创型企业，其目的可能是获得数据。数据集中导致掌握用户数据的公司减少，那么新的市场进入者获得数据的难度会加大，可能会因为缺乏数据而无法进入市场，这样会导致限制甚至排除竞争的效果。一些司法辖区对数据驱动的并购交易有过审查经验，特别是欧盟在互联网经济中的多个重要并购案中已经考虑了数据集中对于竞争的影响。欧盟委员会在审查互联网企业的合并案件时需要评估企业对数据的获取是否会导致产生竞争对手无法获得的优势。在 Bazaarvoice/PowerReviews 并购案美国司法部即指出“……其拥有的数据可能促进形成市场进入壁垒”，因而要求企业进行了资产剥离。① 我们应当借鉴其经验，在审查互联网行业的经营者集中竞争效果时将用户数据作为一个评价标准。

（六）欧美的惩罚力度远大于我国

相比我国，欧美对于违反经营者集中申报的合并，其惩罚力度远大于我国。根据《欧共体第 139/2004 号条例》的规定，欧盟对于不经申报自行合并，甚至在委员会作出禁止合并通知后仍然合并的企业，最高可以对其处以上一年度销售总额 10% 的罚款。②

美国的惩罚力度更甚，针对不经申报的经营者集中行为，美国的反垄断执法机构也可以对不经申报即实施合并的企业采取恢复原状与行政罚款等措施。与此同时，根据《克莱顿法》第四条的规定，任何人因反托拉斯法所禁止的缘由而遭受损害，可以得到损害额三倍的赔偿，并加上诉讼费和合理的律师费。

---

① 韩伟、李正：《法德〈竞争法与数据〉调研报告介评》，法律出版社 2017 年版，第 207 页。

② 曹虹：《欧共体合并控制法的新发展——评欧共体部长理事会关于控制企业合并是第 139/2004 号条例》，载《中国社会科学研究生院学报》2005 年第 2 期。

此时的三倍损害赔偿具有惩罚性赔偿的功能，有力地遏制了难以被发掘的违法合并行为，有助于维护社会公共利益。不仅如此，针对违法合并行为的责任还包括了刑事责任。根据《谢尔曼法》第一条与第二条规定，所有合同或联合，只要是以托拉斯形式，或以其他形式串通而限制了州与州之间或州与外国之间的贸易或商业，均被视为不合法。只要垄断或者企图垄断，或采取联合或串通的方式垄断州与州之间或州与外国之间商业或贸易都被认定为重罪。

三、关于互联网行业经营者集中申报制度的完善建议

（一）明确营业额范围

互联网行业的大部分收入并非来自其营业范围，而是广告收入等营业范围之外的收入。广告商在一家企业投放广告，说明这家企业的规模及影响力在相关市场是很大的。互联网企业的其他收入越多，那么说明其市场规模、市场影响力就越大。互联网企业用这些收入再投资研发和改进生产，以获得更多用户。这些营业范围之外的收入从侧面反映了企业的市场规模和市场竞争力，所以应当纳入营业额的计算。同样地，流水额可以反映出互联网企业的市场规模和市场竞争力，也应当纳入营业额的计算。

（二）区分行业申报数额

各个行业都有自己的经济特征，有的行业经济体量上小，营业额也很小，可能行业中最大的几家企业合并都达不到法律规定的临界点；有的行业经济体量大，涉及金额巨大，很容易突破法律规定的临界点，尤其互联网行业。2017年电商“双十一”再次刷新历史纪录，阿里＋京东“双十一”交易额达2953亿元。我们应该根据行业特性制定符合行业的申报数额标准，这样才能达到立法的目的与初衷。

（三）引入申报数额动态调整机制

申报数额的制定与国家经济发展有着密切的联系，经济在不断发展，申报标准也应当根据经济的发展水平进行调整。美国和英国设置了调整机制，美国

和英国制定的申报标准要定期依据经济发展状况进行调整，这样紧跟经济发展水平适时作出调整的立法才能更好地规制经营者集中行为。① 我国可以借鉴美国和英国的经验，引入申报数额动态调整机制，完善我国经营者集中申报制度。

（四）引入用户量和交易额标准

互联网企业的用户量和交易额更能直观地反映出该企业在市场竞争中的实力。德国在《反限制竞争法》的修订中增设申报门槛的标准，第35条引入了交易额条款，将交易价值的申报标准设定为4亿欧元；欧盟委员会Facebook收购WhatsApp案中，欧盟垄断委员会正建议在其现有申报标准中增加“交易额条款”。欧盟竞争委员会的Vestager委员提出将考虑交易价值的申报标准，并会通过设定合适的交易价值门槛来阻止损害具有创新能力的初创企业。②

任何对市场竞争可能造成潜在威胁的经营者集中事件都应当进行申报乃至审查。我们应当引入用户量和交易额标准，更加准确有效地规制经营者集中行为。

（五）引入竞争影响评估因素——数据

海量数据本身还有其背后的数据处理技术都与企业的未来竞争息息相关，可以说人工智能的核心就是数据，数据早已成为企业竞争的战略资源。用户数据对于互联网企业具有重大的商业价值，是企业的竞争核心。数据可以表明企业的市场力量，欧盟和美国在对互联网行业经营者集中案件进行审查时已经考虑数据的竞争影响，我们应当将大数据纳入经营者集中竞争效果评估的考量范围。

（六）增大惩罚力度，引入惩罚性赔偿

对不遵守反垄断法，未经申报擅自实施集中的经营者，如果处罚过于轻微，会产生拒不申报的道德风险。而且一旦完成合并后再进行事后的处罚，不仅对竞争的破坏已经难以弥补，还会造成市场资源的巨大浪费。因此，增

① 徐瑞阳：《论经营者集中申报标准实施机制的完善》，载《法学家》2016年第6期。

② 曾雄：《数据垄断相关问题的反垄断法分析思路》，载《竞争政策研究》2017年第6期。

大惩罚力度乃至引入惩罚性赔偿制度，有利于提高经营者的违法成本，迫使其遵守申报制度，从而发挥申报制度应有的作用，提高经济与行政效率，保护市场竞争公平。

（七）实施合理的行为救济措施

行为性救济是目前世界范围内解决互联网行业经营者不当集中的主流选择趋势。技术创新对互联网行业的竞争至关重要，在行为救济中要重视对技术创新的保护，应当要求两公司在合并后的一段时间内不得停止相关技术创新的研发，当由于客观原因不能进行下去或者研究对于行业发展已没有推动作用的情况下，方可停止合并前的研发。

互联网行业的竞争核心是数据竞争，为了防止互联网企业合并后提高市场进入壁垒，使得潜在竞争者因为无法获取有效数据而难以进入该行业参与竞争，市场监督管理总局可以要求两公司在若干年之后公布其获悉的历史数据，这样的时间差既给予合并企业凭借市场创新获取市场优势地位的肯定，也给予潜在的竞争者以进入市场的可能。对于互联网行业经营者集中的行为救济措施必须有一定的时效性，互联网经济的发展长期处于巨大的变化之中，一些行为救济措施受到时效的严格限制，如果行为救济措施持续的时间不恰当，预想的救济效果不但不会发生，甚至会对互联网经济市场竞争造成不可逆的不良影响。因此行为救济措施采取的年限应该经过相关专家的深入研究以后再行确定，同时，在市场监督管理总局规定的年限中，如果发生情况变更，也可以尽快启动救济复审制度，准确调整或结束行为救济措施，以满足市场发展的需求。

税收政策法治化研究

张星星*

摘　要：经济法的政策属性决定了政策在经济法律中是普遍存在的。就税收政策而言，其对税法乃至整个经济法律体系都具有重要意义，与国家的经济运行和法治水平息息相关。本文在数据统计的基础上对我国税收政策进行类型化分析，分析税收政策在经济法律中的定位，解剖我国税收政策法治化进程中的问题，提出完善税收政策法治化的建议，以期实现其法治化。

关键词：税收政策　税收原则　社会治理　财税法治

经济新常态背景下，市场在资源配置中发挥着决定性作用，意指国家宏观调控和政府干预市场应当注意限度，而非先前的过分侧重对市场失灵的矫正。在此之前，国家为促进国民经济发展，出台了一系列税收政策，在一定程度上影响了市场公平竞争秩序；地方政府因过度追求 GDP 增长，更是出台了大量区域性税收优惠政策，阻碍了资源的合理流动，违背税收中性原则。故而今后国家制定税收政策时应当尊重市场自治，符合税收法治。本文在数据统计的基础上，分析现阶段税收政策法治化进程中的问题，提出实现税收政策法治化的建议，以实现税收法治的目标。

一、我国税收政策类型化分析

税收政策依其作用可分为立法依据和法律具体实施措施两类。作为立法依

* 山西大学法学院经济法专业硕士研究生，主要研究方向为宏观调控法。

据的税收政策主要为党在税收方面提出的方针、政策，如2018年中共中央办公厅、国务院办公厅印发的《国税地税征管体制改革方案》，是保证国税地税征管体制改革平稳有序推进的指导性文件；作为法律具体实施措施的税收政策数量众多，且涉及诸多税种，通过检索“税、政策”得到税收政策数量为1499项。① 本文通过对1978—2017年税收政策进行数据统计（见图1），采用实证研究方法，对作为法律实施措施的税收政策进行类型化分析，以期对税收政策法治化的实现有所裨益。

（一）税收政策总体概况

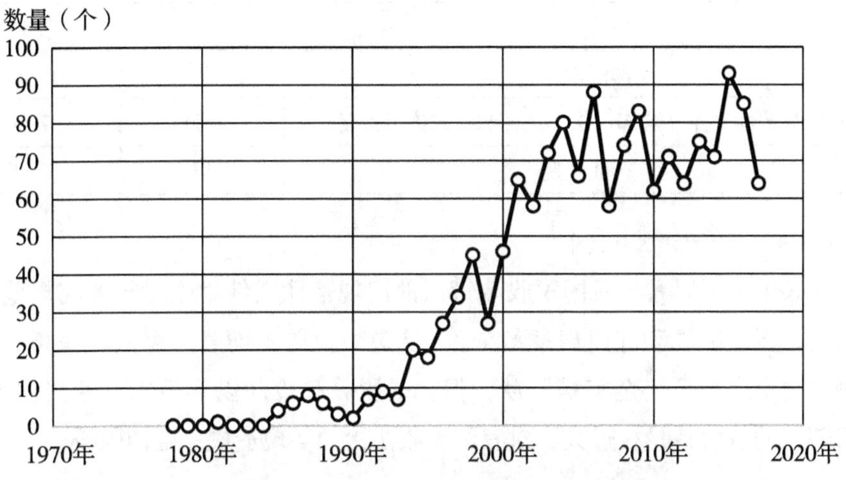

图1　中国1978—2017年税收政策文件数量图②

从图1可以看出我国税收政策数量可以明显地划分为几个时期：1978—1993年税收政策数量每年均低于10个，1994—2000年发展迅速，数量大幅度增长，2001年以后有升有降，出现2004年、2006年、2009年、2015年等峰

---

① 检索网站为北大法宝数据库（http：//www. pkulaw. cn/），因税收政策文件数量众多，文章篇幅和写作时间有限，故统计对象限于中国大陆地区、中央层面有权机关制定的名称中含“税、政策”的税法文件。具体检索方式：检索范围为“中央法规司法解释”；检索法规标题为“税、政策”；检索时间为“发布时间19780101—20171231”；效力级别为“全部”，包括法律、行政法规、国务院规范性文件、司法解释、部门规章、部门规范性文件、行业规定；时效为“全部”，包括现行有效、已被修改、部分失效、失效四类。

② 数据来源：北大法宝数据库。

点，但整体发展平稳。这与我国税制改革存在很大的关系，契合了我国1994年、2006年等大的税制改革时期；2015—2017年我国税收政策文件数量的减少与我国清理规范税收政策、实现税收法治密切相关。

（二）从效力层级看我国税收政策

表1 税收政策依效力层级分类统计表

效力层级	数量（项）	比重（%）
行政法规	1	0.06
国务院规范性文件	19	1.24
司法解释	1	0.06
部门规章	2	0.13
部门规范性文件（含部门工作文件和行政许可批复）	1491	97.40
行业规定	17	1.11

数据来源：北大法宝数据库。

从表1中可以看出我国税收政策以部门规范性文件为主，国务院规范性文件次之，行政法规和部门规章最少。① 从效力位阶上而言，宪法、法律、行政法规、规章应当呈“金字塔”状，但我国税收政策却以部门规范性文件为主，政府部门的自由裁量权过大，对我国税收法治的实现造成一定的阻碍。

（三）从税种数量看我国税收政策

从图2② 可以看出我国税收政策涉及流转税最多，所得税次之，行为税最

① 税收政策涉及法律层面的数量为零，与本文将税收政策分为立法依据和法律具体实施措施相关。

② 图2统计分类以主要税种为例，如对固定资产投资方向调节税现行有效的3个文件未进行统计。另已废除的特别消费税、车船使用税、外商投资企业和外国企业所得税、产品税、国有企业所得税、国有企业奖金税、国有企业工资调节税、集体企业所得税、集体企业奖金税、私营企业所得税、农业税、城市房地产税、个人收入调节税、城乡个体工商户所得税、工商统一税等税种也未进行统计分类。

少。具体税种则增值税[①]最多，企业所得税次之。我国于2016年12月15日发布《中华人民共和国环境保护税法》、2017年12月27日发布《中华人民共和国烟叶税法》与《中华人民共和国船舶吨税法》，《耕地占用税》《车辆购置税》等税法的起草工作有序进行，《税收征收管理法》修订工作稳步推进……从税种上而言，我国税收法治取得了初步成效。

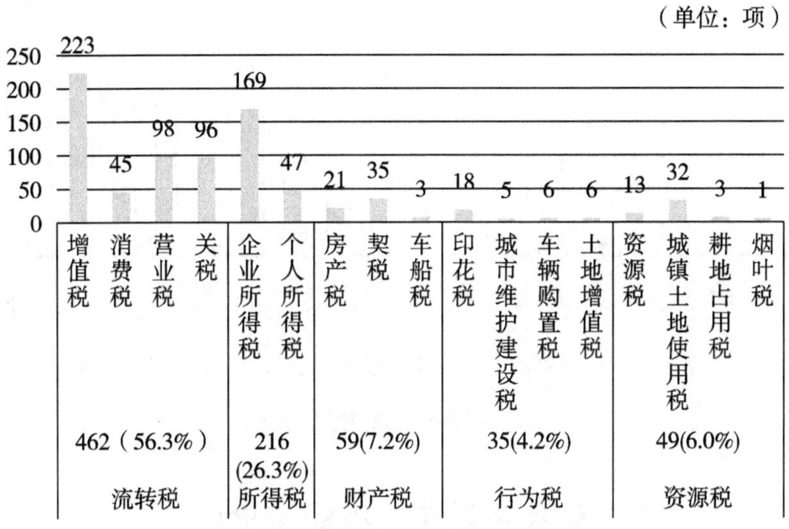

图2　税收政策依税种分布图[②]

（四）从法律时效看我国税收政策

从图3可以看出，1978—2000年，因税收政策文件现行有效与部分失效、已被修改或失效的折线大致呈正相关关系，税收文件总体制定较少，废除的也较少，说明我国当时税收法治较落后，尤其是1987年之前；2001—2008年，税收文件总体数量增多，说明我国税收法治在当时有很大进步，但部分失效、已被修改或失效的税收政策也较多，说明我国税收立法技术不成熟；2009—2017年，税收文件总体数量呈上升趋势，同时部分失效、已被修改或失效的税收政

① 2011年我国进行营改增试点，2016年5月1日营改增全面完成。但本文时间起止为1978年1月1日至2017年12月31日，北大法宝数据库和税务总局网站对税种分类仍保留营业税，故本文将增值税与营业税分开统计。

② 数据来源：北大法宝数据库。

策逐年下降且数量较少，说明我国税收政策趋于稳定，立法技术有一定提高，以及税收法治的初步实现。

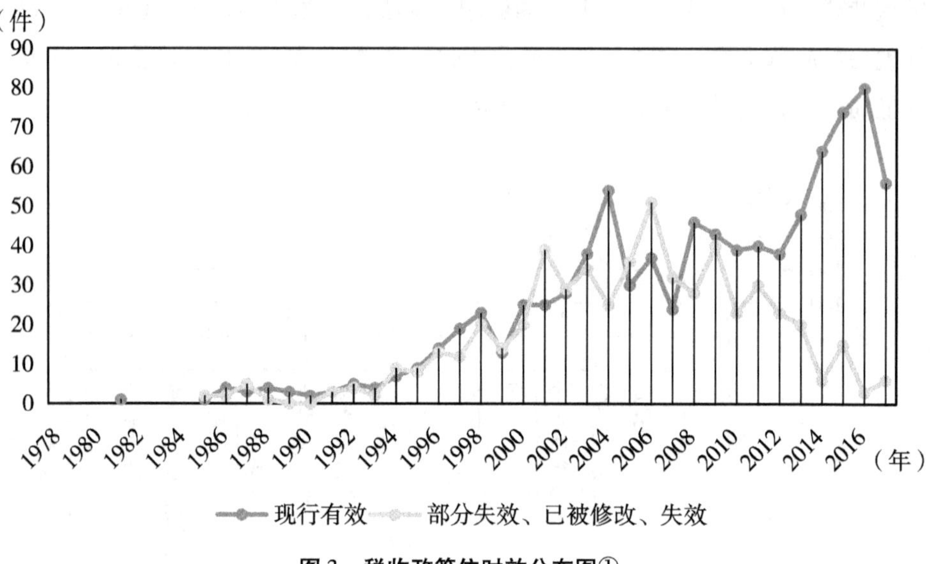

图3　税收政策依时效分布图①

二、税收政策在经济法律中的定位

综合以上分析可知，在经济和社会管理实践中，“税收政策”一词使用较多，如国家税务总局等机构经常发布税收政策文件，新闻媒体等也经常发布税收政策的相关消息，研究税收政策的学者亦发表了相关论著。但是，迄今为止，“税收政策”一词却缺乏明确的定义，尤其是学者研究相关问题时很少对税收政策进行界定。

（一）税收政策的概念

刘生旺认为，对税收政策的理解可以从新制度经济学的视角出发，并参照公共政策的含义得出：“所谓税收政策是指国家以增进社会福利为目的，从全体纳税人那里取得税收收入时所坚持的原则和所运用的制度。”② 全淅玉则从财政

① 数据来源：北大法宝数据库。

② 刘生旺：《中国转型期税收政策的有效性研究》，经济科学出版社2011年版，第27页。

税收可持续发展定位、新形势下我国财税改革实现稳中求快的科学定位、合理定位非税收入的管理问题三方面进行分析，来论证财政税收政策的重新定位对于社会经济可持续发展的作用。①

可以看出，税收政策是政府为管理经济和服务社会而采取的系列措施，为明确税收政策的定位，应重点分析税收政策与税收法律的关系，并应从经济法而非广义法律定位税收政策。

（二）税收政策与税收法律的区分与联系

税收政策与税收法律有着重要联系。一方面，税收政策是税法制定的前提和基础。② 现实中经常性的做法是将在实践中取得良好效果的税收政策上升为法律，并因此具有合法性，故税收政策是税收法律的来源；同时税收政策因其灵活性、针对性可弥补税收法律的缺陷，有利于确保税法的稳定和提高税法实施的实际效果。另一方面，税收法律为税收政策的制定和实施提供保障，但税收法律对税收政策的有效性又具有约束作用。相对于税收政策而言，税法明确规定了纳税主体违法时的成本，纳税主体进行纳税行为时，会对违法成本与违法获利进行对比，进而选择更优行为。

（三）税收政策在经济法律中的定位

研究税收政策在经济法律中的定位应先明确税法在经济法律中的定位。税法在经济法律中的定位应强调的是税法在经济法律中的地位、功能。税法属于经济法的一种，发挥着宏观调控职能。税收政策从广义上讲属于公共政策，其具有公共政策的一般特征，如公共政策是为增进社会福利，税收政策也体现了我国税收“取之于民，用之于民”的本质。税收政策涉及生产、生活的方方面面，通过政策优惠扶持新兴产业、小微产业，促进我国企业转型升级；通过税收政策引导居民消费选择，如纳税人自 2018 年 1 月 1 日至 2020 年 12 月 31 日购置新能源汽车可以免征车辆购置税，有利于引导公民购车时偏向选择新能源汽车。

---

① 全淅玉：《我国财政税收政策定位研究》，载《林业劳动安全》2012 年第 3 期。
② 张守文：《税法学》，法律出版社 2011 年版，第 25 页。

综上，对于税收政策的定位可理解为：税收政策在经济法律中，相对于法律而言，依靠其灵活性、针对性，发挥着及时调控国家经济发展、引导企业转型升级、调整居民生活方式的作用。

三、税收政策法治化进程中的问题

我国税收政策的法治化程度较低，税收政策在其法治化过程中表现出一系列问题，其集中体现为立法不民主、信息不公开、立法技术落后、清理不规范。

（一）税收政策民主化问题

税收政策作为一项公共政策，应当充分展示其公共性、民主性。具体应包括政策制定民主化、政策执行民主化、政策评估民主化。政策制定过程中，应征集利益相关者对税收政策的意见及相关专家学者对其的学理建议等，应通过召开听证、论证会等以确保政策的民主性；对于政策的执行，执行过程中依法办事，遇到新情况应当及时协商，尊重对方合理合法的提议以更好地执行政策；为了解税收政策的实施效果需对其进行评估，特别是来自第三方的评估。不应当仅仅依据国家大数据如税收收入情况等对其评估，更应调查与该项政策有关的部门、企业、学者甚至是普通群众的观点，综合性分析该项政策的实施效果，对其进行评估并提出针对性的改善建议。

（二）政策信息公开与泛滥问题

现今，科学技术的发达使信息的传播更为方便快捷，如税收政策相关信息由国家税务总局、各级人民政府、相关机构部门等官方网站进行发布，也有新闻媒体网站进行转载，甚至是个人公众号、专家学者等都会发布对其评论的信息。公众在享受信息便利的同时也体会到信息泛滥的困扰，一方面信息数据的庞大，浪费了较多的时间去寻找有用的信息。另一方面一些政府信息是不够完善的，尤其是级别较低的乡镇等，在其官方网站上往往查询不到相关信息。通过其他途径搜索到相关信息时因没有官方文件的比照就可能会造成信息失真，从而影响对信息的使用效果。

（三）税收政策立法技术落后

税收政策通常是为促进国家经济的发展而制定，但是，理论上经济处于不断变化过程中，税收政策的出台落后于经济发展的实际需求。故而，我国税收政策会随经济发展进行相应调整。但通过以上的数据分析，可以看到我国税收政策数量庞大，体系性较差，具有“补丁化”和不稳定性，这些表明我国税收立法技术落后。主要表现为：税收政策以规范性文件为主，且文件名称种类繁多，如通知、办法、暂行规定、规定、批复、复函等；立法语言含糊，语言使用不够严谨，需要出台大量“补丁文件”；部分失效、已被修改或失效的税收政策数量较多，有悖于法律的稳定性等，这些问题都需要国家提高立法技术以完善的解决。

（四）税收政策清理不规范

2013 年中共十八届三中全会通过了《中共中央关于全面深化改革若干重大问题的决定》（以下简称《决定》），《决定》中指出“完善税收制度”和“清理规范税收优惠政策”。2014 年国发 62 号文件要求对既有优惠政策“一刀切”地全面清理，2015 年国发 25 号文件进行了相关修正，如规定过渡期，但不够细化、明确。

2017 年 2 月 24 日国家税务总局出台《税收规范性文件制定管理办法》（以下简称《办法》），自 2017 年 7 月 1 日起施行，税收规范性文件的起草、审查、决定、发布、备案、清理等工作适用该办法，但是，该办法将规范性文件的审查权交由上一级税务机关的政策法规部门，各级税务机关因其专业素质水平差异、理解法律法规不同可能会形成不同的意见，不利于税收规范性文件的标准化，可在全国税务系统内设立专门机构负责税收规范性文件的审查与备案。

2018 年 4 月 24 日，国务院办公厅发布《关于进一步做好“放管服”改革涉及的规章、规范性文件清理工作的通知》（以下简称《通知》），相关部门对于规范性文件进行清理并公告其结果，如《中国银监会关于规范性文件清理结果的公告》、《国务院国资委关于公布规章规范性文件清理结果的公告》等。但这些清理工作的依据为国办发〔2017〕40 号文件，并未制定专门的清理程序和规则，其清理的标准是什么，鉴定机构为哪个部门，即程序上和实体上都无明确规定。

四、实现税收政策法治化的建议

《决定》《办法》和《通知》中从不同角度对我国税收法治作出了相关表述与规定，如税收优惠政策的清理规范、税收规范性文件的制定办法、规范性文件的清理等。但是，这些举措较为原则与模糊，在人类命运共同体背景下，我国税收政策如何与国际社会协调、如何清理、如何规范，这些都是实现税收法治必须考虑的问题。上文论及的税收政策原理、税收政策法治化存在的问题等为解决这些问题提供了指导。

（一）唯物观：建立国际税收政策协调机制

唯物辩证法要求我们从联系的角度看问题。就税收政策而言，在构建人类命运共同体话语空间下，税收政策是各国财税法调整的常用工具，各国的税收政策不仅仅对本国经济造成影响，更会波及其他国家。

税收既是国家在促进经济发展、提高经济效益的基础上组织财政收入的基本工具，又是国家用来处理各方面的利益分配关系，干预经济活动，加强宏观调控，指导、促进经济结构和资源配置合理化，使国民经济持续、快速、健康发展的一个主要杠杆和重要监督手段。税收政策已经成为各国政府对经济进行宏观调控的重要政策手段。① 下面将通过2017年美国减税法案和2018年中美贸易战进行分析。

2017年12月22日，美国通过税改方案即《减税和就业法案》，自2018年起实施。其内容可概括为“降低税率，减轻税负；规范税基，简化税收制度；增加债务，削减福利开支”。② 特朗普政府提出的减税政策在一定程度上会减轻税负，刺激经济增长，但同时增加了政府负担，甚至会产生以邻为壑的政策效应。若国家竞相减税，则会形成恶性税收竞争，危害到全球宏观经济稳定，故而国际社会应建立常态化宏观经济政策协调机制。

2018年3月23日，特朗普正式签署对华贸易备忘录，宣布对中国进口商品

---

① 黄静、柯艺高编著：《税收理论与中国税制》，科学出版社2012年版，第1页。

② 胡怡建：《如何看美国税改法案的减税》，http://www.chinatax.gov.cn/n810341/n810780/c3033157/content.html.

大规模征收高额关税，限制中国在美国的投资，并在世贸组织采取针对中国的行动。随后，中国商务部发布了针对美国进口钢铁和铝产品232措施的中止减让产品清单，并征求公众意见，打算对从美国进口的某些产品加征关税。事实上，中美经济具有很强的互补性，若贸易战持续进行下去，很大程度上会对双方经济造成重大损失。

中美双方的举动进一步表明，一国的税收政策尤其是对外税收政策制定时应当充分考虑其带来的连锁反应，用联系的观点看待问题，建立常态化国际协调机制，尽最大努力避免以邻为壑的经济策略，以免引起更大的经济危机。

（二）辩证观：税收政策的清理准则

唯物辩证法要求我们从一分为二的角度看问题。一方面，税收政策因其灵活性可以更高效地解决社会新兴问题，促进经济更好更快发展。另一方面，税收政策因其不规范性、低权威性往往无法保障其顺利实施，或其实施效果大打折扣。故此我们应当对税收政策进行清理与规范，可依据税收公平原则、比例原则、税收法定原则进行清理与规范。

1. 税收公平原则

税收公平可包括三个层次的公平：税收的负担公平、经济公平和社会公平。① 负担公平是根据纳税人负担能力的大小来确定其税收负担水平的原则。简言之，即负担能力强的承担较重的税收负担，负担能力弱的承担较轻的税收负担，从而达到相对公平。经济公平是指国家通过建立完善的课税机制以创造经济平等的经济环境。社会公平则主要指机会公平。

税收优惠是指“国家在法定基准纳税义务的基础上，通过税收法律、行政法规规定对一部分负有纳税义务的组织或个人免除或减少税收负担的一种措施”。② 可见税收优惠政策在一定程度上与税收公平原则相抵触。税收优惠破坏了量能课税的基础，影响了课税机制的贯彻实施，造成了社会的机会不平等。《决定》中指出“加强对税收优惠特别是区域税收优惠政策的规范管理。税收优惠政策统一由专门税收法律法规规定，清理规范税收优惠政策”，便体现了法

---

① 周全林：《论“三层次”税收公平观与中国税收公平机制重塑》，载《当代财经》2008年第12期。

② 刘剑文等著：《财税法总论》，北京大学出版社2016年版，第217页。

治中国对财税法治的要求。故而今后制定税收优惠政策时在合法的基础上应当更为严谨与科学，充分考虑税收公平，由选择性税收优惠政策向普适性减税政策转变，并逐步将具有普遍价值的政策制定为法律。

2. 比例原则

比例原则又叫过度禁止原则，是普遍适用的公法法律原则。它是指公权力行使对人民的侵权必须符合目的性，并采行最小侵害的方法，即公权力行使的手段与目的间应存在一定的比例关系。同时，比例原则不仅在立法、执法、司法三者之间，体现三权分立思想，实现权力之间的合作与制衡；而且为权力与权利之间的相互制约创造了条件。①

在现实中，某一税收政策的出台在国家整体利益层面是有益的，如跨境电商的税率调整，有利于我国引进外资，提高人们的生活水平；但是势必会对一部分群体造成消极影响，如国内厂家因税率调整失去与国外同类商家的竞争优势；再如各个地方为促进当地的经济发展，出台优惠政策，势必会影响其他地区的经济发展。故而国家在制定税收政策时，应当充分公开，民主决策，考虑多方主体的利益，以最小损害实现利益最大化。

3. 税收法定原则

税收法定原则的要求是“财政领域的基本事项应由立法机关通过法定程序制定的法律加以规定。”② 2015 年 3 月 15 日通过的《立法法》第八条中规定“下列事项只能制定法律……（六）税种的设立、税率的确定和税收征收管理等税收基本制度”，这是我国税收法定的重要法律依据。

现实中，为了促进经济发展或者某一行业的特殊需求，税收承担了更多的经济、社会目的，如《关于境外投资者以分配利润直接投资暂不征收预提所得税政策问题的通知》（财税〔2017〕88 号），对境外投资者给予优惠以吸引外资，促进经济发展。但我国《个人所得税法》已明确规定了个人纳税的标准，为积极利用外资等目的通过该政策对其进行规避，在一定程度上损害了税法的权威。因此，对于现阶段税收政策数量繁多、范围宽广的局面，有必要依照法定主义对其进行梳理与清理，促进其规范化发展。

---

① 程国琴：《比例原则的再思考——以税收保全为例》，载《法制与社会》2009 年第 12 期。

② 刘剑文等著：《财税法总论》，北京大学出版社 2016 年版，第 90 页。

（三）发展观：规范税收政策，实现法治财税

唯物辩证法要求我们从发展的角度看问题。法治中国背景下，财税法治是必然要求。国家治理体系包括政府治理与国家治理、社会治理等，税收政策更偏向政府治理，但受国家治理与社会治理的制约。要使税收政策充分发挥其作用，必须处理好三种治理方式的关系。

就国家治理而言，其强调“中国共产党领导人民科学、民主、依法和有效地治国理政”,① 是从更为宏观的视角对国家整体进行治理，包含着政府治理与社会治理。就社会治理而言，党的十八大报告中指出“要加快形成党委领导、政府负责、社会协同、公众参与、法治保障的社会管理体制”，其在国家与政府治理的基础上发挥作用。就政府治理而言，是“政府依法律善治”的治理模式，即开放的公共管理与广泛的公众参与这两种基本元素综合而成的公共治理模式，其典型特征是开放性和双向度。政府治理是国家治理的重要组成部分，具有影响全局、带动各方的关键作用,② 其重点在于法定和民主。结合税收政策，政府在制定税收政策时既要依法定程序进行，符合法律实质要求，又要充分尊重民众意见，公开信息，举行听证等以体现民主化。这也是社会治理的应有之义，同时政府治理和社会治理最终都是为实现国家治理提供条件，故而税收政策的治理亦需要三方合作，共同引导税收政策发挥其促进经济发展的作用，规范税收政策以符合法治财税的精神，使法治时代背景下税收政策可以更好地发挥其作用。

① 王浦劬：《国家治理、政府治理和社会治理的含义及其相互关系》，载《国家行政学院学报》2014 年第 3 期。

② 沈荣华、曹胜：《政府治理现代化》，浙江大学出版社 2015 年版，第 14 页。

赃物取得行为之适用考察

邢曼媛* 赵子微**

摘　要：第三人通过犯罪分子手中或者其他第三人手中流转取得的赃物能否通过正常的赃物追缴程序处理，市场上流转的赃物如果可以一直被追究，是否会影响到善意第三人的利益甚或影响市场交易秩序的顺利进行？本文从这一问题入手，对不同时期现行有效的立法规定、司法解释作简明梳理，发现不同时间段不同位阶的法律规定针对不同类型的赃物取得行为表现出了截然不同的态度，有肯定、否定、回避三种形式。同时用实证分析的方式对我国刑事司法领域对于赃物取得行为的定性和赃物的最终处置进行了把握，发现司法实践中对于赃物取得行为有着不同的态度，即使是相似的案例，最终赃物也有着不同的归属。立法上有条件承认赃物的善意取得，司法上进一步建立统一的价值理念，是建立稳定有序社会的必由之路。

关键词：赃物取得行为　立法　司法

赃物取得行为有两种类型，一种是犯罪分子直接通过犯罪行为取得，另一种是第三人通过犯罪分子手中或者其他第三人手中流转取得。第一种类型可以通过正常的赃物追缴程序处理，不会产生实践和理论中的矛盾，有争议的是第二种类型，本文称之为转手赃物。赃物的非法性具有持续性，不会因为在市场上的流转而消灭，但是如果市场上流转的赃物可以一直被追究，是否会影响到善意第三人的利益以及影响市场交易秩序的顺利进行？如果赃物追缴程序不考虑赃物取得行为的具体情形区别对待，实行一追到底是否符合公平正义的价值理念？目前赃物取得行为尚处于司法实践摸索和理论探讨阶段，本文研究中发

* 山西大学法学院兼职教授，山西警察学院教授，主要研究方向为刑法学。
** 山西大学法学院刑法学专业硕士研究生，主要研究方向为刑法学。

现虽有不少机关出台对此问题相关的法律法规，但都没有达成一致的意见。另外，司法实践中对于赃物取得行为有着不同的态度，即使是相似的案例，最终赃物也有着不同的归属。

一、赃物取得行为的立法规定

从效力上看，涉及赃物取得行为的法律包括了法律、部门规章和司法解释，不同时间段不同位阶的法律规定针对不同类型的赃物取得行为表现出了截然不同的态度。下面首先以法律规定的不同态度为标准，对不同时期现行有效的立法规定、司法解释作简明梳理。

（一）肯定式规定

第一，《关于依法查处盗窃、抢劫机动车案件的规定》（以下简称《规定》)。这个司法解释是针对盗窃、抢劫机动车案件的规定。盗窃、抢夺等违背原权利人本意得到的赃物是占有脱离物。而且这类犯罪属于广义上的赃物犯罪。根据第十一条的规定，在犯罪分子手中的赃物因为其非法性，国家有权且必须追缴。而对于进入市场流转的盗窃、抢劫得到的机动车，《规定》第十二条表示，当买方属于明知等主观恶意下进行交易的，作为赃物的车辆应被追缴。当买方不明知机动车为赃物时，赃车于结案后退还买主。这里的买主应理解为赃物流转过程中的买方，而非赃车的原权利人。换言之，《规定》承认盗窃、抢劫得到的机动车类赃物适用善意取得制度。仅在买方恶意时，赃车方得国家追缴以及返还原权利人。但是，机动车与一般动产的区别在于机动车需要登记公示方能转移所有，但是赃车的非法性存在，使赃车交易时难以采取合法的登记公示方法，所以《规定》虽然承认了盗窃、抢劫得到的机动车适用善意取得制度，但尚缺乏现实可行性。

第二，《票据法》第十二条表明票据的取得是通过欺诈、偷盗、胁迫等非法手段或者明知票据取得存在瑕疵，这类主观上具有恶意性或者重大过失的持票人不得享有票据权利。那么通过非法手段获得的票据在市场中流通，转入善意且尽到合理注意义务的第三人甚至后手时，持票人能否享有票据权利？除了第十二条规定的禁止性规定之情形，票据类赃物在市场是可以正常流转的。《票据法》有条件地承认了赃物的善意取得制度。

第三，《关于办理诈骗刑事案件具体应用法律若干问题的解释》（以下简称《解释》）第十条是关于诈骗财物取得行为的规定。该条规定诈骗类财物的追缴仅限于有限的几种情形，包括：诈骗类赃物的受让人是恶意、无偿、明显低于市场价格或者交易的性质属于违法活动的。明确指出他人善意取得诈骗财物的，不予追缴。《解释》承认诈骗类赃物可以适用善意取得制度。

第四，《最高人民法院关于刑事裁判涉财产部分执行的若干规定》第十一条是关于第三人善意取得涉案财物的规定。作为刑事裁判涉财部分在执行方面的司法解释，其中规定追缴赃款赃物的过程中，遇到第三人善意取得情形的不予追缴，对于原权利人主张权利的，规定其通过诉讼程序解决。该司法解释对于赃物能否适用善意取得制度，持肯定的态度。

（二）回避式规定

第一，《物权法》对此问题采取了回避态度，引发了民法学界的广泛争论。一方面，学者指出《物权法》第一百零六条表示法律没有其他规定的情况下，适用本法关于善意取得制度的规定。既然其他法律对赃物能否善意取得没有明确规定，即意味着承认赃物可以适用善意取得制度。① 但另一方面又有学者基于第一百零七条指出，盗赃与遗失物是典型的占有脱离物，应放到一起讨论，从而主张盗赃物也适用《物权法》第一百零七条的规定②。但是此处的赃物不能等同于盗赃物，所以对于这类观点，本人不敢苟同。《物权法》从条文上对赃物是否善意取得采取了回避，虽然学者从不同的理解出发得出了不同的观点，但是难以说服众人达成一致观点。这一问题的答案现有《物权法》上难以解答。

第二，《公安机关办理刑事案件程序规定》（以下简称《程序规定》）其中第二百二十八条、二百二十九条是关于扣押的物证、书证处理办法的规定。第二百二十八条规定扣押的物证、书证与案件无关的返还原主。第二百二十九条规定，被害人的合法财产确无争议，涉案事实查证属实的应当及时返还被害人。从这两条规定可以看出，《程序规定》在符合法律规定的范围内，尽可能保护

---

① 崔建远：《物权法》，清华大学出版社 2008 年版，第 147—150 页。

② 王连合：《物权法原理与案例研究》，北京大学出版社 2011 年版，第 152—154 页。

被害人的合法权益，回避了赃物进入市场流转后的归属问题。至于赃物是否适用善意取得制度，并未予以明确。

（三）否定式规定

《罚没财物和追回赃款赃物管理办法》适用于依法查处违反治安管理和各类违法案件的罚没财物和追回的赃款、赃物，其中第七条明确表示执法机关追回的赃款赃物只有两种归属，要么收归国库，要么返还原权利人。财政部的这一部门规章对于赃物能否适用善意取得制度持否定态度。

笔者支持肯定说。从刑事政策价值上考量，赃物取得适用善意取得制度可以帮助建立稳定、有序的社会秩序，体现刑事政策的秩序价值。赃物取得适用善意取得制度可以体现刑事政策的正义价值。赃物适用善意取得制度，可以切实维护到善意受让人的利益，而原权利人的利益可以通过对罪犯的刑事程序或刑事附带民事程序去维护。如果不承认赃物的善意取得，一方面原权利人不仅需要应对和罪犯之间的法律关系，还需要处理好同善意受让人之间的财物争议，另一方面善意受让人也需要同罪犯进行沟通以及同原权利人进行协商。形势政策上的正义不仅是法律审判过程的正义还体现在对每个人权益的维护上，如果否认赃物适用善意取得制度，那么善意受让人的权益将遭受无妄之灾。

二、赃物取得行为的司法分析

立法中对于转手赃物能否适用善意取得制度这一问题或肯定或回避或否定的态度，对司法实践造成了一定困扰。如果不承认转手赃物的善意取得制度，那么一切赃物犯罪中赃物只能归属于原权利人和国家，这容易导致市场秩序的混乱。但是承认了赃物的善意取得制度，又存在原权利人、受让人、国家之间的利益冲突。因此，为了平衡这种利益冲突，有必要从司法实践寻求问题的解决方案。转手赃物能否适用善意取得制度在立法上存在很大完善空间，司法实践中会如何处理？从这样的考虑出发，在中国裁判文书网上以赃物、善意取得、刑事案由为关键词筛选了 27 个判决，通过进一步的比对分析，剔除了不符合研究对象（赃物取得行为的司法处置）的 4 个判决，对剩下的 23 个符合研究对象的判决进行系统分析，最终把握我国刑事司法领域对于赃物取得行为的定性和赃物的最终处置。

(一) 刑事司法实践中赃物取得行为所涉罪名分析

表 1：刑事司法实践中赃物取得行为涉及的罪名

罪名	所属章节	出现次数	占比
诈骗罪	第五章　侵犯财产罪	6	26%
盗窃罪	第五章　侵犯财产罪	6	26%
合同诈骗罪	第三章　破坏社会主义经济秩序罪	2	9%
职务侵占罪	第五章　侵犯财产罪	2	9%
掩饰、隐瞒犯罪所得罪	第六章　妨害社会管理秩序罪	2	9%
抢夺罪	第五章　侵犯财产罪	1	4%
非法吸收公众存款罪	第三章　破坏社会主义经济秩序罪	1	4%
非法采矿罪	第六章　妨害社会管理秩序罪	1	4%
贪污罪	第八章　贪污贿赂罪	1	4%
抢劫罪	第五章　侵犯财产罪	1	4%

参考的案例中反映出赃物取得行为涉及的罪名之普遍，遍及刑法第三章、第五章、第六章、第八章等章节中。从选取的样本中可以反映出，赃物类犯罪范围极其广泛，以侵犯财产类赃物犯罪最为普遍，这与赃物本身具有的财产价值有密切关联。这些罪名不仅包括赃物作为犯罪行为结果的犯罪，还包括了赃物作为犯罪行为对象的犯罪，即赃物犯罪。可见对赃物取得行为的性质研究在实践中有很大的适用空间。

(二) 刑事司法实践中转手赃物归属分析

严格意义上讲转手赃物的最终归属与裁判人员是否支持转手赃物可以适用善意取得制度有着密切关系。如果承认转手赃物可以适用善意取得制度，那么当符合善意取得制度的构成要件时，赃物理应归属于善意受让人。如果不承认赃物可以适用善意取得制度，那么赃物理应归属于原权利人或者收归国家所有。但是实践中却并不尽然。有的裁判者肯定了转手赃物的取得属于善意取得，最终赃物符合善意取得构成要件时也归属于善意第三人。但是也有裁判者仅在形式上承认转手赃物的取得属于善意取得，但是最终符合了善意取得的构成要件的赃物还是归属于原权利人，仅对善意第三人进行一定程度的金钱或者物质补偿。另有一部分裁判者认定转手赃物的取得不属于善意取得。从实践中来看，转手赃物的最终归属受到了两个方面的约束。一方面是立法根据，即所适用的法律规定是否支持赃物适用善意取得制度。例如前面讨论的《关于依法查处盗窃、抢劫机动车案件的规定》《票据法》《关于办理诈骗刑事案件具体应用法律若干问题的解释》这三个法律规范就承认盗窃、抢劫的机动车、票据、诈骗所得可以在一定条件下适用善意取得制度。另一方面是裁判者的自由裁量，因为法律制度上对于转手赃物能否善意取得制度要么存在一定的矛盾，要么就是采取了回避的态度，导致裁判者有着较多的自由空间。

对于23个样本案例，经过以下三步对整体数据进行分析。

第一步，在是否在实务中运用善意取得制度来分析赃物的归属问题上，22个案例表达了一致观点。可见在司法实践中，赃物与善意取得制度的密切关系得到了实务人员的一致认可。

第二步，在进一步分析中，考察这22个案例是否承认赃物取得属于善意取得问题上，刑事司法实务中表现出了两种不同的观点，一种观点支持赃物取得属于善意取得，这类案例有15个，占比68%。另一种观点支持赃物取得不属于善意取得，这类案例有7个，占比32%。但是这仅仅是在个案中通过善意取得制度构成要件的比较，从而判断涉案财物是否构成善意取得。换言之，虽然前两种不同种类案例表现出了截然不同的观点，但是在赃物能否适用善意取得制度问题即是否在审判实务中运用善意取得制度的理念思考赃物取得行为上，这22个案例均反映出了支持的态度，15个案例符合善意取得制度的构成要件，因而承认了赃物取得行为是善意取得。另7个案例因为不符合善意取得制度的构成要件，因而不承认该赃物取得行为是善意取得。最终结果只是根据是否符合善意取得制度的构成要件得出了不同的结论。仅有一个案例在是否在实务中运用善意取得制度分析赃物的归属问题上持否定观点，该案例认为“仅仅是赃款的追缴问题，不影响被害人的损失实际已发生的客观事实”。① 概言之，司法实践中比较同意运用善意取得制度的相关理论去分析赃物的取得行为。

第三步，既然司法实践中比较统一运用善意取得制度的相关理论去分析赃

---

① 参见（2016）晋01刑初4号山西省太原市中级人民法院张治国、李凌浩诈骗罪一审刑事判决书。

物取得行为，那么在承认了赃物取得属于善意取得之后，是否赃物就能够真正的归属于善意受让人了呢，结果在符合善意取得的15个案例中，有9个案例最终赃物归属于善意受让人，尚有6个案例赃物最终还是归属于原权利人或者国家。（参见图1）因此，需要进一步对符合善意取得构成要件的15个案例进行进一步分析。

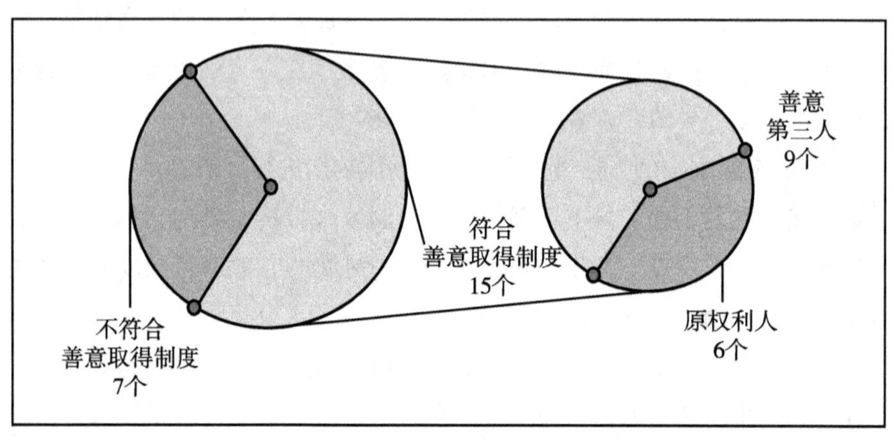

图1：案例统计

1. 归国家

表2：赃物归属于国家的案例分析

案号	文字说理表述	判决理由归纳	赃物类型
（2015）天刑再初字第01号	受害人大通县康远工贸有限公司不知被告人马某某非法开采原煤而购买原煤11车，其行为属于善意取得，应认定为受害人。	矿产属于国家所有	原煤

在这15个赃物构成善意取得构成要件的案例中，有一例赃物的最终归属方为国家（参见表2）。该赃物类型属于矿产，而矿产属于国家所有。国家所有的财产不存在善意取得问题，所以矿产最终归属于国家。但是需要指出的是，在判决书的说理部分法官又承认了这种行为属于善意取得。可见法官在相关法律常识上的欠缺，在国家所有的财产中不存在善意取得问题讨论的空间。

2. 归原权利人

表 3：赃物归属于原权利人的案例分析

案号	文字说理表述	判决理由归纳	赃物的类型	适用的法律规范
(2015)梅华法刑初字第 195 号	赃物已追回返还给受害人，被告人积极退赔善意取得人的经济损失。	被告人积极退赔善意取得人损失	挖掘机	无
(2015)长刑初字第 147 号	所涉赃物均属自由流通商品，购买人员通过当面交易方式购买，购买价格与市场价格相当，系善意取得，且未有证据表明系明知是赃物而购买。	所涉钱款不属应没收的犯罪所得范畴，涉案财物业已退还	托运财物	《刑法》第六十四条
(2016)鲁 1428 刑初 45 号	涉案项链不属于收赃，是善意取得	现金补偿善意受让人	黄金项链	《刑法》第六十四条
(2016)吉 07 刑终 148 号	由于购买方李某甲称该车原车主史某某的身份信息和抵押合同属善意取得，故该车辆暂由公安机关保管，待案件终结后双方协商解决。	现金补偿善意受让人	汽车	《刑法》第六十四条
(2017)吉 0781 刑初 94 号	薄某某、张某甲以与市场相近的价格收买被告人摩托车，对被告人诈骗不明知，是善意取得。	现金补偿善意受让人	摩托车	《刑法》第六十四条

在这 15 个案例中，最能体现矛盾性的就是表 3 的这五个案例。这五个案例中，一方面法官肯定涉案赃物取得行为构成了善意取得，但是另一方面赃物最终又归属于原权利人。这种形式上承认善意取得实质上又予以否认的矛盾性，恰恰反映了当下司法实务界对这一问题的模糊状态。一方面法官在赃物问题上会不自觉地将之与善意取得制度相比较，另一方面又会脱离善意取得制度作出符合原权利人意愿的判决，而仅对善意受让人进行适当的补偿。通过对整个判决书进行分析，发现所有得出赃物归属于原权利人的五个判决依据都是《刑法》第六十四条中对被害人的合法财产，应当及时返还的规定。值得注意的是，这些案例中赃物有的是被盗汽车、诈骗类财物，而根据相关解释这些赃物符合

善意取得构成要件的应当归属于善意受让人。虽然有人会提出刑法的效力高于相关解释，所以判决的结论不存在这样的回答。但是既然有这么多解释提出了和刑法条文相矛盾的观点，是不是其中必有一方是错误的呢？法律不是嘲笑的对象，但不可否认法律具有滞后性。如果不对市场经济秩序进行维护而始终关注原所有人的权益是否符合刑法保障人权的目的？因此司法实践中对赃物取得行为进行正确定性有着急切的需要，对于相关法律规定的完善有着迫切的呼吁。

3. 归受让人

除了上述6个案例在承认赃物取得符合善意取得构成要件的同时又判定赃物归属于原权利人或者国家外，另有9个案例在承认赃物取得符合善意取得构成要件的同时判定赃物归属于善意受让人。

赃物类犯罪不仅侵犯了具体的法益，对于赃物的追缴工作更是可能关涉到原权利人、善意第三人、国家三方主体的利益纠葛。在法院判决的过程中，如果对赃物的归属没有一个明确的法律指引，将出现上述案例那样同案不同判，法官裁量权过大的弊端。赃物作为刑法上的概念，对赃物的追缴理应由刑事诉讼程序进行。我国《刑法》第六十四条对于追赃作出了部分规定，但是实践中存在滥用、误用的倾向。样本数据有近15个案例普遍采用《刑法》第六十四条规定作为法律指引。该条规定对于被害人的合法财产，应当及时返还。但是当这些财产有争议甚至已经通过市场流通到其他人手中时，是否还应当一律返还被害人？15个案例中，有10个案例赃物归属于原权利人，另有5个案例赃物归属于善意第三人。现有的《刑法》第六十四条已经无法满足司法实务的需要。

通过对样本案例中赃物的去向、罪名、依据的法律等作具体分析，可以得出司法实践中对于赃物取得行为有着不同态度，即使是相似的案例，最终赃物也有着不同的归属。另外在赃物取得行为以及赃物归属上可以适用的法律规范呈现出片面化的特点，在诈骗类赃物、盗窃、抢劫机动车、票据类赃物上，法律以不同形式承认了善意取得制度的适用，但是赃物的类型并不局限于这些方面，对于其他类型的赃物能否适用善意取得制度，即使适用了，最后如何确定赃物的归属，亟待明确的法律指引和规范。

笔者建议在《刑法》第六十四条“犯罪分子违法所得的一切财物，应当予以追缴或者责令退赔；对被害人的合法财产，应当及时返还”之后增加“其中受让人善意取得的赃物，原则上应当归受让人所有。”首先，从秩序价值上考量，秩序应该体现稳定性和持续性，而赃物通过国家收缴以后，有损于善意受让人的相关权益。置市场合法交易于不顾，容易打击市场交易主体的积极性，同时也使市场交易程序变得缓慢或者停滞，人们需要花费更多精力在鉴别物品上。其次，赃物取得适用善意取得制度可以体现刑事政策的正义价值。赃物适用善意取得制度，可以切实维护到善意受让人的利益，而原权利人的利益可以通过对罪犯的刑事程序或者刑事附带民事程序去维护。形势政策上的正义不仅是法律审判过程的正义还体现在对每个人权益的维护上，如果否认赃物适用善意取得制度，那么善意受让人的权益将遭受无妄之灾。

结　语

目前赃物取得行为尚处于司法实践摸索和理论探讨阶段，虽有不少机关出台对此问题相关的法律法规，但都没有达成一致的意见。刑法上对赃物的研究，多着眼于赃物的追缴、赃物类犯罪的探究上，很少关注到赃物取得行为的相关问题。《物权法》上对盗赃物是否适用善意取得采取了回避的态度。司法实践中对于赃物取得行为有着不同态度，即使是相似的案例，最终赃物也有着不同的归属。赃物取得行为不仅是《物权法》上的一个问题，也牵扯到刑事法律的相关规定与适用。赃物取得行为这一问题是涉财犯罪所引起的一系列后续行为之一，对赃物取得行为的合理界定，可以平衡刑事法律与民事法律之间的关系，为二者之间具体问题的解决提供一个沟通的桥梁。肯定赃物的善意取得，可以更好地对这一刑民问题进行衔接，在相关问题上提供一个更加合理的解决途径，更将有利于促进刑事司法的发展，对于赃物的追缴、赃物类犯罪的研究以及规范市场上的涉赃犯罪都有一定意义。

微信红包赌博的法律分析

雷富春[*]　王宇鹏[**]

摘　要：微信红包赌博中，无论是“红包接龙法”还是“斗牛法”“提前下注，红包尾数开奖法”，在脱离了娱乐，转向营利目的后，就涉嫌赌博犯罪。微信红包赌博在触犯开设赌场罪的同时，也触犯了聚众型赌博罪。二者形成交叉型的法条竞合关系。应该优先适用开设赌场罪。群主和代包手应认定为共同正犯。偷包者的行为，在忽略数额要求情形下，应当认定为诈骗罪。

关键词：微信红包赌博　聚众赌博　开设赌场　法条交叉型竞合

一、微信红包赌博的类型化分析

（一）微信红包

微信红包，是腾讯旗下产品微信于2014年推出的一款应用，在功能上可以实现查收发记录、收发红包以及提现等功能，其一经推广便受到使用者的喜爱与追捧。在社会实践中，微信红包在派发中主要有两种形式，一种是普通等额红包，为一对一或一对多发送，第二种为拼手气红包，是一对多发送，由用户自主设置红包总额和红包个数，最后由系统随机生成不同金额的红包，发放到群中，由群内成员随机抢夺红包金额。从法律层面上来看，大多数情况下我们可以把微信红包看作是一种赠与行为，此外还有可能是还款行为、支付行为等。而微信支付这

* 山西大学法学院讲师，主要研究方向为刑事法学。
** 北京特睿达企业管理咨询有限公司法务，主要从事法律顾问工作。

一便捷、高效的支付方式在给人们带来诸多便利的同时，也为微信红包赌博的产生提供了全新的平台和媒介，为之后微信红包赌博的大量涌现埋下了隐患。

（二）微信红包赌博的类型

1. “红包接龙法”

红包接龙法，是指参赌人员通过平摊的方式将赌资以红包的方式发给群内指定的一个人，即“代包手”或群主，由这个人统一发红包，每次红包金额由群内规则予以规定，最高为200元（这是由微信官方制定的规则，单个红包金额最高为200元）。“代包手”或群主要收取占红包总金额一定比例的佣金，剩下的金额以拼手气红包的形式发到群内。最后由抢到红包金额最大或者最小的群成员按照约定的金额转账给“代包手”或群主以进行下一轮游戏，并按此形式依次循环。

2. “斗牛法”

斗牛法的开始方式和上述“红包接龙法”法大致是相同的。即参赌人员通过平摊的方式将赌资以红包的形式发给群内指定的一个人，即“代包手”或群主，由这个人统一发红包。“代包手”在收取一定比例的佣金后将红包以拼手气红包的形式发出到群内，抢到红包的人凭借抢到金额的小数点后两位数字，按照“斗牛”的规则比大小，例如一个人抢到的金额为39.54元，小数点后两位数字之和就是9；另一个人抢到的金额为89.42元，则小数点后两位数字之和就是6，那么后者数字之和小，则判后者输，由后者转账给“代包手”，从而进行下一轮游戏，并按此形式依次循环。

3. “提前下注，红包尾数开奖”

此种红包赌博的方式，是由群主“代包手”每局发出N个红包（红包数量由群内规则规定），规定以抢到第某个红包的红包金额的最后一位数字作为开奖号码，参赌者在开奖前私信找微信群主或“代包手”押注，买中大小（0为重开，1、2、3、4为小，5为“通吃”即押注全归群主，6、7、8、9为大）为三倍；买中单双（0为重开，1、3、7、9为单，2、4、6、8为双，5为“通吃”即押注全归群主）也为三倍；买中数字则为6倍。只要猜中以上任何一个就可以获得不同级别的奖励，反之，押注则归群主所有。由于这几种方法较为简单、易操作且娱乐性强，所以是目前较为流行的几种微信红包赌博的类型。

二、微信红包赌博的犯罪构成——以典型案例为例

（一）杨雁群、杨祥旭等微信红包赌博案

2015年7月底，潮州市潮安区居民杨雁群、杨祥旭以非法营利为目的，经过事先合谋，他们共同利用网络微信聊天工具开设名为“美男子”“天天酷跑”等多个赌博微信群，设置微信红包群组，制定赌博规则，他们在建立了赌博群之后先后招引了大量的参赌人员加入进来，以抢“微信红包”的方式进行赌博活动，并且从中抽头渔利。他们招引参赌人员主要有两种方式，一种是由群主和“代包手”主动拉取认识的人加入，还有一种是群内已有的参赌人员自己在拉取周围的人加入。为了他们所谓的安全起见，对于后来新加入的这些人员会要求他们进群先发红包，以防止逃包的发生。同时他们还会定期维护群内秩序，对逃包、只抢不发的人员以及违反群内赌博规则的人员踢出本群。杨雁群、杨祥旭还雇佣黄泽涛、杨壮平等人接任该赌博微信群的“代包手”，由“代包手”为其二人收取参赌人员通过扫描“代包手”的二维码支付的微信红包金额人民币230元，微信群主和“代包手”会从中抽取30元，剩下的200元的余款会发送到“微信红包”群中供参赌人员争抢。赌博规则与上述几种赌博类型基本相似，对抽中指定数额的人会给予不同的奖励，同时群主还会定期发放所谓福利由群内人员争抢。黄泽涛、杨壮平明知杨雁群、杨祥旭建立微信红包赌博群实施赌博活动，仍为了谋取非法利益，受雇充当该赌博群的“代包手”，向参赌人员收取赌资、抽头及发送微信红包，并与杨雁群、杨祥旭结算。之后，杨雁群、杨祥旭一伙在潮州市潮安区彩塘镇等地，实施上述赌博活动，先后招引参赌人员20余名（均被行政处罚）加入该微信红包赌博群参与赌博。2015年9月10日，公安机关根据掌握线索查获上述微信红包赌博群，并抓获杨雁群、杨祥旭、黄泽涛、杨壮平。至被公安机关查获时止，杨雁群、杨祥旭从合伙经营的上述微信红包赌博群中共收取、发放微信红包3千余个，赌资共计人民币66万余元，从中抽头获利人民币5万余元。其中，黄泽涛作为“代包手”共收取、发放微信红包777个，赌资共计人民币17万余元，从中抽头渔利人民币2千余元。杨壮平作为“代车”人员共收取、发放“微信红包”220个，赌资共计人

民币5万余元，从中抽头渔利人民币660元。最终法院判决其四人均构成开设赌场罪，并进行了相应的处罚。①

（二）赌博罪与开设赌场罪

对赌博的刑法规制，《刑法》第三百零三条第一款规定了赌博罪，第二款规定了开设赌场罪。根据赌博罪在我国现行刑法中的位置和犯罪构成分析可以看出：赌博罪侵犯的法益，是勤劳的国民生活方式，善良的社会风俗。客观方面主要表现为聚众赌博，或者是以赌博为业的行为，主体为已满16周岁，具有辨认控制能力的自然人，主观方面为以营利为目的故意犯罪。

开设赌场罪，是指开设以行为人为中心，在其支配下供他人赌博的场所的行为。根据“两高”、公安部2010年8月31日《关于办理网络赌博犯罪案件适用法律若干问题的意见》，利用互联网、移动通讯终端等传输赌博视频、数据，组织赌博活动，具有下列情形之一的，属于“开设赌场”行为：（1）建立赌博网站并接受投注的；（2）建立赌博网站并提供给他人组织赌博的；（3）为赌博网站担任代理并接受投注的；（4）参与赌博网站利润分成的。② 开设赌场罪不要求以营利为目的。尽管事实上一般以营利为目的。

（三）微信红包聚众赌博的认定

对于聚众赌博，目前在我国学界有多种理解，存在着多种观点。我国台湾学者认为：聚众赌博是指行为人聚集众人进行赌博活动，或者引诱他人进行赌博，而行为人自己并不参加赌博活动。在我国大陆也存在着一些其他观点，有的学者认为：聚众赌博是指行为人聚集不特定的多数人参与赌博。还有的学者认为：聚众赌博是指以营利为目的，组织、引诱、招引他人参与赌博，并抽头渔利的行为。至于该多数人是否特定，则在所不问。③

聚众，从字面意思理解是：聚集多人。古语云：三人为众。所以此处的多人指：三人或三人以上。所以说，聚众赌博就是聚集多数人进行赌博活动。对于“多数人”的理解，也分为特定的“多数人”与不特定的“多数人”这两种

---

① 中国裁判文书网：杨雁群、杨祥旭开设赌场二审刑事裁定书。

② 张明楷：《刑法学》，法律出版社2016年7月第5版，第1079页。

③ 战立伟：《赌博犯罪问题研究》，苏州大学2007届硕士学位论文。

理解。如果我们将此“多数人”理解为不特定的“多数人”，那对于“聚集6个特定的多数人，赌资达到20万元”的情形则不属于赌博罪，不受刑法的约束，这显然是违背了我国当前的立法精神的。此种解释会不当地缩小了赌博罪的处罚范围，不能有效地打击赌博犯罪。因此，此处的“多数人”应当不受特定与否的限制。这种解释是同《解释》的规定相一致的，也更容易令人接受，因此我更加赞同第三种观点。

在微信红包赌博中，我们可以发现，赌博群刚开始运营时，大多是群主主动拉取一些符合条件的好友加入群，而这个拉取好友加入的行为就是组织招引的行为，符合“聚”的条件，同时微信群的基本条件就是最少为三人，符合“众”的条件。此外，群主建立的赌博群中最重要的一条规则就是抽头渔利，因此也符合“以营利为目的”。所以，微信红包赌博符合聚众赌博的法律规定。

上述案例中，我们可以看出杨雁群、杨祥旭先后组织了20余人参与到了其组建的微信红包赌博群，参与微信红包赌博活动，从中抽头渔利达到了5万余元，涉案金额更是达到了60余万元。而黄泽涛、杨壮平二人作为代包手也参与到了微信红包赌博群的管理中，拉取好友加入赌博群，且到案发时涉案金额达到了17万元。根据我国现行刑法与相关司法解释可以看出他们四人完全符合聚众赌博的规定，因此杨雁群、杨祥旭等四人应当认定为赌博罪。

（四）微信红包赌博开设赌场的认定

前文已说到，开设赌场罪是指在以行为人为核心的前提下，并且在其支配下开设供他人赌博的场所的行为。而至于开设的赌场的时间是短期的还是长期的，则不会影响到我们对该罪的认定。开设赌场与聚众赌博中都有聚众赌博的特征，他们的主要区别有二，一是是否开设有固定的，由其进行管理的场所。根据司法解释，该场所可以是虚拟的网络场所。二是行为人是否对其赌场范围内他人的赌博行为有支配力。在上述案例中，我们可以看到群主会随时对微信红包群进行管理，对于那些不服从群主管理或者违反群内赌博规则的人，群主会将其踢出赌博群，以便维持群内秩序，保证微信红包赌博活动的正常进行。因此，我们可以从这里看出群主对其建立的赌博群是具有相当大的支配力的。

所以微信红包赌博群也符合开设赌场罪的法律规定。此处的赌场，并不局限与传统意义上的物理性的赌场，在新形势下，微信红包赌博群完全可以实现传统意义上赌场的功能，所以此处的赌场包括微信红包赌博群。对此，在这里也将不再赘述。从上述案例中看到，法院对这几名被告人的行为认定为开设赌场罪。

通过以上论述，我们可以发现，上述几个被告人的行为既符合赌博罪同时也符合开设赌场罪的规定。从法条的规定来看，刑法对聚众赌博和开设赌场的行为分别单独列出罪名，也可以看出对开设赌场罪的处罚远高于对赌博罪的处罚。所以，这两个罪名应当是独立的关系。从构成要件分析，开设赌场罪的行为特征同时也符合聚众赌博罪的行为模式。因此，开设赌场罪和聚众赌博型的赌博罪形成竞合。而从两个法条来看，法条之间是“交叉型”的法条竞合关系。开设赌场罪是聚众赌博罪的特别法条。因此，在行为符合开设赌场罪时，应优先适用开设赌场罪而排除聚众赌博罪的适用。那种认为由于该建立微信红包赌博群的行为，既符合开设赌场罪，又符合聚众赌博罪，认为应该数罪并罚的观点有误。

（五）微信红包赌博中以营利为目的的认定

赌博罪的主观方面是故意，犯罪目的是以营利为目的。也就是说，要想成立赌博罪，则必须符合该特定的犯罪目的。以营利为目的是指行为人通过实施一定的行为以实现某些利润的心理活动。是使行为人更有动力更加积极地去反复实施某种行为的心理态度。

在认定行为人是否具有营利目的时，实践中通常会从以下几个方面综合考虑判断：第一，从赌博的次数来看。行为人长期内持续或反复实施赌博行为，可以说明行为人具有营利目的。当行为人反反复复的去实施某种行为时，则表明他内心必然有某种心理因素驱使着他去实施这种行为，这种心理因素便是营利目的。第二，从参赌人员的身份来看。如果是在家庭成员、邻居、朋友、同事等密切关系人之间偶尔进行的游戏，应该保护人民群众的娱乐活动，不应该认定其具有营利目的。但对于参赌人员为不特定的或人数较多的其他情况，则可以认定其具有营利目的。第三，从赌资大小来看。一般来说，赌注大的情况下各个参赌人员的输赢就越大，他们的营利目的也就越明显。对于人民群众间的娱乐活动，涉及的赌注一般较少，输赢对于各个玩家也影响不大。同时，在实践处理中也要参考当地的经济水平和玩家自身的经济水平，应当具体情况具体分析。第四，从行为人实施行为的顽固性来看。如果行为人因为该行为被行政机关或司法机关警告过、处理过，之后仍还持续进行该行为，那么在这种情况下也可以认为行为人具有营利目的。在实践中我们应当综合考虑多种因素，具体情况具体分析，避免机械运用。①

三、微信红包赌博中共犯问题

（一）微信红包赌博的群主应认定为正犯

微信红包赌博群的群主是微信红包赌博的核心，可以说没有微信群群主就没有微信红包赌博，群主通过拉取好友入群、踢出不遵守相关赌博规则的人对微信群进行管理，组织微信红包赌博活动。群主及相关人员会从中抽头渔利。因此群主完全符合聚众赌博的情形，同时又符合开设赌场的情形。因此对微信群的群主应当按照正犯进行处罚。

（二）微信红包赌博的代包手应认定为共同正犯

代包手，是微信赌博群中，统一发红包供群内参赌人员抢夺的人。本案中，黄泽涛和杨壮平基于营利的目的参与了杨雁群、杨祥旭组织的微信红包赌博群，并且组织相关参赌人员进行赌博互动，统一发放红包，并抽取渔利。如前文论述，他们同样符合赌博罪与开设赌场罪的相关规定。按照共犯理论，他们与群主构成共犯，那么，是正犯还是共犯呢？如果把代包手的行为概括为发放红包，供大家争抢，并抽头渔利，除此之外，没有其他行为，则代包手的行为类似于赌场中赌局上的发牌手。如果，他没有参与投资和开设赌场的共谋，这样的角色只能认定为是开设赌场罪的共犯，很难认定为正犯。但是，微信红包赌博有其特殊性。由于正犯是指对法益侵害后果的发生起到支配控制和主导作用的人。而微信红包赌博的管理有别于现实赌场的管理，比较简单，比较便捷。不需要太多因素表征控制性。在微信红包赌博中，代包手的作用与建立赌博群开设赌场的行为具有相当性。可以评价为共同正犯。一般来说，共同正犯指的是二人

---

① 张明楷：《刑法学》，法律出版社2014版，第338页。

以上共同实行犯罪的情况。在共同正犯的情形中，各个正犯之间相互作为，相互帮助，最终自己的行为与其他人的行为一同造成了侵害法益的结果。因此，即使只是分担了一部分实行行为的正犯者，也要对共同的实行行为所导致的全部结果承担正犯的责任。例如，甲以伤害的故意、乙以强奸的故意共同对丙实施暴力，最终由甲的行为导致丙的死亡。则甲、乙成立共同正犯，均对丙的死亡承担责任（甲承担伤害致死的责任，乙承担强奸致死的责任）。这便是部分实行全部责任的原则。显然，其中的"全部责任"既不是指主观责任，也不是指作为法律后果的刑事责任，而是指对结果的客观归属。

由于我国刑法分别对主犯、从犯、胁从犯规定了处罚原则，所以，对共同正犯采取部分实行全部责任的原则，并不意味着要去否认区别对待与罪责自负的原则。而是在坚持部分实行全部责任原则的前提下，对各共犯人应区别对待，依照刑法规定的处罚原则予以处罚。也就是说，各共犯人只能在自己有责的范围内对共同造成的违法事实承担责任，对他人超出共同故意实行的犯罪不承担责任。① 按照此理论既可以防止在处理相关案件时不顾法益侵害结果的事实，也可以限定好各正犯的罪责，依照罪责自负的原则进行处罚。这种处罚原则更容易使人接受与信服。因此，对微信红包赌博中的代包手，应当按照共同正犯进行处理。

（三）微信红包赌博的偷包者在忽略数额的情形下，可以认定为诈骗犯罪

在一些微信红包赌博中会有这样一种人，只抢包，按照群内规则该其发包时却不发包。这种人便是这里所说的偷包者。偷包者只是个别现象，不是每个红包群中都有的。这些偷包者在被发现后一般会被群主踢出群，而不会去深究这些偷包者的行为，而且也无法深究，损失最终只能由群主自行承担。

这里所称的偷包者，是否应该按照盗窃罪进行处罚呢？笔者认为应当谨慎考虑。盗窃罪，是指以非法占有为目的，窃取他人占有的数额较大的财务，或者多次盗窃、入户盗窃、携带凶器盗窃、扒窃的行为。从盗窃罪的犯罪构成来看，该罪的行为对象必须是他人占有的财物，主观方面是以非法占有的目的。这里的偷包者，我们可以很轻易地发现其具有非法占有的目的，但对财物进行

① 张明楷：《刑法学》，法律出版社2014年版，第361—362页。

归属性认定时却出现困难。当偷包者的偷包行为被发现时，便会被群主踢出群，这时会由群主自行承担损失，此种情况下我们可以认为此财物的占有人为群主。但是，在其偷包的行为没有被发现时，从表面来看他只是一个普通的玩家，他抢红包的行为也并没有侵犯别的玩家的占有。因为群规则规定便是群内的任何人都可以抢包，而对于这个从发出到被领取之前的红包，这个阶段红包的归属性是不确定的。

如果将此红包的占有者认定为群主或代包手，会存在不合理之处。赌博群中，群主或代包手发出的红包是由上一轮输家发给他们，再由他们统一发出的，他们此时的角色相当于一个服务员，而对于此红包并没有任何处分的权利，只能发在赌博群中。因此，我们无法将其认定为红包的占有者。同时，我们也无法将此红包认为是上一轮输家所有。因为此时他已经将红包转交给群主或代包手，已经失去了对红包的控制权，已经转移了占有。因此，上一轮输家便没有占有权。

前文已经提到，盗窃罪的行为对象是他人占有的财物。当微信红包发出后，这些红包的占有者将可能为这个赌博群内的任何人，当然，偷包者也在这个行列，但是无法确定具体由谁来占有，只有当微信红包被玩家抢到手之后占有者才被明确。因此，在红包发出后，偷包者的偷包的行为并不会侵犯他人的占有权。所以，偷包者的行为不能认定为盗窃行为，不能由刑法来对他的行为进行规制。

但是，如果偷包者在抢包前就是冒充玩家，企图在抢到包后，拒不按照群内规则发放红包，能否构成诈骗罪呢？如果忽略掉数额要求，本文认为可以构成诈骗罪。这里的关键点是，在代包手将红包发放后，参与人自己动手取得红包的行为能否认定为是被骗者的“交付”行为？本文认为，发放红包的行为，针对的是愿意按照规则在抢到红包后发出红包的参与者，如果冒充这样的参与者，在抢到包后，拒不交出该交的红包，最后致使群主受损。该发出红包的行为可以视为是“交付”行为。可以构成诈骗罪。

（四）微信红包赌博的玩家不认定为犯罪

玩家，是微信红包赌博中一个非常重要的部分，也是占比最大的一个部分。从我国现行刑法的规定来看，我国刑法是不处罚那些单纯的以娱乐为目的的参与赌博的行为的。

商业网络谣言损害商誉的刑法问题研究

石宏超*

摘　要： 网络技术发展带来信息交汇便利的同时也滋生了商业网络谣言这一弊病。虽然我国刑法及其司法解释对此问题有所涉及，但在商业网络谣言中适用刑事追诉还尚存在一些问题。其中以商业网络谣言中适用损害商誉罪表现最为突出，存在“虚伪事实”判断方法不明确、犯罪主体是否需具有竞争关系、追诉标准过于模糊等问题。因此，有必要通过法解释学的方法将“虚伪事实”的判断方法定为法益侵犯说，将犯罪主体扩展至一般主体。

关键词： 商业网络谣言　损害商誉罪　虚伪事实　犯罪主体　追诉标准

一、问题的提出

2017年12月19日，谭某某在互联网络自媒体应用“美篇”上发表一篇名为《中国神酒“鸿茅药酒”，来自天堂的毒药》的文章，并将文章分享至朋友圈、微信群。2017年12月22日，内蒙古鸿茅国药有限公司认为多家公众号对鸿茅药酒进行抹黑，编造虚假事实，大肆散播，误导消费者，致使多家经销商退货，公司销量急剧下降，遂安排公司员工向当地公安机关报案。报案时，鸿茅国药有限公司提供了会计师事务所作出的《会计鉴定书》，证明鸿茅国药有限公司的损失。2018年1月10日，谭某因其发布的文章，被内蒙古自治区警方采取强制措施。2018年1月25日，经凉城县人民检察院批准，谭某以损害商品声誉罪被批准逮捕。后事件被律师发布至互联网，引起社会舆论的广泛关注。迫

* 山西大学法学院刑法专业硕士研究生，主要研究方向为刑法学。

于舆论压力，内蒙古自治区人民检察院以案件事实不清、证据不足，指令凉城县检察院将案件退回补充侦查并变更强制措施。2018 年 5 月 17 日，谭某就事件向鸿茅国药有限公司发表道歉声明，鸿茅国药有限公司接受道歉并撤回报案和侵权之诉。事后，经过了解，谭某所发布的《中国神酒“鸿茅药酒”，来自天堂的毒药》仅被转发 10 余次、点击量仅为 2075 次、其他访问 253 次、被分享 120 次。

该案一经网络爆出后，引发社会舆论一片哗然。舆论将争议的焦点主要集中在该案出现的“跨省抓捕”上。但该案真正反映出来亟待解决的是商业网络谣言损害商誉的刑法适用问题。其中主要是商业网络谣言中适用损害商誉罪①的两个问题：犯罪构成要件中的“虚伪事实”如何认定；犯罪主体是否必须具有竞争关系。本文首先叙述网络时代对损害商誉罪法律适用带来的挑战，然后就以上两个问题分别进行论述，希望有助于司法实践正确定罪量刑。

二、网络时代对损害商誉罪传统理论的冲击

损害商誉罪，是损害商业信誉、商品声誉罪的简称，于 1997 年《刑法》修订时针对《反不正当竞争法》中诋毁商誉的行为而新设。该罪主要规定在《刑法》第二百二十一条，具体内容为“捏造并散布虚伪事实，损害他人的商业信誉、商品声誉，给他人造成重大损失或者有其他严重情节的，处二年以下有期徒刑或者拘役，并处或者单处罚金。”通说认为构成本罪，在客体上侵犯的是国家对市场秩序的管理制度、商业主体的商誉权；在客观上要求实施了捏造并散布虚伪事实，损害他人商誉，给他人造成重大损失或者有其他严重情节的行为；在主观上要求行为人具有犯罪的故意。② 损害商誉罪在刑事司法实践中本是一个适用率极低的罪名，通过对裁判文书网公开判决的检索，以损害商业信誉、商品声誉罪为案由的文书仅有十余例。③ 之所以如此，主要是因为在传统的商业领域，行为人如果试图贬低竞争对手，依靠传统的纸质媒介传播量极其有限。但随着我国网络技术广泛运用与网络服务的不断优化、升级，情况就大不一样

① 损害商誉罪，为损害商业信誉、商品声誉罪的简称。

② 马克昌：《刑法》（第二版），高等教育出版社 2010 年 8 月版，第 412 页。

③ 截至 2018 年 9 月 13 日，笔者在中国裁判文书网中，以损害商业信誉、商品声誉罪进行搜索，有关文书总量为 10 篇。

了。据统计，我国网民数量已达8.02亿人，占全国人口数的57.7%，其中手机网民人数更是高达7.88亿人，占到全部网民人数的91.83%。[①] 网络技术与商品经济活动变得更加密不可分。在纷繁复杂的网络世界中，部分竞争主体、普通公民利用网络这一平台，依托当下热门的自媒体与短视频技术，编造大量商业网络谣言，使其更加具有欺骗性，并突破了传播媒体传播的空间性、时效性的限制，对商业主体的正常经营活动产生巨大冲击，社会危害性极大。商业网络谣言的泛滥，特别是对商业主体之商誉侵害的加剧，使对损害商誉罪犯罪构成要件的解释和适用传统刑法理论受到了较大冲击，在刑法学界产生了究竟是限缩解释还是扩张解释其构成要件要素的分歧，在“虚伪事实”的判断标准、损害结果的计算方法等方面均产生了不同的认识。

三、损害商誉罪中“虚伪事实”的判断标准

损害商誉罪的不法一般主要是指捏造并散布虚伪事实，损害他人商誉、给他人造成重大损失或者有其他严重情节的行为。[②] 其中，学界争议的焦点主要集中在“虚伪事实”的判断问题上，通说认为：“虚伪事实就是指不符合真相或者不存在的事实，既可能是完全无中生有型的虚构，也有可能是在部分真实情况下歪曲事实真相”。这一定义虽然对“虚伪事实”有所界定，但是在具体认定时，依旧存在事实判断说与价值判断说的争议。

（一）事实判断说

事实判断，是古典犯罪论体系中的核心观点，其主张一切问题都要通过事实来进行论证，要求论证符合自然科学实证主义哲学观的基础。在这种哲学观的指引之下，应当将犯罪构成的所有要件进行自然因果化处理或者事实化处理。对于任何一个犯罪构成要件而言，其要素都必须如机械的配件一般具有客观性，

---

① 中国互联网络信息中心：《第42次中国互联网络发展状况统计报告》，http：www.cnnic.net.cn/hlwfzyj/hlwxzbg/hlwtjbg/201808/P020180820630889299840.pdf。

② 黎宏：《刑法学各论》，法律出版社2016年版，第427页；张明楷：《刑法学（下）》（第5版），法律出版社2016年版，第829页。

不具有价值的色彩。[①] 具体到本罪的“虚伪事实”而言，仅是指对商业、商品声誉完全无中生有的陈述，例如将符合食品安全质量标准的食用油捏造为地沟油的行为。我国目前的刑法犯罪构成要件体系中，还是坚持以客观事实判断优先性的标准，即通过利用客观归责理论，将不符合事实判断的行为在前置性程序中予以排除。[②] 基于此，以陈兴良、车浩等为代表的学者认为：“在认定是否成立损害商誉罪时，要严格把握虚构事实的认定标准，细致界定价值判断和事实捏造这两种行为的不同之处，不能盲目片面的将纯粹的价值判断中的贬损行为纳入损害商誉罪的成立条件，要对捏造虚伪事实的行为进行限缩解释”。对于本文所述的“鸿茅药酒”事件而言，谭某将鸿茅药酒形容为“毒药”的行为，其仅是一种价值判断中的贬损性评价，不具有客观性，故不应当将其认定为损害商誉罪构成要件中的“虚伪事实”。

（二）价值判断说

价值，通常情况下就是指客体的存在、属性及其变化同主体的尺度是否相一致或者相近。价值判断，通常就是指以某一选定的标准衡量人、事物和状态的判断行为。周光权教授认为，对刑事犯罪要从事实判断和价值判断两方面进行考虑，在构成要件的判断上，虽然总体上要以事实判断为主，但是不能完全忽视对价值判断的运用，只有二者充分结合，才能得出最终的结论。具体到损害商誉罪这一具体的罪名中，必须将对虚伪事实的价值判断和事实判断有机地结合起来，不能将所有对商品、商业活动的评判行为都排除在入罪的门槛之外。举例来说，某一商品，自身本来就存在瑕疵和不足，行为人对其进行了价值判断中的贬损性评价，这时，就不应当将这种价值判断的行为认定为虚伪事实。但是反之，如果行为人未进行任何科学的实验与论证推理，肆意编造一些结论，对某一商品或者商业进行贬损性的评价，这时他这种贬损性的价值判断行为所得出的结论，就应当属于虚伪事实。以“鸿茅药酒”事件中的谭某为例，其将鸿茅药酒形容为“毒药”的行为，已经远远超出了对其瑕疵和不足的价值判断，故应当认定为损害商誉罪构成要件中的“虚伪事实”。

---

① 陶沙，夏伟：《走出事实与价值的迷惑——以犯罪论体系的发展为线索》，载《河北科技师范学院学报（社会科学版）》2015 年 3 月第 14 卷第 1 期。

② 周光权：《价值判断与中国刑法学知识转型》，载《中国社会科学》2013 第 4 期。

对于“虚伪事实”这一概念的认定方法，价值判断与事实判断都有一定的理论基础做依托。但不论是价值判断，还是事实判断，在认定“虚伪事实”时都存在其不可回避的本质上的缺陷性。首先，对于刑法规范而言，其本身就是社会生活现象通过立法者的价值判断固化为事实判断的行为。但是刑法规范是通过一定条文表述的，条文的语义并不是一成不变的，而是随着时代与社会的进步在不断变化的，这种变化就是价值判断向事实判断不断转化的过程。所以这种完全将两者割裂的方法是不可取的。其次，不论价值判断还是事实判断，都是一种抽象思维的判断，最终还需要裁判者的主观能动性加以确定，其实这也是一种价值判断的过程。最后，以损毁商誉罪中的“虚伪事实”为例，倘若进行如此细分的论证，无疑会增加实务操作的难度，造成实践中标准不统一，难以把握的困境。

根据以上分析，本文主张以法益侵害说作为损害商誉罪中“虚伪事实”的判断标准。犯罪的本质是法益侵害。法益侵害的判断具有客观性。就损害商誉罪而言，在对某一商业网络谣言行为中“虚伪事实”进行分析时，一方面要对企业是否因此该“虚伪事实”导致商誉受到了严重的侵犯；另一方面也要根据商誉因该“虚伪事实”所受侵犯的情况，分析是否会对企业参与市场经济竞争中产生严重不利影响，然后再最终决定该“虚伪事实”是否是损害商誉罪构成要件中的“虚伪事实”。

坚持法益侵犯认定说主要有以下几方面的理由：（1）我国《刑法》第二条和第十三条明确规定将法益保护作为刑法的任务和目的，所以在对于某一犯罪的构成要件进行分析时，必须从其所保护的法益出发。具体到损害商誉罪也不例外，其主要保护的是企业的商业信誉不受不法侵害，保障社会主义市场经济秩序能够有序运行；（2）法律源于生活，是生活现象抽象规范化后形成条文，所以法律应当服务于生活，而不能片面的要求生活服从于法律。以法益侵犯说作为“虚伪事实”的认定方法，可以更为具体地分析这一虚伪事实对社会生活产生的危害性，只有当危害性值得法律去惩处时，这种行为方能构成犯罪。这样就会符合社会一般人对这种犯罪行为的准确预期，保障罪刑法定原则的实现。

具体到本文前述的案例，“鸿茅药酒事件”跨省抓捕在未被网络媒体曝光前，行为人谭某的言论仅在小范围内传播，侦查机关所列举的证据也未标明商品的商誉和正常的市场竞争秩序受到严重破坏，故其缺乏法益保护的紧迫性、必要性，结合刑法的谦抑性原则，故不应将这种行为作为损害商誉罪中的不法。

四、损害商誉罪的犯罪主体是否必须具有竞争关系

对于损害商誉罪的犯罪主体这一问题而言，学界和司法界并未对此形成统一的认识。司法界在司法实务中，出于打击犯罪和惩治违法的需要，往往认为损害商誉罪不要求是具有竞争关系。但是，律师出于辩护的角度进行论证时，往往要求行为主体具有竞争关系，以达到不符合犯罪构成要件，免于处罚的目的。所以，学界对此也产生了争议，关于这个问题出现了竞争关系经营主体说和一般犯罪主体说等观点。

（一）竞争关系经营者主体说

马长生、余松龄教授认为：对损害商誉罪的适用主体而言，应该局限于具有竞争关系的经营者上，因为损毁商业信誉罪在客观上表现为违反反不正竞争管理法规，捏造并散布虚伪事实，损害他人商业信誉、商品声誉的行为，该罪的构成首先要以违反《反不正当竞争法》第十四条之规定为前提，即经营者不得捏造散布虚伪事实的行为，无中生有，凭空捏造与真实情况不符，对竞争对手不利的事实，并通过各种方式加以扩散，使公众知晓的行为。《反不正当竞争法》第二条第二款规定："不正当竞争行为，主要是指经营者违反本法规定，损害其他经营者合法权益，扰乱社会经济秩序的行为。"该条第三款规定："本法所称的经营者，是指从事商品经营或者营利性服务（以下简称商品包括服务者）的法人，其他经济组织和个人。"① 据此，其就论证认为成立损害商业信誉罪必须是具有一定竞争关系的经营者。刘宪权教授也赞同这种观点，他认为："市场运行最为基本的机制就是进行公平的商业竞争，商业主体依靠自己长期诚信经营、坚守品质获得的商业信誉参加市场竞争极大地活跃了市场经济，促进了社会生产力的提升，营造了良好的营商环境。但是，竞争对手一旦采取编造商业谣言损害商业主体商业信誉的行为，将会给竞争对手造成严重打击，不仅

---

① 马长生、余松龄：《刑法学》，湖南大学出版社2003年版，第370—371页。

会造成市场竞争的混乱，还会使之丧失已经获得市场占有份额和竞争实力，严重破坏社会主义市场经济运行的有效秩序，使消费者陷入消费选择困难的境地，破坏了正常的消费活动①。”所以从这个意义上来讲，损害商誉罪主要保障的社会主义市场经济秩序的稳定运行，只有竞争对手的编造虚假商业网络谣言的不正当竞争行为才会破坏这一秩序，故应将该罪的适用主体限定在具有竞争关系的主体之间。如果按照这一观点的话，本文前述案例中的谭某就不符合损害商誉罪关于犯罪主体的要求，理应不构成该罪。

（二）限缩性一般犯罪主体说

虽然部分学者也认为损害商誉罪的犯罪主体不应该局限于一般犯罪主体，但是也不应该过于扩大。孙国祥教授认为损毁商誉罪的犯罪主体虽然是一般主体，但在一定程度应将其限缩为受害人的竞争对手或者竞争对手的雇佣者，对于其他的社会一般公众不能成为该罪的犯罪主体，这样有助于保持刑法的谦抑性的要求。② 在这种观点的定性之下，谭某显然也不是该罪的法定的犯罪主体。

李文胜老师虽然也认为应当将损害商誉罪的犯罪主体进行限缩，但是应该将其限制为参与市场竞争的经营者、出于其他目的非市场竞争的损害他人商业信誉、商品声誉的行为主体。③ 两位老师的差异彰显了学界目前还未对这一问题形成一个统一的观点。这也就为在商业网络谣言中对不同主体能否适用损害商誉罪这一罪名留下了争议的余地。

（三）一般主体说

对于竞争关系经营主体说而言，其看似是在贯彻罪刑法定原则，避免该罪适用主体的不当扩大化，沦为口袋罪的嫌疑，但实际上却忽略了当代网络社会损害商誉不正当竞争的新特性、该罪保护客体的多元化等要点，不利于保障市场经济的有序竞争，保障商誉主体的商誉权不受侵犯。而对于限缩性的犯罪主体说而言，其虽然在理论上将具有竞争关系的经营者以外的人纳入损害商誉罪

---

① 刘宪权：《新世纪法学教材：刑法学（下）》，上海人民出版社2008年版，第515页。

② 孙国祥：《刑法学》，科学出版社2002年版，第439页。

③ 李文胜：《扰乱市场秩序罪责认定于处理》，中国检察出版社1998年版，第73—74页。

的犯罪主体范围，但在司法实践中仍然会存在雇佣关系难以证明，其他损害商誉的目的无法论证的困境，使其沦为形式上完备的法治，忽视了实际运用的空间。此外，不论是竞争关系经营者说还是限缩性一般犯罪主体说，都会为企图实施损害他人商业信誉达到不公平竞争的犯罪分子留下可乘之机，不利于保障市场经济活动的有序进行和商业主体的商誉保障。

基于此，笔者赞同黎宏、张明楷、陈明华教授所主张的一般犯罪主体说，他们认为：该罪的犯罪主体应该就是一般主体，同一般刑事犯罪的主体并无显著区别，既包括实施损害商业信誉行为的自然人，也包括单位。①

一般犯罪主体说从理论上和实践运用中都具有超越竞争关系经营者说和限缩性一般主体说不可比拟的优越性。首先，从刑法理论上讲，部分学者认为这种学说下，扩大刑事犯罪主体的范围，可能同刑法的谦抑性相冲突，在《刑法》未明确规定的情形下损害罪刑法定原则。但是，首先从刑罚的谦抑性角度分析，在商业网络谣言频发的今天，商业网络谣言行为已经成了破坏市场经济正常运行的主流因素，给正常的经济活动造成了极大的影响。通过刑法的手段制止这种行为，既体现刑法对社会经济活动正常运行秩序的保障，也体现了对商业主体商誉权的维护，所以并不违反刑法的谦抑性原则。其次，将该罪的适用主体扩大并不违反罪行法定的基本原则。我国刑法对该罪采用了叙明罪状的表述方法，将其犯罪特征定性为“捏造并散布虚伪事实，损害他人的商业信誉、商品声誉，给他人造成重大损失或有其他严重情节的情形”。其中罪状中并未对该罪的犯罪主体身份予以特别要求，所以，对利用商业网络谣言实施损害商业主体商业信誉的非竞争者适用该罪并不违反罪刑法定的基本原则。最后，随着自媒体技术的推广，商业网络谣言损害他人商誉行为的犯罪成本越来越低廉，如果片面地将不具有竞争关系的主体排除出本罪的适用范围后，会给部分市场竞争者留下可乘之机，让其大肆利用法律这一漏洞支撑其损害商誉的行为不被追究，对市场经济的健康有序的发展产生巨大的冲击。综上，在商业网络谣言横行的今天，将损害商誉罪的适用主体定性于一般主体，符合时代与法理的要求。

① 陈明华：《刑法学》，中国政法大学出版社1998年版，第533页。

介绍贿赂罪适用研究

张　梁[*]　马秀卿[**]

摘　要：当前学界对介绍贿赂罪聚讼不已，通过对介绍贿赂罪的适用进行理论梳理，发掘提炼出介绍贿赂罪存在的问题和争议，包括立法态度、构罪要件、既遂标准、与行贿罪和受贿罪之间的关系等。在此基础上针对这些问题进行分析，最后对介绍贿赂罪的适用提出完善建议，包括修改量刑规范、规制与行贿罪和受贿罪共犯的衔接关系、定期发布指导案例。

关键词：介绍贿赂罪　罪名适用　完善建议

我国《刑法》对介绍贿赂罪有独立规定，并且《刑法修正案（九）》对其作了修订，但当前学界对于介绍贿赂罪的争议较多，有学者认为介绍贿赂罪应当予以废除，直接将类似行为认定为“行贿罪或受贿罪的共犯”，而有些学者则依然坚持认为介绍贿赂罪与行贿、受贿罪共犯有本质上的区别，因此介绍贿赂罪的存在完全有其独立价值。本文通过梳理介绍贿赂罪的构罪要件和适用问题，探究并分析其独立存在价值，最后提出相关完善建议。

---

* 山西大学法学院刑法学专业硕士研究生，主要研究方向为刑事诉讼法和刑法。
** 山西省人民检察院公诉处副处长，主要研究方向为刑事诉讼法和刑法。

一、介绍贿赂罪适用的理论概述

（一）介绍贿赂罪的立法沿革

介绍贿赂罪最早见于1950年刑法大纲草案中，① 此后的1952年的《惩治贪污条例》第六条和1979年刑法第一百八十五条第三款均对介绍贿赂罪作了明确规定。② 但是1988年全国人大常委会颁布的《关于惩治贪污罪贿赂罪的补充规定》中却没有对介绍贿赂罪进行明确，只是进行了相对模糊的规定，并且将此行为定性为行贿罪、受贿罪共犯。③ 随后的1997年刑法和2015年《刑法修正案（九）》依然明确地保留了介绍贿赂罪的罪名。④ 通过梳理介绍贿赂罪立法沿革过程，可以大致认为介绍贿赂罪的立法过程一波三折，具有逐步独立化、轻刑化、精细化等特点（见表1）。

表1：我国关于介绍贿赂罪立法概况

法规范名称	年份	是否独立罪名	情节	量刑	条目
《刑法大纲草案》	1950	否	无	三年以下监禁或批评教育	第九十条
《惩治贪污条例》	1952	否	无	参照贪污罪；没收财产；处罚金，免刑责	第六条
《刑法》	1979	否	无	三年以下有期徒刑或拘役	第一百八十三条

① 1950年该草案第九十条第一款规定：“向国家工作人员行贿或介绍贿赂者，处3年以下监禁或批评教育。”

② 1952年《惩治贪污条例》第六条：“一切向国家工作人员行使贿赂、介绍贿赂，应按照其情节轻重参酌本条例第三条的规定处刑；其情节特别严重者，并处没收其财产之一部或全部；其彻底坦白并对受贿人实行检举者，得判处罚金；免予其他刑事处分。”1979年刑法第一百八十五条第三款：“向国家工作人员行贿或者介绍贿赂的，处3年以下有期徒刑或者拘役。”

③ 1988年《关于惩治贪污罪贿赂罪的补充规定》第四条第二款：“与国家工作人员、集体经济组织工作人员或者其他从事公务的人员勾结，伙同受贿的，以共犯论处。”

④ 1997年刑法第三百九十二条规定：“向国家工作人员介绍贿赂，情节严重的，处3年以下有期徒刑或者拘役。介绍贿赂人在被追诉前主动交待介绍贿赂行为的，可以减轻或者免除处罚。”而在2015年《刑法修正案（九）》中增加了该罪的法定刑：“向国家工作人员介绍贿赂，情节严重的，处三年以下有期徒刑或者拘役，并处罚金。”

续表

法规范名称	年份	是否独立罪名	情节	量刑	条目
《刑法》	1997	是	情节严重的	三年以下有期徒刑或拘役	第三百三十九条
《刑法》	2015	是	情节严重的	三年以下有期徒刑或拘役并处罚金	第三百九十二条

（二）介绍贿赂罪的构成要件

学界对于介绍贿赂罪构成要件中争议主要集中于主客观方面。

对于介绍贿赂罪客观行为，通常认为包括以下两种方式：一种是因行贿者之托而介绍行贿，另一种是因受贿者之托而介绍受贿，具体行为包括为行贿者物色行贿对象或者为索贿者物色索贿对象，介绍双方认识，安排双方见面，传达各方意见，代表行贿者或受贿者商谈贿赂条件，传送作为贿赂的财物等。① 但也有学者认为，介绍贿赂罪的行为方式只包括第一种行为方式，其理由是《刑法》条文只规定了“向国家工作人员介绍贿赂”一种形式，并未规定其他方式，因此不便作扩大解释。②

对于介绍贿赂罪的主观方面，是否要求具有谋取非法利益的犯罪目的，学界有两种观点。否定说系学界通说，该观点认为介绍贿赂者在介绍贿赂中是否具有为自己牟取私利不是构成本罪的必备要件，有时候介绍贿赂者会出于谋私利而介绍贿赂，但也有时候可能完全出于亲友情面或者讨好他人等原因介绍贿赂，此时不存在谋取私利的目的。③ 而肯定说认为，介绍贿赂者在主观上必须有从中获得非法利益的目的，倘若虽存在贿赂行为，但介绍贿赂者没有贪利目的，不能以介绍贿赂罪论处。④

---

① 熊选国、任卫华主编：《刑法罪名适用指南　贪污贿赂罪》，中国人民公安大学出版社 2007 年版，第 32 页。

② 罗辑：《中国反贪污贿赂检察业务全书》，中国检察出版社 1996 年版，第 62 页。

③ 顾肖荣等主编：《体系刑法学　刑法分则五　贪污贿赂罪　渎职罪　军人违反职责罪》，中国法制出版社 2012 年版，第 207 页；陈正云、钱舫：《国家工作人员职务经济犯罪的定罪与量刑》，人民法院出版社 2000 年版，第 351 页。

④ 伍柳村主编：《贿赂罪个案研究》，四川大学出版社 1991 年版，第 223 页。

(三) 介绍贿赂罪的既遂标准

关于介绍贿赂罪的既遂标准，目前学界有以下观点。一是建立联系说，即以行贿与受贿双方之间建立了贿赂的联系为标准，而不论行贿与受贿行为所追求的结果是否达到。① 二是得利说，即行为人只要客观上有为行贿者和受贿者沟通、撮合、引荐的行为，并且从中获取了一定的非法利益，便构成介绍贿赂罪的既遂。② 三是贿赂实现说，即介绍贿赂罪的既遂标准是行贿、受贿得以实现，介绍贿赂行为的完成自然是以贿赂的实现为结束，③ 也就是贿赂犯罪未能成立并不必然影响介绍贿赂罪的成立。目前学界通说为贿赂实现说。

(四) 介绍贿赂罪与行贿、受贿罪共犯的关系

关于介绍贿赂罪与行贿、受贿罪共犯的关系，学界主要有两种观点。否定说认为介绍贿赂罪与行贿罪、受贿罪的共犯不同，两者之间存在差别。“介绍贿赂的行为人认识到自己是处于第三者的地位介绍贿赂，因而其行为主要是促成双方的行为内容得以实现。”④ 介绍贿赂罪的构罪要件（主观方面和客观方面）和行贿、受贿罪共犯有所区别，介绍贿赂者既不同于行贿受贿的帮助犯，又不同于行贿受贿的教唆犯。⑤ 肯定说认为介绍贿赂罪与受贿罪、行贿罪实属共犯关系，因为介绍贿赂行为实际上就是行贿受贿的帮助行为，介绍贿赂者沟通、撮合、建立联系甚至转交贿款，都是在帮助行贿者或是帮助受贿者。⑥ 因此介绍贿赂罪没有存在价值，将介绍贿赂行为直接以受贿罪或者行贿罪的共犯来处理即可。⑦

---

① 刘光显、张泗汉主编：《贪污贿赂罪的认定与处理》，人民法院出版社 1996 年版，第 410 页。

② 伍柳村主编：《贿赂罪个案研究》，四川大学出版社 1991 年版，第 224 页。

③ 此处的行贿、受贿得以实现不是指行贿罪和受贿罪的成立，而是指行贿者送出财物，受贿者得到财物。见赵秉志主编：《疑难刑事问题司法对策（第二集)》，吉林人民出版社 1999 年版，第 345 页。

④ 张明楷：《刑法学（下)》，法律出版社 2016 年第五版，第 1236—1237 页。

⑤ 朱孝清：《略论介绍贿赂罪》，载《法学》1990 年第 2 期；肖扬主编：《贿赂罪研究》，法律出版社 1994 年版，第 278 页。

⑥ 朱铁军：《介绍贿赂罪与行贿、受贿共犯界限之分析》，载《中国刑事法杂志》2003 年第 1 期。

⑦ 赖早兴、张杰：《介绍贿赂罪取消论》，载《湖南社会科学》2004 年第 5 期。

二、介绍贿赂罪适用存在的问题

纵观上述介绍贿赂罪罪名适用的相关理论概述，可以发现目前学界对于介绍贿赂罪难以达成统一（见图1），这也给介绍贿赂罪的罪名适用以及如何正确有效地规制惩处介绍贿赂犯罪行为（情节严重）造成了一定的障碍和困难，由此产生以下问题。

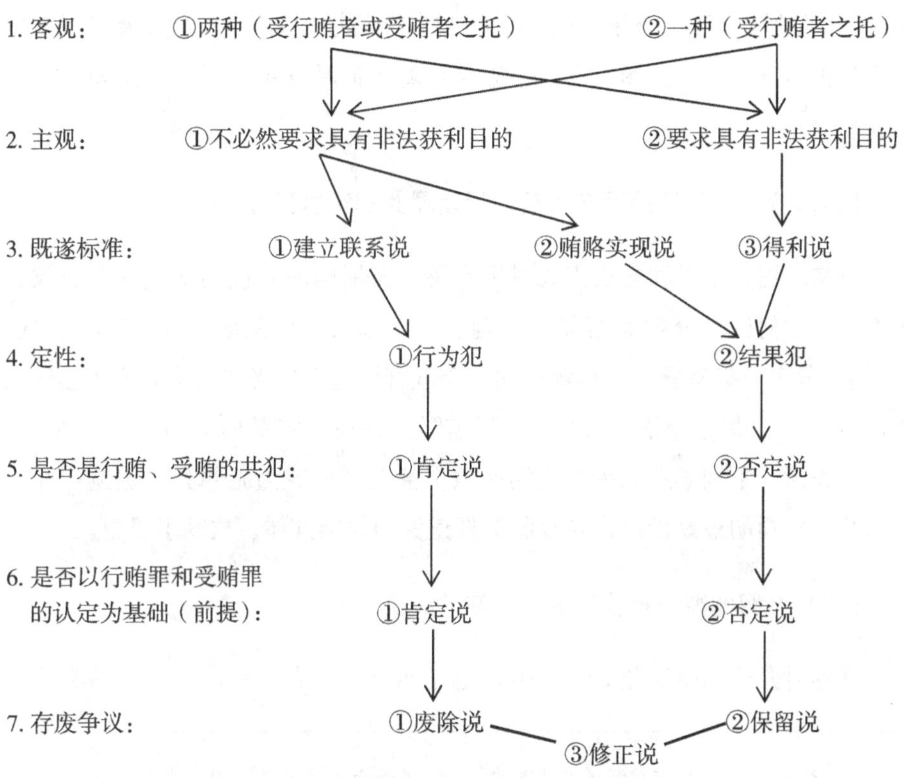

图1：介绍贿赂罪不同理论导图

（一）立法者是否对介绍贿赂罪态度犹豫、立场模糊

根据前文对介绍贿赂罪立法沿革进行梳理可以认为，1952年的《惩治贪污条例》是我国最早生效的关于介绍贿赂行为规制的法律规范，但限于当时的社会背景和立法技术，“介绍贿赂”并没有独立成个罪，而是和行贿罪共同出现在同一条文，甚至可以认为是当时行贿罪的一种法定情形。此外，介绍贿赂的

量刑是参照“贪污罪”来加以处罚。此后的数年内，介绍贿赂一直没有独立成罪。在此期间，虽然最高人民法院、最高人民检察院在1985年出台了《关于当前办理经济犯罪案件中具体应用法律的若干问题的解答（试行）》中规范了介绍贿赂的司法解释，但介绍贿赂依然未具有独立性。① 因此，有学者认为介绍贿赂罪的修订过程，已经说明了立法者态度犹豫、立场模糊。② 直到1997年《刑法》颁布并实施后，才终于将介绍贿赂罪独立出来，“在1988年9月的修改稿以及1996年8月8日的分则修改草稿中没有规定介绍贿赂罪；而在1996年8月31日的修改草稿中介绍贿赂罪的规定却又得以恢复。”③ 立法者对于介绍贿赂罪是否态度犹豫、立场模糊，今后又该基于何种立场，理论上需要进一步明确和解决。

（二）介绍贿赂罪是否与行贿、受贿罪共犯难以区分

前文所述，学界和司法实践对于介绍贿赂罪构罪要件的认定具有争议，进而引发了如何区分介绍贿赂罪与行贿、受贿罪共犯的问题。因此有学者认为，“从实际危害后果来看，介绍贿赂的社会危害性远远比当初立法时要所估计的严重得多”，④ 又加上介绍贿赂与行、受贿罪共犯在法定量刑上的巨大差别，⑤ 导致罪刑失衡，不利于从源头上遏制腐败，甚至容易成为犯罪分子逃避行贿、受贿罪共犯处罚的最好借口，导致没有真正做到罚当其罪，放纵了罪犯。

（三）介绍贿赂罪是否有独立存在的必要和价值

学界对介绍贿赂罪独立性的争议也是明显的。有学者认为介绍贿赂通常表

---

① 余成强：《介绍贿赂罪的几点思考》，载《西南大学学报》2011年第1期。

② 刘明祥：《简析全国人大常委会（补充规定）对贿赂罪的修改》，载《法学》1988年第6期。

③ 刘仁文、黄云波：《介绍贿赂罪没必要独立存在》，载《人民法院报》2016年7月13日第006版。

④ 周光权：《修改介绍贿赂罪，从源头上遏制腐败》，载《检察日报》2016年3月8日第003版。

⑤ 根据《刑法》第二百九十二条和三百八十六条、三百九十条的规定，介绍贿赂罪最高法定刑为三年有期徒刑；而行贿、受贿最高法定刑为无期徒刑，显然二者对比法定刑严重失衡。

现为站在一方或者同时站在行、受贿双方进行撮合、搭线、联络、沟通，致使贿赂得以完成，“这种根据行为人是站在中间立场还是站在一方的立场进行沟通的观点，存在明显谬误。”① 因为就法益侵害的程度而言，同时站在双方立场的行为（所谓站在中间立场实际上也是站在双方立场），比只站在一方立场的行为更为严重，将这种法益侵害更为严重的犯罪反而认定为较轻的介绍贿赂罪，导致了刑法的不协调，故对于帮助行贿或帮助受贿的行为，不应当认定为介绍贿赂，介绍贿赂罪没有独立存在的必要。

三、介绍贿赂罪适用的相关分析

（一）介绍贿赂罪的立法态度具有明确性

介绍贿赂罪的法律规范尚需进一步修正。如对于《刑法》第三百九十二条的描述“向国家工作人员介绍贿赂”，只是规定了“为行贿者寻找”类型，并未能规定“为受贿者寻找”类型，这可通过扩大解释予以填补；又如，司法解释对介绍贿赂罪仅仅列出了立法标准，即“情节严重”的几个情形，② 而具体的介绍贿赂的表现形式没有进行解释，这便是“立法单薄，解释稀少”。③ 但这并不代表立法态度的犹豫和模糊。因为从数次修订刑法条文来看，介绍贿赂一直被保留了下来，至少在一定时期的历史条件下，介绍贿赂罪是能够适应社会并且起到了一定的惩戒和预防作用的。此外《刑法修正案（九）》再次增加了“并处罚金”的规定，说明立法者是坚持保留介绍贿赂罪的。立法态度和立法技术是两个问题，不能说立法技术不完善或者适用出现问题，就认为是立法者态度犹豫，也不能因为对条文的修订就认为是立法者立场上的不坚定。

（二）介绍贿赂罪构罪要件的再梳理

1. 介绍贿赂罪的客观行为宜采用扩大解释，包括因行贿者之托和因受贿者

① 陈洪兵：《我国贿赂犯罪体系的整体性反思与重构》，载《法治研究》2014 年第 12 期。

② 黎宏：《刑法学各论》，法律出版社 2016 年版，第 542—543 页。

③ 曹冲、程凡卿：《关于完善介绍贿赂立法之浅见》，载《海南人大》2013 年第 5 期。

之托两种形式。一是从行贿受贿犯罪的对向犯角度来看，介绍贿赂罪犯罪双方具有联系，则不应仅以一方为准。倘若仅为因行贿者之托，则难免会出现以偏概全的情形。二是从司法实践中来看，介绍贿赂形式虽然多为因行贿者之托，但也存在因受贿者之托，只是后者数量相对较少。① 以中国裁判文书网公布的山西省介绍贿赂罪刑事判决书为例，其中（2014）昔刑初字第45号和（2014）昔刑初字第48号案件中介绍贿赂的客观行为均为因受贿者之托。② 因此，对于介绍贿赂罪的客观行为宜概括为“为行贿者或受贿者寻找”“因行贿者或受贿者之托”，这里既包括了为行贿者或受贿者其中一方寻找，也包括了既为行贿者同时为受贿者寻找。

2. 介绍贿赂罪的构成不以主观是否得利为目的。司法实践中，介绍贿赂者存在并未得利的情况，即便得利，情况也不尽相同，有高有低甚至不详。介绍贿赂者在未得利情况下介绍贿赂，其内心主观状态完全是一种促成贿赂行为的达成，并没有想在其中进行得利，个人得利与否对介绍贿赂定罪并无多大关系。因此有研究认为，介绍人是否获得利益并非该罪的构成要件，立法者对介绍人在向国家工作人员介绍贿赂过程中，其自身是否获得经济利益在所不问。③

3. 介绍贿赂罪的既遂标准宜采用贿赂实现说。由于介绍贿赂罪的构成不以主观得利为目的，因此可以排除主观得利说。而对于建立联系说和贿赂实现说，二者其实是一种递进关系，因为通常情况下只有建立了联系，才可能进行贿赂的实现，建立联系是贿赂实现的前提，贿赂实现必然包括建立联系。因此，从逻辑角度和刑法法益角度来看，采贿赂实现说较为适宜，而司法判例也大多采用了贿赂实现说的观点。④ 需要指出的是，由于贿赂犯罪的既遂与否并不影响介绍贿赂罪的成立，因此贿赂实现是指需要具有刑法意义上的贿赂犯罪行为的达成这一事实行为，而不是需要被司法机关认定为贿赂犯罪的判决结果。

---

① 初步究其原因，近几年对于腐败的治理力度加大，各种规范对权力进行制约，因此从内部体制来说，那种主动受贿、寻找灰色收入的情形大有锐减。

② 案例中受贿的起因是为单位雇佣劳动力，从而受贿。

③ 尹明灿：《介绍贿赂罪司法实证研究》，载《江苏警官学院学报》2012年第6期。

④ 笔者曾针对某些省份近五年来的一审刑事判决书进行分析，发现采用贿赂实现说的判决数量约占到了样本总数的80%。

（三）介绍贿赂罪不同于行贿罪、受贿罪的共犯

很多学者认为学理上对介绍贿赂罪和行贿、受贿罪共犯区分存有争议，介绍贿赂罪的设立完全是某些行贿、受贿罪共犯的挡箭牌，因此应予以取消。[①]但目前介绍贿赂罪在司法实践中仍然适用，与行贿罪共犯和受贿罪共犯形成三足鼎立，将其直接废除显然不符合现实司法需要。而在本文看来，介绍贿赂罪与行贿、受贿罪的区别至少有以下三点：

1. 存在基础不同。显然，行贿、受贿罪共犯依附于行贿罪和受贿罪。而根据前文分析，介绍贿赂罪的认定不以行贿罪和受贿罪的认定为前提，介绍贿赂罪具有一定的独立性，可知介绍贿赂罪可独立于行贿、受贿罪而存在，行贿、受贿罪并不是介绍贿赂罪的存在基础。

2. 违法行为不同。实践中介绍贿赂行为大都会转交贿款，或者说参与贿款的实际流动。因此，有学者认为通过区分是否实际参与贿款的流动和传播来区分介绍贿赂罪与行贿、受贿罪共犯，[②] 本文认为略有不妥。因为实践中无论是行贿者还是受贿者，都尽可能地想通过介绍贿赂者做到“一步到位”，通过这种是否参与了贿款的流动或转交来区分介绍贿赂罪与行贿、受贿罪，与实践不符。因此在介绍贿赂罪的违法行为中，贿款动态的过程仅属于中间传播的过程。因为介绍贿赂者通常是不进行贿款来源的参与，否则就成了行贿罪的共犯。但实践中，如何区分参与得利、分得好处的介绍贿赂者与受贿罪的共犯？本文认为介绍贿赂罪并不以实际个人得利为构成要件，因此介绍贿赂者的个人得利，应综合具体个案进行原因考量：如果说介绍贿赂者个人得利是因为帮忙撮合、

---

① 郭理蓉：《介绍贿赂罪存废之辨正及相关问题探讨》，载《国家行政学院学报》2013年第1期。

② 黎宏教授认为：“（介绍行为）如果仅仅是在行、受贿双方之间沟通关系、撮合条件，而没有其他更多的行为的话，可以将该行为认定为介绍贿赂，但居中介绍之后，又和受贿者共同分享该贿赂的话，则就不是介绍贿赂，而是受贿罪的共犯”。参见黎宏：《刑法学各论》，法律出版社2016年版，第543页。但张明楷教授则认为：“在犯罪人事实上没有获得利益的情况下，首先要考虑的是法益受侵害的事实。所以，以行为人是否分得贿赂款物为标准来区分介绍贿赂罪与受贿罪、行贿罪的共犯，是忽视犯罪本质的表现。”但问到介绍贿赂罪如何认定时，张教授说，“那么，对哪些行为仅以介绍贿赂罪论处呢？这的确是难以回答的问题。”参见张明楷：《刑法学（下）》，法律出版社2016年版，第1236—1237页。

联络或帮助转交了贿款而得利的，那么该得利就不属于贿款的一部分，排除了构成受贿罪共犯的可能，“介绍贿赂人即使从行贿人处得到钱物，也只是行贿人单独给他的好处、感谢费，而不是行贿”;[①] 如果介绍贿赂者个人得利是因为直接参与分配了贿款，且该贿款须是能够直接‘为他人谋取利益的’,[②] 那么就可能构成受贿罪的共犯。实践中行贿者几乎不可能直接对介绍贿赂者实施刑法意义上的“行贿”，介绍贿赂者帮忙介绍而从中得利也不是同一贿款指向的“受贿”；否则，若按此逻辑，行贿者将一笔款项交给了介绍贿赂者，介绍贿赂者将这笔款项又交给了受贿者，就变成了行贿者既向介绍贿赂者行贿，又向受贿者行贿，有重复评价之嫌。

3. 侵害法益不同。法益是指“根据宪法的基本原则，由法所保护的、客观上可能受到侵害或者威胁的人的生活利益……不仅包括个人的生命、身体、自由、名誉、财产等利益，而且包括建立在保护个人的利益基础之上因而可以还原为个人利益的国家利益与社会利益。”[③] 行贿、受贿罪侵犯的是国家公职人员廉洁性，或者“职务行为的不可收买性以及国民对职务行为不可收买性的信赖”。[④] 而行贿、受贿罪的共犯侵害的法益也自然如此。若从法益的角度考虑，介绍贿赂罪侵害的是权力的秩序性。“从静态的角度而言，权力秩序意指权力结构的平衡性……从动态的角度而言，权力秩序也意味着不同权力之间功能的协调性。”[⑤] 介绍贿赂的行为，恰恰是破坏了权力的结构的平衡和功能的协调。介绍贿赂罪的既遂标准为贿赂实现，将本不属于秩序体系中的介绍贿赂行为掺杂进来，进行违规的贿赂信息的交流传播和贿款的传播，进而导致了权力之间的运行混乱和制约监督的形同虚设。

综上，本文认为立法者对于介绍贿赂罪的态度具有明确性，罪名本身的设置和存在具有一定的历史基础和实践意义。所谓介绍贿赂罪，是指介绍贿赂者

---

① 周道鸾、张军主编:《刑法罪名精释》，人民法院出版社1998年版，第928页。

② 《关于办理贪污贿赂刑事案件适用法律若干问题的解释》第十三条:“具有下列情形之一的，应当认定为“为他人谋取利益”，构成犯罪的，应当依照刑法关于受贿犯罪的规定定罪处罚:（一）实际或者承诺为他人谋取利益的；（二）明知他人有具体请托事项的；（三）履职时未被请托，但事后基于该履职事由收受他人财物的。”

③ 张明楷:《刑法学（上)》，法律出版社2016年第五版，第63页。

④ 张明楷:《刑法学（下)》，法律出版社2016年第五版，第1024页。

⑤ 江国华:《权力秩序论》，载《时代法学》2007年第2期。

以促成贿赂犯罪为目的，受行贿者或受贿者的委托进行联络、沟通甚至转交贿款的一种犯罪。介绍贿赂者得利与否，不影响介绍贿赂罪的成立。介绍贿赂罪的既遂宜采用贿赂实现说为标准，行贿者和受贿者犯罪认定不影响介绍贿赂罪犯罪的认定，即介绍贿赂罪的认定不以行贿罪和受贿罪的认定为前提。进一步认为，介绍贿赂罪在存在基础、违法行为和侵害法益三方面均有别于行贿罪和受贿罪的共犯，介绍贿赂罪具有一定的特殊性和独立性。因此对于今后介绍贿赂罪的适用，提出以下完善建议。

四、介绍贿赂罪的完善建议

（一）修改量刑规范（包括提升法定刑和适当增加鼓励机制）

由于介绍贿赂罪在法定刑上与行贿、受贿罪的法定刑相距甚远，因此有学者建议提升介绍贿赂罪的法定刑，“将介绍贿赂的法定刑提高至与行贿罪、受贿罪相同的水平”，这样是基于两点考虑：一是从介绍贿赂罪的演变历程来看，其应当具备与行贿罪、受贿罪相当的法定刑；二是保证介绍贿赂行为与行贿、受贿帮助行为出现重合时，司法机关在不会因为法定刑过低而排斥介绍贿赂罪的适用。① 还有学者建议适当提升介绍贿赂罪的法定刑，“将介绍贿赂罪的法定最高刑可适当考虑提高至有期徒刑十五年”，并明确“介绍贿赂人在被追诉前主动交代介绍贿赂行为，属自首的，可以减轻处罚或者免除处罚。”② 本文赞同第二种观点，是因为介绍贿赂罪毕竟不同于行贿、受贿罪，从普遍意义上来说，其社会危害程度相对小于行贿、受贿罪，量刑规范也要符合罪责刑相适应原则。《刑法修正案（九）》对于介绍贿赂罪的修改已经开始逐步关注并加大处罚力度，只是不够明显。此外，根据辩护情况看，有必要在提升法定刑的前提下，适当增设鼓励机制，这样能够让犯罪人适时弥补错误、恢复被损害的法益。立法上对法定刑的校正需要假以时日，同时对特别条款的适用要依据立法意图严格把握。

---

① 曹冲、程凡卿：《关于完善介绍贿赂立法之浅见》，载《海南人大》2013 年第 5 期。

② 余成强：《介绍贿赂罪的几点思考》，载《西南大学学报》2011 年第 1 期。

（二）规制与行贿罪和受贿罪共犯的衔接关系

介绍贿赂罪与行贿、受贿罪的共犯并不是绝对对立的关系。介绍贿赂罪与行贿、受贿罪在违法层面的判断上应该是层层递进的关系。因此有观点认为应先考量介绍贿赂者是否为行贿、受贿共犯，再考量其是否为介绍贿赂行为。① 其实，可以先考量介绍贿赂行为，再考量是否为行贿、受贿共犯。比如，对于一笔贿款的贿赂过程，首先，应该看介绍贿赂者是否参与了贿款的流动，如果没参与，则说明介绍贿赂者仅仅传播了贿赂信息，直接排除了行贿、受贿罪的共犯。其次，如果介绍贿赂者参与了贿款的流动，那么考量其是否参与了贿款的来源（行贿）和去向（受贿），如果参与了，那么排除介绍贿赂行为；如果未参与，则说明了介绍贿赂行为仅仅为贿款的“转交”和“传播”，排除行贿、受贿共犯，介绍贿赂者得利与否不影响定性。

（三）定期发布指导案例

仅从中国裁判文书网公布的判决可以发现，介绍贿赂罪多少存在一定程度上的量刑失衡情况，几乎相似的犯罪情节但得出的审判结果却不相同，各地差异较大，这并不利于介绍贿赂罪在未来的适用和预防。因此，建议针对介绍贿赂罪定期发布指导性案例。最高人民法院曾在2002年公布了孙爱勤介绍贿赂案作为指导案例，明确了“孙爱勤只是在行贿人与受贿人之间实施了引见、沟通、撮合的行为，既不是共同行贿，也不是共同受贿，而是介绍贿赂。”② 但目前我国针对介绍贿赂罪的量刑情况尚未发布指导案例，今后可通过公布指导案例的方式在司法实践中进一步规范和引导介绍贿赂罪的定罪和量刑。

---

① 首先应确定介绍人属行贿共犯还是受贿共犯；如果是行贿共犯，再判断行贿人的行贿罪是否成立并达到立案标准，如果达到立案标准，则以行贿罪共犯追究介绍人的刑事责任；如果行贿罪不成立或尚未达到立案标准，则以独立成罪的介绍贿赂罪追究介绍人的刑事责任。对于介绍贿赂行为属受贿共犯应遵循同样的判断规则。见尹明灿：《介绍贿赂罪司法适用问题探析》，载《江西警察学院学报》2012年第3期。

② 《最高人民法院公报：“孙爱勤介绍贿赂案”》，http：//gongbao. court. gov. cn/Details/1649084db31cdf9e61c44fd42de7c3. html.

侵犯公民个人信息罪法律适用问题研究

张燕云*

摘　要： 自人类进入信息网络时代以来，个人信息潜在价值的商业化挖掘，使得侵犯公民个人信息的犯罪日益频发。文章立足于2017年6月1日实施的《最高人民法院、最高人民检察院关于办理侵犯公民个人信息刑事案件适用法律若干问题的解释》① 对侵犯公民个人信息罪的具体规定，探究本罪危害行为的类型，明确本罪定罪量刑的标准，厘清本罪与共同犯罪之间的关系，以期对侵犯公民个人信息罪的法律适用起到有力助益，进而对大数据时代侵犯公民个人信息的犯罪进行更好的规制。

关键词： 公民个人信息　危害行为　定罪量刑　共犯关系

网络信息化是全球社会、政治、经济发展的一项趋势，个人信息为其一项重要内容，是构筑信息社会的基石。社会信息技术的发展一方面使得我们享受到更加便捷的社会服务，另一方面也为公民个人信息带来极大威胁，亟须我们构建明确的法律规范框架。侵犯公民个人信息罪是刑法对公民个人信息溯及于源头上的保护，《解释》虽然对本罪具体的法律适用进行了规定，但是依然存在犯罪行为认定混乱、定罪量刑标准不清、共犯关系界限模糊的问题。文章旨在厘清和解决上述问题，统一本罪法律适用的标准。

---

* 山西大学法学院刑法学专业硕士研究生，主要研究方向为刑法学。

① 2017年6月1日实施的《最高人民法院、最高人民检察院关于办理侵犯公民个人信息刑事案件适用法律若干问题的解释》在下文中简称《解释》。

一、犯罪行为类型的明析

(一)“国家有关规定”的认定

“违反国家有关规定”是侵犯公民个人信息罪危害行为认定的基础和前提，所以明确“国家有关规定”的具体范围对于本罪的法律适用显得尤为重要。《解释》对于“国家有关规定”的阐释中采取的是穷尽式的列举方式，即明确其范围仅包括法律、行政法规和部门规章，这一规定其实存在法律适用上的瑕疵。首先，如果将“国家有关规定”范围的确定基于“国家”二字，那么其就仅指国家层面的立法，而在我国现行的法律体系中只有宪法、法律、行政法规属于国家层面的立法，其法律效力在全国范围内普遍适用。也就意味着部门规章本质上效力层级远没有达到国家立法的程度，从这个角度上讲将其归入“国家有关规定”有失妥当。其次，如果在“国家有关规定”范围的确定中将“国家”泛化，那么自然就将规定的范围扩大化，也就从某种意义上不再强调国家层面的立法，转而侧重于整个国家的相关法律性规定。从这一角度出发仅将部门规章纳入“国家有关规定”也不恰当，原因在于，就法律规范的效力层级讲，部门规章和地方性法规属于同一层次的立法规定，将部门规章纳入本罪的前置性规定中而将地方性法规排除明显不符合法律适用的逻辑。

笔者认为立法和司法的修改趋势本质上是放宽侵犯公民个人信息罪犯罪行为违反的前置性法律规定，以此来实现对犯罪行为大规模的规制和强有力的打击，达到严厉的制裁效果。本着立法司法的扩张精神，为了更好地打击侵犯公民个人信息的犯罪行为，应当将地方人大及人常制定的地方性法规纳入“国家有关规定”中来。原因在于，其一，正如上文所说，《解释》已将部门规章归入“国家有关规定”中，处于相同法律位阶，具有同样法律效力层级的地方性法规亦不宜排除在外；其二，侵犯公民个人信息的犯罪司法实践中呈现地域分化的特点，各地关于侵犯公民个人信息犯罪的涉案金额、实施手段、危害程度等存在较大差异。而地方性法规的内容是以中央立法为基准，结合各地方司法实践的地情制定出的，从理论上讲应该是最契合各地司法实践治理状况的。因此笔者认为将地方性法规也纳入本罪关于“违反国家有关规定”的解释中更有利于全国各地对侵犯公民个人信息的犯罪进行规制。

（二）“窃取或以其他方法非法获取”的认定

“窃取或以其他方法非法获取”这一列举加概括式的立法模式体现了立法技术上的原则性和概括性，使立法本身不易出现偏差，但是相应的本罪在法律适用过程中就要承担“其他方法”这一概括式表述的解释负担。“其他方法”在本条中显然属于兜底性表达，但是对于兜底的范围和限度比较有争议。一种观点采用限缩解释的原理，认为这里的其他方法应当是与窃取危害程度相当的方法，如诈骗、威胁等，强调手段本身的非法性；另一种观点采用扩大解释的原理，认为兜底性规定的出现直接目的就是扩大入罪行为的范围，故应当将“其他方法”理解为除法律规定的合法手段以外的所有手段。对此《解释》将其释义为“违反国家有关规定，购买、收受、交换、收集等方式”，对于这种解释其实偏向于扩大解释和限缩解释的中和，既不一味强调行为本身的非法性，进而将中性行为诸如收集、收受等纳入其中，又将中性行为是否入罪的标准以“违反国家有关规定”进行衡量。笔者倾向于不将行为的非法性作为硬性判断标准，但是对于中性行为是否属于犯罪行为应当以“没有法律依据”为标准。原因在于强调行为本身非法性过分限缩了入罪行为的范围，不利于打击犯罪；以“违反国家有关规定”为准会与后面出现的“非法”相冲突；而采用完全的扩大解释又会不合理地扩大入罪行为，因为几乎没有法律对合法手段进行规定，那么认定为几乎所有的获取手段违法，极易造成刑法沾边即能管的窘况，侵犯了公民自身的个人信息处分权，有违法益保护的初衷。

《刑法修正案（九）》侵犯公民个人信息罪中仅将“出售或提供”的行为限定以前置性条件“违反国家有关规定”，对于“窃取或者非法获取”并未作此规定。出于“窃取”本身就属于明确的犯罪行为，《解释》结合互联网大数据时代的特点将其确定为通过计算机网络手段违反对方意志盗取信息数据的行为。需要作出说明的是“非法”，其作为获取的限定词与“违反国家有关规定”是否能够画等号呢？有些学者认为《刑法》将“出售或提供”以及“窃取或非法获取”在法条中做并列处理，出于同类解释规则，应当使两种行为的入罪前提保持一致，故主张将“非法”与“违反国家有关规定”做同等解释。① 对此笔者持不同的观点，如果将“非法”与“违反国家有关规定”做同等解释，本质上是有违立法原意的，若能作相同理解，那么立法原文直接将“违反国家有关规定”作为“出售、提供、获取”三种客观行为的前置性条件了，何必另辟蹊径将“非法”置于“获取”之前，由此“违反国家有关规定”和“非法”的内涵决不能等同。依照最为稳妥的文意解释可以将“非法”解释为违反我国现行有效的法律法规，也就意味了其范围要比“违反国家有关规定”大得多，原因在于将已经取得的信息向他人出售、提供的犯罪行为要比利用违法手段直接攫取公民个人信息的犯罪行为社会危害性要轻，自然将后者的前提放宽更符合宽严相济的刑事立法政策。

二、定罪量刑标准的探究

(一)“情节严重”标准的界定

《刑法修正案（九)》明确规定侵犯公民个人信息的行为必须达到情节严重的程度才能构成本罪，也就是说“情节严重”属于侵犯公民个人信息罪的入罪标准，即属于规范要素的评价范畴。《解释》依据主客观混合性的认定标准对“情节严重”作了详细的规定，其本质与传统犯罪理论中的四要件体系相契合，主要从犯罪主体、主观方面、犯罪客体以及客观方面上设置标准来评价“情节严重”。犯罪主体中将特定身份主体的入罪门槛降低为一般主体的一半；② 主观方面中将对下游犯罪中利用信息的明知即知道或应当知道评价为“情节严重”；③ 犯罪

---

① 刘宪权、房慧颖：《侵犯公民个人信息罪定罪量刑标准再析》，载《华东政法大学学报》2017 年第 6 期。

② 《解释》第五条第一款第八项规定：“将在履行职责或者提供服务过程中获得的公民个人信息出售或者提供给他人，数量或者数额达到第三项至第七项规定标准一半以上的”。

③ 《解释》第五条第一款第二项规定：“知道或者应当知道他人利用公民个人信息实施犯罪，向其出售或者提供的”。

客体中将信息的类型依据其重要程度设定以不同数量的标准;[①] 客观方面中首先依据信息流向合法与否分别设置了入罪标准,[②] 其次对违法所得数额以五千元为界区分刑事犯罪和行政违法;[③] 同时还将曾经实施过信息违法犯罪行为这种特殊的再犯归入“情节严重”；最后还以“其他”对“情节严重”进行了兜底性的规定。不可否认的是《解释》相对符合逻辑的细化规定相较于《刑法》对“情节严重”的概括性规定很大程度上解决了本罪法律适用中标准不一的尴尬局面，但是就其本身糅合主客观要素的评价体系来说存在较大的不合理性，内在逻辑层次性的错位直接导致犯罪要素评价次序的混乱。

不同于《解释》主客观混同的评价标准，笔者更倾向于将“情节严重”置于“不法+有责”的二阶层犯罪体系中寻找评价的路径。秉承《刑法修正案(九)》侵犯公民个人信息“情节严重”的入罪标准，“情节严重”应当置于二阶层理论中不法的层次，即危害行为达到“情节严重”的程度才有非难可能性。比较明确的是“情节严重”属于不法评价要素中的违法构成要件要素，那么对于违法构成要件要素是否包含主观不法因素其实就是结果无价值论和行为无价值论之争[④]。对此，笔者更倾向于结果无价值论的观点，将主观要素排除于不法的判断中，坚持先客观违法，再主观非难的认定次序。介于此“情节严重”作为客观违法构成要件要素应当从危害行为、行为后果、危害对象等方面进行衡量，进而将不相关的要素剔除。首先危害行为包括违反国家有关规定出售或提供以及窃取或非法获取四类；其次行为后果指被他人用于犯罪；最后危害对象为公民个人信息的种类、条数以及用途。[⑤] 由此可知需要将犯罪主体、主观方面、违法所得、再犯因素排除在评价“情节严重”之外。这是因为第

---

① 《解释》第五条第一款第三项至第五项规定：“（三）非法获取、出售或者提供行踪轨迹信息、通信内容、征信信息、财产信息五十条以上的；（四）非法获取、出售或者提供住宿信息、通信记录、健康生理信息、交易信息等其他可能影响人身、财产安全的公民个人信息五百条以上的；(五) 非法获取、出售或者提供第三项、第四项规定以外的公民个人信息五千条以上的”。

② 《解释》第五条第一款第一项规定：“出售或者提供行踪轨迹信息，被他人用于犯罪的”；第六条第一款第一项规定：“利用非法购买、收受的公民个人信息获利五万元以上的”。

③ 《解释》第五条第一款第七项规定：“违法所得五千元以上的”。

④ 张明楷：《刑法学》（第五版），法律出版社2016年版，第110页。

⑤ 《解释》第五条第一款第三项至第五项的规定，参照以上脚注。第六项规定：“数量未达到第三项至第五项规定标准，但是按相应比例合计达到有关数量标准的”。

一，侵犯公民个人信息罪并不属于真正的身份犯，将特殊主体的入罪标准降低至一般主体的一半本质上是有失公允的；加之《刑法修正案（九)》将特殊主体作为从重处罚的对象，双重不合理加大了特殊主体的非难力度。第二，主观方面对下游犯罪的明知应知在二阶层的犯罪体系中属于有责的评价要素，不宜在不法评价中出现，否则容易导致对不法的认定滑向主观随意性，无法客观公正地单就行为人行为是否达到违法的程度作出一致认定。第三，违法所得不属于侵犯公民个人信息罪的犯罪对象或者客观方面，它直接与信息的种类、数量和用途有关，既然已经用犯罪客体对“情节严重”进行了衡量，那么其实没有必要间接用违法所得再对其进行评价，否则极有可能造成司法适用中不注重调查犯罪对象的具体情况，侧重以违法所得结案的情况，那么本罪的法益就完全等同于财产类犯罪了，有避重就轻之嫌。第四，再犯因素属于预防要素评价范畴，“情节严重”显然是规范要素的评价标准，用预防要素认定入罪标准无异于在成立犯罪的基础上再去评价不法，逻辑混乱。

（二）“情节特别严重”标准的界定

《解释》中“情节严重”属于入罪标准，即规范要素的评价范畴；显然“情节特别严重”应当属于量刑标准，即预防要素的评价范畴。《解释》对“情节特别严重”的评价标准，主要是从法益侵害性的角度出发进行确定，以“人身损害、财产数额”两条列举性的规定和“其他情形”兜底概括性的规定为基准作为量刑的评价要素。整体而言立足于法益受损的严重程度设置的“情节特别严重”评价体系本身不存在偏差。但是作为评价要素本身的“人身损害、财产损失”具体标准存在细微不合理之处。首先，《解释》中人身损害要达到被害人死亡重伤级别，这对于刑期规定相对较短，刑档设置相对较低的侵犯公民个人信息罪而言，过分提高了本罪第二档刑的适用条件。其次，《解释》中财产损失数额完全是在前一条规定的“情节严重”标准上提高十倍而来，① 其一，“十倍”的数额增长能否与致死致伤的人身危险性以及严重影响的社会危害性相提并论？答案显而易见，故“十倍”的数额就认定为“情节特别严重”显得

① 《解释》第五条第二款第三项规定：“数量或者数额达到前款第三项至第八项规定标准十倍以上的”。

草率。其二，上文中笔者将“违法所得数额、特殊犯罪主体差别”剔除于“情节严重”的评价标准之外，那么在此时预防性要素的评价标准中是否应当将其纳入，应当设置以何种具体的数额标准等都需要考量。

立足于《解释》以严重的法益侵害性为鉴定“情节特别严重”之标准，笔者对由此细化而来的“人身损害、财产损失”规定中瑕疵的完善作出以下释明和补充。首先，就人身损害而言，笔者认为只要实施本罪的危害行为达到或者可能达到被害人死亡或重伤的后果即可，增加了“可能达到”的鉴别标准，可以避免司法适用中唯结果论的误区，将一般人标准纳入，以免将行为人的主观承受能力作为唯一的依据制定惩对措施。其次，财产损失中用“十倍”的数额差作为区别“情节严重”和“情节特别严重”的界限与大数据时代司法实践中动辄数以十万百万计的信息犯罪严重不相匹配。至于是否能够不去区分信息种类以一刀切的倍数为界，乃至具体比例应当设定为多少，这个需要我们司法机关在该罪名的适用过程中进行严格的数据收集和比对，并随着网络技术和数据时代的发展不断更新。最后，在认定“情节特别严重”时应当将违法所得数额标准、特殊主体的差别对待标准以及再犯要素纳入预防要素的评价范畴。原因在于这些因素在区分罪与非罪时起不到任何作用，但是适合作为衡量法益侵害性严重与否的标准。

三、共同犯罪关系的厘清

（一）共同犯罪的认定标准

我国共同犯罪的理论发展脉络主要包括四个过程：极端从属性说、限制从属性说、最小从属性说以及共犯独立性说。首先需要明确的是共同犯罪存在两种截然不同的立法体制，一种是单一正犯制，即将共犯和正犯作相同对待，共犯即是正犯；一种是二元区分制，即依据违法性的高低区分出正犯和共犯，在此意义上狭义的共犯就是广义的帮助犯。共犯理论从共犯从属性说逐渐转向共犯独立性说，与此相应关于共同犯罪的立法亦立足于二元区分制体例渐渐向单一正犯制方向发展。极端从属性说认为共犯的认定需以正犯符合该当、违法和有责为前提。[1] 适用到本罪中会出现只有侵犯公民个人信息的下游犯罪得以完全实施，信息的出售者和提供者才有成为下游犯罪共犯的可能。限制从属性说认为共犯的认定条件需满足正犯符合该当和违法两个要素。适用到本罪中会出现下游犯罪的行为人，满足构成要件的符合性、违法性时，出售者和提供者就具备认定为下游犯罪共犯的条件。最小从属性说也称为行为共同说，即认为共同犯罪中共犯的认定以正犯行为实现该当性为条件即可，进一步剔除了正犯行为违法性的要求。[2] 适用到本罪中只要下游犯罪行为人有利用公民个人信息的行为，无论该行为是否有违法阻却事由，出售者、提供者都具有成为下游犯罪共犯的前提。共犯独立性说以近乎隔断共犯与正犯之间关联的强势做法使得共犯的成立不依托于正犯是否实现该当、不法或有责，进而对其本身固有的不法和非难承担责任。适用到本罪中其实就是无论下游犯罪是否存在，出售者和提供者都应当以侵犯公民个人信息罪定罪，实质上就是实现帮助行为的绝对正犯化。

极端从属性说解决不了下游犯罪的行为人被当作工具操控的困境，即间接正犯的问题。适用该理论会出现作为间接正犯的信息出售者和提供者因为正犯不符合有责性的而被排除于犯罪之外，有违常理。限制从属性说难以适用于存在违法阻却事由的情形，如果正犯的行为存在紧急避险或者属于职务行为等违法阻却事由，那么就难以将其认定为不法，如此出售者和提供者的不法也随之消除，有失妥当。最小从属性说是在限制从属性理论的基础上，为弥补其缺陷提出来的，其对于网络环境下共犯的认定提供了明确的思路。

（二）本罪与共同犯罪的关系

正如前田雅英教授指出：只要构成要件的重要部分是共同的，就成立共同犯罪，不要求共犯人的罪名相同。[3] 以最小从属性说为依托，只要本罪的下游犯罪诸如诈骗、敲诈勒索、抢劫等的行为主体利用公民个人信息实施了相应的行为，那么上游实施者和提供者就具备了成立共犯的前提和可能。在此基础上

---

① ［日］大塚仁：《刑法概述（总论）》第三版，冯军译，中国人民大学出版社2004年版，第56页。

② 劳东燕：《风险社会与变动中的刑法理论》，载《中外法学》2014年第1期。

③ ［日］前田雅英：《刑法总论讲义》第六版，东京大学出版会2015年版，第344页。

我们需要明确信息的出售者和提供者（帮助犯）还需要哪些条件才能最终认定为下游犯罪的共犯，笔者认为需要从帮助犯故意的内容和帮助犯因果性两方面讨论。首先，信息出售者和提供者主观上的明知到底是泛指对于下游犯罪违法使用公民个人信息的明知还是特指对特定罪名的下游犯罪的明知？其次，信息出售者和提供者的帮助行为仅要求对下游犯罪正犯的行为起促进作用还是必须要对正犯结果起促进作用？

第一，信息出售者和提供者主观上的明知泛指对下游犯罪违法利用公民个人信息所可能实施的犯罪行为的明知。原因在于行为共同说理论下共同犯罪的认定不要求共犯人对特定某个犯罪拥有高度一致的故意，只要对某个行为在实施时有意思联络即可。即只要信息出售者和提供者对下游利用信息犯罪的行为明知或应知，即构成下游犯罪的共犯，与侵犯公民个人信息罪属于想象竞合，从一重罪处罚；如果信息出售者和提供者对下游利用信息犯罪的行为不知情或没有知道的可能性，以及明知信息的接受者为了从事合法的经营活动，那么行为人直接成立侵犯公民个人信息罪。第二，信息出售者和提供者的帮助行为与下游正犯的结果之间存在因果关系时，才能将正犯的行为结果归属于帮助犯。因为根据因果共犯论，共犯的处罚依据在于通过正犯引起符合构成要件的法益侵害结果，即只有当帮助行为在物理上或者精神上促进、强化了正犯结果时，才能为帮助犯的处罚提供正当的理论依据。否则帮助犯对自己的行为与最后的危害后果之间没有因果关系也要承担既遂的刑事责任会不当扩张帮助犯的刑事责任。由此如果信息出售者和提供者对结果起到促进作用才成立下游犯罪的共犯。与侵犯公民个人信息罪属于想象竞合，从一重罪处罚；如果只是对下游犯罪的行为起到促进作用，则仅成立侵犯公民个人信息罪。

论当事人重新仲裁的选择权

金永恒*

摘　要：重新仲裁是商事仲裁裁决撤销程序中的一项救济制度，体现了法院对商事仲裁的司法监督与支持。重新仲裁已被大多数国家仲裁法采纳，目的在于消除商事仲裁程序和裁决中的错误。但我国仲裁法和司法解释规定的重新仲裁制度在重新仲裁事由、启动主体、审理主体以及对重新仲裁裁决的司法审查制度等方面与其他国家有很大差别，导致重新仲裁制度要么范围过于狭窄，要么随意性较大，引起了广泛的争论。本文通过赋予当事人在撤销仲裁裁决案件与执行仲裁裁决案件中重新仲裁的选择权，试图确保重新仲裁的自愿性与公正性，更好地发挥重新仲裁制度的作用。

关键词：重新仲裁　当事人　程序选择权　仲裁裁决

重新仲裁是对原仲裁案件仲裁程序的继续，是商事仲裁裁决撤销程序中法院在尊重裁决终局性基础上的司法支持和司法监督。我国仲裁法规定了重新仲裁制度，为仲裁庭提供了纠正错误裁决和补救瑕疵裁决的机会，降低了商事仲裁裁决被撤销的可能。但是，重新仲裁制度在我国仲裁法中并不成熟，规定过于简单和模糊，在司法实践中引起了当事人的争议，而且忽略了当事人对仲裁程序的选择权。为了充分发挥重新仲裁制度的作用，可以考虑对我国仲裁法的相关制度进一步完善。

一、重新仲裁制度的主要内容

我国仲裁法规定，人民法院受理了当事人撤销商事仲裁裁决的申请后，认

* 山西大学法学院讲师，主要研究方向为民事诉讼法学。

为商事仲裁裁决虽然存在错误，但是可以由仲裁庭重新仲裁加以纠正的，裁定中止撤销程序，并通知仲裁庭在一定期限内重新仲裁。在商事仲裁案件中，确实有一些商事仲裁裁决仅仅是适用法律错误或者对某些事实认定略有错误，只要稍加纠正即可。这类存在错误的商事仲裁裁决如果法院直接撤销，让当事人重新达成仲裁协议申请仲裁或向人民法院起诉，都会严重影响商事纠纷解决的效率，从而影响商事仲裁的公正性。因此，当事人向人民法院申请撤销商事仲裁裁决，人民法院不能只有裁定撤销或不予撤销两种选择，而是可以通知仲裁庭进行重新仲裁，这样既避免了增加商事纠纷解决的程序，也保持了商事仲裁的连贯性和严肃性。

联合国《国际商事仲裁示范法》第 34 条对重新仲裁进行了规定："法院被请求撤销裁决时，如果适当而且当事一方也要求暂时停止进行撤销程序，则可以在法院确定的一段时间内暂时停止进行，以便给予仲裁庭一个机会重新进行仲裁程序或采取仲裁庭认为能够消除请求撤销裁决的理由的其他行动。"《国际商事仲裁示范法》关于重新仲裁的规定比我国《仲裁法》第六十一条更为详细，反映了国际上关于重新仲裁的基本内容。目前，重新仲裁已被大多数国家仲裁法采纳。英国 1889 年仲裁法就已经规定了发回仲裁庭重审的法律制度，此后 1950 年仲裁法、1979 年仲裁法和 1996 年仲裁法不断完善这一制度。1926 年《美国仲裁法》《瑞士联邦仲裁公约》等也对重新仲裁制度进行了规定。[①] 英国的重新仲裁制度及其变化能够比较清晰地反映出英国的立法态度以及解决方案，在世界各国的相关制度中具有典型意义。英国 1950 年仲裁法关于特殊案件、发回重裁和撤销裁决的专章中具体规定了重新仲裁的法定情形。当时英国法院对商事仲裁进行任意的限制，涉及商事仲裁的事实与法律问题，高等法院可以随意将已审理的各项争议、焦点或任何一项主张发回仲裁庭重新仲裁。这种规定与司法实践影响了英国商事仲裁的开展，造成了当事人对英国商事仲裁的不信任，也压制了商事仲裁的独立性。1979 年英国仲裁法对重新仲裁制度进行了变革，很大程度上减弱了法院对商事仲裁的干涉，但保留重新仲裁作为司法监督的一种手段或方法，形成了英国商事仲裁中特有的重新仲裁制度。1996 年英国仲裁法在法院对仲裁裁决的权力规定中，明确了对商事仲裁裁决提出异议的条

① 赵秀文主编：《国际商事仲裁法》，中国人民大学出版社 2014 年版，第 156 页。

件和法律救济措施，第68条列明商事仲裁庭明显的不规范仲裁行为，可以作为当事人向法院申请撤销商事仲裁裁决的依据。英国法院对商事仲裁裁决错误的救济方法有发回重新仲裁、撤销仲裁裁决和宣布仲裁裁决无效或部分无效，其中发回重新仲裁是重要的救济方法，因为撤销仲裁裁决的后果会使商事仲裁耗费的时间与成本等没有意义。英国仲裁法非常重视发回重新仲裁的救济方法。历史上英国法官在发回重新仲裁中具有很大的自由裁量权，很少采用撤销仲裁裁决的方法解决问题。1996年英国仲裁法进一步确定首先采用发回重审，其次采用撤销裁决、宣布裁决无效或部分无效的救济方法。英国仲裁法的规定与联合国《国际商事仲裁示范法》第34条第4款的规定基本一致，该条规定法院被当事人申请撤销商事仲裁裁决时，当事人一方如果也要求暂停商事仲裁裁决撤销程序，那么法院可以确定一段时间暂停进行撤销仲裁裁决程序，让仲裁庭重新进行仲裁。

从各国规定或司法实践来看，重新仲裁具有多方面的意义，主要还是为了维护商事仲裁的效率，避免法院过多干预商事仲裁活动。法院受理了当事人撤销仲裁裁决的申请后，认为商事仲裁裁决虽然具有法律规定的撤销情形，但可以通过仲裁庭重新进行仲裁加以纠正的，则裁定中止撤销程序，并通知仲裁庭在一定期限内重新仲裁，如果仲裁庭拒绝重新仲裁，法院再裁定恢复撤销程序。大致来说，对重新仲裁的适用有几个共同的条件：一是可以重新仲裁的裁决应当具备法定可撤销的情形，各国商事仲裁制度中的重新仲裁都是依附于当事人申请撤销仲裁裁决这一司法审查制度的，二是商事仲裁裁决的错误是仲裁庭可以通过重新仲裁予以改正的，有的商事仲裁裁决错误仲裁庭难以改正，比如涉及当事人主张责任或举证责任的，如果一方当事人不予配合，仲裁庭无法重新认定事实，三是法院认为可以进行重新仲裁的，至于哪些情形属于可以进行重新仲裁的，各国仲裁法规定并不统一，因为各国仲裁庭的运作方式不一样。

我国仲裁法和相关司法解释中对重新仲裁的事由、启动重新仲裁的主体、审理主体和对重新仲裁裁决的司法审查等方面，与外国立法有着较大区别。我国《仲裁法》第六十一条规定："人民法院受理撤销裁决的申请后，认为可以由仲裁庭重新仲裁的，通知仲裁庭在一定期限内重新仲裁，并裁定中止撤销程序。仲裁庭拒绝重新仲裁的，人民法院应当裁定恢复撤销程序。"《最高人民法院关于适用〈中华人民共和国仲裁法〉若干问题的解释》规定了重新仲裁的具体条件。违反《仲裁法》第五十八条规定中的两种情形：仲裁裁决所根据的证据是伪造的或者对方当事人隐瞒了足以影响公正裁决的证据的，人民法院才可以通知仲裁庭重新仲裁；同时要求人民法院应当在通知中说明要求重新仲裁的具体理由。司法解释还对重新仲裁的程序、重新仲裁裁决的效力及当事人申请撤销仲裁裁决的程序作了明确规定："仲裁庭在人民法院指定的期限内开始重新仲裁的，人民法院应当裁定终结撤销程序；未开始重新仲裁的，人民法院应当裁定恢复撤销程序。"当事人对重新仲裁裁决不服的，可以在重新仲裁裁决书送达之日起六个月内依据《仲裁法》第五十八条规定向人民法院申请撤销。

二、赋予当事人重新仲裁选择权的必要性

商事仲裁发展的过程表明，商事仲裁就是商事主体自发形成的争端解决机制，最基本的理念就是自愿性。随着社会经济的深入开展，现在商事仲裁涉及的法律问题已经异常复杂，与各行各业的专业性问题联系越来越紧密，这就更加要求商事仲裁能够以自身的特点为商事活动服务。① 我国 1995 年仲裁法实施前，一直存在着行政性仲裁体制，为了改革开放的需要，确立了我国的民间商事仲裁体制，但是当时商事仲裁活动很不成熟，就赋予人民法院对商事仲裁活动的广泛监督权力，希望借助人民法院的司法权威保证商事仲裁的公平公正。但近些年来，我国商事仲裁活动发展迅猛，不仅在国内商事争端解决中发挥重要作用，而且在国际商事仲裁中也占据一席之地。这就必须从更高的层次看待我国商事仲裁制度的合理性了。我国现在的重新仲裁制度仍然没有脱离行政性仲裁的特征，仍然不敢放手让商事仲裁组织以自律与独立的方式进行商事仲裁，而是以我国民事诉讼制度的内在逻辑要求重新仲裁，使得我国重新仲裁制度有些进退两难。

（一）重新仲裁的决定权

按照我国现行仲裁法与司法解释的规定，国内商事仲裁裁决的重新仲裁由人民法院根据法定情形作出决定。我国仲裁法或司法解释没有规定重新仲裁需

---

① 王利明：《中国商事仲裁国际化水平亟待提升》，载《中国对外贸易》2016 年第 10 期。

要经当事人提出申请，即使在申请撤销仲裁裁决程序中当事人要求进行重新仲裁，决定权也在人民法院。我国重新仲裁只有法院有决定权，当事人即使自愿要求重新仲裁也不能当然实现。对于涉外商事仲裁裁决，最高人民法院《关于仲裁司法审查案件报核问题的有关规定》规定，人民法院经审查认为符合重新仲裁的法定情形，应报请高级人民法院审查。如果高级人民法院同意通知仲裁庭重新仲裁，应报请最高人民法院审查，待最高人民法院答复同意之后，才可以通知仲裁庭重新仲裁。因此，我国重新仲裁制度实行两套方案，对于国内商事仲裁裁决，重新仲裁的决定权在中级人民法院；对于涉外商事仲裁裁决，重新仲裁的最终决定权实际上在最高人民法院。人民法院作出的重新仲裁裁定是否可以上诉或申请复议，我国仲裁法和司法解释也没有明确规定。根据民事诉讼法的有关规定，人民法院作出的撤销仲裁裁决或驳回当事人申请的裁定是不能上诉的。这些规定与现代商事仲裁的发展是不协调的。联合国《国际商事仲裁示范法》第 34 条规定：法院被请求撤销仲裁裁决时，如果当事人一方也要求暂时停止进行撤销程序，则可以在法院确定的一段时间内暂时停止进行。当事人要求重新仲裁是法院决定重新仲裁的主要依据，不能忽略当事人对商事争端解决方案的选择权。我国现在的重新仲裁制度与当事人的仲裁意愿是脱节的，就没有考虑当事人要求重新仲裁对决定重新仲裁的关键作用。

（二）重新仲裁的强制性

我国仲裁法对人民法院可以裁定重新仲裁的事由未作规定。司法解释则解决了撤销国内商事仲裁裁决的理由问题，涉外商事仲裁裁决的重新仲裁理由则根本没有处理。《最高人民法院关于适用〈中华人民共和国仲裁法〉若干问题的解释》第二十一条规定：“当事人申请撤销国内仲裁裁决的案件属于下列情形之一的，人民法院可以依照仲裁法第六十一条的规定通知仲裁庭在一定期限内重新仲裁：仲裁裁决所根据的证据是伪造的；对方当事人隐瞒了足以影响公正裁决的证据的。”这个规定应当如何理解，在审判实践中应当如何处理各种复杂情况，是需要认真思考的。我国《仲裁法》第五十八条规定：“当事人提出证据证明裁决有下列情形之一的，可以向仲裁委员会所在地的中级人民法院申请撤销裁决：（一）没有仲裁协议的；（二）裁决的事项不属于仲裁协议的范围或者仲裁委员会无权仲裁的；（三）仲裁庭的组成或者仲裁的程序违反法定程序的；（四）裁决所根据的证据是伪造的；（五）对方当事人隐瞒了足以影响公正裁决的证据的；（六）仲裁员在仲裁该案时有索贿受贿，徇私舞弊，枉法裁决行为的。人民法院经组成合议庭审查核实裁决有前款规定情形之一的，应当裁定撤销。人民法院认定该裁决违背社会公共利益的，应当裁定撤销。”就是说，我国仲裁法第五十八条规定的可以撤销仲裁裁决的情形有六七项，但根据司法解释的意思，我国重新仲裁的事由只有两项，但是重新仲裁的决定是在撤销仲裁裁决程序中作出的。那么这就造成一个事实：只要是在申请撤销仲裁裁决程序中发现仲裁裁决所根据的证据是伪造的或对方当事人隐瞒了足以影响公正裁决的证据的，人民法院就必须发回重新仲裁，当事人即使不同意重新仲裁也没有法律意义，当事人没有程序选择权。这种强制规定重新仲裁事由，导致人民法院在审理案件中没有自由裁量权了。更重要的是，这一规定更加排除了当事人参与重新仲裁决定的能力，削弱了当事人商事仲裁的自愿性原则。

（三）重新仲裁的随意性

按照司法解释的规定，人民法院决定重新仲裁的事由只有两项，即仲裁裁决所根据的证据是伪造的或对方当事人隐瞒了足以影响公正裁决的证据的，那么我国重新仲裁制度就应当是明确的，在司法实践中就是没有争议的。其实不然，近年来人民法院审判的诸多申请撤销仲裁裁决案件中，决定重新仲裁后引发当事人不满的案例较多。原因有两个：一是仲裁裁决所根据的证据是伪造的或对方当事人隐瞒了足以影响公正裁决的证据的，这两条重新仲裁的事由，本来就是裁决案件时经常发生争议的，一方当事人认为证据是伪造，另一方当事人未必认可。哪一些证据隐瞒了就足以影响公正裁决的，也是一个自由裁量问题，法官的认定未必得到当事人的认可。① 二是《仲裁法》第五十八条规定的其他情形，比如没有仲裁协议的、裁决的事项不属于仲裁协议的范围或者仲裁委员会无权仲裁的、仲裁庭的组成或者仲裁的程序违反法定程序的，这些情形被排除出重新仲裁的范围，不符合各国仲裁法的通常做法。英国仲裁法第 68 条规定：如果严重不规范性影响仲裁程序的，法院可以发回裁决，要求仲裁庭对

---

① 沈德咏、万鄂湘：《最高人民法院仲裁法司法解释的理解与适用》，人民法院出版社 2015 年版，第 210 页。

裁决全部或部分重新裁决，并且规定法院不应行使撤销裁决或宣布裁决全部或部分无效的权力。根据商事仲裁制度的内在要求，凡是商事仲裁中面临的基本法律问题或事实问题都是可仲裁的，有关仲裁协议或可仲裁性问题恰恰是商事仲裁中的重要内容，将这些情形排除出重新仲裁的范围，必然导致重新仲裁不能真实反映案件基本情况，也剥夺了当事人的仲裁程序参与权。所以司法解释的这个规定本来是要防止人民法院决定重新仲裁的随意性，实际上起不到这样的作用，反而会使当事人对人民法院决定重新仲裁的依据产生怀疑。

程序选择权是当事人的一项重要权利。商事程序选择权来源于商事程序主体性原则，当事人在商事诉讼或商事仲裁中必然有意思自治，必然有处分自己实体权利与程序权利的自由。在商事仲裁中，当事人申请撤销仲裁裁决，是通过法院的司法审查对错误的仲裁裁决予以纠正，但法院的司法审查有很多方式，并不一定要以裁定撤销仲裁裁决作为解决问题的方法。出于对当事人自治权利的尊重，更应当将仲裁裁决错误纠正的方法交给当事人作出决定。在民事诉讼中，无论法官如何裁判，当事人也会认为对自己一方不公平，法官裁判要做到绝对的公正几乎不可能。法律程序只是不完善的程序，在程序之外存在一个终极的正义标准，但要完全实现这一标准是不可能的。主要原因在于案件事实的复杂性和法官适用法律的理性之间存在着矛盾。商事争议与普通的民事争议相比有其特殊性，当事人往往因为商业秘密或经济信息更愿意通过比较隐蔽的方式解决争议，但有时候又愿意通过法院审判解决争议，所以当事人申请撤销商事仲裁裁决后，是选择法院撤销还是发回仲裁庭重新仲裁，应该交给当事人选择。

三、当事人重新仲裁选择权的具体适用

当事人重新仲裁的选择权是对撤销商事仲裁裁决程序缺陷的补救，可以消除法院决定重新仲裁可能引发的争议。当事人重新仲裁选择权是一项程序权利，并不与当事人之间的实体权利必然发生联系，是在人民法院司法审查仲裁裁决过程中发现仲裁裁决存在法定的错误情形后，由当事人选择是否重新仲裁。

人民法院对商事仲裁的监督方式，主要体现在不予执行仲裁裁决和撤销仲裁裁决两个方面。撤销仲裁裁决和不予执行仲裁裁决都是在借鉴各国仲裁法相

关规定基础上建立的。申请撤销仲裁裁决与不予执行仲裁裁决，可以使国内仲裁与国际仲裁接轨，保障仲裁裁决的公正性。撤销仲裁裁决与不予执行仲裁裁决是两个不同的程序。不予执行仲裁裁决仅保护一方当事人，只有被执行人在有法定不予执行情形下才能申请法院裁定不予执行仲裁裁决，而撤销仲裁裁决使双方当事人合法权益都能得到合理保护。但是在我国法院司法实践中，申请撤销仲裁裁决与不予执行仲裁裁决都面临诸多困难，不论是人民法院作出怎样裁定都可能引发当事人对司法审查程序的疑虑。因此，可以在申请撤销仲裁裁决案件与申请执行仲裁裁决案件中都建立当事人重新仲裁选择权制度，更好地解决司法审查商事仲裁裁决案件中产生的问题。根据我国目前仲裁法与司法解释，可以分成两种情况赋予当事人重新仲裁的选择权，即申请撤销仲裁裁决案件中的重新仲裁选择权与申请执行仲裁裁决案件中的重新仲裁选择权。

（一）申请撤销仲裁裁决案件中的重新仲裁选择权

确定撤销仲裁裁决制度的目的是对仲裁一裁终局的救济，是以人民法院的司法权力监督仲裁活动，保障当事人的合法利益。仲裁裁决的撤销制度作为仲裁的司法监督机制，是以司法权监督民间的仲裁权，对仲裁活动制衡和约束，保证社会秩序的稳定。各国仲裁法在保证仲裁独立性的同时，也允许法院在一定程度上进行司法干预，法院的监督与司法审查是维系商事仲裁良性运转的重要条件。法院对国际商事仲裁程序的监督与裁决的司法审查，是各国的普遍实践，并为1958年《纽约公约》所确认。重新仲裁是申请撤销仲裁裁决程序中可能出现的处理结果之一，是人民法院直接引发的，并不是人民法院撤销了仲裁裁决后当事人再次达成仲裁协议而形成的新的仲裁。重新仲裁并非仲裁裁决撤销程序中必经的程序，对于仲裁庭拒绝重新仲裁或重新仲裁后当事人提出证据证明未能消除申请撤销理由的，人民法院应裁定恢复撤销程序并作出其他处理。人民法院通知仲裁庭重新仲裁是发生在受理撤销仲裁裁决的司法审查程序中的。

重新仲裁是当事人申请撤销裁决的后果之一。允许当事人向有管辖权的法院申请撤销仲裁裁决，无疑是对仲裁裁决终局性的挑战。因而在国际商事仲裁领域，普遍观点是不赞同赋予当事人就商事仲裁裁决向法院提出上诉的权利，理由是这不仅违反通行的法律政策，而且与商事仲裁的契约性质和当事人在法院管辖范围外解决争议的目的也不相符。各国立法对商事仲裁裁决的终局性是普遍承认的，但均不愿意放弃对商事仲裁裁决的司法审查权，只是在赋予法院司法审查权的范围上有所不同而已。一般说来，多数国家只允许法院对商事仲裁程序问题进行司法审查，而不同意法院对商事仲裁裁决实体问题的司法审查。[①] 1958年《承认和执行外国仲裁裁决公约》和联合国贸易委员会的《国际商事仲裁示范法》所规定的撤销裁决或重新仲裁的内容，都是程序上的瑕疵问题以及公共秩序问题，并且包括英国这样过去对仲裁严格司法审查的国家在内的许多国家，在新一轮的立法中均呈现出在不违反公共利益和法律强行性规定的基础上取消实体审查的倾向。考虑到我国商事仲裁发展的实际情况，为了减少人民法院发回重新仲裁的随意性，也为了更加体现当事人申请商事仲裁的自愿性，可以在申请撤销仲裁裁决案件中增加当事人重新仲裁的选择权。申请撤销仲裁裁决案件中当事人重新仲裁的选择权范围，不仅包括仲裁裁决实体问题而且包括针对仲裁裁决程序问题，这样可以更好体现商事仲裁的自愿性。

根据我国仲裁法以及司法解释的规定，当事人申请撤销仲裁裁决的情形比较广泛，即涉及实体问题也涉及程序问题，而目前规定只能在两种情况下人民法院可以决定发回重新仲裁。因此，当事人在申请撤销仲裁裁决案件中可以享有重新仲裁选择权的范围也比较广泛。不仅在商事仲裁裁决所根据的证据是伪造的和对方当事人隐瞒了足以影响公正裁决的证据这两种情况下可以享有重新仲裁的选择权，而且在没有仲裁协议的、裁决的事项不属于仲裁协议的范围的、仲裁委员会无权仲裁的、仲裁庭的组成或者仲裁程序违反法定程序的、仲裁员在仲裁该案时有索贿受贿，徇私舞弊，枉法裁决行为等情形下也可以享有重新仲裁的选择权。人民法院组成合议庭审查核实仲裁裁决有可以撤销情形之一时，应当先通知双方当事人，告知当事人享有重新仲裁的选择权。如果双方当事人愿意重新仲裁，可以向人民法院申请重新仲裁，人民法院收到当事人提交的重新仲裁申请后，可以裁定暂停撤销仲裁裁决程序，准予重新仲裁。如果当事人接到人民法院通知，不同意重新仲裁或双方当事人达不成重新仲裁的协议，人民法院可以根据法律规定裁定撤销仲裁裁决。人民法院应当在受理撤销仲裁裁决申请之日起两个月内作出是否重新仲裁的通知。人民法院受理撤销仲裁裁决申请后，认为可以由仲裁庭重新仲裁的，通知仲裁庭在一定期限内重新仲裁，

---

① 黄进主编：《国际商事争议解决机制研究》，武汉大学出版社2010年版，第112页。

认为可以由当事人重新仲裁选择的，可以通知当事人选择。如果仲裁庭拒绝重新仲裁，或当事人不同意重新仲裁，人民法院直接裁定撤销仲裁裁决。

（二）申请执行仲裁裁决案件中的重新仲裁选择权

仲裁庭作出仲裁裁决以后，当事人一方可以向人民法院申请强制执行。但是，民事诉讼法规定对生效的仲裁裁决在某些情形下可以裁定不予执行。民事诉讼法规定的不予执行仲裁裁决的事由与仲裁法规定的撤销仲裁裁决事由是一致的，也是从仲裁程序、仲裁证据和公益性等客观标准审查仲裁裁决是否存在不予执行的情形。根据2015年民事诉讼法的司法解释规定，人民法院裁定不予执行仲裁裁决后，当事人对该裁定提出执行异议或者复议的，人民法院不予受理，当事人可以就该民事纠纷重新达成书面仲裁协议申请仲裁，也可以向人民法院起诉。这一规定表明，当事人申请执行仲裁裁决，一旦被人民法院裁定不予执行，当事人不能以提出执行异议或复议的方式进行救济，而只能重新达成仲裁协议或起诉了。但是，虽然民事诉讼法与仲裁法明确规定当事人只能重新达成仲裁协议或者诉讼，最高人民法院在相关案例中，借助《关于人民法院执行工作若干问题的规定（试行）》第一百二十九条和第一百三十条规定，认为最高人民法院有权监督地方各级人民法院仲裁裁决不予执行的裁定，并进而受理当事人对于不予执行裁定的申诉。在最高人民法院（2013）执监字第204号中国对外建设有限公司申诉案执行裁定书中，被执行人向北京市第一中级人民法院提起不予执行仲裁裁决申请，北京市第一中级人民法院裁定不予执行。随后，申请执行人向北京市高级人民法院申请复议。当时2015年民事诉讼法的司法解释尚未颁布，故当事人可以就不予执行裁定提出复议，北京市高级人民法院支持其复议申请，撤销北京市第一中级人民法院的裁定。而后，被执行人向最高人民法院申诉，请求撤销北京市高级人民法院的裁定。最高人民法院援引司法解释的规定，上级人民法院依法监督下级人民法院的执行工作，上级人民法院发现下级人民法院在执行中作出的裁定、决定、通知或具体执行行为不当或有错误的，有权予以纠正，认定有权立案处理当事人就不予执行仲裁裁决案件提起的执行监督申请。以上规定和司法实践中的情况比较混乱，在具体执行案件中引起了当事人的很大争议。如果执行仲裁裁决案件中增加当事人重新仲裁选择权，遇到上述类似案件就可以通知当事人作出选择，即人民法院根据已经进行的司法审查情况，通知当事人可以选择重新仲裁，如果不选择重新仲裁，人民法院再根据有关规定裁定不予执行。

《最高人民法院关于审理仲裁司法审查案件若干问题的规定》中对申请执行我国内地仲裁机构仲裁裁决程序作出了规定。人民法院审查仲裁司法审查案件，应当组成合议庭并询问当事人。对仲裁裁决主文或者仲裁调解书中的文字、计算错误以及仲裁庭已经认定但在裁决主文中遗漏的事项，可以补正或说明的，人民法院应当书面告知仲裁庭补正或说明，或者向仲裁机构调阅仲裁案卷查明。仲裁庭不补正也不说明，而且人民法院调阅仲裁案卷后执行内容仍然不明确无法执行的，可以裁定驳回执行申请。当事人在申请执行仲裁裁决案件中的重新仲裁选择权可以按照这些规定增加几项内容：第一，申请执行仲裁裁决案件组成合议庭后会审查仲裁裁决内容，如果被执行人没有申请不予执行，而人民法院发现仲裁裁决内容确有错误的，可以建议双方当事人达成重新仲裁的协议，如果双方当事人达成重新仲裁的协议，人民法院就可以裁定暂停执行仲裁裁决，如果双方当事人不能达成重新仲裁的协议，那么人民法院可以根据上述规定驳回执行申请。如果被执行人已经提出不予执行的申请，人民法院可以建议双方当事人达成重新仲裁的协议，并根据司法审查的结果，告知当事人不重新仲裁的后果，双方当事人如果按照人民法院建议达成重新仲裁协议，那么人民法院就裁定暂停执行仲裁裁决。第二，根据司法解释规定，被执行人向人民法院申请不予执行仲裁裁决的，应当在执行通知书送达之日起十五日内提出书面申请。被执行人申请不予执行仲裁裁决，对同一仲裁裁决的多个不予执行事由应当一并提出。① 人民法院在仲裁司法审查案件中作出的裁定，除不予受理、驳回申请、管辖权异议的裁定外，一经送达即发生法律效力。当事人申请复议、提出上诉或者申请再审的，人民法院不予受理。当事人在执行仲裁裁决案件中重新仲裁选择权的行使应当与执行仲裁裁决案件程序一致，而且要给予当事人一定时间达成重新仲裁的协议。

---

① 宋连斌：《仲裁司法监督制度的新进展及其意义》，载《人民法治》2018 年第 3 期。

论诉讼要件事实的证明责任分配

陈建玲[*]　马爱萍[**]

摘　要：学者对证明责任理论的研究大多集中在民事实体法领域，诉讼要件事实的证明责任分配问题则“被忽略”了。与实体法相比，诉讼法中的证明责任不一定针对争议的要件事实，部分诉讼法要件事实的证明可能与当事人的主张无关，当事人无需承担主观证明责任，诉讼法要件事实存在真伪不明的几率比实体法要低。明示型证明责任分配规范中规定的法律事实处于真伪不明状态时，法官可以直接依此规范将主客观证明责任分配给一方当事人；援用民法规范、诉讼法和实体法交叉规范在证明责任的分配上适用同一证明责任分配规则，即每一方当事人均必须主张和证明对自己有利的法规范的条件；纯粹诉讼法规范的证明责任分配规则是每一个当事人均必须对其请求所依据的诉讼法规范的前提条件承担证明责任。

关键词：证明责任　要件事实　真伪不明　分配原则　规范说

一、诉讼法要件事实的证明责任分配——一个被忽略的问题

证明责任理论被称为“民事诉讼的脊梁”①，在我国民事证据法研究领域居于核心地位②作为证明责任的重心——证明责任分配的依据问题，我国学者对其研究大多集中在民事实体法领域，且倾向于认为只有民法规范才存在证明责

---

* 山西大学法学院民商法专业硕士研究生，主要研究方向为民法学。

** 山西大学法学院教授，法学博士，主要研究方向为民事诉讼法学。

① ［日］高桥宏志：《民事诉讼法制度与理论的深层分析》，林剑锋译，法律出版社2003年版，第421页。

② 胡学军：《为“事实真伪不明”命题辩护》，载《法商研究》2018年第2期。

任问题①，诉讼法要件事实的证明责任分配问题则成为“一个被忽略的问题”②。当然，诉讼法要件事实的证明责任分配问题“被忽略”并不是因为民事诉讼法中不存在证明责任分配规定，而是我国学者尚未认识到该问题的重要性。

现代法上的证明责任与案件事实真伪不明这一事实判断的不确定状态联系在一起③，即当案件事实出现真伪不明状态时，法官仍然必须对当事人之间的法律问题进行裁决，不得拒绝裁判。这种真伪不明的状态不仅广泛存在于民事实体法的适用中，还存在于民事诉讼法的适用中④。那么当一个对诉讼法的适用有重要意义的事实出现真伪不明状态时，法官该如何裁判呢？德国学者罗森贝克认为当一个对诉讼法的适用有重要意义的事实不能确定时，每一个当事人均必须对其请求所依据的诉讼法规范的前提条件承担证明责任（对其请求的前提条件承担证明责任）⑤。这一答案与罗森贝克提出的规范说是一致的，即当事人对有利于自己的要件事实承担证明责任这一原则也同样适用于民事诉讼法中的要件事实。尽管如此，实体法与诉讼法要件事实的证明责任分配仍存在差异，与实体法相比，诉讼法要件事实的证明责任分配具有特殊性。

二、诉讼法要件事实的证明责任分配与实体法的区别

在诉讼法和实体法的适用中，当对裁判有重要意义的案件事实出现真伪不明状态时，需要借助证明责任分配规则来引导法官作出裁判。诉讼法要件事实的证明责任分配与实体法存在差别，只有充分认识两者之间的差异性，才能准确把握诉讼法要件事实证明责任分配的特殊性并正确地理解和适用这一证明责任⑥。两者之间的差异主要表现在诉讼法中的证明对象与实体法中的证明对象

---

① 任重：《罗森贝克证明责任论的再认识—兼论〈民诉法解释〉第90条、第91条和第108条》，载《法律适用》2017年第15期。

② 李浩：《民事诉讼法适用中的证明责任》，载《中国法学》2018年第1期。

③ 胡学军：《证明责任“规范说”理论重述》，载《法学家》2017年第1期。

④ [德] 莱奥·罗森贝克：《证明责任论——以德国民法典和民事诉讼法典为基础撰写》，庄敬华译，中国法制出版社2002年版，第401—410页。

⑤ [德] 莱奥·罗森贝克：《证明责任论——以德国民法典和民事诉讼法典为基础撰写》，庄敬华译，中国法制出版社2002年版，第402页。

⑥ 李浩：《民事诉讼法适用中的证明责任》，载《中国法学》2018年第1期。

存在差异。

第一，要件事实的证明是否基于当事人的主张存在差异。实体法要件事实的证明基于当事人的主张，当事人对其主张的事实承担证明责任。而部分诉讼法要件事实的证明可能与当事人的主张无关，当事人无需承担主观证明责任，仅有可能承担客观证明责任。在涉及可能损害国家利益、社会公共利益的；涉及身份关系的；涉及公益诉讼的；涉及当事人有恶意串通损害他人合法权益可能性的；涉及依职权追加当事人、中止诉讼、终结诉讼、回避等程序性事项的情形中，法院可以运用其审判权，主动向诉讼当事人、有关单位或者个人收集证据①。在涉及法院依职权调查取证的情形中，一定程度上免除了双方当事人的主观证明责任，由法院依调查原则进行取证。但是法院依职权主动调查的事实也可能出现真伪不明的情况，此时应由要件事实对其有利的一方当事人承担客观证明责任。

第二，证明责任是否针对争议的要件事实存在差异。实体法中证明责任的适用针对双方当事人存在争议的事实，当要件事实处于真伪不明状态，法官无法对争议事实作出判断时，可直接适用“证明责任规范”对双方当事人之间的权利义务关系作出裁决②。民事诉讼法的公法性质和只有法院及一方当事人参与的“两主体”程序结构决定了诉讼法中的证明责任不一定针对争议的要件事实③。一方面，由于民事诉讼法具有公法性质，无论对方当事人是否对程序提出异议，法院均需对程序的合法性进行审查。另一方面，部分诉讼法证明责任的适用只发生在法院和一方当事人之间，对方当事人并未参与进来，争议事实并不存在。

第三，证明责任针对的事实存在差异。实体法中的事实是指依法能够引起法律关系发生、变更、消灭或受到妨碍的事实，《最高人民法院关于适用〈中华人民共和国民事诉讼法〉的解释》（以下简称《司法解释》）第九十一条规定发生要件事实由主张法律关系存在的当事人承担证明责任，排除、消灭、妨碍要件事实由主张法律关系变更、消灭或者权利受到妨害的当事人承担证明责任。诉讼法中的事实可以分为直接事实、间接事实、辅助事实和背景事实，证明责

---

① 李浩：《民事证据规定：原理与适用》，北京大学出版社2015年版，第222页。

② 张永泉：《论诉讼上之真伪不明及其克服》，载《法学评论》2005年第2期。

③ 李浩：《民事诉讼法适用中的证明责任》，载《中国法学》2018年第1期。

任针对的只是所谓的“直接事实”或“主要事实”这一层次，在构成案件事实的“间接事实”“辅助事实”和“背景事实”等其他层次上，则不发生由当事人的哪一方承担证明责任的问题①。

三、诉讼要件证明责任分配的依据

“法官不得拒绝裁判”是西方古老的法谚，当诉讼法要件事实出现真伪不明状态时，法官需要借助证明责任分配制度来做出相应的裁判，即法官依据相应的证明责任规范将证明责任分配给一方当事人，由该当事人承担败诉的风险。

诉讼要件证明责任分配依据包含明示型证明责任分配规范和默示型证明责任分配规范。明示型证明责任分配规范是指法律规范中明确指出证明责任的承担主体为哪一方，当案件事实真伪不明状态出现时，法院直接依据该规范来判定由一方当事人承担败诉风险的法律规范。默示型证明责任分配规范是指法律规范中未明确指出证明责任的承担主体为哪一方，当案件事实真伪不明的状态出现时，法院需依据罗森贝克的规范说来判定证明责任的承担主体并由该当事人承担败诉风险的法律规范。我国民事诉讼法规范中明示的证明责任规范极少，大多数规范需要法官依规范说的证明责任分配规则进行自行判断。

（一）明示型证明责任分配规范

举证责任有主观举证责任和客观举证责任双重含义，法律规范中对当事人举证责任的分配，首先指的是客观举证责任由哪一方承担的问题②，同时也包括主观举证责任的分配问题。当明示型证明责任分配规范中规定的法律事实处于真伪不明状态时，法官可以直接依此规范将主客观证明责任分配给一方当事人。《最高人民法院关于民事诉讼证据的若干规定》（以下简称《证据规定》）第四条、第五条、第六条属于典型的明示型证明责任规范。以《证据规定》第五条为例，该条规定了合同纠纷案件中的证明责任分配规则，“在合同纠纷案件中，主张合同关系成立并生效的一方当事人对合同的订立和生效的事实承担举

---

① 王亚新：《民事诉讼中的举证责任》，载《证据科学》2014年第1期。

② 王亚新：《民事诉讼中的举证责任》，载《证据科学》2014年第1期。

证责任；主张合同关系变更、解除、终止、撤销的一方当事人对引起合同关系变动的事实承担举证责任。对合同是否履行发生争议的，由负有履行义务的当事人承担举证责任。对代理权发生争议的，由主张有代理权的一方当事人承担举证责任”。该条文以明示的形式指出：在合同纠纷中，主张合同关系存在的当事人，应就合同关系存在的法律要件事实——合同订立和生效的事实举证；否认合同关系存在和主张合同关系受制、消灭的当事人，应对妨碍合同关系、引起合同关系受制、消灭的法律要件事实举证。同时，该条文还明确了当合同是否履行发生争议和代理权发生争议的情况下证明责任的承担主体。因此，当与合同关系有关的法律事实出现真伪不明的状态时，法官可直接依据上述明示型证明责任分配规范将证明责任分配给一方当事人，由对不确定的事实主张承担证明责任的该方当事人承受对其不利的判决。

此外，《司法解释》第三百一十一条也属于明示型证明责任分配规范。该条规定“案外人或者申请执行人提起执行异议之诉的，案外人应当就其对执行标的享有足以排除强制执行的民事权益承担举证证明责任”。执行异议之诉可以由案外人提起，也可由申请执行人提起，即执行异议之诉包括案外人执行异议之诉和申请执行人执行异议之诉两种。《司法解释》第三百一十一条将关于案外人对执行标的享有足以排除强制执行的民事权益这一要件事实的证明责任明确分配给了案外人。当具备该事实时，人民法院可以作出相应的实体判决，即判决不得执行相应执行标的；如果不具备以上事实，则判决驳回诉讼请求，此情况下由案外人承担相应的证明责任；当该事实处于真伪不明状态时，法官可依据《司法解释》第三百一十一条认定由案外人承担相应的证明责任。

（二）默示型证明责任分配规范

在诉讼法规范中，默示型证明责任分配规范占据多数。具体而言，默示型证明责任分配规范可以分为诉讼法中援用民法规范、诉讼法和实体法交叉规范、纯粹诉讼法规范三种类型。诉讼法中援用民法规范是指诉讼法中没有相关规定，因此援用民法的相关规定来调节法律关系的法律规范；诉讼法和实体法交叉规范是指诉讼法规范中存在与实体法规范相交叉的部分，需同时援用民法及诉讼法的相关规定来调节法律关系的法律规范；纯粹诉讼法规范是指诉讼法中设定的，直接调节相应法律关系的法律规范。

诉讼法中援用民法规范、诉讼法和实体法交叉规范在证明责任的分配上适用同一证明责任分配规则，即每一方当事人均必须主张和证明对自己有利的法规范的条件。具体而言，应由主张者对权利形成规范的前提要件证明，相对方对权利妨碍规范、权利消灭规范的前提条件证明①。

诉讼法和实体法交叉规范大多涉及当事人的意思自治，相关诉讼的法律效力以法律行为为前提条件②。例如，鉴定人的选定（《民事诉讼法》第六十七条)、执行和解（《民事诉讼法》第二百三十条)、协议约定管辖法院（《司法解释》第三十条)、合同履行地的约定（《司法解释》第十八条、第十九条、第二十条)、举证期限的约定（《司法解释》第九十九条）等。以上列举的法律行为都属于民法意义上的法律行为，援用这些法律行为的人需证明法律行为成立的事实，对方当事人应证明法律行为属于效力待定、可撤销或者无效的情形。以举证期限为例，《证据规定》设置了法院指定和当事人协商确定举证期限两种方式③，且其本意是把协商指定置于优先适用的位置，即“我们应该鼓励采用前一种方式，只有在前一种方式不能确定举证期限的情况下，我们才采用后一种方式”④。在当事人协商确定举证期限的情形中，如果双方当事人约定举证期限这一事实出现真伪不明状态，则当事人一方对其基于真实的意思表示就举证期限达成一致承担证明责任，相对方对因该意思表示的不健全而出现欺诈、胁迫、错误等可撤销的情形证明。

在我国民事诉讼法律中存在较少的诉讼法中援用民法规范，其中较为典型的是关于民事诉讼能力的规定。民事诉讼能力是指作为诉讼当事人单独且有效地实施或承受诉讼行为所必需的能力⑤，学界通说认为民事诉讼能力与民法上规定的民事行为能力是互相对应的，民事诉讼能力的依据是民法上的民事行为

---

① ［德］莱奥·罗森贝克：《证明责任论——以德国民法典和民事诉讼法典为基础撰写》，庄敬华译，中国法制出版社2002年版，第106页。

② ［德］莱奥·罗森贝克：《证明责任论——以德国民法典和民事诉讼法典为基础撰写》，庄敬华译，中国法制出版社2002年版，第404页。

③ 李浩：《民事证据规定：原理与适用》，北京大学出版社2015年版，第146页。

④ 最高人民法院民事审判第一庭：《民事诉讼证据司法解释的理解与适用》，中国法制出版社2001版，第192页。

⑤ ［日］高桥宏志：《民事诉讼法——制度与理论的深层分析》，林剑锋译，法律出版社2003年版，第161页。

能力，根据我国民事诉讼能力“两分法”，完全民事行为能力人为民事诉讼能力人，而限制民事行为能力人和无民事行为能力人为无民事诉讼能力人①。在通常情况下有民事行为能力的人就有民事诉讼能力，但是限制行为能力人不可以单独进行诉讼活动，需由其法定代理人或法定代理人委托的诉讼代理人代为进行诉讼②。当事人具有诉讼能力这一事实对法官的裁决具有重要意义，当该事实既不能被查明存在，也不能被查明不存在时，应由主张诉讼能力存在的一方当事人对诉讼能力的存在承担证明责任，相对方对当事人无诉讼能力承担证明责任。

四、纯粹诉讼法规范的证明责任分配

在民事诉讼法中，大多数规范属于默示型证明责任分配规范，其中纯粹诉讼法规范只占少数，需要法官依规范说的证明责任分配规则自行判断由哪一方当事人承担证明责任。纯粹诉讼法规范的证明责任分配规则是每一个当事人均必须对其请求所依据的诉讼法规范的前提条件承担证明责任（对其请求的前提条件承担证明责任）③，即由主张者对诉讼条件承担证明责任，由相对方对诉讼障碍承担证明责任。

（一）诉讼条件

诉讼条件是指这样一些事实，只有在具备这些事实时，才能够作出实体判决，如果没有这些事实，诉讼会被驳回，这些事实又被称为实体判决的事实④。一般情况下，由原告对诉讼条件承担证明责任。此等诉讼条件包括：起诉条件（《民事诉讼法》第一百一十九条）、再审事由（《民事诉讼法》第二百条）、当事人申请变更、增加诉讼请求或者提出反诉的条件（《司法解释》第二百五十

---

① 邵曦：《论民事诉讼能力》，西南政法大学2011届硕士学位论文。

② 孙会艳、黄富银、蔡伟雄、汤涛、李强：《论民事诉讼能力及其分级》，载《中国司法鉴定》2007年第3期。

③ ［德］莱奥·罗森贝克：《证明责任论——以德国民法典和民事诉讼法典为基础撰写》，庄敬华译，中国法制出版社2002年版，第402页。

④ ［德］莱奥·罗森贝克：《证明责任论——以德国民法典和民事诉讼法典为基础撰写》，庄敬华译，中国法制出版社2002年版，第406页。

二条)、裁定不予执行的情形（《民事诉讼法》第二百三十七条)、申请重新鉴定的情形（《证据规定》第二十七条)、公益诉讼的条件（《司法解释》第二百八十四条)、第三人撤销之诉的条件（《民事诉讼法》第五十六条、《司法解释》第二百九十二条)、执行异议之诉的条件（《司法解释》第三百零五条、第三百零六条）等。以上诉讼条件可以分为诉讼行为、申请行为、执行行为三类。

1. 诉讼行为

诉讼行为包括一审起诉、二审上诉、申请再审等引起诉讼程序发生的一般类型的诉，也包括第三人撤销之诉、公益诉讼等诉的特殊类型。

第一，诉的一般类型。《民事诉讼法》第一百一十九条和第一百二十四规定了一审起诉条件，第一百六十四条规定了二审上诉的条件，第二百条规定了再审事由，这些诉的条件一般情况下应由原告，上诉人，申请人承担证明责任。在起诉行为中，原告需对《民事诉讼法》第一百一十九条规定的四个起诉条件承担证明责任；在上诉情形中，上诉人只需对上诉期限这一要件承担证明责任；在再审情形中，申请人对再审事由的存在承担证明责任。由于引起诉讼行为发生的条件一般包含当事人适格且明确、属于法院的管辖和受理范围、诉讼请求具体、诉讼期限等条件，其中诉讼请求、诉讼期限需要提供证据材料加以证明，其他条件的证明都较为容易，所以在起诉和受理阶段当事人感受到的证明责任压力较小①。

第二，诉的特殊类型。对于诉的特殊类型本文主要介绍第三人撤销之诉和公益诉讼两种。第三人撤销之诉是指第三人因不能归责于自己的事由未参加他人正在进行的诉讼，但在诉讼结束后有证据证明已生效的裁判或调解书内容损害了其民事权益，从而向作出该法律文书的法院提起的请求撤销已生效裁判或调解书的诉讼②，该诉讼对民事诉讼法律体系中案外第三人的权益保障作出了特别安排③。根据我国民事诉讼法的相关规定，第三人撤销之诉需要满足诉讼主体、诉讼客体和起诉条件等要求，其诉讼主体为民事权益受到原案判决、裁定、调解书的损害且基于不能归责于己的事由未能参加原案的诉讼程序的当事

① 李浩：《民事诉讼法适用中的证明责任》，载《中国法学》2018 年第 1 期。

② 王福华：《第三人撤销之诉适用研究》，载《清华法学》2013 年第 4 期。

③ 张卫平，任重：《案外第三人权益程序保障体系研究》，载《法律科学（西北政法大学学报)》2014 年第 6 期。

人以外的第三人；诉讼客体为损害了第三人民事权益的发生法律效力的判决、裁定、调解书；起诉条件为第三人可以自知道或者应当知道其民事权益受到损害之日起六个月内，向作出该判决、裁定、调解书的人民法院提起诉讼①。原告需要对第三人撤销之诉的诉讼条件举证证明，当不具备这些事实或要件事实处于真伪不明状态时，诉讼会被驳回，此时由原告承担客观证明责任。作为维护社会利益的一种手段，公益诉讼制度通过借助司法力量避免和救济因他人的违法行为对公共利益造成的损害，弥补政府失灵所带来的后果②。公益诉讼包括行政公益诉讼和民事公益诉讼两类，我国《民事诉讼法》第五十五条为民事公益诉讼提供了最基础的法律依据③，该条明确规定对于污染环境、侵害众多消费者合法权益等损害社会公共利益的行为，法律规定的机关和有关组织可以向人民法院提起诉讼。人民法院受理环境公益诉讼需满足以下条件：有明确的被告；有具体法人诉讼请求；有社会利益受到损害的初步证据；属于人民法院受理民事诉讼的范围和受诉人民法院管辖。民事公益诉讼要件事实的证明责任由原告承担，当满足诉讼条件时，法院可以作出相应实体判决，否则驳回原告的诉讼请求。

2. 申请行为

申请行为是指以当事人或利害关系人的申请为前提条件来启动民事诉讼程序的行为，该行为包括申请重新鉴定、确认调解协议、实现担保物权、先予执行等。《证据规定》第二十七条规定了当事人申请重新鉴定的积极要件和消极要件。积极要件是指对人民法院委托的鉴定部门作出的鉴定结论有异议的当事人可以申请重新鉴定，申请重新鉴定当事人应提供证据证明其符合法定四种情形之一：鉴定机构或者鉴定人员不具备相关的鉴定资格；鉴定程序严重违法；鉴定结论明显依据不足；经过质证认定不能作为证据使用的其他情形。消极要件是指对有缺陷的鉴定结论，可以通过补充鉴定、重新质证或者补充质证等方法解决的，不予重新鉴定，因此当事人需要提供证据证明该结论不属于有缺陷的鉴定结论。对于申请重新鉴定的积极和消极要件均需申请人提供证据加以证明，如果要件事实未能证明或者出现真伪不明的状态时，应由申请人承担相应的证明责任。

---

① 江伟：《民事诉讼法（第五版）》，高等教育出版社2016年版，第120页。

② 张卫平：《民事公益诉讼原则的制度化及实施研究》，载《清华法学》2013年第4期。

③ 江伟：《民事诉讼法（第五版）》，高等教育出版社2016年版，第113页。

3. 执行行为

执行行为是执行机关实施的高效地实现法律文书确认的权利的行为。《民事诉讼法》第二百三十七条规定了仲裁裁决的执行行为，对依法设立的仲裁机构的裁决，如果一方当事人不履行的，对方当事人可以向有管辖权的人民法院申请执行。相反，被申请人可以提出证据证明仲裁裁决存在合同中没有订立仲裁条款或事后未达成仲裁协议、裁决的事项不属于仲裁协议的范围或仲裁协议无权仲裁、仲裁庭的组成或仲裁程序违反法定程序、仲裁所根据的证据是伪造的、对方当事人隐瞒了足以影响公正裁决的证据、仲裁员贪污受贿、徇私舞弊、枉法裁决行为的、违反公共利益等情形，人民法院审查核实后，可裁定不予执行。关于裁定不予执行的情形的证明责任由被申请人承担。

执行异议之诉是民事执行救济制度之一，包含案外人异议之诉和债务人异议之诉。关于执行异议之诉的证明责任分配，上文已经进行了详细论述，不再赘述。

（二）诉讼障碍

诉讼障碍是指通过阻止诉讼条件效力的产生，使其法律后果也不发生的法律事实的统称。在民事诉讼中，一般情况下由被告对诉讼障碍承担证明责任，即由被告对仲裁协议的存在（《司法解释》第二百一十六条）、法庭辩论终结后原告申请撤诉（《司法解释》第二百三十八条）的条件加以证明。

以仲裁协议的存在为例，民事诉讼和仲裁是解决民事纠纷的两种途径，当事人只能在仲裁或诉讼中选择其一加以适用。当事人一旦选择了仲裁，有效的仲裁协议就排斥了法院的司法管辖权①。我国法律规定，在人民法院开庭前，被告以有书面仲裁协议为由对受理民事案件提出异议的，人民法院应当进行审查。当存在法律规定的诉讼障碍时，即存在仲裁机构或者人民法院已经确认仲裁协议有效的情形；当事人没有在仲裁庭首次开庭前对仲裁协议的效力提出异议的情形；仲裁协议符合《仲裁法》第十六条的规定且不具有《仲裁法》第十七条规定的情形时，人民法院应当裁定驳回起诉，对仲裁协议效力的证明责任由被告承担。

---

① 杨秀清，史飚：《民事诉讼法》，高等教育出版社2016年版，第171页。

（三）原则—例外规范的适用

原则—例外规范又可表述为基本—相对规范，是指针对同一个权利或法律关系，既规定了在何等条件下其应当产生，又规定了在何种情况下这个权利或法律关系例外的不产生的法律规范①。原则—例外规范（Regel—und Ausnahmen）的关系事实证明对诉讼问题的证明责任分配尤为重要，根据原则—例外规范的规定，其主张不同于法律规定之人必须承担证明责任②。法律规范中存在许多原则—例外规范，用此方法来对法律规范进行解读，能够对证明责任的分配有更为明晰的认识。

我国民事诉讼法律中，例外规范包括：鉴定人的选定（《民事诉讼法》第七十六条），协议约定管辖法院（《司法解释》第三十条），举证期限的约定（《司法解释》第九十九条），书证和物证可不提交原件（《民事诉讼法》第七十条），证人不出庭作证的情形（《民事诉讼法》第七十二条、第七十三条）、申请重新鉴定的情形（《证据规定》第二十七条）等。以协议约定管辖法院为例，人民法院具有管辖权，是法院作出实体判决的前提要件之一③。管辖权可由当事人协议约定，《民事诉讼法》第三十四条规定："合同或者其他财产权益纠纷的当事人可以书面协议选择被告住所地、合同履行地、合同签订地、原告住所地、标的物所在地等与争议有实际联系的地点的人民法院管辖，但不得违反本法对级别管辖和专属管辖的规定。此规范的前半句属于原则规范，原告应当对管辖协议之存在、当事人拥有订立协议的民事能力等承担证明责任④。"此规范的后半句属于例外规范，由被告对管辖协议违反级别管辖和专属管辖承担证明责任。

---

① ［德］莱奥·罗森贝克：《证明责任论——以德国民法典和民事诉讼法典为基础撰写》，庄敬华译，中国法制出版社2002年版，第129页。

② ［德］莱奥·罗森贝克：《证明责任论——以德国民法典和民事诉讼法典为基础撰写》，庄敬华译，中国法制出版社2002年版，第403—404页。

③ 周翠：《协议管辖问题研究——对〈民事诉讼法〉第34条和第127条第2款的解释》，载《中外法学》2014年第2期。

④ 周翠：《协议管辖问题研究——对〈民事诉讼法〉第34条和第127条第2款的解释》，载《中外法学》2014年第2期。

司法责任的蕴含

——基于法院视角的分析

李　麒*

摘　要：从法院视角来看，在深化司法体制改革的语境之下，“让审理者裁判，由裁判者负责”作为司法责任制的浓缩表达，其含义应包括：权力层面的责任，即独立审判的权力；目标意义上的责任，即公正审判的义务；制裁或者保障意义上的责任，即对失职渎职行为的问责。独立审判权是司法责任的基础，是审判公正的前提；公正审判义务是司法责任的核心，公正审判包括实体公正和程序公正；审判责任是违法审判所要承担的不利法律后果，是保证独立审判和公正审判的有效措施。

关键词：司法责任　独立审判权　公正审判义务　审判责任

引　言

党的十八届三中全会《中共中央关于全面深化改革若干重大问题的决定》（以下简称三中全会《决定》）中指出，要“完善主审法官、合议庭办案责任制，让审理者裁判，由裁判者负责”。党的十八届四中全会《中共中央关于全面推进依法治国若干重大问题的决定》（以下简称四中全会《决定》）进一步明确：“完善主审法官、合议庭、主任检察官、主办侦查员办案责任制，落实谁办案谁负责”“实行办案质量终身负责制和错案责任倒查问责制”。习近平总书记指出，完善司法责任制，“在深化司法体制改革中居于基础性地位，是必须牵住

* 山西大学法学院教授，博士生导师，主要研究方向为刑事诉讼法、法文化。

的‘牛鼻子’”①。他还强调，“要紧紧牵住司法责任制这个牛鼻子，凡是进入法官、检察官员额的，要在司法一线办案，对案件质量终身负责。法官、检察官要有审案判案的权力，也要加强对他们的监督制约”②。可见，完善司法责任制在深化司法体制改革中的基础性、建构性和战略性地位。根据全面深化改革领导小组的决议，2015 年 9 月 22 日最高人民法院发布了《关于完善人民法院司法责任制的若干意见》，就落实人民法院司法责任制作了规定。

司法责任制是关于司法责任的制度规范，因此，如何理解“司法责任”对于科学、合理、系统建构司法责任制具有重要意义。从法院角度而言，早在 20 世纪 90 年代初期就开始了错案责任追究制度的探索。“这一时期的错案责任追究主要采取结果导向的错案认定标准”③，体现出结果责任的价值取向。1995 年颁布的《法官法》并没有明确使用“错案追究”这一说法，而是规定了法官禁止从事的 13 项行为。1998 年最高人民法院颁布了《人民法院违法审判责任追究办法（试行）》和《人民法院审判纪律处分办法（试行）》，将结果责任和程序责任结合起来，表现出并合责任的特点。但是，值得注意的是，新时代深化司法体制改革中司法责任制所称司法责任，尽管仍然包含着错案责任追究或者违法责任追究这种传统的制裁意义上的责任，但是已经超越了这一意义境域，对司法责任作了广义上的拓展性的界定。在新语境之下，“让审理者裁判，由裁判者负责”作为司法责任制的浓缩表达，其蕴含应包括三个层面的内容：一是权力层面的责任，即独立审判的权力；二是目标意义上的责任，即公正审判的义务；三是制裁或者保障意义上的责任，即对失职渎职行为的问责。完善司法责任制正是针对长期以来我国司法实践存在的权力不明、职责不清、司法不公问题而提出的，因此，它虽然包含了责任追究意义上的司法责任，但是，其重心则是在于廓清职责，健全依法独立行使审判权机制。完善司法责任制对于深化司法体制改革具有基础性、全局性、革命性的意义。

---

① 习近平：《习近平关于全面依法治国论述摘编》，中央文献出版社 2015 年版，第 102 页。

② 习近平：《以提高司法公信力为根本尺度坚定不移深化司法体制改革》，载《人民日报》2015 年 3 月 26 日。

③ 陈虎：《逻辑与后果——法官错案责任终身制的理论反思》，载《苏州大学学报》2016 年第 2 期。

一、司法责任的基础：独立审判权

审判机关独立行使审判权或称司法独立是司法公正的前提。我国宪法和法律确立了“人民法院独立行使审判权，不受行政机关、社会团体和个人的干涉”这一独立审判原则。法院独立是独立审判的基本层次，法官独立是独立审判的核心层次。但是应当指出的是，由于历史的、政治的、经济的和文化的诸多原因，长期以来，这一原则在我国并未得到全面贯彻。缺乏健全的独立审判制度是当前法院存在的所有主要问题的根源。司法权的地方化、法院企业化、司法行政化模糊了司法权的边界，动摇了独立审判的根基，在一定程度上形成了“审者不判，判者不审”的违背司法规律的现象，也是错案发生、司法不公的根由。针对此种状况，新时代司法改革鲜明地提出“让审理者裁判”这一司法责任的要义和基础，众多司法改革措施无不是围绕这一关键展开的。

（一）人财物统一管理与独立行使审判权

美国思想家汉密尔顿在论述财政独立保障对司法独立的重要意义时曾经指出：“就人类天性之一般情况而言，对某人的生活有控制权，等于对其意志有控制权。”① 因此，为保障司法独立必须使得法院在财政上摆脱对外部权力的依赖。我国司法实践中存在的司法权地方化，除人事编制上依赖于地方之外，主要是在办公用地、场所、办案经费、薪金福利待遇等方面对地方财政的依赖，这是造成司法权地方化的根本原因。司法权地方化干扰了独立行使审判权，破坏了法制统一，损害了法律权威，影响了司法公正。因此，党的十八届三中全会《决定》和四中全会《决定》把破除司法权地方化作为落实司法责任制的基础制度构建。其中，首要的措施就是推动省以下地方法院、检察院人财物统一管理。实践表明，省以下地方法院、检察院人财物统一管理克服了法院独立行使审判权的体制上的障碍，使法院专注于审理和裁判案件有

---

① ［美］汉密尔顿等：《联邦党人文集》，程逢如等译，商务印书馆1982年版，第396页。

了可靠的制度保障和物质保障，从而为法院独立行使审判权创造了基本条件，因而是具有革命性的制度创新。

（二）防止违法干预司法活动与独立行使审判权

党政领导干部插手、干预司法活动以及司法机关内部人员的过问、干预往往是法院及审判人员不能依法独立审判案件、秉公执法的重要因素，也是落实司法责任制的障碍。不当干预使得审理和裁判分离，裁判结果往往成为领导意志的表达。在出现错案的情况之下，到底谁来负责，成为扯不清的问题。因此，排除外来不当干预、扫清影响独立行使审判权的外围因素遂成为完善司法责任制的重要内容。2015 年中共中央办公厅、国务院办公厅制定的《领导干部干预司法活动、插手具体案件处理的记录、通报和责任追究规定》和中央政法委制定的《司法机关内部人员过问案件的记录和责任追究规定》则直面司法实践中插手、干预司法活动的问题，规定了具体措施，从而为法院及法官抵御外来不当干预、独立行使审判权提供了规范依据。

（三）员额制与独立行使审判权

长期以来，我国法官队伍中有不少人虽有法官之名，并不行法官之实，脱离办案一线，主要从事的是管理、服务之责。过多的法官数量、较少的办案人员、大致平均的工资待遇、庞杂的管理事务，使得法官缺少职业神圣感、荣誉感和责任心，一些法官素质较低，缺乏依法独立审判的能力。深化司法体制改革中，以员额制为核心的司法人员分类管理制度，旨在凸显法院作为审判机关的性质，突出一线办案法官的主体地位，建立精英化、专门化的法官职业队伍，使之符合独立行使审判权所需要的素质、能力和担当。

（四）健全审判权运行机制与独立行使审判权

司法行政化是我国司法的积弊之一。长期以来，我国司法中形成了合议庭、庭务会、副庭长、庭长、主管副院长、院长、审判委员会等层层把关、上命下从的行政化运行模式。审判管理权和审判权界限模糊、交叉并行，是造成“审者不判、判者不审”的审判权被分割、蚕食、吞并的重要原因。深化司法体制改革，以落实司法责任制为把手，就是要厘清审判管理权和审判权的界限，促使审判权回归审判者。

《最高人民法院关于完善人民法院司法责任制的若干意见》通过改革审判权力运行机制和明确司法人员职责和权限来完善司法责任制。如该意见规定：（1）基层、中级人民法院可以组建由一名法官与法官助理、书记员以及其他必要的辅助人员组成的审判团队，依法独任审理适用简易程序的案件和法律规定的其他案件。（2）独任法官审理案件形成的裁判文书，由独任法官直接签署。合议庭审理案件形成的裁判文书，由承办法官、合议庭其他成员、审判长依次签署；审判长作为承办法官的，由审判长最后签署。审判组织的法官依次签署完毕后，裁判文书即可印发。除审判委员会讨论决定的案件以外，院长、副院长、庭长对其未直接参加审理案件的裁判文书不再进行审核签发。（3）合议庭认为所审理的案件因重大、疑难、复杂而存在法律适用标准不统一的，可以将法律适用问题提交专业法官会议研究讨论。专业法官会议的讨论意见供合议庭复议时参考，采纳与否由合议庭决定，讨论记录应当入卷备查。又如，为全面落实司法责任制改革，正确处理充分放权与有效监管的关系，规范人民法院庭长审判监督管理职责，切实解决不愿放权、不敢监督、不善管理等问题，《最高人民法院关于落实司法责任制完善审判监督管理机制的意见（试行）》强调：（1）确保“让审理者裁判，由裁判者负责”，除审判委员会讨论决定的案件外，院庭长对其未直接参加审理案件的裁判文书不再进行审核签发，也不得以口头指示、旁听合议、文书送阅等方式变相审批案件。（2）各级人民法院应当逐步完善院庭长审判监督管理权力清单。院庭长审判监督管理职责主要体现为对程序事项的审核批准、对审判工作的综合指导、对裁判标准的督促统一、对审判质效的全程监管和排除案外因素对审判活动的干扰等方面。这些规定比较科学地界定了独任法官、合议庭、审判长、院长、审判委员会之间在行使审判权方面的权力范围，有效地区分了法院行政管理权、审判权、审判监督权的边界，为独立行使审判权奠定了规范基础。

二、司法责任的核心：公正审判义务

独立审判是公正审判的前提，是服务于公正审判的司法目标的。古往今来，人们无不把正义或公正视为人类社会的美德和崇高理想而为之不懈地追求和探索。古希腊哲人亚里士多德称："在各种德行中，唯有公正是关心他人的善。"[①]美国社会法学派代表人物庞德说："在法学上，我们可以讲的执行正义（执行法律）是指在政治有组织的社会中，通过这一社会的法院来调整人与人之间的关系，安排人们的行为；现代法哲学的著作家们也一直把它视为人与人之间的理想关系。"[②] 作为社会正义的最后一道防线的司法，公正构成了它的灵魂。习近平总书记要求司法者"以至公无私之心，行正大光明之事"[③]。如果没有公正的灵魂，司法就失去了存在的根据。公正审判大体上可以分为程序公正和实体公正。

（一）程序公正的义务

"获得公正审判的权利为每一个有关国际人权保障的规范性文件所确认。从这些致力于推进民主与法治的公约与条约的绪言中可以推导出：程序是否公正是判断这些国家是否遵守条约义务的标准。"[④] 公正审判的第一层含义就是程序公正。对公民而言，获得公正审判是其权利；对裁判者而言，遵循公正审判的程序规则是其义务。程序公正大致包括以下几个方面：一是平衡的诉讼结构。平衡的诉讼结构要求法官中立，不偏不倚，原被告双方权利对等。如在刑事诉讼中，要加强控辩平衡。控辩平衡是维持刑事诉讼结构内在合理性的基本要求，是保证无罪的人不受刑事追究，犯罪的人受到公正追究的前提。在民事诉讼中，要防止大公司的经济力量对诉讼进程和结果的不当影响甚至操纵。在行政诉讼中，要防止行政权对司法权的干涉和对公民诉权的压制。二是审判的民主性。审判民主要求通过陪审制度，使公民能有机会参与到审判中，对于案件事实的认定或者法律适用发表意见。陪审制有助于在审判中吸收民众的常识和情感，弥补法官过分的专业思维判断可能造成的与社会脱节情况，也有助于克服法官

---

① ［古希腊］亚里士多德：《尼各马可伦理学》，苗力田译，中国社会科学出版社 1990 年版，第 90 页。

② ［美］罗科斯·庞德：《通过法律的社会控制》，沈宗灵译，商务印书馆 1984 年版，第 73 页。

③ 习近平：《以提高司法公信力为根本尺度坚定不移深化司法体制改革》，载《人民日报》2015 年 3 月 26 日。

④ ［瑞士］萨拉·J·萨默斯：《公正审判——欧洲刑事诉讼传统与欧洲人权法院》，朱奎彬、谢进杰译，中国政法大学出版社 2012 年版，第 119 页。

的专断、傲慢与偏见。三是审判的公开性。通过审判公开，将审判这一司法权行使的中心活动置于群众的监督之下，也是公正审判的内在要求。审判公开的基本含义是指法院在审理案件和宣告判决时都公开进行，公民可以到法庭旁听，新闻记者也可以采访和报道。法律应当通过公布而被公民普遍地知道。同样，法律适用的历程也应当使尽可能多的人了解。

（二）实体公正的义务

所谓实体公正指的是裁判结果的公正，具体而言包括以下几项要求：一是裁判结果建立在通过证据认定的事实之上，实行证据裁判主义；二是在民事诉讼、行政诉讼中对当事人的权利和义务进行合乎法律、法理和情理的确认与分配；三是在刑事诉讼中，罪刑法定、罪刑相应，重罪重判，轻罪轻判，罚当其罪，保证有罪的人受到公正处罚，防止无罪的人被追究刑事责任。其中，防范错案成为近年来司法改革的重要命题。构成错案的情形主要地包括认定事实错误和适用法律错误，其基本情形有将有罪认定为无罪、将无罪认定为有罪、重罪轻判和轻罪重判。其中，将无罪认定为有罪的错案，最受人关注。这是因为，一方面，人们将动用刑罚的权力通过立法授予公共权力机关，旨在保护自己的权利，因此，来自于公共权力机构的侵害远比来自单个人侵害的危害大得多，它损害了人们对政府和司法机关的信赖，违背了设立公共权力机构的基本原理。另一方面，这种类型的错案，不仅使得无辜的人遭受不白之冤，使其丧失自由、财产甚至生命，而且影响了与其有直接利害关系人的正常生产与生活，影响了社会和谐稳定，浪费了社会资源。

程序公正和实体公正应当并重。程序正义保证诉讼过程的公正，实体正义是衡量诉讼结果公正的尺度。两者的完美结合才是真正的审判公正。在两者发生冲突的情形下，应当采取利益权衡的原则，来决定取舍，尽可能地做到利益平衡，不能片面地认为“程序至上”或“实体优先”。

三、司法责任的保障：司法问责与免责

明确了独立审判的权力和公正审判的义务，那么，对权力的懈怠或者滥用，对义务的违反或者不履行，均应承担不利的法律后果。问责的意义在于：（1）

对于法官失职渎职行为予以否定的法律评价；（2）失职渎职行为违背了法律规范，损害了法律尊严和司法公正，根据权责一致原理，理应受到追究；（3）追责失职渎职行为能够对失职渎职者起到教育作用，对其他人起到警诫作用。因此，司法问责在司法责任体系中不可或缺。

《最高人民法院关于完善人民法院司法责任制的若干意见》根据主观过错与客观行为相结合、责任与保障相结合的原则确定了审判责任的范围、承担和免责事由。

（一）审判责任的范围

依据该意见，审判责任包括三种类型：（1）终身负责。法官应当对其履行审判职责的行为承担责任，在职责范围内对办案质量终身负责。（2）违法责任。法官在审判工作中，故意违反法律法规的，或者因重大过失导致裁判错误并造成严重后果的，依法应当承担违法审判责任。（3）纪律责任。法官有违反职业道德准则和纪律规定，接受案件当事人及相关人员的请客送礼、与律师进行不正当交往等违纪违法行为，依照法律及有关纪律规定另行处理。此外，还规定了监管责任，即负有监督管理职责的人员等因故意或者重大过失，怠于行使或者不当行使审判监督权和审判管理权导致裁判错误并造成严重后果的，依照有关规定应当承担监督管理责任。追究其监督管理责任的，依照干部管理有关规定和程序办理。

该意见列举了应当依纪依法追究相关人员的违法审判责任的情形，包括：（1）审理案件时有贪污受贿、徇私舞弊、枉法裁判行为的；（2）违反规定私自办案或者制造虚假案件的；（3）涂改、隐匿、伪造、偷换和故意损毁证据材料的，或者因重大过失丢失、损毁证据材料并造成严重后果的；（4）向合议庭、审判委员会汇报案情时隐瞒主要证据、重要情节和故意提供虚假材料的，或者因重大过失遗漏主要证据、重要情节导致裁判错误并造成严重后果的；（5）制作诉讼文书时，故意违背合议庭评议结果、审判委员会决定的，或者因重大过失导致裁判文书主文错误并造成严重后果的；（6）违反法律规定，对不符合减刑、假释条件的罪犯裁定减刑、假释的，或者因重大过失对不符合减刑、假释条件的罪犯裁定减刑、假释并造成严重后果的；（7）其他故意违背法定程序、证据规则和法律明确规定违法审判的，或者因重大过失导致裁判结果错误并造成严重后果的。

可以看出审判责任范围的基本特点是：(1) 需要有主观上的故意或者重大过失，体现了过错原则；(2) 需要有客观上的违法行为，且一般要有严重后果，可以归为结果责任或者错案责任；(3) 以实体责任为主，以程序责任为辅。

(二) 审判责任的承担

该意见在明确审判权限的基础上，规定了对司法失职渎职行为根据权责一致原则承担责任，充分体现了司法责任制中的“由裁判者负责”的要求。

(1) 独任制审理的案件，由独任法官对案件的事实认定和法律适用承担全部责任。

(2) 合议庭审理的案件，合议庭成员对案件的事实认定和法律适用共同承担责任。进行违法审判责任追究时，根据合议庭成员是否存在违法审判行为、情节、合议庭成员发表意见的情况和过错程度合理确定各自责任。

(3) 审判委员会讨论案件时，合议庭对其汇报的事实负责，审判委员会委员对其本人发表的意见及最终表决负责。案件经审判委员会讨论的，构成违法审判责任追究情形时，根据审判委员会委员是否故意曲解法律发表意见的情况，合理确定委员责任。审判委员会改变合议庭意见导致裁判错误的，由持多数意见的委员共同承担责任，合议庭不承担责任。审判委员会维持合议庭意见导致裁判错误的，由合议庭和持多数意见的委员共同承担责任。合议庭汇报案件时，故意隐瞒主要证据或者重要情节，或者故意提供虚假情况，导致审判委员会作出错误决定的，由合议庭成员承担责任，审判委员会委员根据具体情况承担部分责任或者不承担责任。审判委员会讨论案件违反民主集中制原则，导致审判委员会决定错误的，主持人应当承担主要责任。

(4) 审判辅助人员根据职责权限和分工承担与其职责相对应的责任。法官负有审核把关职责的，法官也应当承担相应责任。

(5) 法官受领导干部干预导致裁判错误的，且法官不记录或者不如实记录，应当排除干预而没有排除的，承担违法审判责任。

应当说，该意见明晰了独任法官、合议庭成员、审判委员会成员、司法辅助人员等在违法审判责任上的责任区分，符合审判权运行规律，为公正审判提供了有效保障。

（三）免责事由

审判作为一种复杂的认识活动和法律活动，由于当事人提供证据不足或者法律条文本身所具有的一定模糊性和漏洞，审判中难免出现争议或者瑕疵。在这种情形之下，是否构成违法审判需要追责，则不无疑问。为解决法官后顾之忧，最大限度地发挥其主观能动性，独立自主地认定事实和适用法律，该意见明确了不得作为错案追责的事由。即因下列情形之一，导致案件按照审判监督程序提起再审后被改判的，不得作为错案进行责任追究：(1) 对法律、法规、规章、司法解释具体条文的理解和认识不一致，在专业认知范围内能够予以合理说明的；(2) 对案件基本事实的判断存在争议或者疑问，根据证据规则能够予以合理说明的；(3) 当事人放弃或者部分放弃权利主张的；(4) 因当事人过错或者客观原因致使案件事实认定发生变化的；(5) 因出现新证据而改变裁判的；(6) 法律修订或者政策调整的；(7) 裁判所依据的其他法律文书被撤销或者变更的；(8) 其他依法履行审判职责不应当承担责任的情形。

结　语

从法院视角来看，深化司法体制改革中司法责任制之重心在于明确权责，而不在于错案或违法责任追究，因此，其所指的司法责任由独立审判权、公正审判义务和审判责任组成，不再单纯指违法审判责任。独立审判权是司法责任的基础，是审判公正的前提；公正审判义务是司法责任的核心，公正审判包括实体公正和程序公正；审判责任是违法审判所要承担的不利法律后果，是保证独立审判和公正审判的有效措施。三者之间相互关联，缺一不可，共同蕴含于司法责任。完善司法责任制对于解决长期以来我国司法中存在的权责不明、司法不公问题具有重要意义。

刑事缺席审判程序相关问题研究

马秀娟* 侯贝贝**

摘 要： 刑事缺席审判程序是在被告人基于主观或客观原因无法到庭时，为实现庭审功能和保护被告人合法利益的补充性质的审理程序，是现代刑事诉讼中一项重要的制度设计。目前，我国刑事立法中关于刑事缺席审判程序的有关规定尚处于空白。本文通过对违法所得没收程序与刑事缺席审判程序进行比较分析，从案件的适用范围、诉讼保障措施等方面入手，制定富有中国特色的刑事缺席审判程序的初步方案。

关键词： 刑事缺席审判 违法所得没收程序 诉讼保障

刑事缺席审判程序是在被告人无法到庭或不能到庭的特殊情况下，为平衡诉讼效率和诉讼公正的特殊程序性设计，是对席审判的补充性程序设计。世界上绝大多数国家都已经建立了针对被告人不到庭的刑事缺席审判程序，我国学者对于刑事缺席审判程序的建立一直存在较大争议。为严厉打击贪官外逃现象，追逃追赃，2005 年全国人大常委会正式批准加入《联合国反腐败公约》。2012 年，为顺应公约的基本精神，刑事诉讼法新增了“犯罪嫌疑人、被告人逃匿、死亡案件违法所得的没收程序”。作为刑事缺席审判程序的替代性程序，违法所得没收程序在一定程度上能够对被告人作出相应的财产性处罚，但是却无法解决被告人的实体处罚问题，这种“未经定罪即处罚”的处理方式不符合刑事诉讼法的基本精神。因此，为从实体上真正实现对被告人的刑罚处罚，减少被告人长期不到庭导致的案件悬置现象，提高司法效率，保障犯罪受害人的合法利

* 山西大学法学院副教授，主要研究方向为刑事诉讼法学。
** 山西大学法学院刑法专业硕士研究生，主要研究方向为刑事诉讼法学。

益，我国应当建立刑事缺席审判程序，并设计相应的程序保障制度，充分实现效率和公正的协调统一。

一、刑事缺席审判程序概述

（一）刑事缺席审判的定义与特征

刑事缺席审判是指在刑事诉讼过程中，在刑事诉讼主体缺席的情况下进行的法庭审理。广义上的刑事缺席审判程序包括以下几方面的含义：刑事缺席审判程序不仅仅指在法庭审判阶段的缺席，而应当包括刑事诉讼的各个阶段，即立案、侦查、审查起诉及审判阶段；刑事缺席审判的主体，既包括国家专门机关，也应当包括诉讼参与人，既包括当事人，也包括其他诉讼参与人；刑事缺席审判程序不同于刑事缺席判决，是在相关主体缺席的情况下的一项特殊的诉讼制度。狭义的刑事缺席审判是指，在公诉案件中，被告人由于各种原因不能或不愿出席法庭审理时，法庭在被告人未出席法庭的情况下，进行案件审理的一项程序。本文所探讨的刑事缺席审判程序介于广义的刑事缺席审判程序和狭义的刑事缺席审判程序之间，是指在刑事诉讼案件中（包括公诉案件和自诉案件），被告人不能或不愿参与法庭审理时，法庭依据案件的事实和证据，依法在被告人不在庭的情况下对案件进行审理的程序。

在比较各国刑事缺席审判程序的基础上，笔者认为刑事缺席审判主要有以下特征：刑事缺席审判不同于刑事缺席判决。刑事缺席判决是一种被告人由于义务违反的责任承担方式，是对被告人的惩罚，更侧重于效率价值，而刑事缺席审判程序则是为了解决在被告人未参加庭审时所可能带来的不利后果，保障被告人及其他与案件有利害关系的人的合法权益，是多元化价值相互冲突下的选择。前者不以解决被告人是否有罪的实体问题为目的，而后者的功能在于通过审判查明被告人是否有罪。① 刑事缺席审判程序除了在案件的适用范围、缺席方的特殊权利保护等方面有一些特别规定，其他没有规定的部分仍适用普通审理程序。刑事缺席审判程序仍然符合控辩审三方的诉讼结构。首先，在刑事

① 谢小剑：《刑事缺席审判：价值平衡中的制度建构》，载《诉讼理论》2007 年第 1 期。

缺席审判过程中，控诉方必须出席，遵循“不告不理”的诉讼原则。其次，控辩审的三方结构中，“辩”是指的辩诉方，即辩护权的行使，并不是指特定的某个人。许多国家的刑事缺席审判程序都建立了强制律师辩护制度，被告人的缺席不仅没有导致被告人辩护权的剥夺，相反，国家给予了被告人辩护权更为严格的强制力保护。

（二）构建刑事缺席审判程序的必要性

刑事缺席审判程序的缺失，使司法实践中很多问题被长期搁置：首先，刑事诉讼法的任务是“惩罚犯罪和保障人权”，惩罚犯罪包括使通过正当程序确定有罪的人受到刑罚惩罚和保证无辜的人不受到追诉。在被告人缺席的情况下，不对其进行法庭审理程序，对于真正的犯罪分子，无疑是一种变相的放纵犯罪的行为；对于本应宣告无罪之人，则使其在道德上背负了沉重的负担，对其同样是一种伤害。刑事审判程序并不等于刑事定罪程序，判决可能是有罪，也可能是无罪。对于那些被扣上犯罪嫌疑人或被告人之名的人来说，只有经过法庭的公正审理，才是对其合法权益最好的保护方式。其次，司法是维护公平正义的最后一道防线。社会上发生了刑事案件，司法机关对此却不予以处理。这样的结果不仅受害人难以接受，社会的普通大众也无法理解，司法公信力该如何守护？百姓的利益该由谁来保护？最后，虽然我国已经变相地建立了刑事缺席审判程序的替代性制度——违法所得没收程序，但是从2012年开始实施至今，我们不难发现，实践中适用违法所得没收程序的案件数量极少，适用该程序涉案人员级别大多数比较低、所涉及的金额也比较少，这与我国存在的贪腐案件数量及所涉金额明显不成比例。违法所得没收程序不经定罪即没收，没有明确的证明标准、缺乏控辩双方相互对抗，程序设置的要求明显低于一般的普通审理程序，极易侵犯被告人的合法权益。因此，建立严格规范的刑事缺席审判程序，有利于实现刑事诉讼法定纷止争的功能，有利于外流腐败资产的追回，是法制建设与发展的必然选择。

二、对刑事缺席审判程序的质疑与回应

（一）与“人权保障”的诉讼理念相违背

我国对于刑事缺席审判程序的建立一直持保守态度，国内大部分学者都以

“刑事缺席审判程序严重侵犯被告人的庭审参与权，不利于被告人的人权保障”来反对这项制度的建立，导致我国目前对于此制度在立法和司法实践中都处于空白状态。保障人权只是一项原则性指导，不能苛刻地具体到某项制度。正如中国政法大学教授樊崇义所讲：“所谓权利和义务都是对社会和对他人的关系而言的，离开了一定的社会关系和具体情况就无所谓权利义务。诉讼权利必须通过各国的法律加以规定和确认。但各国所表述的诉讼权利不一致，也就是说不同国家或不同时期的人享有的诉讼权利不可能一样。正如在德国的法院被告不可能要求英国的陪审团审理那样。”①

其次，必须正确理解与处理“惩罚犯罪”与“保障人权”二者之间的关系。有学者论证：“长期以来，人们惯于把刑事诉讼的宗旨表述为惩罚犯罪与保障人权两方面，这实际是一种误解。其实，从更深的层面来讲，惩治犯罪也是保障人权的一种手段，刑事诉讼追究犯罪，既是对被害者权益进行国家救济，更是为社会公众利益提供法律保障。因此，刑事诉讼的唯一宗旨就是保障人权。”根据《联合国公民权利和政治权利国际公约》的法定解释和监测机构——联合国人权事务委员会在“审理”有关“案件”中所发表的意见，在被告人已经被给予一切必要的通知，但被告人自己却决定不出席审判的情况下，进行审判并不违背《联合国公民权利和政治权利国际公约》的规定。② 世界上绝大多数国家均有关于刑事缺席审判程序的具体规定，为刑事缺席审判程序的构建及其必要性提供了佐证。

（二）刑事缺席审判程序违反罪责自负原则

学界的批判集中针对的是对已经死亡的被告人适用缺席审判的情形。大多数学者认为，死亡的人既无诉讼权利能力，也没有诉讼行为能力，这决定了死亡的人不可能构成诉讼法律关系的主体。对于已经死亡的犯罪嫌疑人、被告人进行审判，是在对法律上实际已经不存在的没有主体资格的“尸体”进行审判，不仅毫无诉讼价值，可能还会侵犯死者的亲属或者继承人的合法权益。笔

① 樊崇义：《诉讼原理》，北京法律出版社 2003 年版，第 266 页。

② 张毅：《论〈打击跨国有组织犯罪公约〉和〈反腐败公约〉与我国刑事诉讼制度改革》，载陈光中主编《21 世纪域外刑事诉讼立法最新发展》，中国政法大学出版社 2004 年版，第 77 页。

者认为，反对者在没有充分了解刑事缺席审判审判程序的情况下，对这项制度存在一定的曲解。罪责自负原则，又称“罪及个人原则”，是指谁犯了罪，由谁承担刑事责任；“刑止于一身”，刑罚只能适用于实施了犯罪行为的个人，不得适用于与犯罪人有亲戚、朋友、邻居等关系但并没有参与实施犯罪的人。对已经死亡的犯罪嫌疑人、被告人缺席审判必须符合以下要求：（1）从缺席审判程序建立的目的来看，我们对于死亡的人进行缺席审判，并不是为了对其进行定罪量刑，而是为了处理与其犯罪行为有关的财产问题或者其他案件中共同犯罪嫌疑人的定罪量刑问题。（2）从其适用对象来看，并不是所有的已死亡的犯罪嫌疑人、被告人均要适用刑事缺席审判，主要包括三种情况：已收集的证据能够证明被追诉人可能无罪的；被追诉人是共同犯罪的参与者，死亡被告人责任的认定直接影响同案被告人的追诉、审判以及最后的定罪量刑；在附带民事诉讼中，犯罪嫌疑人、被告人死亡，或涉案财产可能为他人合法所有的。3、从缺席审判程序的价值来看，对死亡的人缺席审判更有利于贯彻罪责自负原则，促使各担其责，避免责任的推诿。适用刑事缺席审判程序有利于查清案件事实，使无罪的人得以澄清，让其死后也能得以安息，其家人也无需再背负社会的道德谴责；同时在共同犯罪案件中，经过法庭的公正审理，可以避免同案被告人将自己的责任推卸到死者的身上，掩盖案件事实真相，逃避责任；对于受害人，其在遭受犯罪行为侵害后，通过对犯罪行为人适用刑事缺席审判程序，使得被害人精神上的创伤得到些许抚慰和弥补；而对于涉案财产的合法所有人，刑事缺席审判可以尽快恢复财产的不稳定状态，减少合法所有人因无法有效分配利用财产所造成的损失。

三、违法所得没收程序与刑事缺席审判程序的比较分析

为解决贪官外逃带来了国有资产流失问题，2012 年我国刑事诉讼法新增了违法所得没收程序。违法所得没收程序作为刑事缺席审判程序的替代性程序，本质上是一种“未经定罪即没收”的财产处理程序，不涉及被告人的实体处罚问题，因而不能完全代替刑事缺席审判程序。

2017 年，两高联合发布了《关于适用犯罪嫌疑人、被告人逃匿、死亡案件违法所得没收程序若干问题的规定》（以下简称《规定》）。虽然，《规定》第一

条对刑事诉讼法关于违法所得没收程序适用罪名范围做了明确解释，将刑事诉讼法规定的贪污贿赂、恐怖活动犯罪等案件确定为五类犯罪案件。但对于直接侵犯公民合法权益，涉及公民人身权利和民主权利以及侵犯财产权利的犯罪，却并不涵盖在非法所得没收程序的案件范围中。当发生其他类型的犯罪案件，犯罪嫌疑人、被告人基于各种原因未到案的，被害人的权利将无法受到有效的保护。我国刑事诉讼法规定，附带民事诉讼的审理必须以刑事案件的审理为基础。当犯罪嫌疑人、被告人缺席，且其所犯罪行不属于违法所得没收程序的案件范围，基于现行法律规定，国家无法对其追究责任，犯罪行为无法受到法律上的否定性评价。同时由于刑事案件的中止或终止，被害人也无法获得补偿，这无疑是对犯罪的一种放纵，对被害人造成了“二次伤害”。

违法所得没收程序本质是一种“未经定罪即没收”的财产处理程序，不对被告人进行实体处罚。违法所得没收程序可能会导致案件证据收集的延误，产生大量的“僵尸案件”。虽然，我国法律并没有规定违法所得没收程序是对犯罪嫌疑人、被告人逃匿、死亡情况下的最终处理程序，从理论上讲，违法所得没收程序并不影响普通定罪程序的进行。但在实践中，当出现符合违法所得没收程序条件的情况时，侦查人员往往将注意力转移到财产的处理，疏于搜集有关犯罪定罪量刑的证据。待违法所得没收程序结束后，有关证据早已七零八落，难以收集，侦查机关也忙于处理新的刑事案件，之前的案件便被沉重地积压在一边，成了所谓的“僵尸案件”。

根据刑事诉讼法的有关规定，违法所得没收程序主要适用于两种情况：即犯罪嫌疑人、被告人逃匿，在通缉一年后不能到案或者犯罪嫌疑人、被告人死亡，应当追缴违法所得和涉案财产的。对于犯罪嫌疑人、被告人身患严重疾病，丧失诉讼行为能力的，现行处理办法是中止审理。只有当影响案件的原因事由消失以后，案件才能恢复审理。对于国家，由于不属于违法所得没收程序的适用情形，不能对违法所得进行没收。对于被害人，刑事案件的中止必然导致附带民事诉讼的停滞，即使被害人通过普通的民事诉讼寻求救济，但刑事案件未得到处理，民事诉讼也必然中止。而对于被查封、扣押的财产的真正权利人，由于案件没有完结，财产一直处于国家强制力控制之下，其合法权益也必然受损。

综上，违法所得没收程序在实践中不具有广泛适用性，无法涵盖刑事缺席审判程序所能解决的问题。与其采用这种性质上属于缺席审判范畴的程序，倒不如大大方方地确定刑事缺席审判程序。

四、建立刑事缺席审判程序的设想

刑事缺席审判程序虽然有其存在的必要性与合理性，但由于该制度的建立确实是基于被告人未参与庭审的特殊情况，被告人参与庭审所应当拥有的各项防御性权利必然有所减损，因此，对刑事缺席审判程序的设计必须更加审慎，赋予被告人以更加全面的诉讼保障措施，有条件地对其限制适用。

（一）刑事缺席审判程序的适用情形

为了更好地实现本制度的诉讼价值，在确定刑事缺席审判的案件适用范围之前，必须先对造成刑事缺席审判的原因进行明确和划分。被告人缺席的原因主要可分为两类：由于客观外在原因，被告人在物理状态上无法或者不能参加庭审，如被告人死亡的，患有严重疾病、丧失诉讼行为能力的。若被告人能正确表达意志的，法院可以通过远程视频或者亲自到被告人的居住地进行讯问，为其提供陈述意见的机会。被告人有能力且应当出庭，基于主观原因不愿意到庭的，包括合法的缺席和非法的缺席。非法的缺席是指被告人使用各种手段逃避法院的审判，如被告人逃跑、自伤自残、自杀等恶意逃避诉讼的。《德国刑事诉讼法》第231条规定："被告人故意和有责任地把自己置入排除自己参加审理能力的状态，以此有意识地使得审判不能在他在场的情况下正常进行或者正常继续进行的时候，即使在此之前还未曾对他就公诉予以讯问，但只要法院认为他的在场并非是必要不可的，可以在他缺席的情况下进行或继续进行审判。"① 合法的缺席是指被告人主动向法院表明放弃其参加庭审的权利或者经被告人同意法院对其缺席审判的。轻微的刑事案件由于情节简单，即使发生误判，挽回的可能性也比较大，错误成本不高，因此合法的缺席一般适用于此类案件。

根据缺席原因，可将刑事缺席审判的适用范围归为以下几种：（1）被告人在刑事诉讼过程中逃跑的，无法抓捕归案的；（2）被告人死亡的。为避免被告人将

① 《德国刑事诉讼法典》，李昌珂译，中国政法大学出版社1995年版，第96页。

死亡作为一种诉讼策略，仅在对被告人可能判决无罪、为了解决同案共犯的罪责问题、有附带民事诉讼需要进行赔偿这三种情况下可以缺席审判；（3）被告人患严重疾病，丧失诉讼行为能力，且恢复可能性极低的；（4）被告人因严重违反法庭秩序，连续两次被责令退出法庭，且被告人缺席不影响案件公正审理，或者法庭对案件进行法律审理非事实审理，经法院院长和同级检察院检察长同意，可以对案件进行缺席审理；（5）具有缺席审判的必要性的，如果不对其进行缺席审判，可能会产生其他的负面影响：犯罪嫌疑人、被告人是未成年人的，如果诉讼可能对其教育不利或有害，青少年可以部分地被免除庭审，[①] 被告人在场会影响同案被告人据实供述或者影响证人作证的，法院可以依申请免除被告人的出庭义；（6）被告人非共同犯罪的首要分子、主犯，但对案件的审理调查起重要作用的；（7）对于可能被判处管制、拘役、三年以下有期徒刑或者独立适用罚金刑的被告人，经两次传唤拒不到庭或者申请不出庭的。

（二）诉讼保障措施对刑事缺席审判程序进行补足

1. 完善告知与送达程序

由于刑事案件的审判直接涉及被告人的人身权利，因此保障犯罪嫌疑人、被告人的知情权和参与权尤为重要。法院以及公诉机关应当将相关的法律文书向犯罪嫌疑人、被告人及时送达。刑事缺席审判中，由于犯罪嫌疑人、被告人常常已经脱逃，找到本人并完成送达不太现实。因此，我们应该扩大刑事缺席审判中受送达人的范围，被告人逃跑或下落不明的，可以将诉讼文书送达被告人、辩护人及其近亲属。如果仍然无法送达的，法院可以采取公告送达的方式，在国家有影响力的新闻媒体上进行公告。同时，有关机关在送达诉讼文书时，对于缺席庭审的法律后果、有关责任应明确告知犯罪嫌疑人、被告人或者要求有关人员进行转告。对于因扰乱法庭秩序而进行的缺席审判，法庭应当在每一阶段完毕后将案件的庭审情况告知被告人，询问其意见并进行书面记录。法院在作出裁判前，应当允许被告人通过书面方式或者录像的方式作出最后陈述。被告人死亡或者是未成年人的，法院还应当将案件的审理情况告知其法定代理

---

① 对未成年人可以适当地适用刑事缺席审判程序，主要是借鉴了德国的有关立法经验。具体参见：汪建成、黄伟明，《欧盟成员国刑事诉讼法概论》，中国人民大学出版社2000年版。

人、监护人。

2. 辩护律师强制出庭辩护制度

由于刑事被告人的缺席，必然导致控辩力量的不平衡。为保障缺席被告人的诉讼权利，发挥庭审查明真相的功能，刑事缺席审判程序中必须有辩护律师代被告行使辩护权。具体有三方面的要求：

（1）强制法律援助辩护。被告人没有委托辩护律师的，法院应当通知法律援助机构指派律师为其提供辩护。我国强制指定辩护的适用对象是经济困难、盲聋哑、未成年人、可能被判处死刑的被告人未委托辩护人的。在刑事缺席审判中，由于被告人的缺席，本身就容易导致控辩双方力量的不均衡，如果没有辩护人积极为被告人提供辩护，庭审结构将遭到实质性破坏。案件庭审将变成控诉机关的“独角戏”，被告人的合法权益只会成为空话。因此，应当将被告人未参加庭审且未委托辩护人的情形也纳入强制法律援助辩护的范围。

（2）被告人委托的辩护人至少有一人是律师身份。如果被告人委托的辩护人均为非律师职业者，法院应当告知被告人至少应当委托一名律师为其提供辩护；若被告人仍未委托律师辩护的，法院应当通知法律援助机构指派律师为其提供辩护。因为，律师是经过专业的法律学习具备法学专业知识的专门性人才，其对于案件庭审的合法性以及法律适用是否正确有更为精确的把握。因此，当被告人缺席时，应由“专业的人做专业的事”，这样才能更好地实现辩护的功能与价值。

（3）遵守直接言辞原则。被告人的辩护律师必须亲自出庭参与庭审，不能通过书面等间接的方式发表辩护意见。辩护律师未亲自出庭进行辩护的，审判长应当决定中止案件的审理，待辩护律师到庭再继续进行；如果辩护律师因疾病或丧失诉讼行为能力不能出庭辩护的，法庭应通知被告人及其亲属重新委托律师辩护，特殊情况下，法院可以为被告人指定辩护律师。

3. 允许被告人一方委托诉讼代理人

在我国，只有公诉案件的被害人及其法定代理人或者近亲属，附带民事诉讼的当事人及其法定代理人有权委托诉讼代理人，被告人只能委托辩护人无权委托诉讼代理人。辩护人和诉讼代理人在其职能和权利方面有很大的差异。辩护人是指受追诉一方委托或者受人民法院指定，帮助犯罪嫌疑人、被告人行使辩护权以维护其合法权益的人。辩护人具有独立的诉讼地位，他既不从属于犯罪嫌疑人、被告人，也不从属于人民检察院和人民法院。辩护人的责任是根据事实和法律，提出证明犯罪嫌疑人、被告人无罪、罪轻或者减轻、免除其刑事责任的材料和意见，维护犯罪嫌疑人、被告人的合法权益。而诉讼代理人是指以当事人一方的名义，在法律规定或者当事人授予的权限范围内代理实施诉讼行为，接受诉讼行为的人。形象地说，诉讼代理人更像是当事人的“代言人”或者“复读机”，诉讼代理人实施诉讼行为没有任何自己的主观想法，而是完全听从于委托人的意思。虽然辩护人的职责也是为了帮助被告人行使权利，维护其合法权益。但是，辩护人有时可能会产生和被告人意见相左的情况，不能完全表达被告人的意思，被告人的意见也就因丧失合理的表达途径，无法传递到法庭。因此，被告人除了有权委托辩护人，还应当有自己的诉讼代理人。这样，法院才能更加全面地了解被告人的有关意见，充分的考虑案件的情况，更好地维护被告人的合法权利。

认罪认罚从宽中的信任思维

张沙沙*

摘　要：受到社会信任破坏以及博弈思维崛起的影响，制度设计思维逐渐形成了“重博弈、轻信任”的态势。然而这一思维无法很好地应对认罪认罚从宽制度设计的目标，革新制度设计思维、重塑信任地位、构建“博弈信任并重”思维模式，不仅是认罪认罚从宽制度的要求也是未来刑事诉讼制度构建的一大趋势。面对认罪认罚从宽主体信任的差异化，构建动态平衡的信任机制，将主体信任差异协调化是信任思维切入认罪认罚从宽制度的必然选择，而信任差异协调亦是评价认罪认罚从宽制度的可行性标准之一。

关键词：认罪认罚从宽　信任思维　信任差异　信任协调

信任是人与人之间交易的前提，而认罪认罚从宽制度则以被追诉人认罪认罚换取追诉机关的量刑优惠为主要内容，因此在认罪认罚从宽制度中信任思维的构建必不可少。信任思维在认罪认罚从宽中不仅有构建的价值和必要，也将实际对认罪认罚从宽的各个参与主体产生影响，并可以成为认罪认罚从宽制度设计是否合理的评判方式之一。

一、认罪认罚从宽信任思维价值

（一）信任思维确立条件已经成熟

信任是人与人之间联系、交流进而产生互动的前提，它与博弈一同解释着

* 山西大学法学院刑法专业硕士研究生，主要研究方向为刑事诉讼法。

人类行为的选择，甚至是人类社会发展的轨迹。信任在稳定的社会规范状态下得以发挥良好的效用，但由于社会剧烈变革以及文化自我否定的历史，导致我国社会信任受到极大地冲击。为了寻求社会治理的有效方法和途径，学界和统治者们不约而同地从博弈论中寻求解决之道，博弈思维因此成为制度设计时的重要考量因素，而信任却被排挤在考量的边缘。

随着信任价值被社会广泛关注，在社会关系中重塑信任已经成为社会各界的共识，重塑信任的条件、时机也已经成熟。天时方面，社会变革趋于平缓、稳定，变革方向基本明确，新的社会规则逐步构建并完善，信任被重塑的基础已经建立起来。地利方面，我国政府在重塑信任价值上不断作出多种努力与尝试，成为信任价值被重塑的强大引导力。人和方面，信任问题被社会各界广泛关注，重塑信任关系且生活在有信任的社会中成为我国各界的共愿。

（二）“重博弈、轻信任”旧思维无法适应认罪认罚从宽制度

认罪认罚从宽制度为被追诉人提供了不同的策略选择，这些策略选择的不同法律后果以及法律后果形成的概率，成为理性博弈者必然考量的因素，但是过度看中博弈思维也存在一些问题。首先，博弈论与认罪认罚从宽制度结合只是为被追诉人提供了多种策略选择，所产生的结果是“可能会”而非“必然会”。其次，博弈论对于参与者的基本假定是“理性人”，但是人的复杂性、情感的多样性以及价值权衡的差异性导致每个人对利益最大化地理解不同、对情感控制的程度以及思维导向也有诸多差异。而认罪认罚从宽制度的设计构造，不仅是为了给被追诉人提供另一种策略选择，更是含有激励被追诉人认罪认罚的目的，“重博弈、轻信任”的制度设计思维在认罪认罚从宽的激励目的中作用有限，无法更好地实现制度设计目标。

（三）“博弈与信任并重”新思维与认罪认罚从宽制度天然契合

受到制度设计“重博弈、轻信任”思维惯性以及刑事诉讼法追究犯罪性质的影响，认罪认罚从宽制度与信任理念的结合可能一时难以被理解，但这却是认罪认罚从宽设计理念的必然选择。认罪认罚从宽是被追诉人认罪认罚换取追诉机关量刑从宽的制度设计，从某种意义上讲，追诉机关与被追诉人之间存在责任追究量刑幅度上的置换，而信任则是人与人之间交易的前提，因此认罪认

罚从宽本身就与信任价值天然契合。认罪认罚从宽制度的设计理念固然应当考量各个主体之间的博弈关系，但不应当忽视其中信任价值的建构。因为其不同于其他刑事诉讼制度，而是更加强调追诉机关与被追诉人之间的良性互动关系，并试图从以往的对抗式的追诉模式中探索出一种更平和的追诉模式，甚至是合作式追诉模式。这也显现了我国未来刑事诉讼法的另一发展趋向——追诉模式多元化以及案件繁简分流化。

二、认罪认罚从宽主体信任差异与协调

利益诉求的不同造成了社会群体策略选择差异性，认罪认罚从宽制度并非简单的双人博弈，而是掺杂着多主体的复杂博弈，角色角度的不同也使不同主体对认罪认罚从宽的信任产生了差异。“博弈与信任并重”思维模式在当前“重博弈、轻信任”侧重不均的情况下，要求加重认罪认罚从宽制度设计中的信任思维，使二者达到平衡，这就涉及信任如何在多元化的主体中发挥效用，协调各方诉求与利益，促进相互之间的谅解与合作。

（一）认罪认罚从宽主体差异化信任

1. 被追诉人在认罪认罚从宽中的信任状态

在认罪认罚从宽制度中，被追诉人无疑是最具有利害关系的一位。控辩协商的最终成果将由被追诉人承担，在心理上被追诉人对认罪认罚从宽制度的期待值很高，但同样极其敏感，受到诸多因素的影响，其与其他协商参与方的信任关系和信任值处于最容易波动的状态。

首先，就被追诉人与其他各方的信任关系而言，被追诉人与追诉机关、被害人信任关系紧张，与律师的信任关系不稳。被追诉人是法律评价的最终承担者，在刑事诉讼程序中本身处于法律上的不利地位。被追诉人与追诉机关、被害人之间关系的紧张程度，是否可以取得被害人的谅解，被害人对追诉机关影响程度等，都影响着被追诉人对认罪认罚从宽制度的信任。在律师的协助问题上，律师是否可以及时的介入刑事诉讼程序，是否有忠诚履行义务的能力，是否会忠诚地履行义务，在没有辩护律师参与的情况下，值班律师能多大程度上为被告人提供帮助以及被追诉人是否信任值班律师等因素都影响着被追诉人在

信任机制中的状态。

其次，就被追诉人在认罪认罚从宽制度中的地位而言，被追诉人在控辩协商时与追诉机关地位的差异程度也影响着其在认罪认罚从宽中的信任状态。被追诉人与追诉机关在认罪认罚从宽制度中的地位差异主要表现在双方获得的信息差距上。认罪认罚从宽制度中，被追诉人在控辩协商时获得的信息影响着被追诉人对认罪认罚从宽制度的认知程度和是否启动认罪认罚从宽制度的判断能力，进而影响被追诉人对认罪认罚从宽制度的信任感和安全感。控辩协商时信息的不对称，使控辩协商虽然名为“协商”，但从一开始，双方就处于极不对称的地位，直接影响了被追诉人认罪认罚的“自愿性”，而唯有切实保证被告人认罪的自愿性，才能减少被告人出现诉讼反悔的概率，大大降低案件的上诉率，从整体上提高诉讼的效率。①

最后，就被追诉人在信任机制中先履行条件而言，很大程度上影响着被追诉人的安全感，而安全感则涉及被追诉人在认罪认罚从宽制度中的反悔问题。被追诉人在信任机制中的安全感主要涉及追诉机关量刑承诺的履行。若将控辩协商看作双方签订的合同，那么这个合同就存在先履行和后履行的问题，作为先履行承诺的被追诉人，后履行一方的履行能力及是否真实履行就成为被追诉人所担忧的问题。认罪认罚从宽制度，是要求被追诉人先认罪认罚，其次才有公诉机关建议量刑优惠地承诺，也就是说，处于不利地位的被追诉人在将自己仅有的筹码全部抛出，先履行了认罪认罚的义务，才换来公诉机关后履行的量刑优惠，且该量刑优惠仅是建议，而非最终地决定，也就是说，控辩协商的履行问题成为被追诉人最大的安全空白区，也成为被追诉人容易反悔的最敏感的神经。

2. 追诉机关在认罪认罚从宽中的信任状态

追诉机关作为国家公权力的代表，在认罪认罚从宽制度中地位相对超然。被害人依赖于追诉机关追究被追诉人的刑事责任，而被追诉人在认罪认罚从宽制度中与追诉机关处于既抗拒又合作的状态。可以说，追诉机关是认罪认罚从宽信任机制中最稳定，信任值变化最小的一环，也是被各方寄予希望的一环。

---

① 陈瑞华:《“认罪认罚从宽”改革的理论反思——基于刑事速裁程序运行经验的考察》，载《当代法学》2016年第4期。

首先，就追诉机关对被追诉人认罪认罚的需求迫切程度而言，追诉机关在认罪认罚从宽信任机制中占据主动。《最高人民法院、最高人民检察院、公安部、国家安全部、司法部关于在部分地区开展刑事案件认罪认罚从宽制度试点工作的办法》（以下简称《试点办法》）第二条第三款规定：“犯罪嫌疑人、被告人行为不构成犯罪的不适用认罪认罚从宽”，也就是说在启动认罪认罚从宽制度时，追诉机关已经掌握了被追诉人的犯罪事实，此时，追诉机关在认罪认罚从宽信任机制中占有绝对优势，并且，在我国大部分被追诉人在侦查阶段业已作出有罪供述，刑事案件的基本事实、证据和指控都较为明确，刑事审判对控方指控证据的接受度很高①，追诉机关对被追诉人认罪认罚需求并不迫切，在控辩协商中掌握主动权，对认罪认罚从宽信任机制的信任值最高也最稳定，是被信任的对象。

其次，就追诉机关在认罪认罚从宽制度中的地位而言，追诉机关是各方进行协商的重要联络点。被追诉人与被害人是否达成谅解协议不仅是认罪认罚从宽制度量刑承诺的重要考察方面，也是现代恢复性司法理念地要求。被害人与被追诉人的信任关系紧张，信任值基本处于负数，二者单独进行谅解协商难度极大，不易取得理想效果。认罪认罚从宽信任机制以追诉机关为联络点，基于其所代表的国家公信力的信任，将被追诉人与被害人拉回谅解协商的谈判桌上，在认罪认罚从宽的这两个重要主体之间架构桥梁，使二者有更多的机会达成和解，促进认罪认罚从宽制度良性运行。

3. 被害人在认罪认罚从宽中的信任状态

我国刑事诉讼法将被害人设定为诉讼的当事人，这与被刑事追诉人的诉讼地位完全相同，尽管两者的诉讼权利存在差异②，可以说，被害人是认罪认罚从宽协商不可或缺的参与者。刑事诉讼中，被害人在追究被追诉人责任的目标上与追诉机关一致，但是认罪认罚从宽制度的本意是以被追诉人的认罪认罚和追诉机关的量刑从宽进行控辩协商，而被害人在认罪认罚从宽制度中的参与程度和参与方式仅在《试点办法》第七条进行了规定，将被害人一方意见作为量刑考虑因素，也就意味着，被害人是否与被追诉人达成谅解协议对认罪认罚从

---

① 左卫民：《认罪认罚何以从宽：误区与正解——反思效率优先的改革主张》，载《法学研究》2017 年第 3 期。

② 王敏远：《认罪认罚从宽制度疑难问题研究》，载《中国法学》2017 年第 1 期。

宽制度地启动和结果均不具有决定性地影响，仅仅是在从宽的幅度上予以考量。这种情况下，被害人在认罪认罚从宽制度中面临追诉机关与被追诉人的“暧昧”关系时，其的心理安全感并没有普通程序中的安全感强，若是处理不当，极易引起被害人地强烈反弹，进而影响到认罪认罚从宽制度地施。认罪认罚从宽信任机制可以通过程序参与为被害人发泄情绪提供出口，防止被害人因为被完全排除在认罪认罚程序之外而采取缠诉、上访等极端做法，人为增加诉讼不和谐的因素。①

4. 律师在认罪认罚从宽中的信任状态

律师，尤其是值班律师在认罪认罚从宽制度中扮演的角色很大程度上影响着被追诉人地判断。律师是否有能力履行义务并且忠诚地履行义务，与被追诉人对认罪认罚从宽制度的认同感息息相关。而影响值班律师履行义务的因素不仅与其自身的职业水平和职业道德有关，也与其在认罪认罚从宽制度中所拥有的权利（如阅卷权等）有关。值班律师是否拥有阅卷权、是否可以深入介入被追诉人的案件，是否可以取得和辩护人同等的地位、权利等，都直接或间接地影响着被追诉人进行控辩协商的意愿与能力。

值班律师制度与刑事律师辩护试点全覆盖的司法改革增加了被追诉人获得律师专业法律帮助的机会、降低了被追诉人获得法律帮助的成本。但同时应当注意到的是，无论是值班律师制度还是刑事律师辩护试点全覆盖均缺乏与刑事被追诉人之间的互动，制度与被追诉人之间、律师与被追诉人之间被强制的权利面临流于形式的情况，这无疑将进一步挑战被追诉人对律师的信任感、进一步挑战被追诉人对制度中权利设计的观感。

（二）主体差异化信任的协调

被追诉人、追诉机关、被害人以及律师作为认罪认罚从宽关系中最具代表性的群体，其信任状态、信任需求、信任来源均有所差异，差异化的信任何以被协调成为信任思维引入认罪认罚从宽制度设计思维中最重要的问题。

信任机制是人是如何在特定的社会关系中，逐步发展出相互依赖关系，进

① 陈卫东：《认罪认罚从宽制度试点中的几个问题》，载《国家检察官学院学报》2017年第1期。

而认为对方可以信赖，愿意继续保持合作。① 依据信任动态、复杂、相互作用的特性，以认罪认罚从宽作为小的生态圈，各个主体之间完全可以在这个小的生态圈中寻找出最佳定位，形成独特的信任机制。在这一机制中，不同的主体之间的信任关系以及信任值相互交织，建立起动态的信任系统，这就是认罪认罚从宽的信任机制。在信任机制中，要素与要素之间相互关联，所形成的信任关系和信任值会随着不同要素的状态产生不同的反应，可以说，任何要素地变化都会影响到整个信任机制地平衡。同时，信任机制的建立也将使得认罪认罚从宽具有可调控性，虽然不同的因素会相互影响且群体内部个性化差异也会有不同的连锁反应，但是信任机制的可调控性将会使得整个机制实现动态平衡，最终达到理想的目的。

三、认罪认罚从宽制度信任协调性评价

认罪认罚从宽主体间的信任是否协调有助于总结和评判认罪认罚从宽制度，反思其得失，为进一步深入推进认罪认罚从宽制度改革提供理论见解。认罪认罚从宽中各个主体之间的信任协调性与制度运行呈现正比例关系，信任协调性越好，认罪认罚从宽制度运行就状况越好，反之，则表明认罪认罚从宽制度的运行出现问题，需要对其中存在的问题加以正视。认罪认罚从宽主体间的信任协调性主要表现在三方面，其一为被追诉人自愿性认罪认罚的比率，可以简称为认可率；其二为认罪认罚从宽制度实施中的被追诉人反悔的比率，可以简称为反悔率；其三为认罪认罚从宽案件成功案件在总案件中的比率，可以简称为成功率。

（一）认可率——认罪认罚从宽制度的社会性评价

认可率是对认罪认罚从宽制度的社会性评价，主要表现为被追诉人自愿性认罪认罚的比率。认罪认罚从宽追求的不是短期的效果，而是要建立可长期运行的制度，作为一项制度，其实施的效果与被追诉人是否信任这一制度将会形

① 罗家德、李智超：《乡村社区自组织治理的信任机制初探——以一个村民经济合作组织为例》，载《管理世界》2012 年第 10 期。

成循环式连锁反应。因此，将被追诉人自愿性启动认罪认罚从宽的比率作为认罪认罚从宽制度的社会性评价具有客观性、可操作性以及易操作性，从这一意义上将，将被追诉人自愿性认罪认罚的比率称作认可率并无不当。

以进入审判阶段案件的数量作为认可率计算的基数是可行且适当的方法。《试点办法》第二条第三款规定，犯罪嫌疑人、被告人行为不构成犯罪的不适用认罪认罚从宽制度，可以得知，只有在追诉机关确定被追诉人构成犯罪才会同意启动认罪认罚从宽制度，而立案并不代表已经确认被追诉人构成犯罪，只有进入逮捕阶段才默认被追诉人构成了犯罪，在此情况下才具备了启动认罪认罚从宽制度的硬性条件，但是并不是所有的案件均有逮捕程序，也不是所有的逮捕案件都构成犯罪，以逮捕案件作为认可率的基数未免有失妥当。只有以进入审判阶段的案件为基数，才符合认罪认罚从宽制度的本意。认可率的计算方式应当表述为：

认罪认罚从宽制度认可率 = 进入审判阶段认罪认罚案件总数 ÷ 进入审判阶段案件总数

认罪认罚从宽制度认可率与社会对认罪认罚从宽制度的评价成正比，认可率越高，则社会对认罪认罚制度的评价越高，认罪认罚从宽信任机制的评分也越高；反之，则社会评价越低，信任机制的评分越低。

（二）反悔率——认罪认罚从宽制度的满意度评价

反悔率是认罪认罚从宽制度的满意度评价，也是被追诉人对认罪认罚从宽制度实施效果的直观反应。它是指进入认罪认罚从宽制度后，被追诉人对公诉机关指控的罪名和量刑提出异议的行为，即对认罪认罚行为的反悔、推翻。认罪认罚的反悔是被追诉人对认罪认罚从宽制度的否认与不信任。反悔率的计算方式可以表述为：

认罪认罚从宽制度反悔率 = 认罪认罚反悔案件总数 ÷ 认罪认罚案件总数

认罪认罚从宽制度反悔率与认罪认罚从宽制度的实施效果成反比，反悔率越高，则认罪认罚从宽制度的实施效果越差，认罪认罚从宽信任机制的评分越低；反之，则实施效果越差，信任机制评分越低。

（三）成功率——认罪认罚从宽制度司法性评价

成功率是认罪认罚从宽制度的司法性评价。它是指启动认罪认罚从宽制度后成功达成控辩协商，并且成功履行的案件总数在全部案件中占据的比率。它可以直观地反映出认罪认罚从宽制度在司法活动中成功应用的比例，对于评价认罪认罚制度的司法效果和作用有很大的意义。成功率可以通过认可率和反悔率进行表述，其实质上是认罪认罚从宽案件满意率与认罪认罚从宽案件总数的比值，它的计算方式可以表述为（以审判阶段案件数为基准）：

认罪认罚从宽制度成功率 = 认罪认罚从宽制度满意率 ÷ 认罪认罚从宽制度认可率
= (1 - 认罪认罚从宽制度反悔率） ÷ 认罪认罚从宽制度认可率
= (认罪认罚案件总数 - 认罪认罚反悔案件数) ÷ 案件总数

认罪认罚从宽制度成功率与认罪认罚从宽制度的司法效用成正比，成功率越高，则认罪认罚从宽制度在司法实践中的效用越大，认罪认罚从宽信任机制的评分越高；反之，则司法效用越小，信任机制评分越低。

认罪认罚从宽制度的认可率、反悔率与成功率之间存在内在的联系，任何一个都不能单独的作为认罪认罚从宽制度的评价标准，只有三者结合起来，才能全面反应主体信任协调性，才能最大限度客观地、准确地评价认罪认罚从宽制度的状况。需要指出的是，认可率、反悔率会有一个波动的区间，该区间是制度实施时正常的波动空间，只有当认可率和反悔率的数值超出这一范围时，才是真正意义上制度实施异常，需要警惕在认罪认罚从宽制度实施中介入的异常因素或产生的新的变化。而成功率，则应当作为一项长期评估的数值，作为对制度是否铺开的考量点。

庭审实质化下司法证明标准分析

原美林[*]　席丽花[**]

摘　要：司法证明标准是连接司法证据与审判的重要中介。司法证明标准以法律真实为基础，进一步向主客观结合方向发展，以建立健全司法证据体系。庭审实质化下判在庭上必然要求司法证明标准的明确化与可操作性。排除合理怀疑在我国有其适用空间，但应当与我国司法制度相协调。司法实践应进一步增强证明标准的可操作性与操作规范性。在制度建设层面，司法证明标准应当建立健全证据体系，以实现庭审实质化为目标，并达到司法制度完善的最终目的。

关键词：庭审实质化　证明标准　明确化　可操作性

司法证明标准是司法证据发挥作用和实现目的的必经途径。庭审实质化是我国目前司法制度改革的重要内容之一。明确司法证明标准不仅是实现庭审实质化的关键环节，同时也有助于证据体系的完善，进而促进司法制度的完善。不同的阶段证明标准也不尽然相同。本文所分析的司法证明标准仅限于定罪阶段的司法证明标准。司法证明标准的概念在理论上有不同的解读，本文所研究的司法证明标准，指的是认定被告人有罪所要达到的程度。①

---

* 山西大学法学院副教授，法学博士，主要研究方向为刑事诉讼法学。

** 山西大学法学院刑法学专业硕士研究生，主要研究方向为刑事诉讼法学。

① 卞建林、张璐：《我国刑事证明标准的理解与适用》，载《法律适用》2014 年第 3 期。

一、庭审实质化下司法证明标准分析必要性

(一) 司法证明标准分析的理论必要性

司法证明标准对于实体结果的实现、诉讼效益的提高、诉讼结构的平衡有重要意义。

首先，司法证明标准对案件的处理有重要的影响。审理活动的最终目的是在司法证据的基础上，通过证据规则对案件进行处理。同一案件中，证明标准设置对案件结果产生直接作用。在证据质量和证明能力特定的情况下，证明标准设置地过高则有罪判决的数量就少，反之，则有罪案件增多。因此，证明标准的合理设置必然会以程序的公正反作用于实体公正的实现。

其次，司法证明标准的明确有利于提高诉讼效益。证明标准的合理设置与明确，一方面给控诉方以明确的指引，避免诉讼过程中的退回与补充侦查。另一方面，在诉讼过程中，公诉方对司法证明标准的明确可以形成对诉讼结果的认同感，减少抗诉的发生。在诉讼过程中，证明标准给控辩双方以明确指引，减少控辩双方在司法证据认定程度上的分歧，节省诉讼时间。同时证明标准对于实现案件的繁减分流具有间接作用，为实现庭审实质化创造条件。

最后，司法证明标准可以实现诉讼结构的平衡。证明标准是架构证据与证明责任之间的桥梁。通过证明标准的介入，证据所要达到的目的与任务得以最终实现。就控诉来说，在履行证明责任时，证明标准建构维系举证责任，只有达致证明标准，举证责任履行才被法院认可。就辩护来说，证明标准的界限是法律对被告人的容忍程度，程度之下，是国家以法律的形式对人权的保障。辩护方的举证以证明标准为界限。因此，证明标准是维持控辩双方的中介，证明标准的合理设置，可以调解控辩双方举证责任以实现诉讼结构的平衡。

(二) 司法证明标准分析的实践必要性

司法证明标准概念的不明确导致对其解读存在混乱。我国学者对于司法证明标准的概念存在不同的解读，理论上存在证明标准与证明任务、证明要求在一定程度上不作区分、相互混合使用的情况。证明标准应当是指认定被告人有

罪所要达到的程度。司法证明任务侧重于强调证据运用的目的而无程度的要求。证明要求更侧重于证据规则的结果而不体现证明的程度。在这个意义上，证明标准的概念更加精细化。实践中将这几种概念混同适用，对于证明标准的把握难免有偏差。

证明标准以何种价值界定在司法实践中存在疑问。我国学界主要有两种观点，客观真实的观点认为，司法证明的标准应当以发现客观真实为目标，运用证据客观再现案件事实。即人作为主体能以各种手段与工具达致还原事实真相。法律真实则是一种有一定主观性的真实。法律真实说认为世界是可认识的，但是这种认识只能是无限趋近于客观真实的认识，而不能是完全吻合客观真实的认识。通过以上分析并结合实际可以明确，法律真实的价值界定更符合理论的要求以及客观的实际。

（三）司法证明标准分析的制度必要性

司法证明标准是司法制度改革推进中不可忽略的关键。证明标准的明确是庭审实质化质在庭上、辩在庭上、判在庭上的应然要求。证明标准以明确的限度为控诉主体履行举证责任提供参考。证明标准为辩在庭上提供了双方辩论的指引与界限，即辩论应当以证明标准为目标，同时辩论的最终目的是确认待证事实在证据的印证下能够达到证明标准。最后，只有司法证明标准明确且能被审判者掌握，具有可操作性才能被审判者运用，判在庭上才有保障。

司法证明标准分析对于证据规则的运用和证据体系的建立健全有积极影响。证据制度的建立以司法证据为基础，以证据规则为导向，但最终目的是以证明标准的合理设置为核心。因此，证明标准的分析，可以为证据制度的建立、证据规则的完善提供指导。此外，证据制度、证据规则的完善、证明标准的确立，对以审判为中心的证据体系的构建与完善形成推动。

司法证明标准的分析可以完善司法制度。审判是整个司法制度运行的核心。司法证据对审判的意义不言而喻。当证据规则的适用无法达致证明标准时，案件的处理则转入疑罪推定制度。因此，对于司法证明标准的分析有助于司法制度的完善。

二、刑事诉讼中的司法证明标准分析

司法证明标准对理论完善，实践指导以及制度的建设具有积极意义，我国应当在结合有关法律规定的基础上具体分析适合我国的标准。因此，应当在明确排除合理怀疑和自由心证的分析上，寻找我国司法证明标准发展的方向。

(一)“排除合理怀疑”标准

合理怀疑，是指在运用证据对案件进行处理时，综合证据后不能使裁判者形成唯一的认识。① 即审判者在综合案件的证据以后，若在此基础上对有争议的事实进行认定违背自己的理性与良心，这种情况即为合理怀疑。

排除合理怀疑是英美法系长期司法实践的经验总结，其并无统一明确的概念界定。对此最经典的表述是“根据经验和良心或者是根据客观存在的证据，只要是一个正常的人，都不能否认自己的良心而作出的一种判断。”② 除此之外，国外司法实践中对此有各种解读，排除合理怀疑缺乏统一且明确的内涵。但是，在英美法系中即使没有统一的内涵，排除合理怀疑仍然有很大的适用余地，主要原因就是其他各项制度对于排除合理怀疑的保障。例如最重要的就是陪审制度。陪审制度的存在，使得合理怀疑在被大众接受的情况下，赋予了观念上的执行力。无罪推定和疑罪从无制度确立使得证明标准的模糊实际上朝着有利于被告人的方向发展。起诉状一本主义也为排除合理怀疑证明标准的适用创造了空间。

陪审团是由普通民众组成的，而民众对于具体法律的把握并不能达到专业的要求。排除合理怀疑的抽象界定反而更能使民众掌握司法证明标准，根据自己的良心与理性作出自己的判断。

(二)自由心证证明标准

自由心证是指法律不事先规定证据的证明能力等，事实的认定全凭法官的

① 卞建林、谭世贵:《证据法学》，中国政法大学出版社 2014 年第 3 版。

② DERITT &BLACKL, FEDERAI Jury Practice and Instructions, West, 3rd ed. 1997. pp. 11—14.

内心确信。[①] 在此种标准中，自由是指审判者可以自主决定有关的证据问题，法律不加以干预。而心证则指审判者达成的内心确信。此种标准更强调审判者基于主观方面的确信对案件争议的事实加以认定。

18 世纪，自由心证在大陆法系国家中以法律的形式明确。[②] 自由心证发展至今，采用此种标准的国家更加注重对法官的一些限制以规范这一标准。例如，公开审判者形成心证的条件、结果以及采取可行措施加强对审判者形成心证的监督以取代传统的秘密心证方式。

有学者认为，排除合理怀疑和自由心证在本质上具有一致性。[③] 这两者只是两个法系对于司法证明标准不同的名称表述，其具体内涵并无差别。诚然，无论是排除合理怀疑，还是自由心证，都要求裁判者基于自己的良心与理性作出判断。在客观所确认的证据基础上，加入裁判者主观的认知后对于证据进行取舍。但是，这两者毕竟有不同之处。其显著的区别便是排除合理怀疑相较于自由心证来说，更注重客观证据的基础。因此，结合我国目前的司法实践以及与司法证据相关制度的协调等，排除合理怀疑显然是更适合我国的选择，当然，在我国的适用应当与具体实际相协调。

（三）证据确实充分，案件事实清楚证明标准

我国在 1997 年正式以法律确认了此种司法证明标准。结合司法解释，其内涵包括四个方面：第一，据以定罪的证据均查证属实。第二，对于与案件有关的情况，有必要的证据对此证明。第三，证据、事实之间存在的矛盾与不协调之处得到基本的排除。第四，经过证据的印证以后，形成了唯一的并且是排除了其他所有可能性的结论。据此，我国的证明标准有两个显著的特点，其一，仍以客观真实界定证明标准的价值。我国的证明标准要求审判者在查明案件事实的基础上认定犯罪与否。其二，对于审判者的主观判断，我国的证明标准仅仅简单涉及或者可以说是没有法官主观判断的适用空间。

对于我国的司法证明标准，目前我国学术界的研究呈现出以实质递进性建

---

① 汪海燕，胡常龙：《自由心证新理念探析——走出对自由心证传统认识的误区》，载《法学研究》2001 年第 5 期。

② 张保生主编：《证据法学》，中国政法大学出版社 2014 年第二版。

③ 卞建林，谭世贵：《证据法学》，中国政法大学出版社 2014 年第三版。

构我国的证明标准①，即以递进性的证明标准对诉讼阶段进行划分与匹配。另一种趋势是对司法证明标准的差异化研究②。即我国司法证明标准的建构应当根据案件的类型，被告人认罪与否、案件的难易程度以及刑事诉讼的不同阶段等因素形成具有差异性的司法证明体系。最后，司法证明标准的研究同时呈现出一种探究规范性的研究，不仅包括证明标准本身的规范性，同时也强调证明标准的规范性操作③，在明确司法证明标准内涵的基础上，采取措施增强证明标准的可操作性。

对于我国的司法证明标准来说，体系的建构必不可少，但是微观上的精细化研究也不可忽视。应当在明确司法证明标准自身的基础上，借鉴或融合排除合理怀疑，在实行庭审实质化的基础上，建构我国的证据体系。

三、庭审实质化对证明标准的应然要求

庭审实质化是司法制度改革实现的重要保障。而真正庭审功能的实现，无论是证据的查明与辩论，还是案件判决在法庭审判中的实现，其中证明标准都是关键因素。因此，庭审实质化对于司法证明标准提出了要求。

（一）诉讼结构的平衡要求证明标准合理设置

庭审实质化是指在审判过程中，法庭真正实现其应有的功能。④ 在此意义上，诉讼结构的平衡对庭审实质化至关重要。控辩审是我国刑事诉讼的三大职能，其中审判的中心地位不言而喻，但是庭审实质化的实现，必然要求控辩职能的平衡。

总的来说，诉讼结构的平衡对庭审实质化有重要作用。诉讼结构的平衡是保障庭审实质化的前提，只有控辩双方在庭审中处于平衡的位置，庭审实质化

---

① 谢澎：《论刑事证明标准之实质递进性——“以审判为中心”语境下的分析》，载《法商研究》2017 年第 3 期。

② 陈思：《论刑事案件差异化证明标准的证成》，载《中国检察官》2017 年第 11 期。

③ 徐阳：《我国刑事诉讼证明标准适用观念之思考——从增强可操作性到增强操作过程的规范性》，载《法商研究》2017 年第 2 期。

④ 汪海燕：《论刑事庭审实质化》，载《中国社会科学》2015 年第 2 期。

才有实现的前提。辩护促进刑事审判公正的实现，而公正正是庭审实质化追求的目标。因此，司法证明标准对辩护职能产生直接影响的前提下，客观上也促进了实体公正的实现，为我国的庭审实质化奠定基础。

（二）质在庭上要求证明标准的明确化

在法庭中对证据进行明确是我国庭审实质化的应有之义。过去我国的刑事司法实践中庭前预断的形成使得刑事庭审活动走过场，在诉讼程序的进行中，法庭审理活动无法形成有效的辩论。因此，庭审实质化下，质在庭上要求在庭审活动中，控辩双方可以形成有效的对抗，以促进我国诉讼程序公正，最终实现实体公正。

证明标准是连接证据与证明结论的重要中介。庭审实质化下，质在庭上要求证明标准的明确。一方面，公诉机关在明确举证责任的前提下，更应当保障证据证明力，运用证据规则使得案件事实相互印证，共同为控诉目的服务。另一方面，质在庭上有利于辩护方，通过在庭审中对控诉方证据的真实性和合法性进行确认，即保障非法证据排除规则的落实，以证明标准为指引，反驳控诉方的诉讼请求。因此，质在庭上要求证明标准的明确化。

（三）判在庭上要求证明标准的可操作化

判在庭上是指案件判决结果的形成应当根据法庭审理的内容决定，即影响判决结果的因素都是在法庭审理和法庭辩论中形成的，而不能根据庭前阅卷或者是庭后阅卷得到的信息形成案件的判决结果。

证明标准贯穿于诉讼活动的全过程。具体来说，证明活动对于诉讼活动的影响可以分为两个方面，就举证、质证来说，证明标准为其提供了静态的程度要求。但是，判决的形成是对证明标准在静态基础上的运用，即通过运用证据规则，整合证据以达证明标准，使争议事实得到法律上的认定。待证事实得到法律认定的过程实质就是判决的过程。

因此，判在庭上要求司法证明标准应当具备可操作性的特点。证明标准具有可操作性对庭审实质化具有关键的影响。对于控诉方来说，一方面，证明标准的明确可以使其举证责任和质证过程的目的更加明确化，另一方面，证明标准的可操作化增强控诉方对审判者裁判结果的认同感。司法证明标准的明确在提高庭审的效率的同时，也可以减少抗诉和申请再审的案件发生，实现诉讼和谐。此外，对于辩护方来说，证明标准的可操作性有助于引导辩护人的举证方向，使其可以更好地维护被告人的权利。最后，证明标准的可操作性直接影响审判者裁判在法庭中的形成。在证明标准不具有可操作性的前提下，判在庭上只能是口号，因此增强证明标准的可操作性是庭审实质化下判在庭上的必然要求。

四、庭审实质化下司法证明标准完善建议

结合以上在庭审实质化下对司法证明标准的分析，我国在理论上的发展方向应当是借鉴排除合理怀疑，确定以法律真实为价值的学说。在实践中，应在考虑相关因素的基础上，明确内涵，加强证明标准可操作性以及操作规范化。

（一）我国司法证明标准应当进一步融合排除合理怀疑

一方面，我国有关法律在不同的案件中或者是案件的不同阶段对司法证明的标准统一适用。[①] 另一方面，2012 年刑事诉讼法适用至今的司法实践表明，在我国，排除合理怀疑对于我国司法证明标准的完善仍有其借鉴意义。

我国的司法证明标准应当以法律真实为价值界定。客观真实说实际上是一种积极认识论在证明标准领域中的体现。但理论上，证明标准作为社会科学领域的概念，其相较于自然科学的证成来说必然有一定的主观性。在实践中，若承认证明标准可以达到客观真实，则每个案件经过庭审适用司法证明标准认定以后，则案件的客观真实已经呈现，冤假错案是不会有发生余地的。但是实践中陆续发生的错案却是不可否认的存在。因此，基于以上两方面的理由，我国应当以法律真实作为界定司法证明标准的价值。

司法证明标准在证据体系中是一个相对较宏观的原则，因此，我国司法证明标准对于排除合理怀疑的借鉴应当是全方位的。这就要求，我国应在刑事诉讼活动的各个阶段以及各种案件中都应当排除合理怀疑。具体做法是发现疑点以后，运用证据加以证明，证据可以相互印证，并达到排除合理怀疑的程度。

---

① 龙宗智：《中国语境中的“排除合理怀疑”》，载《中外法学》2012 年第 6 期。

（二）合理考虑相关因素，明确证明标准内涵及适用

司法标准的内涵不清影响我国证据作用的发挥以及诉讼结构，诉讼效益等的实现，同时对我国建立健全庭审实质化下的证据体系产生重要的影响。因此，制度的建立必须以概念内涵的明确为前提。我国应当在考虑相关因素的前提下，明确司法证明标准内涵的基础上，分析其适用。在司法制度改革下，证据法学的体系构建更加完善，司法证明标准的内涵也应当更为精细化和更具可操作性。

客观司法环境的不利影响。首先，司法人员的素质对证明标准的把握有重要的影响。[①] 因此，可以通过培训等加强司法人员素质，促进司法人员更准确掌握与适用内涵。其次，司法政策对司法证明标准的适用产生重要的影响。刑事政策往往是对当下社会中急需解决的问题的快速反应，法院检察院为了响应这些政策，会对司法证明标准产生直接的影响。因此，完善司法证明标准的适用应当规范政策出台，树立法治思维，同时坚持司法的独立性，避免政策对司法证明标准的不利影响，发挥其积极作用。

（三）增强证明标准可操作性以及操作规范性

增强司法证明标准的可操作性与操作规范性是同一问题的两个过程，只有增强可操作性，才能为增强操作的规范性提供前提。总之，两者相互结合，才能实现庭审实质化的要求。

首先，我国的司法证明标准应当在坚持我国案件事实清楚，证据确实充分的基础上，合理融合排除合理怀疑。即在我国目前有罪证明的标准上，合理协调证据规则，加强对证据本身的审查，确保据以定罪的证据全部查证属实。明确司法证明的标准，形成对案件唯一的认识。

其次，我国司法证明与排除合理怀疑相融合，因此，排除合理怀疑也应当增强可操作性。第一，明确“合理怀疑”与“证据不足”关系。[②] 排除合理怀疑可参考证据不足的具体操作。第二，可以借鉴案例指导，在合理怀疑的内涵不宜进行具体明确的基础上，以案例指导的形式促进对排除合理怀疑的抽象把握。

---

① 叶锐：《刑事证明标准适用的影响因素实证研究》，载《中国刑事法杂志》2014 年第 2 期。

② 陈瑞华：《刑事证明标准中主客观要素的关系》，载《中国法学》2014 年第 3 期。

规范司法证明标准操作。就证据体系内部，加强证据规则的运用。例如合理运用补强证据规则，增加证据证明力达到证明标准。司法证明标准的规范性操作不但要从制度出发，最重要的是提高司法人员的素质。通过对司法人员的培训，一方面增强其对司法证明标准的明确化，另一方面保障对证明标准的操作规范化。

司法体制改革在我国取得了较大的成就，庭审实质化的推行更是以审判为中心的重要实践。庭审实质化的实现是多方因素综合影响的结果。但是不可否认司法证明标准对其的重要影响。在我国目前司法实践的基础上，合理借鉴排除合理怀疑这一标准，明确我国证明标准的内涵，增强其可操作性，对于我国实现庭审实质化的积极作用是不言而喻的。

课题成果

设区市城市管理立法的实证研究*

史凤林** 史翰青***

摘 要：科学立法是全面依法治国方略的基本前提，改善城市管理必须加强相关立法。本文以我国近年来八个设区市《城市管理条例》为分析样本，分析我国设区市城市管理立法的现状，探究城市管理相关立法存在的突出问题，从而进一步提出和论证全面提升城市管理立法质量的基本对策。

关键词：城市管理条例　立法评价　立法完善

2015年，中共中央与国务院共同发布了《关于深入推进城市执法体制改革改进城市管理工作的指导意见》（以下简称《意见》）。这是改革开放以来，中央第一次对城市管理相关工作进行全面部署。《意见》提出："健全法律法规。加强城市管理和执法方面的立法工作，完善配套法规和规章，实现深化改革与法治保障有机统一，发挥立法对改革的引领和规范作用。有立法权的城市要根据《立法法》的规定，加快制定城市管理执法方面的地方性法规、规章"。同时，明确提出到2020年，完成城市管理相关法律法规和标准体系建设。从2011年长沙市率先进行城市管理地方立法至今，南昌、南京、武汉、合肥、芜湖、上饶、蚌埠等设区市相继制定城市管理条例。这些条例除了为地方及时而又有针对性地解决了城市管理问题，也为城市管理的先行先

---

* 本文是山西省法学会2018年法学研究重点课题《山西省设区市地方立法特色与模式研究》的阶段性研究成果。

** 山西大学法学院教授，主要研究方向为法理学与法学教育。

*** 澳大利大国立大学法学院2018级在读法律博士。

试提供了法律依据。因此，对于地方城市管理立法的全面系统的研究具有重要实践意义。

一、我国设区市地方城市管理立法的现状

本文以上述八个地方性城市管理条例为研究对象，通过对其文本的分析，剖析城市管理立法现存的问题，在此基础上进一步探索城市管理立法的趋势。希望通过有限数量的样本分析，以期能够发现和得出一些规律性认识。

（一）我国目前城市管理法规的总体结构分析

目前我国设区市城市管理法规的章节体系通常包括总则、分则以及附则三个部分。通过对这八个地方性法规的整体分析发现，我国目前城市管理立法结构具有多元化特征。具体表现两方面：

1. 地方城市管理相关立法的宏观结构的多元化。就目前的城市管理条例而言，一般在5—7章；除了总则、附则两部分基本相似外，分则部分，也就是城市管理的规定的核心部分各有特色。合肥市、蚌埠市专门对执法程序作出规定，南京和南昌市突出公众参与，长沙、芜湖、南京、武汉则专门规定城市综合执法；芜湖市在《芜湖市城市管理条例》中规定的数字化城市管理平台。

2. 地方城市管理相关立法的微观结构的多元化。这主要体现在两方面：

（1）城市管理立法重点章节结构的多元化。如合肥市城市管理条例共6章58条，其中涉及城市管理的内容（第3章）30条、占51.7%，城市管理执法条款7条、占12.1%，涉及法律责任条款2.5条、占4.3%；南昌市城市管理条例共7章69条，其中涉及城市管理的内容（第4章）22条、占31.9%，城市管理执法条款11条、占15.9%，涉及法律责任条款12条、占17.4%；南京市城市管理条例共6章86条，其中涉及城市管理的内容（第3章）占八节39条、占45.3%，城市管理执法条款8条、占9.3%，涉及法律责任条款4条、占4.7%；上饶市城市管理条例共6章85条（没有分节），其中涉及城市管理的内容（第3章）39条、占45.9%，城市管理执法条款8条、占9.4%，涉及法律责任条款20条、占23.5%；芜湖市城市管理条例共6章85条，其中涉及城市管理的内容（第2章）占八节50条、占58.8%，城市管理执法条款10

条、占11.8%，涉及法律责任条款4条、占4.7%；武汉市城市管理条例共5章68条，其中涉及城市管理的内容（第2章）34条、占50%，城市管理执法条款12条、占17.6%，涉及法律责任条款17条、占25%；长沙市城市管理条例共5章54条，其中涉及城市管理的内容（第2章）20条、占37%，城市管理执法条款12条、占22.2%，涉及法律责任条款10条、占18.5%；蚌埠市城市管理条例共7章32条，其中涉及城市管理的内容（第3章）7条、占21.9%，城市管理执法条款7条、占21.9%，涉及法律责任条款4条、占12.5%。

（2）城市管理立法非重点章节结构的多元化。通过对我国八个设区市城市管理立法文本的分析可以发现，八部城市管理法规的非重点章节也呈现多元化特征。长沙、武汉、芜湖三市城市管理条例中只有总则且所占比例分别为14.8%、17.6%、11.8%，管理职责或管理主体的相关章节没有；南昌、合肥、南京、上饶、蚌埠五个市城市管理条例中总则且所占比例分别为7.2%、10.3%、5.8%、12.9%、15.6%，管理职责或管理主体的章节分别占8.1%、8.6%、8.6%、4.7%、12.5%。

（二）我国目前城市管理法规内容的分析

城市管理法规的内容主要体现在总则和分则两部分。城市管理法规的总则在整个法规中居于统领地位，是整个规范性文件的纲领和事关该文件全局的内容综合。其内容包括：立法目的、立法依据、基本原则、适用对象等。法规的分则是使总则内容得以具体化的法条总称。分别对有关主体、客体、行为、结果作出的规定，明确立法旨在鼓励什么、允许什么、禁止什么、限制什么，以及具体的奖惩措施等。

1. 城市管理法规中立法目的的分析

从立法目的看，各地的城市管理条例共同点在于聚焦城市管理问题，但是在立法目的措辞上则呈现不同特点，“规范”城市管理行政行为和“加强”城市管理行政行为，表现出两个不同的立法取向。前者旨在对公权力进行限制，将其纳入法治轨道，偏重于公权与私权的平衡和人权保障；后者旨在加强行政权力对城市管理的功效，突出公权对城市的单向度管理。基于现代法治理论，“规范”显得更加合适。南京市出台的条例与“众”不同。它的表述是，推动公众参与城市治理，将公众参与置于城市治理的重要位置，反映出南京市在城市管理立法上的理念创新和前瞻，值得其他城市学习借鉴。立法目的直接决定法规设计的重要指向和中心思想，不同立法目的将导致不同的分则规定。通过对法律文本分析发现，立法目的表现有三方面价值取向：（1）长沙市、武汉市、合肥市、芜湖市、上饶市、蚌埠市的城市管理条例的立法目的主要体现对“规范公权力价值取向”；南昌市的城市管理条例的立法目的主要体现“强化管理的价值取向”；南京市的城市管理条例的立法目的独树一帜，主要体现了“公众参与管理的价值取向”。当然他们共同价值取向就是提升公共服务水平。

2. 城市管理法规中管理方式的分析

随着时代和社会的变迁，现代行政法思想、规制理念和手段也发生变化，大致出现两种类型:[①] 一种是建立在命令与服从关系基础上的公法关系，以决定、处罚与强制为依托；另一种是更多依赖行政机关与行政相对人平等或对等互动的关系，以指导、协调与协议为载体。前者体现为刚性的、强制性的行政行为，后者体现为柔性的、程序性的行政行为，两者并行不悖，共同支撑现代行政行为。住建部倡导的城市管理工作“721”方法施行前，地方的立法更倾向于对公权力行使的规定，为公民设定的禁止性规定所占篇幅较多。而在近两年的规定里，则更凸显人性化和以人为本的理念，扩大了公权力的义务范围，尤其是在《芜湖市城市管理条例》，直接将“服务”二字写入目录，这种解决问题的思路让城市管理工作中多了些“温情”，少了些“强制”，使公众更易接受，从源头上化解了“官民矛盾”。

然而，通过对城市管理条例的管理方式进行梳理，可以发现：当前的城市管理方式呈现单一性，都表现为公权性质的刚性行政行为，缺乏柔性行政行为。从城市管理出发，其实应当强调的是“刚柔相济”管理模式。一方面，以“刚性执法”保证法律规定的贯彻实施，保障法律的实效性和强制性，另一方面，通过“柔性执法”的温和、有弹性，为行政机关和相对人划分出缓冲地带；由此，“可以削弱、减少一般权力所固有的伤害力，降低行政过强的成本代价，诸如减少抗争，降低内耗，息事宁人，以防止行政权对行政相对方权利的侵害和

① 应松年：《行政法与行政诉讼法》，中国法制出版社2009年版，第44页。

自由的过分限制”。① 所以，城市管理立法不能仅仅是单向地突出强制性管理方式，应当引入非强制性管理方式。在私权和公权、社会和国家的互动过程中，完成城市治理的转型。但是分析结果显示，目前我国城市管理法规在管理方式方面几乎绝大多数采取单一的强制管理方式。详见表 1。

表 1：八部城市管理法规的管理方式分析统计表

法规名称	管理方式
长沙市城市管理条例	听证、责令改正、查封、扣押、限期拆除、限期清理、罚款、依法查处
武汉市城市综合管理条例	责令改正、依法查处、罚款、查封、限期治理
南昌市城市管理条例	责令停建、限期拆除、强制拆除、查封、罚款、责令改正、警告
南京市城市治理条例	责令停建、限期拆除、强制拆除、吊销许可、罚款、限期缴款、补偿、责令限期改正、依法查处、拍卖、变卖等
合肥市城市管理条例	责令改正、没收违法所得、没收经营工具、吊销许可证、罚款、查封、扣押、代履行
上饶市城市管理条例	责令改正、罚款、强制拆除或回填、责令停业整顿、扣押、没收经营工具等
芜湖市城市管理条例	责令改正、警告、责令停止侵害、罚款
蚌埠市城市管理行政执法条例	责令改通报批评、失信惩戒、行政处罚、行政强制、行政处分

3. 城市管理法规中执法方式的分析

条块治理是现代政府治理架构的重要特征，公共部门通过纵向直线制和横向职能制的组织设计分别由纵向和横向不同部门来履行相应的组织职能。如果将行政任务看作是一副完整的拼图的话，那么，行政职能的分配就是将这张拼图碎片化并将不同的“行政任务碎片”交给不同的行政部门去行使，也可将此称之为“条块分割式的行政职能分配模式”。但这种行政职能分配模式实际是以理性主义或建构主义为理论预设的，即认为人有能力对行政任务进行精确地分割，各行政部门在职能上可以做到无缝对接，整个行政体系可以像一架精密的机械一样高效运转。可实际情况是，该模式极易导致行政执法权分散化、部

① 崔卓兰：《试论非强制行政行为》，载《吉林大学学报》1998 年第 5 期。

门之间职权交叉重复或者职权空缺及多头执法等问题的出现。

针对条块分割行政权能分配模式所带来的弊端，可以有两条路径可以纠偏：一是针对某行政事项进行联合执法；二是将围绕某行政事项的行政执法权综合集中到一个行政部门。① 在行政管理体制改革过程中，首先尝试的是联合执法，之后又推进到行政权的集中行使。集中行使行政权的综合执法部门具有完全独立的综合执法主体资格，不是相关政府职能部门拼凑的临时组织，与以往奉行的联合执法存在着本质的差异。1983 年国务院发布的《城乡集市贸易管理办法》第三条规定：“城乡集市贸易行政管理的主管部门是工商行政管理机关。各有关部门与工商行政管理机关应当相互配合，共同搞好城乡集市。”这一规定应该是联合执法的早期尝试。此后，某些地方政府通过组建临时性或协调性的综合执法机构如文化市场执法大队、清理整顿办公室等，试图对分散的执法权和执法机构进行体制内的调整。1996 年 3 月 17 日通过的《行政处罚法》第十六条创设了相对集中行使行政处罚权的制度，标志着行政执法权集中行使开始进入制度化轨道。在《行政处罚法》的推动之下，国务院出台了一系列文件来具体落实行政处罚权相对集中行使制度的建设。可以说，“城市管理综合执法突破了条块分割的行政执法体制，是对行政执法体制的改革和创新。”分析结果显示，目前我国城市管理法规在执法方式方面主要采取采联合执法、集中处罚的方式。

二、设区市城市管理立法质量的评价

通过对目前我国城市管理立法的系统分析发现，由于这些设区市立法条件与立法能力、立法规划制定、立法项目选择、立法规程设计、立法机制形成与保障、立法内容与立法质量均存在不同程度的差异。因此，在城市管理立法方面它们既取得了共同成效，也凸显了各自特色；即存在共性问题，也存在特殊的症结。

---

① 《国务院关于贯彻实施〈中华人民共和国行政处罚法〉的通知》（国发［1996］13 号）、《国务院关于全面推进依法行政的决定》（国发［1999］23 号）、《国务院办公厅关于继续做好相对集中行政处罚权试点工作的通知》（国办发［2000］63 号）、《国务院关于进一步推进相对集中行政处罚权工作的决定》（国发［2002］17 号）。

（一）设区市城市管理立法取得的共同成效

1. 设区市城市管理立法的技术和水平普遍提升。通过对长沙市等八个设区市城市管理条例的分析可以发现，我国目前城市管理法规方面的立法技术和立法水平普遍有所提升，其具体表现在三方面：（1）设区市城市管理立法的价值导向设定明确合理。均立足规范权力、提高政府管理服务水平。（2）设区市城市管理立法的社会效率和效益稳步提高。调查统计显示八个设区市城市管理立法后，城市管理事项逐步明确，城市管理部门的管理监督职责基本明确，城市综合执法部门基本实现集中执法，执法程序和步骤也比较清晰，执法效果明显改善。（3）设区市城市管理立法的语言规范性水平提升。调查统计显示八个设区市城市管理立法语言规范准确、逻辑清晰、语义统一、可操作性较强；基本概念、基本原则、行为模式、假定条件、法律后果等多种规范性要素齐全。

2. 设区市城市管理立法的社会民主参与度逐步提高。民主立法是现代立法基本理念和原则，也是立法质量水平提升的基本保障。通过对长沙市等八个设区市城市管理条例的分析可以发现，我国目前城市管理立法的社会民主参与度逐步提高。具体表现在两方面：（1）各市城市管理立法前针对立法需求、立法必要性、立法的风险等进行调查研究；负责立法起草工作的部门先后多次到公安局、财政局、国土局等进行调查研究。（2）各市城市管理立法过程中对立法草案、建议稿举行多种形式的听证会、论证会，充分吸收社会各界修改意见。

3. 设区市城市管理立法的地方特色初步形成。注重和突出地方立法的特色既是地方立法的生命力所在，也是地方立法的基本原则和理念。通过对长沙市等八个设区市城市管理条例的分析可以发现，我国目前城市管理立法的特色已经初步形成。其表现有三方面：（1）设区市城市管理立法具有鲜明的时代特色。党的十八大以来，党中央特别强调提高推进全面依法治国实现国家治理体系和治理能力的现代化。随之，中共中央与国务院共同发布了《关于深入推进城市执法体制改革改进城市管理工作的指导意见》，住建部出台了《城市管理执法办法》倡导城市管理执法应当遵循以人为本、依法治理、源头治理、权责一致、协调创新的原则，坚持严格规范公正文明执法。同时要求框定管理职责、明确主管部门、综合设置机构、推进综合执法、下移执法重心。纵观长沙等八个设区市城市管理立法在不同程度遵循和体现了国家城市管理改革的原则和导向具有较为鲜明的时代特色。(2)设区市城市管理立法不同程度体现地方城市管理的实际。在国家立法的框架下和国家立法的“空隙”寻找地方立法的空间，并尽可能符合地方实际的立法，这是地方立法特色的又一个体现。(3)设区市城市管理立法的体例和方法独特。如蚌埠市城市管理立法共32条，主要突出执法权限、执法程序、执法协作、执法监督，可谓短而精、少而管用；南昌市城市管理立法体例别具一格，共69条，其突出宣传教育和社会参与、公共服务与监督管理，集中体现政府执法理念转变；武汉市城市管理立法体例也独具特色，不仅突出第2章城市管理规范与标准，还通过第3章城市综合管理运行与监督体现了现代执法理念和方式的转变；南京市和芜湖市城市管理立法体例基本相同，分别为六章86条、六章85条，它们主要突出城市管理事项内容。合肥市、上饶市、长沙市的城市管理立法体例基本相同，分别为六章58条、六章85条、五章54条，它们也重点突出城市管理规定内容，它们都用一章、笼统地规定城市管理的具体事项。

（二）设区市城市管理立法存在普遍问题

1. 设区市城市管理立法的管理主体、管理范围、管理事权差异明显。通过资料收集和实地调研我们发现，我国目前八个设区市城市管理条例虽然立法特色初步形成，但城市管理立法调整范围普遍模糊，八个城市管理条例对管理的职责、管理事项均规定不一。具体体现在三方面：

(1)城市管理的职责规定差异明显不尽合理。蚌埠市连管理主体、管理职责均未规定；合肥市规定的事无巨细。如规定城市管理主体包括市、县、区人民政府城市管理委员会、市、县、区城市管理的行政主管部门、经济技术开发区、高新技术产业开发区、新站综合开发试验区的城市管理机构，乡（镇）人民政府、街道办事处，居（村）民委员会，物业服务企业、业主委员会以及业主多机构、多层次管理主体。

(2)城市管理范围界限模糊。南昌、上饶、武汉、长沙四个市概括规定城市管理条例适用范围；合肥、南京两市对城市管理范围规定由政府另行公布；芜湖市明确规定城市管理条例适用范围包括本市下列区域内的城市管理活动：镜湖区、弋江区的全部区域；鸠江区、三山区所辖街道办事处的全部区域；安徽省江北产业集中区、芜湖经济技术开发区、长江大桥综合经济开发区以及其他省级开发区的全部区域；无为县无城镇、芜湖县湾沚镇、繁昌县繁阳镇、南陵县籍山镇所辖社区的全部区域；芜宣机场所在区域。

（3）城市管理事权内容规定表面明确实际内涵混乱。蚌埠市没有规定此项内容；其他的七个市虽然都作了相关规定，但管理事权内容具体差别很大（详见表2）。

表2：八个市城市管理条例管理事权内容规定比较表

市	章节	关于城市管理条例管理区域范围规定
蚌埠市	第1章	没有相关规定
合肥市	第1章	本条例所称城市管理，是指对城市规划、建设、环境保护、园林绿化、道路交通、市容环境卫生等公共事务和秩序进行管理的活动
南昌市	第1章	本条例所称城市管理，是指对城市规划、城市市容环境卫生、市政设施、园林绿化、环境保护、道路交通、道路运输等公共事务和秩序的管理
上饶市	第1章	本条例所称城市管理，是指对城市规划建设、市政公用设施、市容环境卫生、城市绿化、物业管理、公共空间、环境保护、道路交通、安全与应急等公共事务和秩序实施管理、服务的活动
南京市	第1章	本条例所称城市治理，是指为了促进城市和谐和可持续发展，增进公众利益，实行政府主导、公众参与，依法对城市规划建设、市政设施、市容环卫、道路交通、生态环境、物业管理、应急处置等公共事务和秩序进行综合服务和管理的活动
芜湖市	第1章	本条例所称城市管理，是指政府及其有关部门对城市范围内的市政、市容、绿化、环境、交通、应急、公共秩序和规划实施等方面事务进行管理和服务的活动
武汉市	第1章	本条例所称城市综合管理，是指各级人民政府及相关部门依法对城市公共基础设施、公共客运交通、道路交通安全、市容环境、环境保护、园林绿化、公共水域（湖泊）等公共事务和秩序进行服务和管理的活动
长沙市	第1章	本条例所称城市管理，是指为满足广大市民生活和工作需要，人民政府及其相关行政管理部门依法对城市公共设施和道路交通、市容环卫、环境保护、园林绿化等公共事务、秩序进行管理的活动

2. 设区市城市管理立法的部门立法现象仍普遍存在。通过资料收集和实地调研我们发现，我国目前八个设区市城市管理条例七个仍采取部门立法模式，占全部的87.5%；只有合肥市采取部门立法和专家立法相结合的立法模式，只

占全部的12.5%。当然，我们不能够单纯从地方法规的立法模式去简单评价地方立法的质量水平，但我们通过参与省内设区市地方立法和省外立法调研发现，部门立法虽经过大量的立法论证、听证等程序也很难以真正预防和消除部门利益保护倾向。一方面牵头进行地方立法单位很难站在中立立场进行立法，另一方面即使经过立法听证和论证等方式对部门立法的利益倾向的遏制仍微不足道。

三、设区市城市管理立法质量全面改善和提升的建议

（一）彻底转变设区市城市管理立法的理念

城市管理立法应当秉持“以人为本”的立法理念，倡导树立城市管理为人民服务的宗旨；突出城市管理立法价值的人权和法治取向。城市管理的地方立法应当成为城市管理部门“依法行政”的准则和标尺，而不应成为捍卫部门利益的“护身符”；创新城市管理的模式。应该整合多元治理主体，以政府为主，囊括社区、公众、社会组织，形成多中心、多层次的治理格局；还应当兼容“刚性执法”与“柔性执法”，塑造城市管理方式的立体结构，倡导通过对话、协调、合作的方式实现城市公共空间的资源分配，最终实现城管立法从管理型立法转向治理型立法。

（二）重点凝练设区市城市管理立法的特色

通过前文分析可知，我国设区市城市管理立法特色已经初步形成，主要体现在三方面：一是设区市城市管理立法具有鲜明的时代特色；二是设区市城市管理立法不同程度体现地方城市管理的实际；三是设区市城市管理立法的体例和方法独特。因此，要进一步凝练设区市城市管理立法的特色主要从以下两方面深化：一是更加突出问题导向，从区域城市管理的重点和难点问题入手，提高城市管理立法的针对性；二是更加注重城市管理内容的精细化、准确化，探索城市管理体制和机制创新经验，从制度设计上找到突破口，形成凝练普遍可复制的立法成果。

（三）全面提升设区市城市管理立法水平

通过对设区市城市管理立法的客观分析评价可知，我国设区市城市管理立

法仍普遍存在管理主体、管理范围、管理事权模糊不清，立法模式单一的问题。因此，要全面提升设区市城市管理立法水平着重从以下两方面突破：一是突破政府管理部门单一立法的模式，引入第三方立法、综合立法模式，通过丰富立法模式保障立法水平。二是积极开展城市管理问题的专题调研，注重立法前、立法中、立法后调查评估，通过提升立法的民主性和科学性，保障城市管理立法的质量效益，切实提高城市管理立法的可操作性。

法官助理的角色分析*

常晓甜**

摘　要：法官助理制度是综合审判制度和法院人事制度为一体的一项系统性改革，旨在缓解员额制改革背景下案多人少的矛盾，实现对法院内部结构的优化配置。然而由于制度体系的缺失，法官助理陷入了角色冲突的困境，因此有必要厘清法官助理的角色定位。通过采用角色分析理论，对法官助理的角色期待、角色认知和角色冲突这三个变量的相互关系进行分析，明确角色应有的制度价值、法律地位和职责权限，从而引导法官助理回归到应有的角色定位。

关键词：法官助理　法官职业化　员额制　角色定位

法官助理制度是现代审判组织建构中的重要部分，它的建立呼应了当下司法改革的需要。早在1999年最高人民法院在《人民法院五年改革纲要（1999—2003)》中就将建立法官助理制度和确定法官编制提上议程，随后在2004年发布《关于在部分地方人民法院开展法官助理试点工作的意见》，开始在多地法院展开试点工作，但是此后法官助理制度并未在全国有效推行。直到2015年最高院相继发布《人民法院第四个五年改革纲要（2014—2018)》和《关于完善人民法院司法责任制的若干意见》，提出建立法官员额制度，“健全法官助理、书记员、执行员等审判辅助人员管理制度”，标志着法官助理制度开启了发展的新篇章。通过回顾法官助理的发展历程不难得出，建立完善的法官助理制度是

* 本文是中国法学会2017年度部级法学研究课题“以审判为中心的诉讼制度改革实证研究——以山西省为样本”（课题编号：CLS［2017］D218）的阶段性研究成果之一。

** 山西大学法学院刑事诉讼法学专业硕士研究生，主要研究方向为刑事诉讼法学。

员额制改革催化下的配套性措施，因此在新一轮司法改革背景下法官助理制度应被赋予了新的时代解读——旨在通过深化人员分类改革，优化司法资源配置，打造法官队伍的精英化和职业化。然而《法官法》《法院组织法》以及诉讼法中对于法官助理均没有明确规定，法官助理制度一直处于"无本之源"的状态，角色定位模糊不清，以至于在实践过程中出现了制度失范，法官助理制度改革仍然任重而道远。

一、问题的提出：法官助理的角色期待

"角色期待是指群体或个人对某种角色应该表现出来的特定行为的期望，它是形成社会结构与角色行为之间关系的桥梁。"① 人们对于法官助理的角色期待形成于社会发展之中，源于社会公众对于法官助理角色的客观需求，只有契合了角色期待，法官助理这一角色才能被社会所认可，因此也可以说角色期待既是推动法官助理发展的动力，亦是约束法官助理的行为准则。

（一）推动法官职业化建设

为实现法院内部资源的重新分工组合，确保司法公正和司法效率，法官职业化建设成为现代司法体制改革的重要内容之一。追溯我国法院人事制度三十年改革历程，其核心始终围绕着"法官职业化建设"这一主题。然而由于传统审判管理方式根深蒂固，导致这一改革举步维艰。在传统审判管理方式中，行政化色彩浓厚，裁判结论要经过"层层审批、层层把关"，以至于未参加庭审的院长、庭长也可以对案件裁判结论提出修改，出现了"审者不判、判者不审"的审判分离现象，严重背离了以审判为中心的司法规律。同时，传统的审判管理方式将法官视同一般公务员对待，法官的任命标准没有强调并坚持专业素质和业务水平，出现了法官职业大众化倾向。有些法官没有经过系统的法律学习，专业素质水平不高，难以保证司法审判的效率和公正，损害了司法的权威与公信力。因此，必须打破原有的审判管理方式，实现审判管理的现代化，推动法官职业化的建设。

---

① 秦启文：《角色导论学》，中国社会科学出版社2011年版，第91页。

要改变法官职业大众化，就要走法官精英化的改革路线，推动法官职业化建设。法官助理制度作为法官员额制改革的配套措施，打破了原有“法官—书记员”的审判组织结构，形成了“法官—法官助理—书记员”的审判组织结构。通过对法官、法官助理和书记员的职责分工，将法官从繁杂的事务性工作中解放出来，确保有充足的时间和精力专注于案件审理的本身。除此之外，法官与法官助理之间的思维碰撞有助于实现法律知识、法律观念和思维方式的及时更新与转换，使他们的职业素养与社会更新同步发展，推动其更加积极主动地寻求法律正义之所在。

（二）法官员额制的配套措施

“法官助理改革从来都只是司法改革中的一个环节，具有鲜明的次改革特性，即由员额制改革引起和催生的一种服务于员额制改革的改革。”① 在员额制背景下，法官助理作为审判辅助人员辅佐法官，法官助理制度作为次改革服务于法官员额制，是法官员额制的制度保障。

“从制度层面而言，法官助理制度是推行法官员额制的重要保障。所谓法官员额制要求法官人数的固定化，但是另一方面案件数量是不断增长的，案件的复杂性也是不断增加的，这种静态的内在要求与动态的挑战之间存在着不容忽视的矛盾。”② 在这种矛盾激化下，提高法官办案效率是关键。从外部条件看，法官员额制不仅确定了法官数量，还明确了法官只需专注于审判事务，不再承担非审判事务，要求实施人员分类管理，将审判辅助事务交由法官助理，使法官专注于审与判。从内部条件看，法官助理要在法官的指导下开展工作，工作量的增大对法官自身业务素质提出了更高的要求，法官的职业门槛、职业技能和职业道德都必须进行严格限制。由此可见，法官助理推动了法官员额制的进程，通过精选审判人员，提高法官职业化水平。

从实践层面而言，法官助理的数量影响着法官员额比的确定。法官人员定额应综合客观因素和主观因素，建立起科学合理的评估标准，不仅需要考虑案件总量、案件类型、经济水平和法官自身业务水平，审判辅助人员的配备

---

① 刘练军：《法官助理制度的法理分析》，载《法律科学》2017年第4期。

② 拜荣静：《法官员额制的新问题及其应对》，载《苏州大学学报》2016年第2期。

情况也是重要的考量因素。倘若法官助理配备充足，在法院内部两个制度有效衔接形成职责分工机制，法官数量就可以相对较少，反之，法官数量就应该相对较多。

（三）提高司法效率和司法公正

法官助理对司法效率的积极作用表现为通过职责分工，对审判事务进行繁简分流。将部分辅助性事务交由法官助理处理，可以实现对司法资源的优化配置，极大地缓解法官的办案压力：（1）法官助理承担调查取证的职能，减轻了法官依职权调查取证的工作负担；（2）协助组织庭前证据交换，及时对证据进行分类和固定，明确案件的争议焦点，有效提高了庭审的效率；（3）代表法官主持庭前调解，及时减少双方当事人的矛盾，如果调解成功，案件将不用进入庭审程序，从而降低了诉讼成本；（4）其他辅助性事务如委托联系鉴定、评估、审计机构，采取诉讼保全，准备参考资料等工作交由法官助理承担，使法官更加专注于案件本身的争议解决。

法官助理对司法公正的积极作用是通过程序公正来实现。一方面，“在程序把关上，法官助理应当具有独立人格，起到对法官的程序监督作用，一旦发现法官由程序上的违法行为，应当及时告知纠正”①。法院通过增设法官助理，明确法官、法官助理、书记员各自的职责，突破了过去审判员与书记员师徒式的关系模式，强调职责分工、优化资源配置，在三个角色之间形成了监督、协作的纽带。另一方面，法官助理在法官与当事人之间起到了“隔离带”的作用，避免因法官和当事人直接接触而妨碍司法公正的实现，通过维护法官的中立地位来提高法院裁判在社会中的司法公信力。

二、理论分析：法官助理的角色认知

角色期待的内容决定了角色认知的内容，角色认知要迎合角色期待的需要。“角色认知是角色扮演者在角色占有后，到角色实践之前，对角色扮演制约因素

① 乔宪志：《中国法官助理制度研究》，法律出版社2002年版，第119页。

进行认知，在心理上确定个体的角色行为模式的过程。"① 对于法官助理的角色认知，要从解决"依附"和"独立"这一对矛盾入手。

从依附性的角度而言，法官助理是在法官的指导下从事辅助性事务的工作人员。在美国，法官助理被称为"不穿法袍的法官"。"作为法官的助手，法官助理没有法定义务，但是可以通过履行广泛的职责来服务法官，他们所做的工作要经过最初授权法官的批准、监督和认可，但最终法院的裁判意见仍然是由法官作出而非法官助理，因此法官助理可以视为是他们所服务法官意识的延伸。"② 而我国"审判者裁判，裁判者负责"的审判运行机制决定了法官助理要在法官的指导下开展工作，是法官的司法辅助人员：庭前阶段，法官助理可以在庭前会议中主持证据交换，及时归纳出双方当事人的诉讼请求和争议焦点，并主持调解，但是只能对证据进行固定和分类，不能对证据是否采信作出决定，对诉讼请求和争议焦点亦不能作出自己的判断，调解协议也必须经由法官审查确认后才能签发生效；在庭审结束后，法官助理可以对案件发表自己的意见观点，但是其意见仅具有辅助参考作用，最终审判意见仍由法官作出。

从独立性的角度而言，法官助理在从事辅助性事务工作中具有自己的独立价值。首先要求法官助理独立服从法律，只能在法律规定的范围内行使自己的职责，对于法官指派超出规定范围之外的任务，法官助理有权拒绝；其次，法官助理独立行使职权，他人不得任意干涉，通过职责分工改变法官诉讼包揽的办案方式，侧面上对法官权力的行使起到了监督制约的作用，确保了司法公正；最后，法官助理的独立性是相对的，其权力的行使会受到法官的监督，法官有权督促法官助理规范行使职权。因此，应当充分尊重法官助理的独立价值，赋予法官助理独立的工作地位，这是他们获得相应职业保障的前提，也有利于调动法官助理工作的积极性和主动性。

三、实践困境：法官助理的角色冲突

"角色冲突是指占有一定地位的个体与不相符的角色期望发生冲突的情境，

---

① 陈卫平：《角色认知的概念与功能初探》，载《社会科学研究》1994 年第 1 期。

② J. Daniel Mahoney, The Second Circuit Review—1986—1987 Term: Foreword: LAW CLERKS: FOR BETTER OR FOR WORSE? Brooklyn Law Review, Summer, 1988, p. 327.

也就是个体不能执行对角色提出的要求就会引起冲突的情境。”① 其实质是角色期待与角色认知发生偏差。法官助理的角色冲突主要表现为法官助理与法官、法官助理与书记员、法官助理与助理审判员三组关系。

（一）法官助理与法官的角色冲突

“当前有些地方的员额制改革似乎已经呈现出‘变味’的迹象，通过建立法官助理制度将法官独立审判变为‘法官领导、助理审判’，独立审判变相成为‘团队审判’。”② 尽管《关于完善人民法院司法责任制的若干意见》罗列了法官助理的七项职责，但在实践中法官和法官助理的职责内容仍然界限不明。

一是法官助理是否拥有调解权。持否定意见的人认为，法官助理是法官的审判辅助人员，不享有审判权，而调解权实质上从属于审判权，因此法官助理自然就不享有调解权。而持肯定意见的人认为，法官助理制度设立的初衷是为了缓解案多人少的矛盾，调解权是双方当事人自愿处分权利的行为，且法官助理只是主持调解，调解协议仍然要经过法官确认，因此法官助理并没有侵犯到法官的审判权，拥有调解权不仅能够提高诉讼效率，而且能够极大调动法官助理工作的积极性。

二是法官助理的司法责任。一方面，由于对审判辅助事务没有明确界定，法官出于办案压力，极有可能将工作内容推诿给法官助理，出现法官助理人手短缺现象。另一方面，法官助理从事的仅是辅助性工作，一旦法官助理的辅助工作出现失误，这个责任最终仍要由法官来承担。这种情况下，法官出于对法官助理的不信任，会选择自己亲力亲为而“闲置”法官助理，造成司法资源的浪费。

三是裁判文书是否署名。这一问题也有两种不同的观点，支持者认为法官助理在裁判文书上署名是对其劳动成果的认可，能够增强职业荣誉感，同时在裁判文书上署名意味着法官助理要接受外界社会的监督，对其工作内容承担相应的责任，是对他们工作提出了更高的要求。而反对者认为，法官助理在裁判文书上署名违反了诉讼法和裁判文书的相关规定，同时裁判意见是法官意志的

---

① 李瑜青：《法律社会学导论》，上海大学出版社2004年版，第102页。

② 张千帆：《如何设计司法？法官、律师与案件数量比较研究》，载《比较法研究》2016年第1期。

体现而非法官助理，裁判最终的决定权由法官把握，因此法官助理不应在裁判文书上署名。

(二) 法官助理与书记员的角色冲突

法官助理和书记员都是服务于法官的司法辅助人员，二者都是在法官的指导下工作。从职责内容上看，法官助理是从事审判业务的辅助性人员，书记员是审判工作的事务性辅助人员，何为审判业务的辅助？何为审判工作的事务性辅助？法律没有作出明确的说明。尽管法官助理和书记员都有专门的管理办法，但是通过仔细对比可以发现他们的具体职责内容出现了交叉重复，因此实践中有的法院将法官助理定位为“高级书记员”，例如法官助理协助法官组织庭前证据交换和庭前调解、准备审判参考资料、安排开庭前的有关事宜，书记员负责庭前准备的事务性工作，二者都从事庭前准备工作，应当如何进行区分？又如二者职责内容都有兜底条款，法官助理要完成法官交办的其审判辅助性工作，书记员要完成法官交办的其他事务性工作，二者表述并无太大差异，角色定位区别度不高以至于出现角色冲突现象，导致司法实务中法官助理和书记员相互推诿工作责任，司法效率低下。

四、路径探索：法官助理的角色归位

想要使一个角色运行最大化发挥价值，就必须要契合角色期待，深化角色认知，化解角色冲突，明确角色应有的定位。多年的试点探索验证了我国法官助理制度存在的必要性和可行性，但是改革的经验和教训提醒我们必须正视法官助理存在的角色冲突，引导员额制改革背景下法官助理的角色归位。

(一) 立法明确法官助理的法律地位

从试点法院改革效果来看，法官助理制度的建立契合了当前司法改革的规律，肯定了其存在的合理性。然而纵观当前的《宪法》《法官法》和《法院组织法》等相关法律，都没有发现法官助理的痕迹，仅有的规定都是出现在近几年颁布的地方试点意见和法院改革纲要等规范性法律文件之中，它们仅具有推动制度改革实施的功效，难以从法理层面论证法官助理制度存在的合法性，立法层面的缺失致使法官助理的角色始终处于一个“名不正言不顺”的尴尬地位，而这也是一直以来制约法官助理制度发展的瓶颈所在。为此，首先应当从法律层面上赋予法官助理的合法地位，建立法官助理的身份认同，使法官助理制度有法可依、有法可循，重塑制度改革的合法性和正当性。

（二）厘清法官助理的职责权限

关于法官助理和法官的关系。在美国，法官助理具有依附性，法官和法官助理相互信任，并肩作战，甚至有法官形容他们是除热恋、婚姻、家庭之外最为紧密的关系。法官助理，从字面意义上分析即为法官的助理，负责分担法官的审判辅助性工作，从而提高司法效率。问题的关键在于如何界定法官和法官助理之间的关系。笔者认为，法官和法官助理的关系应为互相协作和监督的关系。一方面，法官助理为法官服务，配合法官完成案件事实调查、组织证据交换、草拟法律文书等相关审判辅助性事务，将法官从繁重的工作中解脱出来专司审判，让“法官更像法官”。同时法官给予法官助理相应的指导，培养法官助理的案件推理能力和文书写作水平，提高他们的职业技能。另一方面，法官助理的设立改变了法官“大包大揽”的办案方式，减少了法官同当事人的私下接触，法官助理的工作也要经过法官的确认，因而他们之间又互相监督，彼此制约，维护了司法的公正。

关于法官助理与书记员的关系。从角色性质上看，法官助理和书记员都是辅助法官的工作助手，二者相互合作，突出法官的中心地位。但是从职责内容上看，他们应当有着明确的职责边界。区分职责边界主要是通过对审判辅助事务的类型进行划分。根据审判辅助事务与审判核心事务的关联程度和法律专业化程度可以分为智识性辅助事务和纯粹性辅助事务。法官助理主要承担的是智识性辅助事务，协助法官归纳诉讼双方争议焦点、组织庭前证据交换、主持庭前调解、调查收集相关证据、草拟法律文书等与法官审判相关的辅助性工作。相比而言，书记员承担的工作内容较为简单，主要负责对法律专业化程度不高的纯粹性辅助事务，如整理装订案卷材料、记录案件庭审过程等类似于文秘的行政事务。工作内容的难易程度不同，决定了对法官助理和书记员的选任标准也有着很大的不同。担任法官助理必须接受过系统的法律知识教育，具备扎实的法学理论功底和专业的法律推理能力，对法律专业素养要求较为严苛，而书记员要求较为宽松，法律知识并不作为书记员选拔录用的硬性条件。

(三)构建法官、法官助理、书记员协调衔接机制

法官助理的增设以法官员额制改革为背景，以司法分工的科学化和精细化为基础，打破了原有“一审一书”的审判模式，其实质是对司法资源配置的重新整合，建立起有效提升司法质效的新型审判模式。在传统的“一审一书”模式下，法官和书记员共同构成了“倒三角形”模式。当面对井喷式的诉讼爆炸现象时，只能通过扩张法官员额和增加法官工作量来解决问题。然而这种做法不能从根本上解决案多人少的矛盾，长此以往将会偏离法官职业化建设和法官员额制的改革目标。为此抓住法官助理这个突破口，构建“法官—法官助理—书记员”的“正三角形”模式才是正确的改革思路。从审判运行机制的角度看，法官助理既协助法官完成审判任务，又指导书记员开展事务性工作，起到了承上启下的作用。同时，法官助理从事审判辅助工作，书记员负责审判事务工作，与法官不再是统属关系而是协助监督关系，共同将法官从一般事务工作中解放出来。“实质是落实《人民法院组织法》，还权于合议庭，将‘审’与‘判’的权利统归于法官，实现法官责、权、利的统一。”① 法官既是领导者，也是一切工作的责任承担着，法官助理和书记员类似于法官的左膀右臂，三者分工负责，相互配合，形成高效的协调衔接机制，共同推进司法现代化建设。

① 孙国明:《法官助理》，人民法院出版社2007年版，第57页。

“一带一路”国家地理标志保护制度之比较*

赵小平** 石小丽***

摘 要：中国具有丰富的地理标志资源，地理标志独具的地域优势和文化历史，必将在“一带一路”合作建设中发挥重要作用。受政治、经济和文化因素的影响，沿线国家地理标志保护模式及保护水平不尽相同，要发挥中国地理标志在“一带一路”国际合作中的优势地位，必须在国内完善我国地理标志保护制度，在国际层面积极推进中国地理标志在“一带一路”沿线国家的品牌建设，同时积极开展与“一带一路”沿线国家地理标志的双边或多边协作。

关键词：“一带一路” 地理标志 国际合作

党的十九大报告明确指出，积极促进“一带一路”国际合作。“一带一路”是中国秉持“共商、共建、共享”原则所提出的战略构想，经过四年的实践发展为越来越多的国家所认可。“一带一路”倡议连接了东盟、西亚、南亚、中亚、中东欧、独联体七国等六十多个国家，致力于打造一个区域性的命运共同体，开展大范围、高水平、深层次的经济合作，实现沿线国家的互联互通。“一带一路”覆盖区域多以发展中国家为主，经济相对落后，自然资源丰富，“一带一路”的深入推进为沿线发展中国家地理标志产品走向世界提供了重要发展

---

* 本文是国家社会科学基金项目“地理标志国际保护的发展趋势及中国的因应研究”（16BFX17）的阶段性研究成果。

** 山西大学法学院副教授，哲学博士，主要研究方向为知识产权法。

*** 山西大学法学院民商法专业硕士研究生，主要研究方向为知识产权法。

机遇，故研习相关国家地理标志立法能够发挥特色产品的市场优势，使古老的民族特色产品实现跨越式发展，带动沿线国家经济的发展。文章在考察中国同“一带一路”覆盖国经贸往来现状后，选取与我国贸易往来密切的东南亚国家中的越南、马来西亚、泰国、新加坡和印度这几个国家，以其地理标志立法分析为出发点，同时结合各国现实基础与前景，得出我国作为“一带一路”的发起国和倡议国，在助推“一带一路”中应当充分利用自身的发展经验发挥引领作用，有针对性地加强区域地理标志合作。

一、“一带一路”国家地理标志保护概览

地理标志作为知识产权的一种，是指产品以其来源地命名且产品特定的质量归因于此地的自然因素或人文因素。百余年来，由于政策取向、经济水平和文化冲突，地理标志一直是一个极具争议性的国际问题。

（一）国内保护

世界各国对地理标志的保护情况，主要有专门法保护、商标法保护、地理标志与商标双重保护及不保护四种①，“一带一路”国家地理标志的保护状况也是如此。

1. 专门法模式

专门立法作为对地理标志保护力度最强的立法模式，主要被欧盟国家所采纳，主要是将地理标志单独立法。“一带一路”覆盖国家中采取专门立法模式保护地理标志的国家共计 37 个，分别为：亚欧大陆的阿尔巴尼亚、亚美尼亚、阿塞拜疆、巴林、白俄罗斯、克罗地亚、印度、印度尼西亚、以色列、约旦、哈萨克斯坦、吉尔吉斯斯坦、马其顿、马来西亚、蒙古、阿曼、卡塔尔、俄罗斯、塞尔维亚、黑山、塔吉克斯坦、泰国、土耳其、乌克兰、乌兹别克斯坦、越南和塞浦路斯、捷克、爱沙尼亚、希腊、匈牙利、立陶宛、拉脱维亚、波兰、斯洛文尼亚、斯洛伐克、罗马尼亚。上述国家有的专门出台了有关保护地理标

① O’C onnor and Company: geographical indications and TRIPS: 10 Years Later... A roadmap for EU GI holders to get protection in other WTO Members, insight Consulting.

志的立法，如印度2003年9月15日生效的《产品地理标志注册与保护法》；有些则是在法律中明确地理标志的保护范围，如泰国2004年4月生效的《地理标志保护法》涵盖了所有的产品，明确规定包括自然产品和农产品以及来自工业和手工业部门的工艺品。

2. 商标法模式

采用商标法模式，把地理标志作为证明商标、集体商标或仅作为普通商标予以保护的国家有：亚欧大陆的孟加拉国、不丹、文莱、伊朗、伊拉克、老挝（正在讨论制定专门法）、黎巴嫩（正在讨论制定专门法）、缅甸、尼泊尔、巴基斯坦、菲律宾、沙特阿拉伯、叙利亚、土库曼斯坦、阿拉伯联合酋长国、也门、埃及。这些国家忽视了地理标志是一种独立的知识产权，而将地理标志归入到商标的子集中，将地理标志注册为集体商标或证明商标进行保护。

3. 双轨制模式

对地理标志的保护采用商标法与专门法双重模式的国家有：中国、科威特、新加坡和斯里兰卡这四个国家。我国现行地理标志保护制度是由商标法保护体系、保护地理标志的部门规章及《产品质量法》等构成的，对地理标志的保护形成了商标法和专门法两种并存的保护模式。作为第一个对地理标志进行专门立法的国家，《新加坡地理标志法》于1999年1月15日开始实施，主要规范产品制造者和贸易商对商品来源地的保护。

4. 不予保护

目前对地理标志不予保护的国家有：亚欧大陆的阿富汗、马尔代夫。截至目前，这两个国家还没有具有法律效力的对地理标志进行保护的法律法规。其中，阿富汗在2005年加入世界知识产权组织后，目前正处于推动建立商标法和地理标志法的进程中；尽管马尔代夫是世界知识产权组织与WTO的成员，但目前并没有有效的商标或地理标志的立法，正处于推动建立法律框架的进程中。①

至于巴勒斯坦、乌兹别克斯坦、吉尔吉斯斯坦、摩尔多瓦、波黑和阿尔巴尼亚和保加利亚等国的立法状况，因资料有限，目前尚未考究。

---

① 赵小平：《中国农产品地理标志法律保护研究》，山西人民出版社2012年版，第54页。

(二) 参加的有关地理标志保护的国际公约之比较

国际社会对地理标志的保护由来已久，早在1883年《保护工业产权巴黎公约》中就有所体现；此后，1891年的《制止虚假或欺骗性商品来源标识马德里协定》和1958年《保护原产地名称及其国际注册里斯本协定》都有不同程度的涉及。WIPO《与贸易有关的知识产权协定》(简称TRIPs协定)将地理标志作为与商标并列的知识产权作出专门规定。

“一带一路”沿线国家加入公约(协定)情况汇总

巴黎公约	马德里协定	里斯本协定①	TRIPs协定
越南、马来西亚、新加坡、印度、印度尼西亚、菲律宾、沙特阿拉伯、阿联酋、伊朗、土耳其、巴基斯坦、伊拉克、波兰、阿曼、哈萨克斯坦、科威特、匈牙利、乌克兰、土库曼斯坦、吉尔吉斯斯坦、卡塔尔、斯洛伐克、罗马尼亚、柬埔寨、斯里兰卡、蒙古、乌兹别克斯坦、斯洛文尼亚、黎巴嫩、塔吉克斯坦、白俄罗斯、立陶宛、拉脱维亚、克罗地亚、爱沙尼亚、叙利亚、尼泊尔、巴林、塞尔维亚、黑山、马其顿、波黑、摩尔多瓦、不丹	越南、新加坡、伊朗、土耳其、波兰、捷克、匈牙利、乌克兰、土库曼斯坦、斯洛伐克、罗马尼亚、乌兹别克斯坦、斯洛文尼亚、塔吉克斯坦、保加利亚、白俄罗斯、立陶宛、拉脱维斯、巴林、阿塞拜疆、塞尔维亚、亚美尼亚、黑山、马其顿、不丹	以色列、捷克、匈牙利、斯洛伐克、保加利亚、塞尔维亚、黑山、马其顿、波黑、摩尔多瓦	越南、马来西亚、泰国、新加坡、印度、俄罗斯、印度尼西亚、菲律宾、沙特阿拉伯、阿联酋、土耳其、巴基斯坦、波兰、孟加拉国、阿曼、哈萨克斯坦、缅甸、以色列、埃及、捷克、科威特、匈牙利、乌克兰、卡塔尔、斯洛伐克、罗马尼亚、柬埔寨、斯里兰卡、蒙古、约旦、斯洛文尼亚、老挝、也门、保加利亚、立陶宛、拉脱维斯、克罗地亚、爱沙尼亚、尼泊尔、巴林、格鲁吉亚、文莱、阿尔巴尼亚、亚美尼亚、马尔代夫、东帝汶、黑山、马其顿、摩尔多瓦

分析发现，“一带一路”沿线国家中，只有斯洛伐克、匈牙利、黑山、马其顿四个国家加入了所有国际公约，摩尔多瓦加入了巴黎公约、里斯本协定及TRIPs协定。

① 参见WIPO官网：Lisbon Agreement，http：//www. wipo. int. /treaties/en/ShowResults. jsp？lang = en&treaty_ id = 10.

仅有8个国家同时加入了里斯本协定和TRIPs协定，分别是以色列、捷克、匈牙利、斯洛伐克、保加利亚、黑山、马其顿、摩尔多瓦。

而同时加入巴黎公约与TRIPs协定的国家则多达32个：越南、马来西亚、新加坡、印度、印度尼西亚、菲律宾、沙特阿拉伯、阿联酋、土耳其、巴基斯坦、波兰、阿曼、哈萨克斯坦、科威特、匈牙利、乌克兰、卡塔尔、斯洛伐克、罗马尼亚、柬埔寨、斯里兰卡、蒙古、斯洛文尼亚、立陶宛、拉脱维亚、克罗地亚、爱沙尼亚、尼泊尔、巴林、黑山、马其顿、摩尔多瓦。

二、地理标志保护状况与运作比较

限于篇幅，文章仅对"一带一路"沿线国家中与中国贸易往来最为密切的几个国家进行分析。我们依照商务部发布的《"一带一路"贸易合作大数据报告（2017）》[①] 选取了与我国贸易总额占前五位的五个国家[②]与我国进行对比，有针对性地进行了介绍。这五个国家分别为：越南、马来西亚、泰国、新加坡、印度。

（一）地理标志的保护动因与保护模式

1. 地理标志保护制度的立法动因

除泰国以外，这些国家都曾受到西方资本主义国家殖民统治，在其地理标志、商标、专利等知识产权立法过程中都或多或少地受到了殖民统治国的影响。泰国地理标志保护制度主要是在对欧盟经验借鉴的基础上自我建立并完善的。[③] 新加坡、马来西亚主要受到英国法律文化的影响。越南、中国地理标志保护体系则是在借鉴法国地理标志制度的基础上所建立发展的。[④] 中国、越南、马来西亚、泰国、新加坡和印度有关地理标志的法律制度分别在1999年、2000年、

① 参见中商情报网：http：//www.askci.com/news/finance/20170517/09295198237.shtml.

② 我国与这五个国家的进出口贸易额分别为：越南、马来西亚、泰国、新加坡、印度，986.8、875.4、761.9、713.2、705.9。

③ 苏悦娟、孔璎红：《TRIPs协议下的泰国地理标志保护制度研究》，载《广西社会科学》2014年第2期。

④ 苏悦娟、孔璎红、孔祥军：《TRIPs协议下中国—东盟地理标志保护及其合作研究》，载《广西社会科学》2014年第4期。

2001 年、2004 年、1999 年、1999 年颁布。

可见，六国有关地理标志的立法时间主要集中于 2000 年左右，是其为履行 TRIPs 义务所作出的改变，即该协议要求所有 WTO 成员对包括地理标志在内的知识产权提供最低限度的保护。换言之，六国加强地理标志保护的努力主要是源于入世的需要，本质上是一种被动立法，而非主动立法，这种动因更多地来源于外部。

2. 地理标志的保护模式

一直以来，采用专门法的国家大多历史悠久，拥有种类繁多的地理标志，为保护地方优质传统产品并充分发挥其资源优势，大多通过对农产品、食品及其他产品专门立法来提供严格的保护。前述六国虽拥有丰富的地理标志农副产品，却仍位列发展中国家范围，六国的农业在其国国民经济中占据着重要的地位，然而发展水平却仍然比较落后，而地理标志在提升农产品附加值、打造品牌产品、增加农民收入，带动农业经济发展方面有不可替代的作用，故都希望借助于对地理标志的强保护来带动农业的发展。

六个国家都对地理标志进行了专门立法，如印度 1999 年的《产品地理标志（注册与保护）法》、马来西亚 2000 年的《地理标志法》、泰国 2004 年的《地理标志保护法》。此外中国和新加坡还借助商标法对地理标志进行保护。换句话说，除中国和新加坡采用双轨制的保护模式外，越南、马来西亚、泰国和印度均采用专门法的保护模式。

此外，作为发展中国家，他们在专利、版权等传统的知识产权竞争中并不占据优势，但地理标志资源的发展前景却是相当可观，是其知识产权的长项。借助地理标志专门立法的强保护力度，打造享誉全球的知名品牌，对进一步增强地理标志国际谈判乃至知识产权国际保护谈判中的主动权与话语权都具有积极意义。

（二）制度运作比较

1. 注册申请人

一般而言，地理标志注册申请人为协会、机构或企业。如印度的《产品地理标志（注册与保护）法》规定任何协会、生产者或者代表相关产品生产者利益的组织或机构均可提出地理标志注册申请。中国地理标志产品保护的申请应当由县级以上人民政府指定的地理标志产品保护申请机构或人民政府认定的协会和企业提出。但是在泰国，注册申请的主体还包括自然人和消费者团体。

2. 保护范围

有关地理标志保护的产品种类，各国基本相同，但仍存在细微差异，如我国《地理标志产品保护规定》第二条列举了受保护产品的范围：来自本地区的种植、养殖产品和原材料全部来自本地区或部分来自其他地区，并在本地区按照特定工艺生产和加工的产品。① 涵盖范围包括有天然产品、农产品、食品（含酒）、工艺品、林业品等，较之越南地理标志保护的农产品、食品（含酒）、工艺品、林产品范围较大。马来西亚《地理标志法》第 2 条明确规定了保护种类有天然产品、农产品、工艺品和工业品，这与我国和越南又有细微差异。

3. 保护期限

采用专门法模式的国家普遍明确了地理标志保护的无限期，即一经申请，永受保护。但马来西亚则例外地规定了地理标志保护期限为 10 年，并且允许到期续展。② 我国地理标志的保护期限受双轨制影响而呈现出不同，在专门法模式下为无限期，在商标法模式下为 10 年，同样也允许到期续展。

4. 保护强度

泰国主张将对葡萄酒和烈酒提供的额外保护延伸到所有产品上，即主张对地理标志提供强力度保护，而中国、越南、新加坡、马来西亚等国家则没有明确表明立场。

三、地理标志助推“一带一路”症结

地理标志具有极高的经济价值、政治价值与文化价值等社会价值，对“一带一路”战略的实施发展具有极大的助推力。尽管一些国家或地区已经对地理标志的经济价值给予高度重视，积极推进地理标志保护工作，但其资源优势仍未被充分挖掘，主要症结有下。

---

① 赵小平：《地理标志的法律保护研究》，法律出版社 2007 年版，第 239 页。

② 苏悦娟、孔缨红、孔祥军：《中马双边合作视角下马来西亚地理标志保护体系研究》，载《东南亚纵横》2014 年第 5 期。

（一）地理标志的国际优势远未发挥

“一带一路”沿线国家绝大多数为不发达国家，国内经济主要依靠于初级农产品的出口，经济结构单一。地理标志所独有的产品质量与产地间的天然联系能够极大程度上获得消费者的认同，增加产品的附加值，从而为区域生产者、经营者带来经济效益。如梧州生产的六堡茶受到了东盟国家的喜爱，出厂价格至少提高了10%，为当地经济注入了新活力。地理标志产业的发展已经成为“一带一路”经济带建设中的重要切入点。然而，最新数据显示，2016年中国对“一带一路”国家出口额前十名的产品分别为“电机、电气设备及其零件”“锅炉、机器、机械器具及零件”“钢铁和塑料及其制品”“钢铁制品、针织品或钩编的服装及衣着附件”“家具、寝具”等①，地理标志产品占比极其低。地理标志产品的经济价值在“一带一路”沿线国家远未发挥。

（二）我国立法有待完善

尽管我国有三个专门的主管机构负责地理标志的保护与登记，但相较于西方国家，我国现行制度还是存有一定的缺陷，现行地理标志保护制度呈现出一种立法分散的现状。一方面，现行立法模式下最根本的问题在于两种保护模式间的体制冲突，这也是我国当前地理标志保护体系下非常典型的冲突问题。商标法和专门法保护地理标志是由商标局和国家质检局分别管理和实施，这两个部门之间没有协调好，加上立法中的漏洞和缺陷，导致商标和地理标志之间存在不小的矛盾，长久下来引发了不少诉讼和纠纷。对此，现行立法未作出规定，实务中司法机关在处理纠纷时缺乏裁判依据，急需补充完善。另一方面，专门法《地理标志产品保护规定》作为部门规章，其法律层阶低于其他专门法模式国家的法律。尽管存有位阶较高的商标法，但在与主要采专门立法模式的国家间协调合作问题上难度加大。

（三）立法的参差加剧了合作难度

“一带一路”沿线国家地理标志保护模式及水平在很大程度上存有差异，

---

① 参见中商情报网：http：//www.askci.com/news/finance/20170324/17063994178_ 3.shtml.

这在一定程度上阻碍了不同国家间地理标志的保护与合作。文章第一部分已经有所涉及，中国的地理标志保护采用混合模式，既有国家工商总局根据《商标法》的规定，对地理标志进行集体商标或证明商标的注册管理，也有国家质检总局根据《地理标志产品保护规定》，对地理标志进行原产地保护管理；还有农业部根据《农业法》和《农产品地理标志管理办法》，对中国农产品地理标志进行登记管理。而其他国家有的采用专门法模式将地理标志视为不同于商标的一种知识产权进行单独保护，如印度、泰国；还有的国家则将地理标志纳入到商标法的子集中进行保护；甚至有些国家根本不对地理标志提供任何保护，上述保护模式及保护水平的差异性本质上加大了沿线各国多边合作机制建立的难度。此外，立法模式的差异也加剧了跨国维权的难度，据不完全统计，地理标志在国际市场上被恶意抢注、滥用的现象十分普遍，如我国“玉林正骨水”被印度尼西亚厂商抢注①、越南的“邦美蜀咖啡豆”被广东一公司抢注、江西“923”大米冒充的泰国香米，碍于国家间对地理标志保护救济合作机制的缺失，跨国维权难上加难，这不仅侵害了消费者的利益，而且打击了出口国的积极性，严重影响了国家间正常的经贸往来。中国与“一带一路”沿线国日益增长的农产品贸易与纠纷，迫切需要中国与相关国家建立地理标志合作交流机制，共同挖掘地理标志蕴含的巨大利益，助推21世纪海上丝绸之路和丝绸之路经济带。

四、地理标志助推“一带一路”对策

（一）打造地理标志国际品牌

不同于商标、专利、版权等知识产权拥有悠久的立法史，地理标志这一概念是自1995年TRIPs协定明确将之纳入才被一些国家所逐渐认知并进行立法，地理标志保护制度在其国内起步较晚。尽管WTO成员方皆依照TRIPs协定规定了对地理标志的保护，但实践中许多国家政府对地理标志的宣传力度及重视程度很低，难以发挥其自身巨大的经济效益。地理标志作为特定地区历史人文的

---

① 贾引狮、吕亚芳：《21世纪海上丝绸之路背景下中国—东盟地理标志法律协调问题研究》，载《南宁职业技术学院学报》2016年第1期。

体现，在促进地方特色产业经济发展方面起着重要的支撑作用，我们试从下述两方面来挖掘其品牌价值。首先，扩大宣传。认真做好地理标志的宣传工作，充分运用手机、电视、报纸、互联网等媒介的影响力，向社会宣传普及地理标志，增加受众群体，提高民众对地理标志的保护意识。其次，加强推介。“一带一路”战略的推进进一步加强了沿线国家间的贸易往来，区域性的文化、经济交流日益活跃，地理标志作为一国的文化承载，是一国文化软实力的体现。要在做好国内宣传的同时加强国际推介，积极实施“走出去”战略，结合国家“一带一路”战略实施，通过参加大型国际经济贸易平台，积极推动本国地理标志走向世界，打造享誉世界的本国产品，提高产品的国际认同度。

（二）出台专门的《地理标志立法》

碍于历史原因，我国有关地理标志法律制度的研究与美国等欧盟发达国家相比还不是很成熟，因此，在借鉴国外优秀的立法制度基础上，重构符合我国特有国情又与国际接轨的地理标志保护制度是当务之急。目前我国现存的地理标志专门立法仅有《地理标志产品保护规定》和《农产品地理标志保护办法》两部部门规章，法律位阶较低，难以适应我国庞大的地理标志资源保护的现状。加上世界范围内有关地理标志保护热潮的推定，制订一部专门保护地理标志的法律任重而道远。自地理标志被纳入到知识产权的保护范畴以来，国内学者围绕相关议题展开了一系列研究，但相比法国、欧洲等国，我国有关地理标志的理论与实践还是很不完善，制定专门法还具有一定的现实困难。故建议在现有法律制度框架内继续完善商标法和专门法有关地理标志的内容，同时建立协调地理标志与商标冲突的解决机制，配合先关法律、法规的修改和配套实施，待时机成熟时出台专门的《地理标志保护法》。

（三）建立地理标志多边合作机制

沿线国家绝大多数为发展中国家，拥有丰富的地理标志资源，大都依赖于农业发展国民经济。在“一带一路”大背景下，建立沿线国家地理标志保护多边合作机制与平台是这一命运共同体的共同需求，为沿线国家优势互补、转变经济模式开启了新的机遇窗口，为地理标志走出去提供了制度上的保障，有利于进一步深化多国在各个层面上的经济合作。

建立区域化地理标志保护合作机制，首先需要明确各国保护合作的意向、保护范围、保护时间、救济措施及保护强度，例如，可以通过制定多边合作协议的方式建立区域地理标志保护合作机制。该多边合作协议，由“一带一路”参与国共同协商讨论、签署并共同遵守。这样可以有效加强与“一带一路”沿线各国多边合作机制，为地理标志“走出去”提供制度保障，这也是互联互通、贸易畅通、消除投资壁垒等合作重点的前提和保障。

同时还需要建立多边地理标志注册与通知系统。多边注册于通知系统实则为信息交流与交换机制，是协议国为地理标志权利人减压及防止国内外地理标志遭受侵权的一种手段。知识产权具有地域性，一国领土内注册的地理标志想要寻求国外的立法保护，就只能再次在有关国家进行注册，否则就不被承认和保护。多哈回合中，TRIPs 讨论的重要议题就是建立关于葡萄酒和烈酒的多边注册和通知机制。这一机制的重要效用，就是使各国的地理标志能够有效、全面地得到公示，各成员在处理国内的地理标志有关注册事宜时，可以向该机制咨询和确证，从而有效地避免本国地理标志在外国被侵权及外国地理标志在本国被侵权的问题。

我国基本医疗保险"双轨制"的法理分析与完善路径*

曹克奇**

摘　要：刘伶利案暴露了我国患病职工在劳动合同解除后因身份变化导致医保待遇降低的问题，而其法律依据在于职工医保和居民医保的"双轨制"。根据宪法平等原则的法理，职工医保和居民医保的法律性质并不相同，其分类有助于实现基本医疗保险机会公平的规范目的，所以在宽松审查密度下，基于职工、居民的立法归类而导致的差别待遇不构成明显的恣意，并未违反平等原则。但职工、居民的立法归类对于机会公平规范目的的实现涵盖不足。因此，应在明确基本医保的给付范围的基础上，衔接失业保险和基本养老保险、逐步提升财政补助和居民缴费水平，使参保人可以均等地享有医保待遇。

关键词：职工基本医疗保险　城乡居民基本医疗保险　平等原则

引　言

2014年兰州交通大学文博学院教师刘伶利罹患癌症，文博学院以连续旷工的名义将刘伶利开除并拒绝为其缴纳职工医保，使刘伶利病重直至离世期间无

---

* 本文是国家社会科学基金重点项目"整合城乡基本医疗保险的法律制度研究"（13AFX027）的阶段性研究成果。

** 山西大学法学院讲师，法学博士，主要研究方向为社会保障法。

法享受到医保待遇。[①] 刘玲利案不仅反映了用人单位违法解除劳动合同、医疗期规定滞后,[②] 更暴露了患病职工在劳动合同解除后医保待遇降低的问题。在我国，基本医疗保险制度由职工基本医疗保险和城乡居民基本医疗保险（以下分别简称职工医保和居民医保）“双轨制”构成,[③] 职工医保的缴费及待遇均高于居民医保。医疗期内患病职工可以参加职工医保获得保障较高水平的职工医保待遇，但医疗期届满被解除劳动合同后,[④] 参保人的身份由职工变为居民，参加居民医保，享受较低保障水平的居民医保待遇。[⑤] 职工罹患重病，医疗期届满遭遇失业，失业后进一步被降低医保待遇。疾病不仅未能得以治愈，所受的保障反而不断减少,[⑥] 人有此心，心同此理，难免在社会中引发强烈的共鸣与争议。劳动合同解除后医保待遇降低的法律依据是社会保险法中职工医保和居民医保的“双轨制”。因此，本文拟解决的问题是基于职工、居民的立法归类而取得差别医保待遇的“双轨制”是否合法妥当？又应当如何完善？

对于此问题学界主要从经济学、政治学、伦理学等角度展开研究，形成两

---

① 2014 年，兰州交通大学博文学院刘伶利老师被查出癌症在北京治病，2015 年 1 月博文学院以“旷工”为由将其开除，并拒绝为刘伶利继续购买医保。2015 年 3 月，刘伶利向法院提出上诉，榆中县人民法院判决博文学院开除决定无效，双方恢复劳动关系，但直至刘伶利去世，博文学院始终未履行判决。而且，刘伶利病重直至离世期间，无法享受到职工医保权利。参见赵志锋：《兰州高校女教师患癌被开除事件始末》，载《法制日报》2016 年 8 月 25 日，第 005 版。

② 参见周斌：《从“开除刘伶俐”说到“解聘魏延政”》，载《劳动报》2016 年 8 月 31 日；程阳：《对我国现行医疗期制度的反思》，载《中国人力资源社会保障》2016 年 12 期。

③ 我国《社会保险法》第 23 条、第 24 条、第 25 条分别规定了职工基本医疗保险、新型农村合作医疗和城镇居民基本医疗保险。但 2016 年国务院下发《关于整合城乡居民基本医疗保险制度的意见（国发〔2016〕3 号）》要求各省（区、市）要于 2016 年 6 月底前对整合城乡医保制度作出规划和部署，各统筹地区要于 2016 年 12 月底前出台具体实施方案。因此，随着城乡居民基本医疗保险的实施，我国基本医疗保险制度由职工基本医疗保险和城乡居民基本医疗保险构成。

④ 参见《企业职工患病或非因工负伤医疗期规定》第 2 条；《违反和解除劳动合同的经济补偿办法》第 6 条。

⑤ 待遇降低表现为两个方面，主要是指制度差距问题，即居民医保待遇水平低于职工医保，也有制度衔接问题，即劳动合同解除日期与居民医保保障开始日期（一般为参保后次年 1 月 1 日起）期间内职工完全被裸露在医疗保障制度之外。

⑥ 刘玲利父亲在采访时表示之所以要求确认兰州大学博文学院解除劳动合同关系违法就是为了参加医保，详见中央电视台今日说法 2016 年 9 月 24 日《被开除的癌症患者》http://tv.cctv.com/2016/09/24/VIDEtOIQLrPuPwZ5ivW8Oz17160924.shtml.

种观点，一种观点认为医疗保险具有“多缴多得”的保险机制，即缴费与待遇关联，多缴费才能享受多基本医保待遇，[①] 依此观点出现刘玲利案等情况时，患者可以以灵活就业人员的名义参加职工基本医保，维持医保待遇不变。如果患者无力缴纳较高额度的社会保险费，[②] 只能参加居民医保，从而享受居民医保较低的医保待遇。另一种观点认为基本医保具有所得重分配的社会治疗功能，因此不论参保人的参保身份与缴费能力如何变化都应平等享受基本医保待遇。[③] 然而，无论是多缴多得的保险原则抑或伦理上的公平原则都是价值观上的争议，难以得出最终的结论。因此，须以法律准绳为该问题确定基本的判断标准。

一、我国基本医疗保险“双轨制”

2010 年《社会保险法》规定了职工基本医疗保险、城镇居民基本医疗保险和新型农村合作医疗制度。2016 年城镇居民医保和新型农村合作医疗整合为“城乡居民基本医疗保险”，我国全民基本医疗保险形成了职工医保和居民医保的“双轨”制度。在归类标准上，全民医保以就业方式作为判断依据将“全民”被分为职工和居民两大群体，具体包括：第一，职工，主要是指与国家机关、事业组织、社会团体、企业、个体经济组织等用人单位之间形成劳动关系的劳动者。此处的劳动关系为广义上的劳动关系，不仅包括依据劳动法所建立劳动关系的，也包括依据公务员法建立的公职关系和依据事业单位人事管理条例建立的聘用关系等。此外，对于无雇工的个体工商户、未在用人单位参加职工基本医疗保险的非全日制从业人员以及其他灵活就业人员可以自愿选择参加职工医保或居民医保。[④] 第二，居民，是指不属于职工医保参保范围的其他公民，主要是农业劳动者及其他未就业公民。包括未满 18 周岁的未成年居民；不享有职工医保待遇的老年居民以及其他未参加职工医保的成年居民。

---

① 王东进：《把握核心要义、完善医保制度——学习三中全会〈决定〉体会与思考(一)》，载《中国医疗保险》2014 年第 3 期。

② 灵活就业人员参加社会保险，不仅要缴纳职工基本医疗保险费，还要缴纳职工基本养老保险费、失业保险费等。

③ 邱仁宗：《实现医疗公平路径的伦理考量》，载《健康报》2014 年 4 月 17 日，第 06 版。

④ 参见《社会保险法》第二十三条。

职工与居民的归类在法律后果上主要表现在缴纳保险费义务和基本医保待遇给付请求权不同。在缴纳保险费义务方面包括：第一，在缴纳方式上，职工医保采用强制缴费，居民医保采用自愿缴费，灵活就业人员可以选择参加职工医保或居民医保。第二，在缴费义务主体上，职工医保缴费主体为用人单位与职工，居民医保缴费主体为居民，财政给予补助。第三，在缴费金额上，职工医保采用所得比例制按月缴费，用人单位缴费率“在职工工资总额的6%左右，职工缴费率一般为本人工资收入的2%”。① 居民医保采用定额制按年缴费，政府予以补助。政府补助占其基金来源的绝大多数。第四，在缴费期限上，职工医保达到法定退休年龄后不缴费，因此有最低缴费年限的限制。居民医保按年缴费没有缴费期间的限制。从总体上看，个人缴费部分职工的缴费要高于城乡居民。在基本医保待遇给付请求权方面：第一，在给付项目上。参加城镇职工医疗保险的职工可享受住院费用补偿、统筹病种门诊费用补偿以及用于支付门诊医疗费的个人账户待遇，而居民医保不设个人账户，仅包括住院费用补偿和统筹病种门诊费用补偿待遇。第二，在给付金额上。给付项目分为门诊补偿和住院补偿，门诊补偿又可分为普通门诊补偿、慢性病补偿等，住院补偿根据不同级别医疗机构有不同的起付线、封顶线和补偿比例，此外，还有特殊疾病补偿、定额补偿、不予补偿等规定。在各补偿项目内职工医保补偿金额要高于居民医保。②

二、我国基本医疗保险“双轨制”的合宪性审查

根据宪法平等原则的审查标准，对基本医保双轨制应从审查密度和审查方法两个路径展开，其中审查方法包括归类标准、规范目的和归类与目的之间的关系。详述如下：

---

① 《关于建立城镇职工基本医疗保险制度的决定》国发〔1998〕44号。

② 如苏州市参保职工住院费用超过起付标准，在最高支付限额以内的费用，由基本医疗保险统筹基金与个人按结算年度累计分段结付。参见《苏州市社会基本医疗保险管理办法》第13条、第26条。

（一）审查密度的择定：宽松审查标准

基本医保双轨制应采用宽松审查标准，理据如下：第一，基本医保的运作和实施涉及国家财政资源、经济状况与行政效能，具有时代性、动态性和政策性。正如《宪法》第十四条、《社会保险法》第三条所规定，社会保障（社会保险）应同经济发展相适应。而何为与经济发展相适应，应由立法机关和行政机关作出决定，司法的判断往往居于次要地位。其二，基本医保双轨制并未对公民的基本权进行限制。对于职工医保，虽然强制参加但参加的范围仅限于职业风险共同体内的职工，并没有加入外部负担，亦没有财政支应，只是通过强制性的方式将相同风险共同体内的成员连带，符合保险原则。而居民医保自愿参加不仅没有侵犯基本权，反而财政给予参保补助。综上，基本医保双轨制并未干涉基本权且涉及财政资金的运用，因此应采用宽松审查标准。

（二）审查方法的检验：不构成明显的恣意

确定宽松审查标准后，须进一步运用对基本医保“双轨制”的归类手段是否必要、立法目的是否正当、归类手段与立法目的之间是否具有关联进行检验。

1. 归类标准之审查。在社会保险法的理论中，对于社会保险基金财务存在“保险原则”与“保险外部负担（外部负担）”的区隔，所谓保险原则是指社会保险基金是以风险分担为运作原理，通过财务精算实现给付水平与保险费缴纳的联动。所以，参保人医保待遇给付请求权的享有是以保险费的缴纳为对价，属于财产权保护的范围。如果其他参保人欲取得医保待遇给付请求权但无力缴纳保险费，构成基本医保基金的“外部负担”。在宪法财产权保障的要求下，“外部负担”只能由政府通过预算予以支应，不得动用被保险人所缴纳的保险费予以承担，否则将动摇风险分摊机制的运作的正当性①。在我国，职工医保的运作机制在于保险原则，由职工缴纳保费当发生风险时获得保障，除非出现基金穿底由政府予以帮助，因此，职工医保的法律本质是社会保险。而在居民

① 熊伟、张荣芳：《财政补助社会保险的法学透析：以二元分立为视角》，载《法学研究》2016年第1期；蔡维音：《全民健康之给付关系析论》，元照出版公司2013年版，第53—58页。

医保基金中，政府补助占基金总额的71%左右，居民缴费仅占29%。① 居民缴纳的保险费与取得的基本医保给付请求权并不成立财务上的对价关系。因此，虽然居民医保被规定在社会保险法中，但在法律本质上兼有社会促进和社会保险的性质，并以社会促进为主。② 此外，从宪法释义学的角度看，《宪法》第四十五条规定公民在疾病的情况下有从国家和社会获得帮助的权利。其中，职工医保主要是从社会获得帮助，而居民医保主要从国家获得帮助。综上，职工医保与居民医保在法律性质上并不相同，对职工和居民有分类的必要。

2. 规范目的之审查。无论是职工医保，还是居民医保其立法目的都在于当公民在发生疾病的情况下，通过国家和社会的帮助以实现实质平等。③ 其理论依据在于罗尔斯提出的机会公平原则（the principle of fair equality opportunity）。即疾病是每个人不可避免的一种自然风险，当个人付费作为治疗疾病的主要来源时，收入和财富的分配决定了人们能否获得必要的医疗服务，除非收入和财富在社会各阶层分配均等，否则经济上的不平等必然转换为医疗服务上的不平等，使"自然彩票（nature lottery）"滑落为"社会彩票（social lottery）"，最终导致了公民在随后学习、工作、事业等竞争中起点不平等。所以，机会公平要求社会对罹患疾病的成员给予适当地优惠待遇，使其恢复身体的正常功能，成为社会生活中的正常竞争者④。

在基本医疗保险制度中，机会公平包括筹资公平和受益公平：第一，筹资公平，即依据参保人的支付能力而不是依据其风险和受益决定分摊的费用。简而言之，在基本医疗保险筹资中应该反映穷人和富人在可支配收入上的区别，穷人比富人支付更少的保险费。其原因在于：其一，保险费缴纳的数额与个体疾病风险无关。保险费原本为保险人发生事故时，请求保险理赔的代价。在商

---

① 2016年各级财政对城镇居民医保的补助标准每人每年450元，居民个人缴费人均不低于180元。参见《人力资源社会保障部财政部关于做好2017年城镇居民基本医疗保险工作的通知》。

② 社会促进是指给予如老人、妇女、儿童、农民等弱势群体优待规范，使其个人能够分享社会整体资源，进而达成机会均等的发展条件。参见钟秉正：《社会保险法论（修订三版）》，三民书局2014年版，第41页。

③ 《宪法》第45条。

④ See, John Rawls, A Theory of Justice. Cambridge, Massachusetts: Harvard University Press, 1971, pp. 83—90.

业保险中，缴费的多寡取决于风险概率和保险标的。然而在社会保险中其保障范围受政府社会政策所左右，不具有射幸性和对价性（例如部分重大疾病患者费用，属于必然发生损失，在商业保险中无法纳入，但基本医保中则允许参保）。同时，社会保险不以营利为目的，政府甚至承担运营费用并兜底亏损，再加上参保人人数众多，以致在保险精算上存在较大困难，成本也不易估计。因此，只要求一种“总额的对价”，即整体上保险支出和保险收入之间收支均衡，不要求个案中保费与给付间保险精算的相对性。① 因此保费的负担与参保人的个体风险无关。其二，保险费缴纳的数额与参保人的受益无关。参保人缴纳保险费只是取得获得受领基本医保待遇的权利，至于实际能否受益，受益的多少与保险费没有关联，不具有等价性。其三，保险费缴纳的数额应符合量能负担。量能负担即按支付能力缴纳保险费。作为一种整体上的保费分摊，其分配方式无外乎定额制或比例制两种。定额制俗称人头税，无论参保人收入多寡都要缴纳相同额度的保费，其优点在于计算上的便利，不足在于因穷人收入低，必须将收入的绝大部分用于满足像食物等基本生活需求，所以定额制对于低收入人群负担过重，威胁其基本生活，有违社会保险之目的。比例制是指以参保人的工资为基础，按一定比例缴纳，最终保险费因人而异，收入高时负担较多，收入低时负担较轻，符合社会互助的精神，能够达到所得重分配的效果。

第二，受益公平，即对于相同医疗需求者给予同等的医疗保险待遇，不因其收入水平、缴费水平而有所差异。其积极内涵是指社会成员都拥有同等的健康照顾权利，其消极内涵在于受照顾的权利与收入、缴费无直接关系，在医疗给付方面贫富二者所享受的医疗服务是相同的。受益均等的原因在于基本医保的风险特征与制度目标，即基本医保是为抵御大病风险，目标在于为保障参保人治疗所需的医疗费用以恢复健康，实现机会公平。因此，保险待遇只与治疗之需求（needs）有关，而与缴费多寡无关。所以，基本医保在参保人健康状况、经济能力、年龄等方面产生多重收入再分配的公平效果。而养老保险则相反，其目的在于抵御参保人因退休收入丧失而造成其既有生活水准下降的风险，给付水平强调所得替代率的高低，因而与投保人的贡献（保费）、参保年限有一定关联。因此，相对于医疗保险，养老保险的所得重分配效果较弱。我国学

① 台湾社会法与社会政策学会主编：《社会法》，元照出版公司2015年版，第131页。

者在基本医保理论中强调多缴多得，没有考虑到各险种之间在风险特征与制度目标之间的差异，同时误用了社会保险法中的保险原则，基本医保中保险原则只要求一种“总额的对价”，即保险支出和保险收入整体上对应即可。而个体保险给付与保险费之间不具有等价性，参保人基于保费缴纳所取得的权利是保险保障，即在一定期限内若发生保险事故即可请求给付的权利。换言之，保险费之对价乃是此期间免于风险之保障，并非具体可受领之给付。① 总之，职工医保和居民医保所追求的目的在于当发生疾病风险时，通过国家和社会的干预为公民提供资源，使其享受同等的发展机会。因此，规范目的合法正当的，并未违反平等原则。

3. 归类标准与规范目的关系的审查。职工、居民的归类标准与实现机会公平的立法目的之间存在涵盖不足的关系。具体而言：第一，职工、居民的立法归类有助于机会公平的实现。如上文所述，职工医保和居民医保在财务上存在“保险原则”与“外部负担”的区隔，对于经济上处于弱势群体地位的居民，如果要取得和职工同等的医保待遇给付请求权，必须由政府通过财政补助支持其参保。2003 年，我国建立新型农村合作医疗制度，政府首次对农村居民的医保保障予以财政补助，其中每年对参加新型农村合作医疗农民的资助不低于人均 20 元②。2007 年，我国建立城镇居民基本医疗保险政府每年按不低于人均 40 元给予补助③。到 2017 年，城乡居民医保财政补助提高到每人每年 450 元。政府补助的同时，居民医保待遇给付请求权与职工医保待遇给付请求权的差距逐渐缩小。因此，职工、居民的归类促进了机会公平立法目的的实现。第二，职工和居民的归类仍对机会公平的规范存在涵盖不足的问题，即基本医疗保险制度为了实现机会公平，使公民不因为疾病而丧失在社会中公平竞争的机会。但是，当前职工与居民所遭遇的疾病风险并无差别，却享有不同的基本医保待遇不符合规范目的中受益均等要求。而根据保险原则与外部负担的区分，要达成职工与居民医保待遇均等需要进一步加大政府补助和居民缴费，使其缴费金额符合保险精算的要求。

---

① 蔡维音：《社会国之法理基础》，正典出版文化有限公司 2001 年版，第 145 页。

② 参见《国务院办公厅转发卫生部等部门关于建立新型农村合作医疗制度意见的通知》国办发〔2003〕3 号。

③ 参见《国务院关于开展城镇居民基本医疗保险试点的指导意见》国发〔2007〕20 号。

综上，基于职工、居民的立法归类所产生的医保差别待遇适用宽松审查标准，而职工医保和居民医保在法律本质上并不相同，且其归类促进了实质平等的实现，因此，并不构成明显恣意，并未违反平等原则。

三、我国基本医疗保险“双轨制”的完善路径

虽然基于职工、居民的立法归类所产生的医保差别待遇没有违反平等原则，但与基本医保机会公平规范目的的实现仍存在涵盖不足的问题，其原因在于居民缴费与政府补助的总额未能达到职工医保精算所要求的缴费金额。因此，我国基本医疗保险的制度构造应随着经济的发展，通过政府所得重分配的方式逐步实现机会公平。主要包括以下三个方面：

（一）厘清基本医保“基本”之范围

实现基本医保的规范目的首先要明确“基本”的范围。我国《社会保险法》确定了保基本的原则。基本医疗保险也被冠以“基本”的定语。然而职工医保和居民医保待遇并不相同均称之为“基本”，在逻辑上难以自洽。因此，实现机会公平的规范目的首先要厘清基本医保的给付范围，在此基础上通过保险精算进一步确定缴费与补助的金额。笔者认为基本医保的给付范围属于医学认定的事项，非由法律或政策所能明确。法律所能规范的只是制定基本医保给付范围的机制给付的边界及程序。如同《合同法》只规定合同的要约、承诺、解除、终止等程序性事项以及侵犯国家、集体、第三人利益等法律责任，至于合同标的是什么、价款如何属当事人意思自由形成的范围。具体到基本医疗保险给付：第一，明确给付边界。从正面看，“基本”是指合理、必要的医疗服务。①“合理”是指“经济性诫命”，即医保待遇要符合经济效益评估，在多种选择均可达到统一疗效时，应优先选用成本最低的方式。② 而“必要”属于即对疾病进行充分且合乎目的的治疗。如《社会保障最低标准公约》第10条第3款规定：根据本条规定提供的津贴应当着眼于维持、恢复或改善受保护人的健

① 参见《社会保险法》第三十一条。

② 蔡维音：《全民健康之给付关系析论》，元照出版公司2013年版，第71—75页。

康及其工作和个人生活的自理能力。《医疗和疾病津贴公约》第9条规定:“第8条所指的医疗应当旨在保护、恢复或改善受保护人的健康,以及其工作能力和自理个人需要的能力。”德国《社会法典》第5卷第27条规定:“疾病治疗必须是充分的和合乎目的的,不允许超过必要的标准。在选择治疗措施时对疾病种类和严重程度要予以考虑,而不是对社会地位予以考虑”。① 从反面看则明确医保不予给付范围,如我国《社会保险法》第三十条规定了第三人负担等四类不予支付的事项。第二,通过集体协商由医保机构和医疗机构共同决定给付的具体内容。医疗需求是无限的,但医保资金是有限的,医保资金永远少于医疗消费需求,这就要求医保机构和医疗机构兼顾病人、医生利益,基于医学考量将有限的资金优先用于保障那些充分、必要和合目的的治疗需求。

(二)衔接失业保险与基本养老保险

实现基本医保的规范目的应落实社会保险法规定,保障职工向居民身份转换中的患病职工的医保权益。新中国成立后,我国在《劳动保险条例》中对患病职工的生存权保障做了详尽安排,诊疗费用由用人单位负担,贵重药费、住院的膳费及就医路费由职工负担(如职工经济状况确有困难由劳动保险基金项给予补助)。停止工作医疗时在六个月以内由用人单位发给病伤假期工资,六个月以上时由劳动保险基金付给疾病或非因工负伤救济费至能工作或确定为残废或死亡时止,如果完全丧失劳动力退职后由劳动保险基金发给救济费。② 20世纪90年代社会保障制度改革,养老保险、医疗保险、失业保险各险种分别设立,但未能有效衔接。为此,2010年《社会保险法》出台时,一方面增加失业保险基金代缴医疗保险费解决了失业人员的医疗保障问题。另一方面明确了因病或非因工致残职工的病残津贴制度③。但是仍有两个问题:第一,实践中失业保险较职工医保的参保范围窄。很多地方机关事业单位未参加失业保险,④

① [德]霍尔斯特·杰格尔:《社会保险入门》,刘翠霄译,中国法制出版社2000年版,第33页。

② 《劳动保险条例》第十三条。

③ 《社会保险法》第十七条规定:“参加基本养老保险的个人,因病或者非因工死亡的,其遗属可以领取丧葬补助金和抚恤金;在未达到法定退休年龄时因病或者非因工致残完全丧失劳动能力的,可以领取病残津贴。所需资金从基本养老保险基金中支付。”

④ 金维刚主编:《〈社会保险法〉实施评估研究》,中国言实出版社2016年版,第16页。

而农民合同制工人只能领取支付一次性生活补助。第二，全国统一的病残津贴制度至今未能出台，仅有个别地方实施。① 因此，应落实社会保险法的规定，将机关事业单位纳入失业保险的缴纳范围，对农村户籍职工和城镇户籍职工按照统一标准对待，同时尽快制定实施病残津贴的具体规定。如此，当职工患病医疗期届满劳动合同被解除或终止后，首先进入失业保险制度领取失业保险金，由失业保险基金代缴职工医保的保险费。领取失业保险金期间届满后进行劳动能力鉴定，如完全丧失劳动能力进入基本养老保险，领取病残津贴。而病残津贴制度属于职工基本养老保险制度的外部负担，使基本养老保险制度由老年风险的保障扩张为老年、病残、死亡风险保障，因此，需要调整缴费或财政予以补助。

（三）提升政府补助与居民缴费水平

实现基本医保的规范目的依赖于提升政府补助与居民缴费水平。失业保险金领取期限届满后，如果患病职工不符合病残津贴的领取要件，只能转入居民医保。而居民医保待遇的提升需要随着经济发展逐步增加财政补助和居民缴费。2016 年广东省公布了《广东省医疗保险城乡一体化改革指导意见（征求意见稿)》已计划在 2020 年前按照统一筹资标准、统一待遇给付实现整合职工医保与居民医保。笔者认为在增加缴费与财政补助时需注意以下两点：第一，对全体参保人的保险费率进行精算。如我国台湾地区“全民健康保险法”第 25 条规定，本保险财务，由保险人至少每 5 年精算一次，每次精算 25 年。德国则以下一年度支出额为度加以估计保险费率，② 自 2009 年其实施全国统一费率。因此，只有在全体参保人费率精算的基础上才能确定对居民缴费和财政补助的数额。第二，细化参保人分类。农业劳动者、个体自营业者、未成年人、老年人等参保人收入状况多样，同时考量在操作时不可能精确衡量每个人不同的支付能力，为方便工作流程提高行政效能，应对不同类型的参保人依据其类型确定不同的缴费与补助金额。例如，韩国将投保对象分为雇员参保人和地区参保人，雇员参保人包括指企业雇员、公务员、学校教职工以及他们的被抚养人实行比

---

① 如四川省《关于病残津贴有关问题的通知》(川人社发〔2016〕61 号)。

② 郭明政:《社会安全制度与社会法》，翰芦图书出版有限公司 1997 年版，第 159 页。

例定率制，雇员参保对象以外的人群如农民、渔民等为地区参保人实行分等级定额制。① 德国法定医疗保险将根据缴费人群不同，分为雇员缴费机制和特殊人群缴费机制两种。雇员缴费机制按收入比例缴费由雇主雇员分摊，特殊人群缴费包括实习人员、退休人员、失业人员和学生四类。②

结 论

基本医保的规范目的在于机会公平，即当发生疾病风险时，通过国家和社会的干预为公民提供资源使其享受同等的发展机会。在我国，职工医保的法律性质是社会保险，其财务运行机理是保险原则。居民医保的法律性质是社会促进和社会保险，其运行机理以财政补助为主，二者的法律性质并不相同，且基于职工、居民的立法归类促进了基本医保机会公平的规范目的的实现，因此，在宽松审查标准下，因职工和居民的立法归类导致的医保差别待遇不构成明显的恣意，并未违反平等原则。但职工、居民的立法归类对于实质平等规范目的的实现存在涵盖不足的问题。因此，应在明确基本医保的保障范围的基础上，衔接失业保险和基本养老保险、提升财政补助和居民缴费水平逐步达成实质平等的规范目的，使参保人不再因身份变化可以均等的享有医保待遇。

① 郑文换：《韩国医疗保险制度整合过程研究》，载《韩国学论文集 2011（第 20 辑）》，中山大学出版社 2012 年版，第 261 页。

② 朱明君：《德国法定医疗保险的筹资》，载《中国医疗保险》2012 年第 3 期。

山西省历史文化名镇名村法律保护研究*

白红平**　武存广***

摘　要： 历史文化名镇名村（以下简称“历史文化村镇”）是我国重要的文化遗产，但在城乡一体化进程中却遭受了不同程度的破坏，因此，对其采取法律措施加以保护是亟待解决的问题，也是传承发展提升农村优秀传统文化，实现我国乡村振兴战略的重要举措。山西省作为我国文物大省，名镇名村数量居全国之最。本文在考察山西省历史文化村镇遗存及保护概括的基础上，阐述了山西省历史文化名镇名村保护的法律依据、现行法律机制，分析了法律实施存在的问题，提出了改进法律实施的建议。

关键词： 历史文化名镇名村　文化遗产　法律保护

历史文化村镇是我国重要的历史文化遗产，党的十九大报告指出，中国特色社会主义进入了新时代，首次提出实施乡村振兴战略，将解决农村问题摆在了经济发展的重要位置。对此，国务院出台了相应专项规定《中共中央国务院关于实施乡村振兴战略的意见》，该意见明确提出：传承发展提升农村优秀传统文化，要求我们必须提高对历史文化村镇的保护力度，在进行城乡一体化进程建设的过程中，充分考虑历史文化村镇与城镇发展的契合度，最大限度地完好保存历史文化遗产。然而在现实生活中，历史文化村镇遭到破坏的事例屡屡发生。山西省是我国历史文化村镇大省，对山西省历史文化村镇保护中存在的法律问题进行研究，具有示范效应，可为我国其他地区的历史文化村镇保护提供范例。

---

* 基金项目：2018 年山西省研究生教育创新项目（编号：2018SY001）。

** 山西大学法学院副教授，主要研究方向为经济法、国际法。

*** 山西大学法学院 2016 级经济法专业硕士研究生，主要研究方向为经济法、国际法。

一、山西省历史文化名镇名村遗存概括

（一）历史文化村镇的含义界定

历史文化村镇，是由住房和城乡建设部和国家文物局从2003年开始，共同组织并评选出的一些具有重大的历史价值或者纪念意义、保存的文物特别丰富，并且能够完整反映特定历史时期某些地方传统特色和风貌的村镇。

截至2018年，经过六次评选，共有六批总计252个镇、276个村获此殊荣。这些村镇分布在全国各地，它们有的保存文物特别丰富、历史建筑集中成片、保留着传统格局和历史风貌，有的历史上曾经作为政治、经济、文化、交通中心或者军事要地，或发生过重要历史事件，或其传统产业、历史上建设的重大工程对本地区的发展产生过重要影响，或能够集中反映本地区建筑的文化特色、民族特色。例如晋中南院落古村镇群、皖南徽派古村镇群、太湖流域水乡古村镇群、湘黔古村镇群等。这些村镇各有特色，既有革命历史型、民族特色型，又有传统文化型、乡土民俗型，基本反映了我国不同地域的传统风貌①，这些村镇对于研究我国不同地域历史村镇的传统风貌和建筑艺术，传承优秀文化，增强人民群众的民族文化认同感和自豪感，塑造村镇特色，促进村镇和谐发展具有重要意义。

（二）山西省历史文化村镇遗存概况

山西省地处我国中部地区，历史文化悠久，地上和地下文物遗迹十分丰富，是我国的文物大省。据不完全统计，山西省域内古村镇有3500个之多，是全国之最。目前保存相对完整的历史文化村镇有500个，另外500个濒临消失，其余的则存在不同程度的破坏。山西省历史文化村镇包括国家和省两级。2003年第一批国家级历史文化村镇名单公布，从2004年开始，山西省依据《文物保护法》和《文物保护法实施条例》的有关规定，在本省范围内核定、公布了第一

---

① 严少飞、王凯：《山西历史文化村镇类型分析与特征研究》，载《西安建筑科技大学学报（社会科学版）》2012年第3期。

批省级历史文化村镇，目前已公布了六批历史文化村镇。

表1　山西省历史文化名村名镇数量统计（单位：个）①

	第一批	第二批	第三批	第四批	第五批	第六批	合计
国家级历史文化名镇	1	1	2	1	2	1	8
国家级历史文化名村	1	3	4	5	10	9	32
省级历史文化名镇	11	12	5	2	8		38
省级历史文化名村	19	29	25	5	64		142

注：省级历史文化村镇与国家级有部分重合

二、山西省历史文化村镇法律保护的现状

（一）山西省历史文化村镇保护的现行法律依据

当前，我国已基本形成了由国际条约、宪法与法律、行政法规、地方性法规及部门规章等组成的比较完整的历史文化村镇保护法律体系，山西省也制定了相应的地方性法规等配套法律文件。

1. 国际条约

1972 年，联合国教科文组织通过了《保护世界文化和自然遗产公约》，对文化遗产和自然遗产的定义、文化和自然遗产的国家保护和国际保护措施等进行了规定。1985 年，我国加入该条约，正式受该条约规定的约束，这也为我国保护历史文化村镇等文化遗产提供了国际法依据。

2. 宪法与法律

从法律层面上看，《国宪法》《刑法》《文物保护法》《城乡规划法》《环境法》等法律都对历史文化村镇的保护作出了相应的规定。

3. 行政法规

涉及历史文化村镇保护的行政法规主要有国务院 2008 年 7 月 1 日起施行的

① 数据来源：国家文物局、山西省人民政府网站。

《历史文化名城名镇名村保护条例》（以下简称《条例》）及《文物保护法实施条例》。

4. 地方性法规及规章

2017 年 12 月 1 日山西省人民代表大会通过的《山西省历史文化名城名镇名村保护条例》，对山西省域内国家级及省级历史文化村镇的保护进行了比较具体的规定，从村镇保护的主体、名村名镇的申报与确定、保护规划的制定与实施及法律责任等方面进行了明确，对本省历史文化村镇的保护具有重大意义。

早在 2004 年，山西省就出台了《山西省人民政府关于加强历史文化名镇（名村）保护工作的意见》，对历史文化村镇保护的原则、审定、建设管理、维修保护及保护资金等进行了相关规定，同年，山西省公布了第一批历史文化名镇名村名单，开启了山西省历史文化村镇的保护工作。随后，《山西省历史文化名镇名村保护规划编制和实施办法》等配套文件随之公布，使山西省历史文化村镇保护工作有了一定的“操作指引”。此外，山西省建设主管部门和文物主管部门还出台了其他相关规定对历史文化村镇进行法律保护。

5. 部门规章

涉及历史文化村镇保护的部门规章主要有《历史文化名城名镇名村保护规划编制要求（试行）》《中国历史文化名镇名村评价指标体系》《关于加强历史文化名城名镇名村及文物建筑消防安全工作的指导意见》《历史文化名城名镇名村街区保护规划编制审批办法》等。这些部门规章由住建部和国家文物局等主管部门从历史文化村镇的申报、审批、保护规划的编制及具体的保护方法等各方面进行专门规定，具有很强的操作性和指导意义。

（二）山西省历史文化村镇保护的现行法律机制

根据以上国际条约、国家法律法规及本省出台的地方性法规的规定，山西省形成了对本省历史文化村镇的具体法律保护机制：

1. 主管部门

依《条例》规定，国务院建设主管部门与国务院文物主管部门及地方各级人民政府负责全国及各地历史文化村镇的保护和监督管理工作①，山西省人民

① 《历史文化名城名镇名村保护条例》第五条。

政府住房城乡建设主管部门及文物主管部门是山西省历史文化村镇的主管部门，负责全省历史文化村镇保护工作的指导、监督和检查，其中，县级以上人民政府负责其保护和监督管理工作，乡（镇）人民政府和街道办事处负责其具体工作。

2. 主管部门的职责

山西省建设主管部门和文物主管部门作为历史文化村镇的保护和监督主管机关，主要有以下职责：

（1）组织有关部门、专家对历史文化村镇的申请进行论证，提出审查意见，并报山西省人民政府批准公布；

（2）对符合条件而不进行申报的村镇向其人民政府提出申报建议，仍不申报的，直接向省人民政府提出建议；

（3）决定是否批准在历史文化村镇核心保护范围内拆除历史建筑以外的建筑物、构筑物或者其他设施；

（4）决定是否批准对历史建筑实施原址保护；

（5）决定是否批准对历史建筑进行外部修缮装饰、添加设施以及改变历史建筑的结构或者使用性质；

（6）需要由其作出的其他事项。

3. 保护规划的编制

历史文化村镇批准公布后，所在地县级人民政府应当组织编制历史文化村镇保护规划。历史文化村镇的保护规划是其今后发展的重要方向，规划制定的好坏，直接影响其保护水平的高低，因此，规划的编制是山西省历史文化村镇保护中较为重要的一环。

保护规划的编制主体是历史文化村镇所在地的县级人民政府，自历史文化村镇批准公布之日起 1 年内编制完成，且期限与村镇规划的期限相同。其内容应当包括：保护原则、保护内容、保护范围、保护措施、开发强度、建设控制要求、传统格局和历史风貌保护要求、核心保护范围和建设控制地带以及保护规划分期实施方案等。保护规划制定完成并在送审前，人民政府应当征求有关部门、专家及公众的意见，必要时，可以举行听证，并按照相关规定进行公示。保护规划的审批机关是山西省人民政府，并应将其报国务院建设主管部门和文物主管部门备案。保护规划经批准后，应当及时公布，为公众所知悉。保护规划应当保持稳定，不得擅自修改，确实需要修改的，应当向原审批机关提出专题报告，经其同意方可修改。

此外，对于保护规划，《条例》规定，国务院建设主管部门会同国务院文物主管部门应当加强对保护规划实施情况的监督检查。县级以上地方人民政府应当加强对本行政区域保护规划实施情况的监督检查，并对历史文化名城、名镇、名村保护状况进行评估；对发现的问题，应当及时纠正、处理①，以此确保保护规划的实施质量。

保护规划通过划定历史文化村镇的保护范围及措施等，为村镇发展指明了道路，是其发展的“总纲领”。

4. 名村名镇的申报与确定

《条例》对国家级历史文化村镇的申报与批准工作进行了规定。申报历史文化村镇由其所在地县级人民政府提出申请，经省、自治区、直辖市人民政府确定的保护主管部门会同同级文物主管部门组织有关部门、专家进行论证，提出审查意见，报省、自治区、直辖市人民政府批准公布。② 历史文化村镇的申报应当符合以下条件：（一）保存文物特别丰富；（二）历史建筑集中成片；（三）保留着传统格局和历史风貌；（四）历史上曾经作为政治、经济、文化、交通中心或者军事要地，或者发生过重要历史事件，或者其传统产业、历史上建设的重大工程对本地区的发展产生过重要影响，或者能够集中反映本地区建筑的文化特色、民族特色。③ 对符合规定的条件而没有申报历史文化名镇、名村的镇、村庄，省、自治区、直辖市人民政府确定的保护主管部门会同同级文物主管部门可以向该镇、村庄所在地的县级人民政府提出申报建议；仍不申报的，可以直接向省、自治区、直辖市人民政府提出确定该镇、村庄为历史文化名镇、名村的建议。④

此外，为了加强对历史文化村镇的保护，《条例》规定：已批准公布的历史文化名城、名镇、名村，因保护不力使其历史文化价值受到严重影响的，批准机关应当将其列入濒危名单，予以公布，并责成所在地城市、县人民政府限

① 《历史文化名城名镇名村保护条例》第二十条。
② 《历史文化名城名镇名村保护条例》第九条第二款。
③ 《历史文化名城名镇名村保护条例》第七条。
④ 《历史文化名城名镇名村保护条例》第十条第二款。

期采取补救措施，防止情况继续恶化，并完善保护制度，加强保护工作①。

5. 资金保障

保护历史文化遗产是政府公共服务的重要内容，因此，为其提供保护经费也成为各国政府的通行做法。我国法律规定，国家对历史文化村镇的保护给予必要的资金支持，历史文化村镇所在地的县级以上地方人民政府应当根据本地实际情况安排保护资金，列入本级财政预算。② 当前，山西省基本形成了以财政支持为主、社会共同参与为辅的历史文化村镇保护资金保障制度，为历史文化村镇的保护提供了一定的资金支持，这些资金主要用于村镇保护的各项开支。历史建筑的所有权人对其历史建筑进行维护和修缮时，可以从保护资金中取出部分对其进行补助，对于历史建筑有损毁危险，所有权人不具备维护和修缮能力的，当地人民政府应当采取措施进行保护③，这对维护村镇古建筑、保护文化遗产产生了重大影响。

6. 监督检查

对已经确立的历史文化村镇，山西省建立了警示和退出机制，因保护不力导致历史文化价值受到严重影响的村镇，省政府应当将其列入濒危名单公布，并责成限期改正，采取补救措施，整改后仍未通过审核的，撤销其历史文化村镇的认定。省城乡建设主管部门应当对村镇保护状况等相关情况进行检查评估，并向省政府进行报告。同时，审计机关对历史文化村镇的负责人履职期间的经济责任情况进行审计。历史文化村镇的保护工作接受任何单位和个人的监督。

7. 法律责任

对于违反法律规定，对历史文化村镇进行破坏及主管部门消极怠政的行为，《条例》及山西省相关法规对其应承担的法律责任进行了详细规定。对于个人及单位，对违法者处以罚款、责令停止违法行为、限期恢复原状或其他补救措施等处罚，对于主管部门负责人，给予通报批评、处分等处罚，构成犯罪的，依法追究刑事责任。

---

① 《历史文化名城名镇名村保护条例》第十二条。

② 《历史文化名城名镇名村保护条例》第四条。

③ 《历史文化名城名镇名村保护条例》第三十三条。

三、山西省历史文化名镇名村保护法律实施存在的问题

（一）对私权保护不足

我国对于历史文化村镇的法律保护主要体现为公法性质的行政保护方面，而对于与村镇居民权益相关的私法保护比较缺乏。村镇居民是历史文化村镇的主要生活群体，他们的权利能否得到保障直接关系到村镇能否很好地延续，在实际生活中，许多村镇居民的权利受到了很大程度上的限制，由此产生了重大的社会问题。比如对历史建筑所有权人来说，目前法律对其处置权作出了诸多限制，对拆除、改造等作了强制性的规定，但缺少与此相应的补偿，无法调动所有权人的保护积极性，给历史文化村镇的保护带来了重大隐患。

（二）经济发展与村镇保护存在“矛盾”

随着城乡一体化进程的推进，山西省城镇化水平不断提升，《山西省国民经济和社会发展第十三个五年规划纲要》提出，要加大统筹城乡发展力度，增强农村发展活力，促进城乡各类要素无障碍流动，逐步缩小城乡差距，构建城乡发展一体化新格局。对经济发展的重视给部分村镇带来的却是文化遗产的破坏。如在晋中、晋东南经济条件较好以及煤炭资源较为丰富的地区，城镇和乡村经济发展较快，加大对文化遗产的开发力度，村镇古建筑的建筑风格与现代城市整体风貌格格不入，古建筑建设与城市功能区规划产生冲突，加上对于历史文化遗产保护重要性的认识缺乏，对于历史文化村镇的历史遗存保护上缺乏必要的关注与重视，最终导致山西省历史文化村镇遭到破坏或者一定程度的遗失。

（三）保护规划落实不到位

《山西省历史文化名城名镇名村保护条例》第十九条规定了历史文化村镇应当进行保护规划的编制，并需要审批与备案。保护规划是历史文化村镇保护的基本方略，通过制定规划，明确村镇保护的核心保护范围与建设控制地带，明确村镇功能区建设规划、对于村镇的保护与协调发展具有重大意义。而在实际落实过程中，部分县政府对于历史文化村镇保护规划的编制工作并不重视，

未能做到"一镇一村一规划"，规划工作形式化、停滞，没有询问专家意见，或者虽然编制了保护规划，但由于各种原因，并没有很好地落实，各地的保护规划也没有对外进行明确的公示；在城乡一体化进程加快的背景下，保护规划不落实甚至只顾经济发展不注重历史文化村镇保护的情况屡见不鲜，导致村镇保护问题频发。

（四）法律保护意识差

历史文化村镇的保护需要社会各方、特别是村镇本土居民的共同努力。历史文化村镇是本土居民生产生活的地方，但他们对于这些无法给他们带来现实利益的村镇资源法律保护意识不强；① 加之随着社会经济的发展，城乡一体化进程加快，新农村建设等机会摆在他们面前，改善居住条件及生活环境、获得现实的经济利益等愿望，使得他们很难珍视和守护具有重大历史意义的村镇资源。

四、山西省历史文化名镇名村保护的法律对策

针对山西省历史文化村镇法律保护过程中存在的问题，笔者提出以下解决的对策建议。

（一）加强私权保护

历史文化村镇内的居民是村镇保护的重要组成人员，特别是历史建筑的所有权人，作为历史文化遗产的的享受者，在承担一系列注意、保护义务的同时，应当对他们的权利进行明确保护。城乡一体化建设的过程中，村镇居民生活水平的提高及历史文化村镇的发展要求，使当地居民迫切地想要改变自己生活的环境，但历史文化村镇这一文化遗产的保护要求极大地限制了其可改变的范围，其房屋所有权权能受到了一定的限制，这一权利义务的不对等性引发了所有权人的不满，其保护村镇的积极性受到了极大抑制，对此，建议协调各法律间的规定，采取一定的补偿措施，加强对历史建筑所有权人的权利保护，如加大对

① 林诚斌：《中国历史文化名村及其保护对策》，载《古今农业》2010 年第 2 期。

其房屋修缮补贴，提供免费的技术支持等，这些规定在地方文件中虽然有相关规定，但实际执行效果不佳，补偿资金不到位的情况屡见不鲜，因此，有必要完善这一规定。

（二）正确处理经济发展与村镇保护的关系

经济发展要求对历史文化遗产进行“开发”，而村镇保护则要求对其进行“守护”，二者之间并非不可调和，正确把握二者的关系，做到有度开发、合理保护，在保护中开发，在开发中保护，形成二者的良性互动，对于历史文化村镇适应新时代的发展是至关重要的。在当前村镇开发主要是发展旅游业的背景下，各地要充分考虑本地的发展状况及村镇类型，从实际出发，避免落入千篇一律的村镇游的状况，从而“越发展越落后”，在创新开发的同时，也要注重对古建筑等进行保护，定期对其进行维护与修缮。历史文化村镇要充分利用现有的国家政策，寻找一条适合自身的发展道路，在保护的基础上，实现自身的发展。

（三）加强保护规划的落实

保护规划作为历史文化村镇发展的总纲领，对村镇保护具有重要作用，相关法律规定也十分重视保护规划的制定与实施，但如前文所述，保护规划在具体的实施过程中，存在着诸多问题，其作用受到了极大限制。为了使保护规划发挥其应有的作用，建议从以下方面强化落实。

一是规范保护规划的制定程序。规划本身是一种计划，应当根据实际情况的变化进行适当、及时地调整。现行法律规定，保护规划的组织编制机关应当广泛征求有关部门、专家和公众的意见，必要时，可以举行听证。山西省在编制保护规划时，应结合本省实际情况，尽可能征求所在地人民政府及村委会的意见，对规划的制定程序予以了明确规定。

二是公开保护规划。保护规划的公开对于村镇保护也极为重要，目前，保护规划的宣传力度不够，大部分村镇居民并不清楚具体的保护规划，不知道自己应当享有的权利及应当履行的义务，规划制定部门应当切实履行其义务，依法及时公布历史文化村镇的保护规划。

（四）提高法律保护意识

历史文化村镇的保护离不开当地居民的努力，应当加大对当地居民的宣传力度，将历史文化村镇的发展规划、发展前景、国家政策宣传到位，让他们充分认识到历史文化遗产对他们的重要意义，提高他们的主人翁意识，在尊重居民意愿的前提下，对他们进行一定的知识技能培训，提高他们对于历史文化村镇的保护能力。此外，应当提高基层干部法律保护意识，发挥他们对居民的引领作用。同时，要加强村镇保护的协调发展，减小村镇保护的地区差异，对于偏远的历史文化村镇，也要深入当地开展宣传教育工作，引领他们在借助历史文化村镇实现发展的同时，提高历史文化村镇的保护意识。

法学教育

◎ 论山西“内陆地区对外开放新高地”建设中高等法学教育之改进
——以山西省本科院校为例
◎ 撰写“社会调查报告”的要义、要件及其要求

论山西“内陆地区对外开放新高地”建设中高等法学教育之改进

——以山西省本科院校为例

史永丽* 吴红星**

摘 要：近年来，由于面临传统资源型经济转型发展的难题，山西省提出要打造内陆地区对外开放新高地，这是山西转型发展的必由之路。目前，山西处于环渤海地区经济圈，可以利用区域一体化的机遇完善自身的市场经济建设；可以利用“一带一路”发展战略，走出国门，利用国际产业分工发展特色产业。而要利用好这些资源，需要大量的法律人才。山西的法学教育资源还比较薄弱，只有大力加强山西高等法学教育，才能培养适合自身需求的法律人才，最终服务“内陆地区对外开放新高地”建设。

关键词：山西 高等法学教育 内陆地区对外开放新高地 环渤海地区 一带一路

山西地处内陆，是我国重要的能源基地和老工业基地，属于传统资源型经济区，产业结构相对单一，而近几年又经历了塌方式政治腐败和断崖式经济下滑的极大困境。为了摆脱困境，山西必须转型发展。

2017 年 6 月，习近平总书记视察山西时指示，要“以更加开放的心态奋起直追，主动对接‘一带一路’建设，打造内陆地区对外开放新高地”。11 月，在省委十一届五次全会上，构建“内陆地区对外开放新高地”成为山西发展的

* 山西大学法学院副教授，法学博士，主要研究方向为法律史、法律文化。
** 山西省翻译协会秘书长，主要研究方向为跨文化交际。

三大奋斗目标之一，这是山西转型发展的必由之路。

山西构建“内陆地区对外开放新高地”，关键是要打造制度建设、营商环境、服务创新三个“高地”，要建好这三个高地，都需要好的法治环境。培养适合山西省情的法律人才是山西省法学高等教育的一大任务和要点。

一、山西的对外开放应与环渤海区域全面开放与协同发展战略相衔接

山西的对外开放首先应该是面向周边的区域性开放。在这一点上，山西的发展离不开国家的区域发展战略布局。在2013年6月召开的环渤海省份经济工作座谈会上，山西和内蒙古被明确纳入环渤海规划，并于2015年10月最终写入国务院批准的《环渤海地区合作发展纲要》（以下简称《纲要》）。至此，山西在区域发展战略中被纳入了环渤海地区的发展模块之中。①

（一）环渤海区域发展战略中国家对山西的定位及相关制度设计

第一，山西属于环渤海区域发展战略中的“内陆协作区”。根据《纲要》，综合考虑地理空间、资源禀赋、经济社会发展情况、区域主体功能定位等因素，环渤海地区分为沿海合作区和内陆协作区。山西被定位为“内陆协作区”“环渤海地区的拓展区”“环渤海地区与中西部联动发展的重要平台和联系纽带”，可以为保障环渤海地区持续发展提供“战略空间和强力支撑”。

第二，环渤海区域一体化发展战略为山西的发展提供了良好的制度发展机遇。环渤海区域发展一体化首先应该是区域经济的一体化。因之，必须要建立与统一市场相配套的法律运行机制。因此《纲要》提出，要“全面深化改革，加快消除地区间隐形壁垒，抓紧建立统一完善的市场经济体系，充分发挥市场配置资源的决定性作用，为全面推进环渤海地区合作发展奠定坚实制度基础。”与环渤海区域的其他省市相比，山西比较落后，随着整个区域的一体化进程的推进，山西本应可以吸取其他省市的先进的管理经验和搭乘一体化的制度便车。

① 陈弘仁：《把环渤海地区打造成中国经济增长新引擎》，载《中国经贸导刊》2015年11月上。

但由于该纲要是以国家推进模式为主导的，山西除了需要自身的努力外，还需要国务院有关部门给予积极支持，才能切实得到发展。

（二）山西融入环渤海地区发展的政策安排

《纲要》甫一出台，山西立即组织编制了具体的实施方案，于2016年4月出台了《山西省人民政府关于山西融合环渤海地区发展的实施意见》①（以下简称《实施意见》），主动对接国家的战略安排。

《实施意见》首先明确环渤海地区合作发展对山西省发展的意义重大，认为加快环渤海地区合作发展是对山西影响最直接、最有效、最现实的国家层面的重大发展机遇。为了对接环渤海市场，融入区域市场一体化格局，《实施意见》认为山西应在三个方面对自身进行改革：第一，应改革政府管理体制，构建有限、法治、责任、服务、透明、高效的政府，努力推动区域统一市场服务体系的形成和完善。第二，应该消除市场壁垒，实现要素、产品低成本、自由流动，充分发挥市场配置资源的决定性作用，为建立统一完善的市场经济体系，全面推进环渤海地区合作发展奠定坚实制度基础。第三，应该优化市场要素配置，推进区域统一市场要素建设。

由此可见，山西省在对接区域一体化的过程中，目标绝不仅仅是GDP的增长，而是涉及构建法治政府、完善市场经济的法律规范体系、实现市场要素合法规范自由流动的整个社会规范运行的体系化大工程，实现这样的整体性的转型升级，对法律人才的大量需求自是应有之意。

二、山西的“内陆地区对外开放新高地”战略应与“一带一路”国家战略相衔接

山西的发展不能仅局限于国内的市场和资源，还应该顺应国家“一带一路”的发展战略，努力适应国际市场的产业分工，在全面对外开放的思路下推进其转型发展。

---

① 山西省人民政府官网：http：//www. shanxigov. cn/sxszfxxgk/sxsrmzfzcbm/sxszfbgt/flfg_ 7203/szfgfxwj_ 7205/201604/t20160426_ 145797. shtml.

(一) 国家“一带一路”战略与山西的主动融入

2013 年习近平总书记提出“一带一路”的概念。“一带一路”战略是我国积极主动地发展与沿线国家的经济合作伙伴关系的对外发展战略。2015 年 3 月，国家发改委、外交部和商务部联合发布了《推动共建丝绸之路经济带和 21 世纪海上丝绸之路的愿景与行动》（以下简称《愿景与行动》），宣告“一带一路”进入全面推进阶段。

但是，长久以来，在国家的开放和发展战略格局中，山西既没被划进西部也没有算成东部，一直处于一种“不东不西”的尴尬位置。而在《愿景与行动》中，山西又成为全国 4 个未被点名的省份之一。

面对这种状况，山西主动争取机遇，专门成立了参与“一带一路”建设工作领导小组，并开始了建立和完善相应政策和制度的各项工作。2015 年 9 月，山西省政府通过了《山西省参与建设丝绸之路经济带和 21 世纪海上丝绸之路实施方案》，提出力争用 3 到 5 年时间，使山西省与沿线省（区、市）和沿线国家的交流合作取得实质性进展。2018 年 2 月，省长楼阳生在省十三届人大一次会议上作政府工作报告时提出，山西要主动深度地融入国家开放“大战略”，扩大与“一带一路”沿线国家和地区的交流合作。6 月 14 日，省委书记骆惠宁主持召开十一届省委全面深化改革领导小组第十五次会议、山西省国家资源型经济转型综合配套改革试验区工作领导小组会议，审议通过了《山西省参与“一带一路”建设三年（2018—2020 年）滚动实施方案》。会议指出，参与“一带一路”建设，是我省提升对外开放水平的内在要求。会议要求不断构建金融、安全、宣传、法律等保障体系。①

(二)“一带一路”战略需要相应的法治机制保驾护航

“一带一路”的法治机制是中国特色社会主义法治体系的重要组成部分。它是中国参与并引领全球治理的产物，是中国现代化治理能力的体现，也是中

① 《骆惠宁主持召开十一届省委全面深化改革领导小组第十五次会议》，载《山西日报》2018 年 6 月 16 日。

国扩大国际规则制定话语权的力证。① 2018 年 7 月 2 日至 3 日，“一带一路”法治合作国际论坛在北京成功举行。本次论坛是中国首次就“一带一路”法治合作举办的高规格论坛。与会代表一致认为加强法治合作对推进“一带一路”建设具有重要意义，希望能够继续加强交流，开展合作，促进协调，共同为“一带一路”行稳致远、走深走实贡献力量。②

在本次论坛中，国务委员兼外交部部长王毅出席开幕式并作演讲。他指出，共建“一带一路”是坚持以规则法治为基础的。我们既尊重通行的国际法，也遵守各国的国内法。我们会努力打造共建“一带一路”的规则和法治网络。③

（三）山西省推进“一带一路”工作应重视法律供给机制的完善

山西要成功打造内陆地区对外开放新高地，应该积极扩大与“一带一路”沿线国家（或地区）的经济合作和人文交流。但山西在迎来难得发展机遇的同时却也面临重大挑战。山西企业“走出去”受多重因素制约，除资金外，企业对国别市场、产业投资环境了解不够，国际市场信息的双向交流机制尚未全面建立起来，企业缺乏对目的国际法律体制及市场风险、政治风险的了解和有效的应对机制；从要素来看，熟悉国际一般通行规则、特别是资本市场运作规律的党政人才和企业家人才仍然不足，高素质企业管理人才、科技研发人才以及金融、财会、法律、咨询等专业人才仍然缺乏，技能人才规模和结构难以满足新兴产业发展需求。④

毋庸置疑，山西省对“一带一路”战略非常重视，对相关法律瓶颈也有所认识，但在各种政策的出台和实际践行过程中，对相关法治供给机制却仍关注不够。我们建设内陆地区对外开放新高地，应该重点关注切合自己省情相关内容，如我们要关注通行的国际法规则，更要重点关注与我省经贸联系紧密的相

---

① 蒋新苗：《完善“一带一路”建设法律供给机制》，载《检察日报》2018 年 4 月 18 日。

② 李万祥：《“一带一路”法治合作国际论坛发表成果文件》，载《经济日报》2018 年 7 月 4 日。

③ 王毅：《加强国际法治合作　推动“一带一路”建设行稳致远》，参见 http：//www.fmprc.gov.cn/web/ziliao_ 674904/zyjh_ 674906/t1573308.shtml.

④ 黄桦：《构建内陆地区对外开放新高地》，载《山西日报》2017 年 11 月 28 日。

关国家的国内法。我们不仅要关注这些国家的国内法，也应重视了解这些国家的法律文化，并应着重加强与这些国家的法律合作与交流活动。只有这样，才能为“一带一路”战略提供更为有效的法律保障和服务。

三、山西法学高等教育应为构建“内陆地区对外开放新高地”建设服务

由上文所述可知，山西构建“内陆地区对外开放新高地”需要大量的法律人才。但是目前，山西的法学资源有限，法学高等教育还比较薄弱，而引进人才又面临成本高难度大的问题。在此情况下，我们更应该大力建设、提升自身的法学高等教育资源以满足山西对外开放的发展战略对法律人才的迫切需求。

（一）山西省法学本科院校概况

山西省共有本科院校 25 所，其中，有 10 所院校没有法学专业，① 其余 15 所本科院校法学专业概况如表 1：

表 1：山西省 15 所本科院校法学专业概况

学校名称	学校属性	学院名称	成立时间	专业名称	硕士学位点	师资力量
山西大学	省部共建高校	法学院	1996 年②	法学	一个一级法学硕士学位点，下设九个二级法学硕士学位点；一个专业硕士学位点	专职教师 57 人，其中教授 12 人，副教授 22 人，讲师 23 人

① 这部分资料的收集和整理主要来自山西省教育厅官方网站 http：//www.sxedu.gov.cn/wzgl/yqlj/bkyx/，以及与其相链接的各本科院校的官方网站，访问日期为 2018 年 7 月。这 10 所没有法学类本科专业的院校有：山西中医药大学、太原学院、吕梁学院、晋中学院、长治医学院、山西应用科技学院、山西工商学院、山西传媒学院、山西工程技术学院和山西能源学院。

② 1980 年，山西大学法律系经教育部批准建立。1996 年，改系建院。

续表

学校名称	学校属性	学院名称	成立时间	专业名称	硕士学位点	师资力量
山西财经大学	省属高等院校	法学院	1997 年①	法学、经济法	一个一级法学硕士学位点，下设四个二级法学硕士学位点；一个专业硕士学位点	专任教师 55 人，其中，教授 10 人，副教授 20 人
太原科技大学	省属高等院校	法学院	1998 年②	法学	一个一级法学硕士学位点，下设一个二级法学硕士学位点；一个专业硕士学位点	专任教师 35 人，其中，教授 3 人，副教授 11 人
太原理工大学	211 工程；“双一流”世界一流学科建设高校	政法学院	2010 年	法学	无	该学院法学与行政管理两个本科专业共有专职教师 45 人，其中，教授 5 人，副教授 11 人
山西师范大学	省属高等院校	政法学院	2002 年③	法学	无	该学院法学与思想政治教育、社会学共三个本科专业共有专职教师 52 人，其中，教授 6 人，副教授 23 人

① 由山西财经学院和山西经济管理学院 1997 年合并后而成立。

② 1996 年成立，1998 年开始招收本科生。

③ 1972 年为政史系，1991 年改建为政法系，2002 年改建为政法学院。

续表

学校名称	学校属性	学院名称	成立时间	专业名称	硕士学位点	师资力量
中北大学	省部共建高校	人文社会科学学院	2005 年①	法学	无	英语、法学、政治学与行政学、广播电视学、汉语言文学、翻译六个本科专业。学院现有教职工 214 人，其中教授 7 人，副教授 57 人，讲师 139 人
山西农业大学	省部共建高校	公共管理学院		法学	无	行政管理、法学、劳动与社会保障、公共事业管理 4 个本科专业，专职教师 40 人，其中教授 3 人，副教授 13 人
山西警察学院	省属高等院校	法学系	2016 年②	法学	无	专任教师 32 名，有教授 3 名，副教授 12 名，讲师 13 名，助教 4 名
山西大同大学③	省属高等院校	政法学院	2006 年	法学	无	该学院法学与思想政治教育两个本科专业共有专任教师 67 人，其中教授 5 人，副教授 14 人

① 2005 年 12 月由法学系、外语系和新闻传播系合并成立。

② 2016 年山西警官高等专科学校正式升格为本科院校山西警察学院。

③ 2006 年 3 月经教育部批准，山西大同大学由原雁北师范学院、大同医学专科学校、大同职业技术学院、山西工业职业技术学院合并组建而成。

续表

学校名称	学校属性	学院名称	成立时间	专业名称	硕士学位点	师资力量
运城学院①	省属高等院校	政法系	2002 年	法学	无	思想政治教育、法学和公共事业管理三个本科专业，师资队伍共 33 人，其中教授 1 人，副教授 8 人
长治学院②	省属高等院校	法律与经济学系	2004 年	法学	无	法学和经济学专兼职教师共 32 人
太原师范学院	省属高等院校	法律系	2013 年③	法学	无	教师 24 人，其中教授 2 人，副教授 6 人
太原工业学院	省属高等院校	法学系	2001 年	法学	无	教职工 19 人，其中副教授 4 人
忻州师范学院	省属高等院校	法律系	2002 年	法学	无	专任教师 27 人，其中副教授 6 人
山西医科大学	省属高等院校	法医学院	1980 年	法医学	法医学硕士、博士学位点	

（说明：1. 本表主要依据各院校官方网站资料收集整理，空白处是因为官网无相关信息；2. 本表中的成立时间为本表中的学院名称采用时间。）

从表 1 可以看出，山西的法学高等教育力量还非常薄弱，呈现出以下几个特点：

第一，全省法学高等教育整体培养的专业性不强。根据教育部《普通高等学校本科专业目录（2012）》，法学大类的专业代码是 03，其中包括“0301 法学类”“0302 政治学类”“0303 社会学类”等六类。本表中的“法学”指的是

① 1978 年 5 月开始招生，为运城师范专科学校。1989 年 12 月，该校与运城教育学院、河东大学合并组建运城高等专科学校。2002 年 2 月经教育部正式批准成立运城学院。

② 始建于 1958 年，前身为晋东南师范专科学校。2004 年经教育部批准，升格为综合性全日制普通本科高等学校。

③ 2013 年 4 月，太原师范学院法律系从该学院原政法系分立而来。

专业代码为“0301”的法学类。在设有法学本科专业的15所院校中，有8所院校设立有专门针对代码为“0301”的法学专业类的培养单位，仅占所有法学本科院校的53.3%。另外7所院校的法学专业与政治学类、社会学类、管理学类等合并成一个院系，共享大法学“03”框架内的教育资源。

第二，全省法学高等教育培养的层级不高，师资力量不强。全省有四个院校有硕士以上学位点，而其中山西医科大学所培养的法医学培养级别虽高，但范围太窄，不具有普遍适用性。而有一些院校基础比较薄弱如山西警察学院、运城学院、长治学院等都是近年从专科学院合并或升格成本科院校的，师资力量从数量到质量都还需要努力提高。而另外有些院校师资力量也比较薄弱，如太原工业学院与忻州师范学院的官网显示，整个法学本科专业都还没有一个教授。

第三，法学学科专业历史发展较短，学科经验积淀较浅，学科的科学体系还有待进一步完善。在这15所院校中，除了有硕士以上学位点的四个院校，其余院校的法学本科专业的建设和发展都在2000年以后，法学各部门法专业的老师在各学院的配置力量不均衡，例如整个山西省本科以上法学专业法律史专业的老师很少，法学核心课程中国法制史在很多院校都并没有专业老师，而是由其他专业的老师在兼任。

(二) 加强山西高等法学教育的几点建议

俗话说“十年树木，百年树人”，教育事业是百年大计，但山西的发展又时不我待，所以要加强山西省的法学高等教育，应当认识到这一问题的两面性，在加强法学学科体系基础建设的同时，认识到山西省对法律人才的特殊需求，做到物尽其用，人尽其才，为我们的地方建设添砖加瓦。

第一，在法学学科体系的基础建设方面，应兼顾基础教育和山西省情对法学人才的具体要求。我们应继续加强对本科课程体系的建设，提升培养学生的专业化程度。最低的标准应当是针对国家规定的法学必修核心课程，配全配齐各科教师，而各科教师应该是具有本专业学习背景和相关学位的专职老师，把法学专业的课程开全开专。同时应该加开选修课，或者定期开展专题讲座，如可以开设与“环渤海区域发展”“一带一路”“综改区”相关专题讲座，把行政、司法、执法等法律实务部门的专家请进校园，请进课堂，重点介绍山西的发展以及对法学人才的具体要求。学生们在校园可以在夯实专业知识的基础上，开阔眼界，毕业后也可尽快适应环境，融入社会。

第二，在法学学科体系的层级建设方面，应当分层安排培养的程度和深度。对于具有硕士点的法学院校，应当在科研选题方面，促进各学科与山西省需要发展的各个课题方向的紧密合作与衔接，建立起科学稳定持续的科研团队，为山西法律需求的前沿和重点问题提供智库支持；对于科研能力不强的本科院校，鼓励学生去一线人才需求的地方多实践锻炼。依托各个学校的特色，跨学科合作，以项目或问题为导向进行专业学习，以便最大限度地利用好各种资源。还可根据院校所处地域，在课程体系设置上突出其区域优势和地方特色。

第三，应进一步加强师资的继续教育和相互交流，鼓励师资走出去，走向一线院校和走出国门。在这方面，在2017年9月新出台的《国务院关于支持山西省进一步深化改革促进资源型经济转型发展的意见》具体提出“鼓励北京、天津两地高水平大学以委托管理、联合办学等方式加强与山西省高校合作”等措施。在对外交流方面，山西省也应主动和“一带一路”沿线有经贸关系的国家建立联系，互派相关法学教师学习交流，为今后的顺利发展建立一个通畅的交流渠道。

撰写“社会调查报告”的要义、要件及其要求

陈晋胜*

摘　要：社会调查报告是指对某一事件、某一人物、某一问题，通过深入细致的调查研究之后所写出的真实地反映情况的书面报告。调查报告的运用范围十分广泛，凡制定正确的方针政策，解决各种实际问题，弄清事情真相，交流典型经验，吸取教训，推动工作等都离不开调查报告。社会调查报告作为法学学士、法学（法律）硕士取得学位的“学业产品”，越来越受到高等院校的推崇。本文通过对撰写“社会调查报告”的要义、要件及其要求的释解，旨在进一步提升毕业生的撰写能力。

关键词：社会调查　调查报告　撰写要求

一、社会调查报告的要义

“社会调查报告”的主题词是“社会”“调查”和“报告”三个。这三个主题词是作者从事社会调查、撰写社会调查报告时必须引起高度重视的三个方面。笔者将其释解为社会调查报告的要义，具体述之如下：

（一）社会

社会调查报告的第一个主题词就是“社会”。“社会”一词内涵丰富。什么

* 山西大学法学院二级教授，法学博士，博士生导师，主要从事行政法学、警察法学的教学和研究工作。

是“社会”呢？“社会”是指一定的经济基础和上层建筑构成的整体，泛指由于共同利益而互相联系起来的人群。马克思主义社会观认为，社会是以特定的物质资料生产活动为基础、以一定数量和质量的人口为主体而建立的相互交往和运动发展的社会关系体系。

社会的主要特征是以人群为主体，以人们的物质生活活动为基础，以人与人的交往为纽带。社会来源于自然又超越自然，是特殊的自然。

社会的基本要素是指从自然环境到社会各领域，从人们的生理心理到各种物质和文化现象，无一不是社会关系及其系统赖以生存和发展的基本条件，诸如环境、人口、文化和劳动等等这些赖以生存和发展的基本要素，就是社会的基本要素。

社会是一个由各种制度和规范构成的有机整体，社会外在于个人，并对个人具有强制性。社会是一个具有自我适应能力的活的有机体，每一个部分都有其合乎目的性的功能。社会总是存在着各种矛盾与冲突，社会在冲突中得到发展与进步。

（二）调查

所谓调查，是指应用科学方法，对特定的社会现象进行实地考察，了解其发生的各种原因和相关联系，从而提出解决社会问题对策的活动。

调查主要包括以下要素：（1）明确的调查目的；（2）具有社会意义的调查对象；（3）科学的调查方法；（4）实际的调查效果。

调查据其分析单位的不同，可分为宏观调查（如对国家、省、县或人口普查等大范围或大规模的调查）和微观调查（一般包括两三人或数人的小群体调查）。

据其调查内容和功能的不同，可分为研究性的调查（为解决理论性或政策性的问题而进行）和工作性的调查（为解决当前实际工作中的问题而进行）。

常用的调查方式有普遍调查（对调查对象的每个部分每个分子毫无遗漏的逐个调查），典型调查（选择一个或若干个具代表性的单位做全面、系统、周密的调查），个案调查（对社会的某个个人、某个人群、某个事件、某个单位所做的调查）。

常用的调查方法有问卷法（合理设计问卷，采用开放式、封闭式或混合式问卷收集信息），文献法（通过书面材料、统计数据等文献对研究对象进行间接调查)，访问法（通过交谈获得资料），观察法（现场观察，凭借感觉的印象搜集数据资料）。

（三）报告

报告就是根据调查研究的成果写出来的正确反映客观事物及其规律的书面报告，它通常反映重大事件、新生事物、突出的典型、重要的经验和严重的问题。

调查报告有多种划分标准或者依据下的各种各样类型：

一是根据对调查对象反映的范围的不同，可以划分为概况调查报告和专题调查报告。概况调查报告也叫综合调查报告或普遍调查报告，主要是围绕调查对象的基本状况而写的，对全部调查的结果进行比较全面而系统的反映。这类调查报告一般是就某一地区或单位而进行的，往往涉及政治、经济、文化、人口、地理、历史等各个方面的基本情况，对调查对象的发展变化、前因后果、来龙去脉作比较详细的交代。专题调查报告是围绕某个问题撰写的，可以是典型经验、问题情况、新生事物、历史事件或存在的问题等等，比如关于农村合作经济的调查，关于人才浪费的调查，关于个体商贩精神生活现状的调查等等。专题调查报告主题鲜明，材料针对性强，具有很强的说服力。

二是根据调查对象反映的内容不同，可以分为总结经验的调查报告、反映情况的调查报告和揭露问题的调查报告。前者是对实践中涌现出来的具有普遍指导意义的典型经验而撰写的报告，它把实践过、感觉到、理解了的客观事物上升到理性认识，然后用以指导实践，一般在报刊或会议材料中用得较多。中者是对某一方面进行专题调查，为领导机关了解情况、研究问题、制定政策或计划提供依据。这种的专题明确，材料集中具体，针对性强，有说服力。后者是用调查到的大量事实，揭露某一问题的要害，以引起人们的重视，达到弄清是非，教育群众，解决问题的目的。

三是根据调查目的的不同，可以分为理论研究型报告和实际建议型报告。理论研究性报告是为了提出或补充或证实或证伪某个理论观点而写的，无论是资料的收集还是理论观点的提出和论证都特别讲究方法，是为科学研究服务的。实际建议型报告是针对事物调查研究后，为提出某种工作或政策建议而撰写的报告，大多属于专题报告，党政部门、各行各业，都采用它。

二、社会调查报告的要件

完善的社会调查报告应该有哪些基本要素，即基本要件呢？智仁所见，各不相同。笔者赞同如下学者共识，即完善的社会调查报告应该有如下基本要件：(1) 导言；(2) 方法；(3) 结果；(4) 讨论；(5) 结语；(6) 参考文献；(7) 附录。在上述基本要件中，缺失任何一个要件，从某种意义上讲，该社会调查报告就不称其为社会调查报告，或者至少可以说，该社会调查报告是存在缺陷的，是不够规范的。

笔者拟就社会调查报告的撰写，围绕其上述基本要件谈一些较为具体的看法。

（一）导言

“导言”即引导的语言。是社会调查报告迎接读者的“欢迎词”。因此，作为一篇社会调查报告的“导言”必须实现“引人入境”的欢迎效果。一般来说，“导言”应该包括社会调查报告的由缘或起因、必要性或重要性、目的或意义、内容或范围、方式方法或手段等等。“导言”的字数、段落不宜过多。应根据社会调查报告篇幅长短、字数多少、内容体量的大小而定。

（二）方法

社会调查报告的方法总体而言有两方面：一是社会调查实施的方式方法。二是社会调查报告撰写的方法。就后者而言，笔者认为，首先要做到精心筛选占有的第一手材料，使之与社会调查报告的主旨达到统一。其次要认真分析已经获取的第一手材料。分析这些材料对社会调查的目的有何关联性及其关联性如何？最后要正确使用第一手材料。使手中的材料精准地匹配性地支撑社会调查报告的主体思想或其系统性观点。

（三）结果

社会调查报告的基础性要求是占有材料。是要通过占有材料的事实来说明道理的。而事实是客观存在的。而客观存在的大量事实是需要调查者主动作为、积极勇为才有可能获取到的。也就是说只有经过深入细致的调查，详尽的占有材料，才能对事物的本质有所了解，有所掌握。才能进行归纳、分析和总结而后得出结论。即经过对材料“去粗取精、去伪存真、由此及彼、由表及里”的分析、判断、归纳、综合，才能分清现象与本质、真实与虚假，从而找出事物的内在联系和发展变化规律，把握本质，引出正确的结论。这样的调查报告才能发挥指导作用。

当然，在实施社会调查时还应根据社会调查报告的内容诸如基本情况调查、专题性调查、经验性调查、突发事件或事故调查，根据类型，诸如普遍调查、典型调查、个案调查、重点调查、抽样调查，以及根据调查的方法，诸如观察法、访问法、文献法、问卷法，根据研究的方法，诸如归纳法、综合法、统计法、比较法、分析法和演绎法等等，制定调查研究的程序与步骤，诸如确定调查研究的课题、确立调查的对象、类型和方式、拟定调查项目和题型、规定调查的时间和地点、制定调查研究计划、组织调查研究实施、研究调查资料、撰写调查研究报告等。简言之，通过提前所设计的“路线图”一路走下去，必然会走出预设的当然也是正确的“结果”来。

（四）讨论

从某种意义来说，讨论是社会调查报告的主体，是社会调查报告的正文部分。也是前言的引申展开和结论的根据所在。需要分章节陈述整个调查过程，并且有叙有议地具体展开整个活动。这部分内容一般包括三个方面：一是调查到的事实情况，包括事情产生的前因后果、发展经过、具体做法等；二是研究、分析事实材料所揭示的事物本质及其特点、规律；三是提出具体建议或应采取的一些具体措施。主体部分内容丰富，结构安排力求条理清晰、简洁明快。调查报告主体部分的结构框架有：一是根据逻辑关系安排结构如：纵式结构、横式结构、纵横式结构。这三种结构，以纵横式结构常为人们采用。二是按照内容安排结构如：“情况——成果——问题——建议”式结构，多用于反映基本情况的调查报告；“成果——具体做法——经验”式结构，多用于介绍经验的调查报告；“问题——原因——意见或建议”式结构，多用于揭露问题的调查报告；“事件过程——事件性质结论——处理意见”式结构，多用于揭示案件是非的调查报告。

（五）结语

即结尾部分。是对整个调查活动的总结，提出自己对调查主题的意见和建议，也可以归纳活动的社会意义所在。根据实际情况酌定该部分可长可短。结束语包含对整个实践活动进行归纳和综合而得到的收获和感悟，也可以包括实践过程中发现的问题，并提出相应的解决办法、对策或下一步改进工作的建议，或总结全文的主要观点，进一步深化主题，或提出问题，引发人们的进一步思考，或展望前景，发出鼓舞和号召。调查报告可以有结尾部分也可以不写结尾部分。一般而言，结尾也叫结论。有四种情况需要写结尾：一是主体报告情况，介绍经验，需要结论；二是主体中没有提到的问题、希望、要求、建议等，需在结尾中提及；三是附带说明有关情况，如调查过程中遇到的一些情况，主体中没有提及，需在末尾加以说明；四是有附带材料需要加以说明的，如一些典型材料、专题报告、统计图表等。无论采用哪种形式，都必须简洁有力，切忌拖泥带水，画蛇添足。

（六）参考文献

参考文献是实践报告不可缺少的组成部分，它反映实践报告的取材来源、材料的广博程度和材料的可靠程度，也是作者对他人知识成果的承认和尊重。由于调查而来的第一手资料具有一定的特殊性，某些数据性材料可能还具有涉密性、个人隐私性以及商业秘密，社会调查报告的参考文献在书录时甚至在注明出处的注释时均要处理好涉密问题。

（七）附录

是指对于某些不宜放在正文中，但又具有参考价值的内容可以编入实践报告的附录中。社会调查报告的附录一般有两种。一是附录调查获取的“第一手资料”。二是在对第一手资料加工基础上形成的资料或其资料目录。社会调查报告列示“附录”时应注意三点：其一，注意附录材料的保密情况。其二，分析确定附录材料列示的必要性。其三，注意附录材料的列示顺序。

三、社会调查报告的要求

社会调查报告的要求显现地表现在它的形式是否符合规范。社会调查报告的形式规范，是指作为一篇社会调查报告的外在形式符合或者具备社会调查报告在形式上的基本要求。一般而言，社会调查报告在形式上的具体规范往往取决于社会调查报告的主导者，诸如学校、研究机构、企业等单位会提出的具体的形式要求。笔者认为包括如下两方面基本内容。

（一）社会调查报告的外在方面要求

主要应关注以下三点：

1. 形式上符合社会调查报告的一般规范

社会调查报告在形式上必备的“要件”，如题目，即社会调查报告的“标题”以及“标题”之下的一级、二级乃至三级标题是必须要有的，社会调查报告的调查主体（人员）、目的、内容、范围、时间（段）、手段、方法等是必须要在“报告”中显现的，社会调查报告的署名、注释、参考文献等是必须要有的，等等。仅就“标题”而言，调查报告常见的标题形式有两种：(1）公文式。由调查单位（或调查对象）调查内容、文种三个要素组成。也有的省略调查单位，只写调查内容、文种二项。(2）文章式。文章式标题有单双之分，单行标题有的突出调查报告的内容，有的突出调查报告的主旨。双行标题一般用正标题突出调查报告的主旨，用副标题表明调查的对象、范围、性质、特点等，对正标题起补充作用。调查报告无论采用哪种标题，都应做到具体、醒目、简明。再就“前言”而言，前言是调查报告的开头部分，通常是简要地叙述为什么对这个问题（工作、事件、人物等）进行调查；调查的时间、地点、对象、范围、经过以及采用什么方法；调查对象的基本情况、历史背景；以及调查后的结论等。这些方面的侧重点由调查人根据调查目的来确定，不必面面俱到。前言部分常见的写法有：说明式、概述式、提问式、结论式等，写作时不论采用何种方法，都要简明扼要，具有吸引力，便于引出下文。

2. 形式上符合社会调查报告主导者的具体规范

社会调查报告必须符合其主导者在形式上提出的一些具体要求。这也是社会调查报告在形式上必备的“要件”，诸如涉及题目，即社会调查报告的“标题”以及“标题”之下的一级、二级乃至三级的题目的字体、字号、字数、字间距、行间距等具体要求的，社会调查报告的调查主体（人员）、目的、内容、范围、时间（段）、手段、方法等具体要求的，社会调查报告的署名、注释、参考文献等列示形式上具体要求的，等等。

3. 形式上符合社会调查报告类型特质的规范

形式上符合社会调查报告类型特质的规范，主要是指社会调查报告由于类型上的差异而在其形式规范方面的特殊要求。诸如基本情况调查报告，必有基本情况方面的第一手资料，专题性调查必有“XX 专题”方面的第一手资料，经验性调查必有“经验”方面的第一手资料，事故调查必有“事故”方面的比如事故发生时间、地点、人物、事件、原因、后果、责任人、责任单位、责任性质等等第一手资料。

（二）社会调查报告的内在方面要求

主要也应关注以下三点：

1. 社会调查报告的基本结构是否齐全或缺失

社会调查报告没有固定的格式，一般是根据调查所得的材料，围绕主题，合理地安排结构。社会调查报告一般由下面三部分组成：（1）标题，可以选择单标题也可以是双标题，标题写法较为灵活，学生可以自主选择。（2）开头，或称总提、引言。主要叙述调查的意义和目的，调查对象和范围，调查采取的方法及其大致过程等，该部分语言表达力求精练，内容简明扼要。（3）主体，是调查报告的正文部分。需要分章节陈述整个调查过程，并且有叙有议，具体展开整个活动。（4）结尾，是对整个调查活动的总结，提出自己对调查主题的意见和建议，也可以归纳活动的社会意义所在。该部分可长可短，根据实际情况而定。

2. 社会调查报告的基本要素是否齐全或缺失

社会调查报告除了基本结构是否齐全或缺失外，还存在社会调查报告的基本要素是否齐全或缺失问题。比如是否已经具备了社会调查的基本要素：明确的调查目的、具有社会意义的调查对象、科学的调查方法、实际的调查效果等，是否存在社会调查报告的基本要素，诸如前文所述的“（1）导言；（2）方法；

(3) 结果;(4) 讨论;(5) 结语;(6) 参考文献;(7) 附录。”上述基本要素的“缺失”。

3. 社会调查报告的形式要件是否齐全或缺失

社会调查报告除了基本结构是否齐全或缺失、基本要素是否齐全或缺失外，还存在社会调查报告在形式上必备的“要件”是否齐全或缺失问题，诸如题目，即有没有社会调查报告的“标题”以及“标题”之下的一级、二级乃至三级标题？有没有社会调查报告的调查主体（人员)、目的、内容、范围、时间（段)、手段、方法等？有没有社会调查报告的署名、注释、参考文献等有没有？

他山之石

◎ *“疼痛和痛苦”与“享乐损害”*

“疼痛和痛苦”与“享乐损害”*

刘春梅**译

在人身伤害（personal injury）或者不法致死（wrongful death）之诉中，最经常裁定的是补偿性的损害赔偿金。在这些诉讼中，受害人都遭受了明确的金钱损失。但是，在受害人遭受了非金钱损失（non - pecuniary loss）的情况下，也会裁定给予损害赔偿金。这些就非经济损失所裁定的金钱赔偿金是基于这样一种法律拟制，即金钱救济是补偿受害人的非金钱损害的唯一有效的方式。尽管美国所有的州都承认受害人就其所受之经济损失和非经济损失有权获得某种形式的补偿性救济，① 但是，就非经济损失所能获得的补偿是各不相同的，这取决于侵害行为发生地的司法辖区的情况。

在人身伤害之诉和不法致死之诉中，所裁定给予的损害赔偿金通常可以分为三类：(1) 收入能力或者时间的丧失，对于这种损失，受害人可以获得其所失去之工作时间所创造的价值；(2) 现款支付的开支，比如，医疗费用；以及 (3) 精神上和肉体上的“疼痛和痛苦”(pain and suffering)。除了这三种主要的补偿性损害赔偿金，一些司法辖区还承认了第四种损害类型：“生活乐趣的丧

---

* 本文选译自：Kyle R. Crowe, The Semantical Bifurcation of Non - Economic Loss: Should Hedonic Damages Be Recognized Independently of Pain and Suffering Damage? Iowa Law Review, July, 1990.

** 陆军军事交通学院汽车士官学校基础部副教授，法学博士，主要研究方向为比较侵权法。

① E. g., Samsel v. Wheeler Transp. Servs. Inc., 246 Kan. 336, 347, 789 P. 2d 541, 552 - 54 (1990).

失”(loss of enjoyment of life),也称“享乐损害”(hedonic damage)。①

一、“享乐损害”的背景知识

“hedonic”一词源于希腊语,是指生活中的快乐或者幸福。②“享乐损害赔偿金”是裁定给予受害人的金钱救济,作为对他们“生活乐趣的丧失”的补偿。“生活的享乐价值”(hedonic value of life)这一概念内涵丰富,包括了生活可能带来的所有满足。

“享乐损害”可以分成两个部分。第一部分是每一个普通个体在遭受侵害后都可能经历的“一般性的生活乐趣的丧失”(the general loss of enjoyment of life)。通常,这种“一般性的丧失”包括诸如视力、味觉、嗅觉等的丧失,或者是其他类型的残疾,以至于再也不能去从事普通人可以做的事情。第二部分是由“特别损失”(specific loss)构成。所谓“特别损失”,即对于一个特定的个体而言是独特的损失。③这种具有个人特点的损失,包括了为特定个人所享有而他人不可能享有的任何事物的丧失。这些“特别损失”可能包括丧失了继续从事既定职业的能力、丧失了参加体育活动的能力、丧失了从事某种喜爱的业余爱好的能力。但是,在“一般性的丧失”和“特别损失”之间却不能做出准确的划分,因为即便损失是同一种损失,而原告却是特定的,损失取决于每个受害人个人的具体情况。④

---

① see D. Axelrod, R. Goldstein, C. Kimball, M. Minzer & J. Nates, Damages in Tort Actions §8.01. (1986). (本文中交替使用了“享乐损害”和“生活乐趣的丧失”这两个术语。“享乐损害”也被称为“不方便、屈辱、丧失从事娱乐活动的能力,以及丧失成为正常人的能力”等。)

② See VII The Oxford English Dictionary 98 (2d ed. 1989).

③ See Comment, Loss of Enjoyment of Life——Should It Be a Compensable Element of Personal Injury Damages?, 11 Wake Forest L. Rev. 459, 459-60 (1975).

④ 比如一个不喜欢参加体育活动的人,可能就不会一个活跃的体育爱好者在失去一条腿时获得的赔偿金。

最初，一些司法辖区拒绝把“享乐损害”作为一种可补偿的损害。[①] 对于这种排除，存在着不同的理由。诸如，“享乐损害”过于主观臆断，很难进行计算；“享乐损害”会产生双重补偿的问题；对“享乐损害”进行作证会侵入陪审团的领域。但是，时至今日，拒绝对“生活乐趣的丧失”给予救济的司法辖区是越来越少。在那些仍然拒绝给予救济的辖区当中，大多数辖区倾向于把他们的判决建立在古老的判例法上。[②]

为许多司法辖区所坚持的另一个立场是允许对“享乐损害”给予救济。但是，“享乐损害”只能作为形成“疼痛和痛苦”这种一般性损害赔偿的众多因素中的一种。加利福尼亚州和纽约州就是两个具有代表性的允许统合考虑“享乐损害”的司法辖区。在加州，一开先河的案例是 Huff v. Tracy 案,[③] 这是一起因为汽车相撞而提起的人身伤害之诉。该事故中，原告的舌头被撕裂，导致其丧失味觉。法院认为，在计算一般性损害赔偿金的时候，陪审团应当将这种身体上的损害作为一个因素加以考虑，因为该损害限制了一个人去享受“生活中的愉悦”（the amenities of life）的能力。

在纽约州的法院系统中，我们还可以看到把“享乐损害”作为估算“疼痛和痛苦”赔偿金之因素的另一个例子。在 Gallo v. Supermarkets General Corp. 案中,[④] 纽约州最高法院上诉分庭允许对受害人的“生活乐趣的丧失”进行作证，并允许陪审团考虑受害人的“生活乐趣的丧失”。在 Gallo 案中，一口盛有炽热沥青的大锅倾翻，浇在了一名建筑工人身上，致使其遭受严重的、长时间的工伤。法院认为，对“疼痛和痛苦”所裁定的140万美元的赔偿金并不是超额的，

---

① See, e. g., Winter v. Pennsylvania Ry., 45 Del. 108, 112, 68 A. 2d 513, 514 – 15 (1949); City of Columbus v. Strassner, 124 Ind. 482, 489, 25 N. E. 65, 67 (1890); Hogan v. Sante Fe Trail Transp., 148 Kan. 720, 728, 85 P. 2d 28, 32 – 33 (1938); Locke v. International & Great N. Ry., 25 Tex. Civ. App. 145, 148, 60 S. W. 314, 316 (1901).

② 在1980年的 Mariner v. Marsden, 610 P. 2d 6, 12 n. 3 (Wyo. 1980) 一案中，法院判决称，几十年前判决的许多案件现在可能都不再是好的法律了。See also D. Axelrod, R. Goldstein, C. Kimball, M. Minzer & J. Nates, Damages in Tort Actions § 8. 02, at 19 (1986)（在该书中，作者认为，奉行“不能裁定享乐损害赔偿金”这种观点的绝大多数司法辖区已经过时了。现在，许多司法辖区都将古老的法院判决置之一边，这些古老的判决还是在对“精神痛苦”给予救济这种理念相对较新的时候做出的。）

③ Huff v. Tracy, 57 Cal. App. 3d 939, 129 Cal. Rptr. 551 (1976).

④ Gallo v. Supermarkets General Corp, 112 A. D. 2d 345, 491 N. Y. S. 2d 796 (1985).

尽管在事实上，事实审理者（the trier of fact）可能已经把原告的“享乐损害”作为估算损害赔偿金的一个因素。

允许把“享乐损害”作为估算一般性的“疼痛和痛苦”赔偿金的考量因素的，并不限于加州和纽约州。特拉华、衣阿华、北达科他、德克萨斯和其他司法辖区也已采纳这种方法。尽管许多司法辖区都同意，在裁定“疼痛和痛苦”这种一般性损害赔偿金时对“享乐损害”给予考虑是正确的。但是，应当怎样将“享乐损害”交由事实审理者处理，他们对于这个问题，还没有达成共识。

绝大多数州都认为“享乐损害”是一种独立的、不同种类的可补偿的损害。① 这些司法辖区坚决主张：“享乐损害”与“疼痛和痛苦”代表着不同类型的损害，应当给予单独考虑，区别对待。他们坚持这种观点的两个理由是：允许事实审理者把这两种损害分别处理，可以防止赔偿“不充分”问题的产生，并且便于上诉法院对裁决数额是否“超额”进行审查。

1980 年的 Thompson v. National Railroad Passenger Corp. 案②就是关于这种单独的损害类型的著名案例。在 Thompson 案中，Amtrak 公司的一列客运列车脱轨造成许多乘客受伤。根据田纳西州法，联邦地区法院裁定了五种类型的损害，其中包括“享乐的损害”。法院允许陪审团在“疼痛和痛苦”之外考虑“享乐损害”，其理论基础是：从概念上来说，“享乐损害”是性质不同于“疼痛和痛苦”的一种损害。法院认为，“每一种损害都代表着受害人所遭受的一种单独的损失。”法院指出，如果这些损害不分开考虑的话，受害人所受的伤害很可能就得不到足额的补偿。在上诉审中，第六巡回区上诉法院维持了联邦地区法院的判决。

尽管法院允许就“享乐损害”和“疼痛和痛苦”提出单独的诉讼请求的趋势是很明显的，但是这样的诉讼请求也是有所限制的。比如，在许多已经承认“享乐损害”是一种独立的、不同性质的损害类型的司法辖区，也只是在有限的情况下才允许提起“享乐损害”的诉讼请求。③ 比如，有的法院只在案件是

---

① See D. Dobbs, Handbook on the Law of Remedies § 8.1, at 548—49 (1973).

② Thompson v. National Railroad Passenger Corp., 621 F.2d 814 (6th Cir. 1980), cert. denied, 449 U.S. 1035 (1980).

③ See D. Dobbs, Handbook on the Law of Remedies, § 8.1, at 548—49（在本书中，作者解释了就享乐损失裁定损害赔偿金进行限额的原因）.

由法院审理的情况下才承认这种损失，而有的法院则要求“实际的损害或损失”不能过于主观臆断。也正是因为一些法院对“享乐损害”强加了诸多限制，“享乐损害赔偿金”才没有像人们所期待的那样，会经常被裁定给予。

二、“享乐理论”的发展

纽约州在许多年以前就承认了“享乐损害”是“疼痛和痛苦”这种一般性损害赔偿的组成部分。但是，1989 年以前，在受害人处于昏迷状态或者受害人立即死亡而没有清醒地经受“疼痛”或者意识到其状况的情况下，对于这种损害是否可以得到补偿的问题，纽约州的法院并没有处理过。在 McDougald v. Garber 案①中，这个问题成为关注的焦点。

1978 年 9 月 7 日，31 岁的 Emma McDougald 在剖腹生子的过程中遭受了严重的脑部损伤。在产后，McDougald 因为缺氧而陷入昏迷，并处于一种植物人状态。Emma 的丈夫随之代其提起医疗事故之诉，要求外科医生、麻醉师和医院承担损害赔偿责任。根据陪审团的裁决，初审法院作出了对 McDougald 有利的判决。

初审中，最具有争议性的事实问题是 Emma McDougald 是否意识到她所处的境地。这种争议的产生是因为双方当事人的专家提供了相互冲突的证词。鉴于对于 Emma 的意识水平具有争议，初审法官认为有必要对“疼痛和痛苦”的概念和“享乐损害”的概念做出区分。在就“疼痛和痛苦”问题对陪审团做出的指令中，该初审法官指出，如果陪审团认定 Emma 不能感知“疼痛”或者不能意识到其自身的状态，那么，陪审团就不能裁定“疼痛和痛苦”的损害赔偿金。紧接着，该初审法官就“享乐损害”做出指令。在对陪审团的指令中，该法官的观点是：在对“生活乐趣的丧失和生活追求的丧失”裁定损害赔偿金时……不需要受害人意识到该种损失……当然，“生活乐趣的丧失”可能会伴随着被我们所称为“疼痛和痛苦”的身体上的感觉和情绪上的各种反应，而在绝大多数的案件中，情况确实如此。但是，对于一个没有在清醒状态下经受了“疼

① McDougald v. Garber, 135 A. D. 2d 80, 524 N. Y. S. 2d 192（1988）, aff'd and modified, 73 N. Y. 2d 246, 536 N. E. 2d 372, 538 N. Y. S. 2d 937（1989）.

痛和痛苦”的受害人而言，他丧失了生活的享受，这种情况也是可能的。损害赔偿金……并不是与 Emma McDougald 所意识到的相关联，而是与其所失去的相关联。

由此，陪审团裁定的一般性损害赔偿金高达 11, 150, 102 美元，这个赔偿额后来被法院减至 6, 296, 728 美元。被告上诉，请求排除对“享乐损害”所裁定的损害赔偿金。在上诉审中，纽约州最高法院上诉分庭集中讨论了两个问题。第一，是否应当对“疼痛和痛苦”以及“享乐损害”分别裁定损害赔偿金？第二，“感知能力”（cognitive awareness）是否是补偿“享乐损害”的先决条件？法院对第一个问题做出了肯定的回答（可以分别裁定），而对第二个问题则给了否定的回答（不是先决条件）。法院判决称，“在‘疼痛和痛苦’与‘生活乐趣的丧失’之间存在着概念上的区别，而‘生活乐趣的丧失’是一种独立的损害类型。对此种损害而言，是否具有感知能力或者是否具有花销这笔损害赔偿金的能力，都已经无关紧要。”

纽约州上诉法院①推翻了下级法院的判决，并发回案件，要求就非金钱损害部分进行重审。上诉法院判决称，下级法院错在允许事实审理者在计算损害赔偿时把 Emma 的“生活乐趣的丧失”考虑在内了，这是因为原告并没有感知能力（其并不能感知到这种损失）。此外，下级法院的错误还在于，在“疼痛和痛苦”之外，还允许单独考虑“生活乐趣的丧失”这种损害因素。Wachtler 首席法官书写了大多数法官的意见，其理由是，在受害人意识不到其损失的时候就裁定“享乐损害赔偿金”，违背了侵权法体系中的各种补偿目的。他声称，在受害人没有意识的情形下，裁定金钱损害赔偿并不能给受害人带来任何用处，其结果是，这样的赔偿裁决对于侵权行为人就具有了惩罚的效果。在补偿性损害赔偿的法律中，这种类型的惩罚并没有立足之地，“除了轻微的过失，至少还不存在应受惩罚的情形。”

紧接着，法院集中讨论了“享乐损害”是否应当被认为是独立于“疼痛和痛苦”之外的一种损害类型。在形成结论的过程中，大多数法官都承认，在估算非经济损害的时候，事实审理者对原告不能再拥有正常的生活进行考虑显然是正确的。法院承认，如果“痛苦”仅仅被限于“对疼痛感的一种情绪上的反应”的

① 在纽约州的法院系统中，纽约州上诉法院是纽约州最高级别的法院。

话，那么，“在‘疼痛和痛苦’与‘生活乐趣的丧失’这两个概念之间是可以做出区分的。”但是，绝大多数的法官也同样指出，“没必要如此限定……痛苦”。法院判决认为，在裁定“疼痛和痛苦”的损害赔偿金时，通过赋予“痛苦”这个术语一个广泛的内涵，陪审团就能够充分地估算“享乐损害”。

Titone 法官在其反对意见中对多数意见所要求的“感知能力”要件提出批评。他指出，“享乐损害”是一种独立于个人的感知能力而存在的“客观事实”。Titone 认为，这种补偿性损害赔偿金的本质不会因“受害人不能意识到这种补偿”这一事实而改变。针对第二个问题，Titone 同样批评绝大多数法官没有承认“享乐损害”是一种独立的损害类型。他认为，绝大多数法官对于“享乐损害”概念的理解过于狭义。Titone 说，“受害人情绪上的反应”和“挫败感和极度痛苦”都是裁定“疼痛和痛苦”赔偿金的考量因素，而绝大多数法官所承认的“对生活中各种活动的限制”在“生活乐趣的丧失”项下是可以得到救济的。①

是否应当在补偿性的损害赔偿体系中赋予“享乐损害”一种独立的损害类型的地位，或者是否应当将“享乐损害”仅仅视为在估算“疼痛和痛苦”赔偿金时的一个考量因素，McDougald 案就是反映法院在此问题上意见相左的一个范例。McDougald 案阐明了相对立的不同论点，并且清楚地划分了界线。很明显，尽管这个问题在纽约州得到了解决，但是，对于绝大多数州来说，问题依然存在：“疼痛和痛苦”与“享乐损害”之间的关系到底是什么？

三、比较分析：“疼痛和痛苦”与“享乐损害”

正如有人所说的，“在‘生活乐趣的丧失’与‘疼痛和痛苦’的诉讼请求之间存在的潜在的混乱是应当考虑的。这些损害不是没有关联的，而且这些损害常常被放在一起讨论，就像它们是同义词一样。”这种混乱的产生可能是因为这两个概念在本质上都是无形的，以及通常会在相似的情况下提出两种诉讼请求。这种混乱的结果之一就是出现了各种论点：都试图解释“享乐损害”应当或者不应当被作为独立于“疼痛和痛苦”之外的一种损害类型。

---

① McDougald v. Garber, 73 N. Y. 2d at 261 - 62, 536 N. E. 2d 378 - 379 (1989).

(一) 反对分别处理的论点

反对把“享乐损害”作为一种单独的补偿概念的人们认为，如果分别处理“享乐损害”，那么，已处于昏迷状态或者已经死亡的原告，将仍然有权获得非金钱损害的救济。很显然，因为原告不能意识到损害裁决所带来的利益，因此，也就达不到任何的补偿目的。最终，这笔损害赔偿金将落入第三人的口袋，而没有给受害人带来任何好处。①

反对方的第二个观点是，允许陪审团分别考虑这些损害赔偿金，可能会导致裁决过于偏重于原告一方的利益。这种情况是会发生的：为了单独考虑“享乐损害”，而不把其作为裁定“疼痛和痛苦”赔偿金的一个因素，这种单独考虑可能并不会抵消性地减少裁定额中与“疼痛和痛苦”相关的部分。这种做法只能导致对原告所受损失给予过多的补偿。

反对把“享乐损害”作为不同于“疼痛和痛苦”的一种独立的损害类型，最主要的争论在于，对于陪审团来说，这些损害都太过于相似而不能将它们区分开来。如果允许对这些损害裁定单独的补偿金，其结果就是陪审团会作出重复补偿的裁决。②

(二) 支持分别处理的论点

支持把“享乐损害”作为一种独立的、性质不同于“疼痛和痛苦”的损害来处理的人们辩称，这两个概念可以清楚地加以区分，因此，应当分开进行各自的估算和裁定。“疼痛和痛苦”补偿的是受害人因为伤害而产生的身体上和精神上的不适；“生活乐趣的丧失”补偿的是受害人因为伤害而造成的对个人生活的各种限制。把这些损害作为同一种损害来处理，或者只有在承认“疼痛和痛苦”时才承认“享乐损害”，这是“模糊了本来应当很清楚的（补偿性损害）的特征。”③

---

① Flannery v. United States, 718 F. 2d 108, 111 (4th Cir. 1983).

② See Comment, Loss of Enjoyment of Life——Should It Be a Compensable Element of Personal Injury Damages?, 11 Wake Forest L. Rev. 466 (1975).

③ See D. Axelrod, R. Goldstein, C. Kimball, M. Minzer & J. Nates, Damages in Tort Actions § 8.01 (1), at 14 (1986).

支持分别处理的另一个理由是有利于司法审查。如果事实审理者就损害赔偿金分别作出裁定的话，那么，上诉法院在审核赔偿金是否超额时就会从中受益。如果做出的是特别裁决（special verdict），该特别裁决不仅有利于上诉审法官把注意力更密切地放在每一个特定的损害类型上，而且还有利于更清晰地说明初审法院的各种判决理由。此外，上诉审法院还能够根据所提供的证词来审查每一种类型的损害，以决定其正确与否。①

支持将这些损害概念单独对待的最有说服力的论点很可能是：如果不将“享乐损害”和“疼痛和痛苦”这两种概念单独处理，许多受害人就其所受损害而获得的补偿可能是不适当的或者是不充分的。正如有人所说的，“这会是很怪异的：允许没有受到严重伤害的原告获得‘疼痛和痛苦’的补偿，这种‘疼痛和痛苦’的赔偿金常常是赔偿金额中最大的一部分，却不允许陷入昏迷状态的原告获得任何的非金钱损失的补偿。”有人称，在这种情况下不判决“享乐损害赔偿金”的法院实际上是说受害人只值他们所挣的。这种论点声称，对“享乐损害”裁定损害赔偿金，是裁定一个使受害人得到完全补偿的判决的先决条件。②

（三）分歧观点的融合

上述两种观点都具有某些可取之处。但是，怎样才能融合这两种观点呢？“享乐损害”包括两种因素：主观因素和客观因素。很明显，只在一般性的“疼痛和痛苦”项下裁定“享乐损害”的那些法院承认的只是主观的部分，即“享乐损害”是指因为知道自己再也不能够从事日常活动而产生的“痛苦”。如果确实如此的话，那么，这些法院认为把“享乐损害”归于一般性的“疼痛和痛苦”损害之中的“痛苦”部分就可以得到救济的做法，也就更容易理解了。很显然，持这种观点的法院认为，“享乐损害”不是一个人所失去的事物本身，而是一个人因为知道其已经丧失的事物后所遭受的损害。

相反，愿意把“享乐损害”作为一种独立的补偿性救济的那些法院显然认为，这种损失既具有主观成分，又具有客观成分。也就是说，“享乐损害”不

---

① See Pierce v. New York Cent. R. R., 409 F. 2d 1392 (6th Cir. 1969).

② See Smith, Hedonic Damages in Wrongful Death Cases, A. B. A. J., Sept. 1, 1988, at 70.

仅仅是知道自己再也不能够拥有生活中的追求而感到的“痛苦”(主观成分),而且还是再也不能从事这些生活追求的一种“实际的”损失(客观成分)。①

对于法院在此损害概念上所生之不同观点,唯一可能的解释是,他们对于补偿性损害赔偿体系的目标理论还存在不同的看法。很明显,愿意承认这种损害具有客观成分的法院是愿意采纳这种假定的:补偿性损害赔偿体系的最根本的前提不仅仅是补偿。相反,认为“享乐损害”只是一种主观损失、只能在裁定“疼痛和痛苦”损害赔偿金的时候才能得到补偿的那些司法辖区,很可能会声称,补偿性损害赔偿体系的唯一的合法目的是补偿受害人所受之损失。

从理论上来讲,把“享乐损害”作为一种客观损失很可能会导致一种不幸的后果,即可能会有无限制的损害赔偿请求被提起。法院系统真是想打开诉讼的闸门吗?如果是的话,那么,法院应当是决定的作出者吗?本文认为,每一个州法院都应当遵从其州立法,让其选出的代表们来决定该州的补偿性损害赔偿体系是否应当承认“生命的神圣”。在缺乏成文的法律指令的时候,法院应当以该州《不法致死损害赔偿法》为指导,来判定何种类型的客观损失是立法部门视为适当的、可以补偿的客观损失。对原告和被告双方来说,损害的双重性、严重性和不公平的可能性太大了,司法部门并不能对此作出决定。

四、结论

正如“补偿性的损害赔偿金”这个术语所暗示的,“补偿性的损害赔偿金”旨在补偿受害人已遭受的各种损害。② 当受害人立即死亡或者陷入昏迷的时候,一般不会裁定“疼痛和痛苦”的损害赔偿金。③ 在这种情况下拒绝裁定损害赔偿金的主要原因是,受害人在死亡之前并没有经受“疼痛和痛苦”,或者受害人在目前处于昏迷状态的时候也没有经受“疼痛和痛苦”。

本文认为,如果各州都准备把“享乐损害”作为一种客观损失,通过把受

---

① See Rufino v. United States, 829 F. 2d 354, 351 – 62 (2d Cir. 1987).

② See Silva v. Stein, 527 So. 2d 943, 944 (Fla. 1988).

③ See Nichols v. Marshall, 486 F. 2d 791, 793 (10th Cir. 1973).

害人不能体验生命的快乐作为一种独立的损害类型并裁定损害赔偿金，继而承认“生命的神圣”是一种可补偿的损害类型的话，那么，这也应当由各自的立法机关来决定。就此问题所产生的明显争议，以及就其可能带来的“过分”和“混乱”所产生的顾虑，也提出了一个有力的论证：对于法院系统来说，这个问题争议太大而且非常重要，法院应当留心与此问题相关的争议，谨慎前行。

法苑随笔

◎ 法之美

法之美

陈晋胜*

法律是人类感知的结晶，是人类认知的最高理性。因为有了法律，人类的生存才变得有序，人类的发展才有了可能，人类的进步才成为必然。人们常说，法律真、善、美！法律之真，真之切切；法律之善，善意满满；法律之美，美不可言。

法之美，有三类：法律美、法理美和法学美。这是类型之美。在类型之美中，法律是基础美，法理是解释美，法学是说明美。

法之美，有三种：形式美、内容美和精神美。这是层次之美。在层次之美中，形式美是外在美，内容美是内在美，精神美是实质美。

作为形式美的法，显现为点的周到、线的周长、面的周全和体的周密。周到的法之各点，连接成紧凑的法之各线，周长的法之各线勾勒出有序的法之各面，周全的法之各面席卷为有机的法之各体，周密的法之各体簇拥成法的金字塔。金字塔是法之标志之美。

作为内容美的法，显现为事的周到、情的周长、词的周全和语的周密。周到的法之各事由，表明了法的调整范围十分宽阔，周长的法之各情形，表达了法的调整内容十分详尽，周全的法之各词句，表白了法的调整技能十分高强，周密的法之各语言，表示了法的调整手段十分精准。精致性是法之内涵之美。

作为精神美的法，显现为意的周到、预的周长、识的周全和果的周密。周到的法之各意向，表明了法的调整目的十分明确，周长的法之各预测，表白了

* 山西大学法学院二级教授，法学博士，博士生导师，主要从事行政法学、警察法学的教学和研究工作。

法的调整功能十分精准，周全的法之各知识，表达了法的调整指向十分到位，周密的法之各后果，表示了法的调整效能十分高尚。灵魂美是法之实质之美。

法之美，有适度美，包括角度美、力度美、深度美、宽度美、维度美、限度美和程度美。在适度之美中，角度美是视角美，力度美是感知美，深度美是穿透美，宽度美是辐射美，维度美是线条美，限度美是边界美，程度美是差异美。法之美的实质美是其适度美。

法之美，还有仲裁美，包括和解美、调解美、裁决美。和解美是社会和谐美，调解美是制度安全美，裁决美是公平正义美。

和解美，美之于当事人的互信力、互让力和互相给力。

调解美，美之于法律人的协调力、沟通力和说服功力。

裁决美，美之于仲裁员的认知力、明辨力和决断能力。

《三晋法学》征稿启事

《三晋法学》（王继军主编，中国法制出版社出版）是由山西大学法学院主办的法学学术论丛。本论丛以“探索法学理论前沿，拓展基础理论研究，密切关注法律实务，提倡学术自由，遵守学术规范”为宗旨。开设“名家论坛”“探索与争鸣”“法学各科专论”“判解研究”“课题成果”“博硕论文精粹”“法学教育”等栏目。欢迎海内外有创见卓识的法律人惠赐高质量稿件，阐说思想，传播文化，繁荣法学。2006年起每年出一辑，每辑30—35万字。

《三晋法学》论文格式要求：

1、150—200字中文摘要。

2、3—5个关键词。

3、作者简介。在文章题目下作者名字的右上角用＊标示，在当页正文下注明。例如：山西大学法学院教授，主要从事外国法律制度史研究。

4、注释采用脚注，当页排序。

例如：

①郭道晖：《宪政简论》，载《法学杂志》1993年第5期。

②张庆福：《宪法与宪政》，载许崇德主编《宪政与民主政治》，中国检察出版社1994年版，第3页。

③《毛泽东选集》第2卷，人民出版社1991年版，第732页。

④王人博：《宪政的中国之道》，山东人民出版社2003年版，第1页。

⑤［美］E·希尔斯：《论传统》，傅铿等译，上海人民出版社1991年版，第16页。

⑥作者：《文章题目》，http:。

5、文章字数要求：8000字左右为宜，最多不超过12000字。

6、请勿一稿多投；格式不符合要求的不予采用。

7、来稿需发送电子稿一份。电子稿请寄 liqi@ sxu. edu. cn

8、来稿一经采用，即发给电子版的“采稿通知书”。不设稿酬，随寄作者样书一本。

图书在版编目（CIP）数据

三晋法学．第十三辑 / 王继军主编．—北京：中国法制出版社，2019．4

ISBN 978-7-5216-0170-1

Ⅰ．①三… Ⅱ．①王… Ⅲ．①法学-文集 Ⅳ．①D90-53

中国版本图书馆 CIP 数据核字（2019）第 072518 号

责任编辑 周琼妮（zqn-zqn@126.com）
陆紫薇（luziwei@zgfzs.com）

封面设计 李宁

三晋法学（第十三辑）

SAN JIN FAXUE（DI SHI SAN JI）

主编/王继军

经销/新华书店

印刷/北京京华虎彩印刷有限公司

开本/710 毫米×1000 毫米 16 开　　印张/31.5 字数/401 千

版次/2019 年 4 月第 1 版　　2019 年 4 月第 1 次印刷

中国法制出版社出版

书号 ISBN 978-7-5216-0170-1　　定价：108.00 元

北京西单横二条 2 号

邮政编码 100031　　传真：010-66031119

网址：http：//www.zgfzs.com　　**编辑部电话：010-66010406**

市场营销部电话：010-66033393　　**邮购部电话：010-66033288**

（如有印装质量问题，请与本社印务部联系调换。电话：010-66032926）